경남의 재발견

초판 1쇄 발행 2017년 1월 13일

글   이승환, 남석형
사진   박민국
펴낸이   구주모

편집책임   김주완
표지·편집   서정인
유통·마케팅 정원한

펴낸곳   도서출판 피플파워
주소   (우)630-811 경상남도 창원시 마산회원구 삼호로38(양덕동)
전화   (055)250-0190
홈페이지   www.idomin.com
블로그   peoplesbooks.tistory.com
페이스북   www.facebook.com/pepobooks

ISBN   979-11-86351-12-3 (04090)
           979-11-86351-11-6 (set)

이 도서의 국립중앙도서관 출판예정도서목록(CIP)은 서지정보유통지원시스템 홈페이지(http://seoji.nl.go.kr)와
국가자료공동목록시스템(http://www.nl.go.kr/kolisnet)에서 이용하실 수 있습니다. (CIP제어번호 : CIP2016032415)

공익콘텐츠
발굴 기획
1

발품으로 찾아낸 역사 · 문화 · 관광 인문지리지

경남의 재발견

차례

머리말

마을을 반으로 갈라 동쪽은 경남, 서쪽은 전북인 곳. 함양군 백전면 오천리 매치마을에서 '경남의 재발견'은 시작한다. 경남에 집을 두고 전북에서 모를 심거나, 전북에 집을 두고 경남에서 밭을 매는 이 마을에 얽힌 홍미로운 이야기는 이태식 함양군 문화관광과장을 통해 들었다. 과장은 이 작은 마을에서 '선비의 고장' 함양이 품은 매력 한 자락을 맛깔스럽게 풀어냈다.

통제영과 충렬사 위엄에 가린 착량묘. 이순신을 조정보다 먼저 받든 백성 마음이 짙게 담긴 흔적이다. 박정욱 통영시티길라잡이는 드러난 통영 이야기와 감춰진 통영 이야기를 누구보다 매력적으로 섞어낼 줄 알았다.

'경남의 재발견'에서 4대 강 사업 현장을 처음 만난 곳은 양산 원동면이었다. 이곳 사람들은 저마다 사업이 가져온 득실을 다르게 셈했다. 이미 갖출 것은 갖춘 도시가 점점 잃는 것과 다시 찾으려는 것에 대한 맥락은 김명관 양산시민신문 대표 이야기에서 영감을 얻을 수 있었다.

이 나라가 경남에 저지른 죄가 가장 극적으로 남은 땅 거창에서는 한대수 선생을 만났다. 그는 이곳의 이름난 바위를 닮은 꿋꿋한 사람들 얘기와 미처 몰랐던 시민사회 역량을 담담하게 풀어냈다. 서북부 경남 맏형이라는 여기 사람들 자랑에는 허세가 없었다.

사천에서 만난 장미주 문화해설사는 삼천포 사람들 매력을 수줍게 드러냈다. 그가 들려준 '삼천포 아가씨' 한 자락은 긴 여정에서 상당히 즐거운 여운으로 남았다. 또 윤병렬 선생이 아니었다면 사천 서쪽 갯벌에 펼쳐진 넘치는 매력을 지나쳤을지도 모른다.

밀양 삼랑진 한쪽에 있는 한적한 유적 작원관에 얽힌 왜군과 치열한 전쟁 이야기는 김재학 선생 안내 덕에 더듬을 수 있었다. 소설가 김춘복 선생은 밀양 기생 운심 이야기를 맛깔나게 풀어놓았다.

지리산 자락에서 더불어 사는 순박한 산청 사람 이야기는 서봉석 선생에게 들을 수 있었다. 손성모 선생은 투박한 경남 사람들 사이에서 유난히 고운 산청 사람 심성을 자랑했다. 나라 안에서 가장 아름답다는 마을 남사예담촌에서는 그 자랑을 확인할 수 있었다.

매력적인 해안선만 따라다니다가 공룡 흔적과 하모^{갯장어} 맛에 얼이 빠졌을 때 하기호 선생을 만났다. 선생은 고성 농요와 오광대에 얽힌 옛사람 멋을 어릴 적 추억과 버무려 풀어놓았다. 그리고 느닷없이 마주친 객에게 조곤조곤 이야기를 풀어준 최형림 할아버지 덕에 어여쁜 학동마을 담장 이야기도 전할 수 있었다.

나라에서 꼽는 너른 들판을 품은 동부 경남 중심도시 김해. 하지만, 그보다 큰 도시 부산 때문에 많은 것을 얻고 잃을 수밖에 없었던 복잡한 사연은 최성열 김해시 문화관광사업소장 입담 덕에 간결하게 정리됐다.

함안에서 잊힌 왕국 아라가야 이야기는 조정래 함안군 문화관광계장 덕에 되살아났다. 성자 손양원 목사 흔적이 남은 칠원교회에서는 최경진 담임목사가 그 뜻을 깊게 기리고 있었다.

정인룡 합천군 관광개발사업단장은 경남에서 가장 넓지만 가장 척박했던 땅에 대한 과거, 그래서 다시 가장 큰 가능성을 품게 된 미래에 대해 자신감 있게 얘기했다.

경남 자연이 가장 사랑한 땅 하동에서는 이정화 문화해설사를 만났다. 그는 섬진강 줄기 따라 얽혔던 영·호남 사람 얘기 속에 경상도에서는 전라도 말 쓴다고, 전라도에서는 경상도 말 쓴다고 타박받는 하동 사람 넋두리를 재치 있게 섞었다. 그 입담 속에서 영호남은 이미 하나였다.

거제에서 만난 향토사학자 이승철 선생은 경남을 대표하는 조선소가 아니었더라도 이미 넉넉하고 인심 넘치는 섬 거제 이야기를 끊임없이 풀어놓았다.

창녕 우포에서 '우포 지킴이' 이인식 선생을 만나지 않을 수는 없었다. 하지만, 선생 덕에 정봉채 사진작가를 만날 줄은 몰랐다. 작가는 어느 순간도 예사롭지 않은 우포 매력을 누구보다 잘 잡아내는 이였다.

그 뿌리와 배움이 깊었으며 흥도 넘치는 사람들, 아니다 싶으면 물러서지 않는 남다른 결기를 '진주 정신'으로 묶어내는 과정은 장일영 문화해설사 덕에 가능했다. 어설픈 감각이 지닌 허술함을 그럴듯하게 메울 수 있는 재료는 그에게서 나왔다.

경남 사람 중에서도 유별나다는 남해 사람, 남해 사람 중에서도 유별나다는 창선 사람 이야기는 임태식 어르신께 들을 수 있었다. 짧은 대화 속에서 가진 게 없었기에 더 많은 것을 가질 수 있었던 남해 이야기를 구상할 수 있었다.

'경남의 재발견'은 경남 곳곳이 품은 매력적인 자산을 좇는 이야기다. 그리고 이 작업은 어떤 면에서 그 지역을 누구보다 사랑하는 사람들 이야기이기도 하다. 그 지역이 품은 자산은 그 지역을 아끼는 사람들 덕에 살이 붙고 매력이 더했다. '경남의 재발견'은 그런 사람들이 넉넉하게 풀어놓은 자산을 엉성하게 모은 작업에 지나지 않을지도 모른다. 그래서 '경남의 재발견' 성과는 오롯이 그분들에게 돌아가는 게 마땅하다. 보잘것없지만 쉽지만은 않았던 작업물을 조심스럽게 내놓는다.

이승환·남석형

창원

(창원시 의창·성산구)

그 가운데서도
'날것의 감성'을 품고 있구나

창원시 의창구 소계동에서 성산구 불모산동까지
쭉 뻗은 도로는 일직선이다. 길이 13.8㎞에 왕복 8차로.
나라 안에서 가장 긴 직선 도로 이름은 '창원대로昌原大路'다.
굽은 데 없는 길은 이 도시가 도로를 먼저 깔고
도로를 중심으로 만들어졌음을 보여 준다.
아닌 게 아니라 창원은 해방 이후 이 나라 정부가
작심하고 만든 첫 도시, 이른바 '계획도시'다.
1970년대 초 나라가 살길을 중화학공업에서 찾은 정부는
산업을 거창하게 일으킬 땅을 찾는다.
산으로 둘러싸인 넓은 들판을 품은 창원은
그럴듯한 땅으로 지목됐다. 오늘날 번듯한 도시는
땅을 밀고 주민을 옮기면서 그 기반을 닦았다.
창원대로는 허허벌판을 국가 산업 전진기지로 만드는 시발점이자
기준선이었다. 창원은 창원대로 남쪽을 공단,
북쪽을 주거지역으로 삼으면서 도시 모양새를 갖췄다.

창원대로와 더불어 이 도시가 면밀한 계획에서 나왔다는 것을 보여주는 상징은 창원광장(의창구 용호동)이다. 지름 210.8m, 둘레 661.9m, 면적 3만 4900㎡인 이 원형 광장에도 '국내 최대'라는 수식이 붙는다. 광장을 둘러싼 도로는 6차로이며 남북으로 '중앙대로', 동서로 '원이대로'가 이어진다. 광장 주변은 창원시청과 대형마트, 백화점, 은행이 둘러싸고 있다. 중앙대로 양 끝에 있는 경남도청과 한국산업단지공단 일대까지 묶으면 창원을 넘어 경남 행정·산업·문화·금융·유통 중심지는 이곳이 된다.

창원산업단지 전경

중공업 떠받칠 야무진 땅을 찾아

창원 의창·성산구 면적293.3㎢ 가운데 경지면적53.8㎢은 18.3% 정도다. 하지만, 실제 농사를 짓는 땅인 의창구 동읍·북면·대산면167.2㎢만 따로 놓고 보면 경지면적49.9㎢은 29.8%에 이른다. 옛 창원시 농업은 동읍·북면·대산면이 전부라고 보면 된다. 낙동강 물줄기를 듬뿍 머금어 예부터 가뭄 걱정은 없었다는 동읍·북면·대산면에서 나는 농산물량은 상당하다. 동읍 단감, 대산 수박은 진영 단감, 함안 수박보다 이름값은 덜할지 몰라도 생산량은 항상 웃돈다고 한다. 오늘날 농업으로 창원을 떠올리는 이는 매우 드물다. 읍·면 사람들은 '공업도시 창원'이 드리우는 짙은 인상이 이곳 농산물 장사에 걸림돌이 된다고 여긴다. 같은 창원이지만 산이 가로지르고 엄연히 물과 공기가 다른 땅에서 나는 농산물인데도 바깥사람들은 공장 땅에서 나는 것이라며 덜 깔끔하게 본다는 것이다. 어쨌든 공업도시 창원 한쪽에서 예부터 제법 튼실한 농업을 유지하는 것만은 사실이다.

그래도 창원은 나라를 대표하는 공업도시다. 사업체 종사자 40만 7500여 명 가운데 제조업 종사자만 13만 3500여 명32.7%이라는 점만 봐도 이곳 산업구조는 명확하다. 도·소매업(5만 200여 명)과 숙박·음식점업(4만 3000여 명) 활기 또한 공단 노동자 소비에 기댄다고 보는 게 맞다.

천주산640m·정병산567m·불모산802m·장복산582m·산성산400m 등으로 둘러싸인 전형적인 분지를 정부는 일찌감치 공장 터로 닦았다. 창원은 여러모로 중화학공업을 키우기 적합한 곳이었다. 먼저 포항·울산·구미·부산·마산 등 한반도 동남권에 위치한 공업도시와 연계성

17

이 좋았다. 또 낙동강 물을 충분히 끌어들일 수 있어 공업용수 걱정을 하지 않아도 됐다. 게다가 무거운 설비와 시설, 기계를 다루는 공단을 단단히 받칠 만큼 지반도 야물었다. 1970년대 초 이 땅을 점찍은 정부는 차곡차곡 중화학공업을 이끌어갈 기지 건설을 진행한다.

'창원국가산업단지' 내 공작기계 업종은 전국 생산량의 80%, 기계 업종 생산량은 20% 정도 차지한다. 더불어 이곳에 입주한 상당수 방위산업체는 군수물자 국산화를 주도하고 있다. 이 때문에 여기 사람들은 "전쟁이 나면 가장 먼저 공격을 받을 곳이 창원"이라고 말하곤 한다. 전쟁이 나더라도 가장 안전한 곳으로 판단했기에 산업단지를 조성했다는 점을 떠올리면 역설적이지만 빈말은 아닌 듯하다.

1970년대 수공업·경공업에 기댔던 국가 산업을 중화학공업으로 전환하는 디딤돌은 창원이 놓은 게 맞다. 오늘날까지 나라 살림과 도시 살림을 불리는 밑천 역시 이곳 산업단지다. 하지만, 2000년대 들어 대기업 의존도가 높은 산업구조와 공장용지 수급 불균형 같은 문제는 창원국가산업단지가 풀어야 할 과제로 늘 지적된다.

노동자가 불어넣은 활기

도시 생김새나 산업 구조를 보면 창원은 두말할 것 없이 '노동자의 도시'다. 이곳에 들어선 행정·교육·의료·문화·유통 시설 대부분은 공단을 지원하거나 공단 노동자 씀씀이에 대한 기대로 생겼다고 보면 된다. 노동자들이 현장에서 생산할 때는 나라 살림이, 밖에서 소비할 때는 창원 살림이 살쪘다. 1970년대 이후 '산업화 시대 주

창원에서 열린 세계노동절 기념 경남노동자 대회

역'을 거론한다면 여기 노동자들이 차지하는 지분은 상당하다. 하지만, 이들을 '산업 역군'으로만 보는 것은 곤란하다. 그 찬사가 뻔뻔하게 덮어버리곤 했던 권리에 유난히 예민했던 이들은 야무진 노동자이기도 했다. 노동자들이 오늘날 연대와 투쟁을 내걸고 정치 세력화를 이룰 수 있던 바탕은 창원에서 비롯한다. 그 시작을 더듬어 올라가다 보면 반드시 '마산창원노동조합총연합^{마창노련}'과 마주치게 된다.

1987년 창원국가산업단지 11개 노동조합과 마산수출자유지역^{현 마산자유무역지역} 8개 노동조합이 '마창노련' 출범을 선언한다. 해방 이후 나라에서 처음 결성된 노동자 지역 연대 조직이다. 마창노련은 1988년 '공동 임금 투쟁'을 시작으로 구체적인 지역 연대 활동을 펼치기 시작한다. 그리고 1988년 2월 〈마창노련신문〉을 창간해 지역 노동자에게 노동자로서 자존심을 깨우치게 한다. 이 같은 활동은 1988년 임금·단체협상에서 눈에 띄는 성과로 이어진다. 그 성과를 바탕으로 마창노련은 지역 연대 조직으로서 위상도 강화된다.

유난히 노동자들에게 지독했던 정부에 대한 저항 역시 마창노련 몫이었다. 이는 1988년 12월 '지역·업종별 노동조합 전국회의' 결성으로 이어진다. 지역에서 움튼 노동운동은 전국 노동자 조직화에 마중물이 된다. 이 같은 활동은 1990년 출범한 '전국노동조합협의회'라는 큰 결실로 이어진다. 물론 마창노련이 이 같은 성과를 내기까지 겪은 시련도 상당했다. 지금보다 훨씬 노동자에게 엄혹한 시절 노동자들은 일상적으로 탄압에 맞서야 했다. 연대는 노동자에게 큰 무기이기도 했으나 그 과정에서 서로 다른 이해관계를 극복하는 것 역시 오롯이 마창노련 구성원들 몫이었다. 1990년대 초반 매서운 고용 한파에 시달린 창원국가산업단지 환경 역시 노동자에게 만만찮은 희생을 강요했다. 그럼에도 마창노련은 더디지만 함께 가는 한 걸음을 묵묵히 내디뎠다. 그리고 1995년까지 그 활동을 이어간다. 1995년 12월 마창노련은 정기 대의원 대회와 해산 대회를 거쳐 전국민주노동조합총연맹과 산별노조로 흡수된다. 이렇게 다진 저력은 이후 노동자 정치 세력화에 탄탄한 바탕이 된다. 그 결실은 2004년 총선에서 민주노동당 원내 진출로 맺는다. 17대 총선에서 민주노동당은 의원 10명을 낸 정당이 됐으며, 창원에서는 민주노동당 대표인 권영길을 지역구 의원으로 배출한다. 그리고 2008년 18대 총선에서 권영길은 재선에 성공하며 창원이 '노동자의 도시'라는 것을 널리 알렸다. 2012년 19대 총선에서 권영길은 노동자와 진보 세력 대통합을 명분으로 불출마를 선언했다. 당시 흔들리던 노동자 정치 세력이 분열하는 것을 막고자 내린 극약 처방이었다. 하지만, 결과적으로 그를 이어 노동자와 창원을 함께 대표할 정치인은 아직 나오지 않고 있다.

유흥가 한가운데 고인돌만 외롭고

1970년대부터 조성된 계획도시가 전체적으로 그럴듯한 모습을 갖춘 것은 1990년대 들어서다. 1980년대 후반까지 창원은 공단과 일부 주거지역을 빼면 쓰임새를 알 수 없는 벌판 천지였다. 그나마 1990년대 들어 중앙동 일대에 상가 지역이 형성되면서 이 지역 소비를 부채질하기 시작한다. 하지만, 오늘날 창원 상권을 대표하는 지역은 중앙동이 아니라 옆 동네 상남동이다. 2000년대 들어 대규모 상가 건물이 밀고 들어오면서 상남동은 창원은 물론 경남에서 가장 늦게까지 불이 꺼지지 않는 곳이 됐다. 특히 이 지역은 주변을 둘러싼 든든한 소비자들은 물론 유별난 유흥을 즐기려는 바깥사람들까지 끌어들이면서 비대해지고 있다. 제한된 지역에 밀집된 유흥업소는 밤마다 기형적인 경쟁을 벌이며 이 지역에 들어서는 이들을 홀린다. 주점과 노래방 그리고 숙박업소까지 구겨 넣은 덩치 큰 건물이 빽빽하게 늘어선 풍경은 그 기형적인 유흥 구조를 고스란히 드러낸다. 상남동 일대는 계획도시 창원이 전혀 계획할 리 없는 인상을 만들어내는 곳이다.

그런 점에서 공간과 시간이 뒤엉키는 유흥가 가운데 느닷없이 놓인 큰 바윗돌은 어색하면서 능청스럽다. 바로 '상남 지석묘'도기념물 제224호다. 전형적인 남방식 형태를 갖춘 이 고인돌은 1997년 발굴됐다.

창원 상남동 지석묘

청동기시대 무덤엔 당시 최고 수장이 묻혔을 것으로 추정된다. 하지만, 옛 무덤은 그런 설명보다 창원이 아주 오래전부터 사람 살기 괜찮은 땅이었다는 증거로 유용하다. 그리고 보면 오늘날 창원은 '계획도시'라는 강렬한 인상 탓에 가리어지고 잊히는 게 한둘이 아니다. 특히 쌓일수록 매력적인 옛 흔적이 매우 가난해 보이는 도시이기도 하다. 하지만, 없어 보인다고 해서 없는 것은 아니다.

가려지고 잊히는 귀한 것들

산으로 둘러싸인 분지를 한 번 밀어버리고 세운 도시에서 옛사람 흔적을 찾기는 쉽지 않다. 그런 점에서 성산구 외동에 있는 '성산패총'은 창원에서는 제법 귀한 유적이다. 1974년 조사가 시작된 조개무지에서는 돌칼, 돌도끼, 뼈로 만든 바늘, 화살촉, 토기 등이 나왔다.

의창구 동읍 '다호리 유적'은 개발 손길이 닿지 않은 외곽 지역에 남은 옛 흔적이다. 1988년 발굴을 시작으로 이곳에서 옛사람들 모습을 엿볼 수 있는 귀한 흔적이 쏟아져 나온다. 특히 이곳 고분군에서는 청동기·철기·칠기 등 부장품과 통나무널이 제모습을 고스란히 갖춘 채 나와 눈길을 끌었다. 다호리 유적은 진펄에 형성돼 목제 유물도 비교적 보존 상태가 양호했다. 또 철광석 유물에서 드러나는 세련된 가공 기술과 외국과 교역을 증명하는 유물 등은 이 나라 고대사를 연구하는 데 소중한 자료다.

이처럼 긴 세월을 건너뛰어 버젓이 남아 있는 옛것과 달리 불과 몇십 년 전 흔적은 또 찾아볼 수 없는 곳이 창원이다. 창원을 돌아

다니다 보면 뜬금없이 외롭게 서 있는 비석들을 간혹 볼 수 있다. 계획도시 창원이 들어서기 전 이곳에 살았던 사람들, 이른바 '원주민'이 남긴 아련한 흔적이다. 더는 마을 모습을 볼 수 없더라도 그 이름만은 남기고자 세운 비석은 1980년 '목리 유허비'를 시작으로 모두 44개가 세워져 있다. 나라가 밀어붙인 개발 사업 한쪽에는 팍팍한 삶을 버틸 수밖에 없었던 원주민들 희생이 있다. 이들은 1990년 '삼원회三元會'를 조직해 같은 서러움을 달래고 있다.

모든 것을 가지다 못해 차고 넘칠 것 같은 이 도시가 항상 옛것에 대한 아쉬움이 있다는 것은 '창원의 집'(의창구 사림동)에서도 엿보인다. '창원의 집'은 200년 전 순흥 안씨 5대조인 퇴은 두철 선생이 거주하던 집 일부를 고쳐 개방한 것이다. 안채와 사랑채, 민속관, 민속교육관, 정자, 팔각정 등이 있어 여기 사람들에게 호젓한 휴식처가 되고 있다. 애써 다듬은 옛집은 숨 가쁜 변화로 지나칠 수밖에 없었던 것에 대한 아쉬움을 조금이나마 달래는 듯하다.

그런 면에서 조선시대 장군 최윤덕1376~1445에 대한 편애 역시 같은 맥락으로 읽을 수 있다. 바깥사람들에게는 낯선 이름인 최윤덕은 창원시에서 각별하게 재조명하는 인물이다. 1410년 무과에 급제해 여진족이 날뛰는 것을 막았으며 1419년 이종무1360~1425와 함께 쓰시마섬對馬島을 정벌했다. 1428년 병조판서에 올랐으며 1435년 좌의정이 됐다. 최윤덕 묘는 의창구 북면 대산리에 조성돼 있다. 창원시는 2010년 창원광장 북쪽 중앙로 입구에 최윤덕 동상을 세웠다. 늠름한 동상에서는 지역에 내세울 만한 옛사람 한 명쯤은 있어야겠다는 창원시 오기가 엿보이기도 한다.

창원의 집

삭막한 공업도시 속 인공과 자연

　때가 되면 '주남저수지'(의창구 동읍) 철새들은 지저귀지 않고 짖
는다. 그 우악스러운 합창이 안기는 부담은 그만큼 가까운 곳에서
철새를 마주할 수 있다는 즐거움과 충분히 맞바꿀 만하다. 구석구
석 사람 손이 닿지 않은 곳이 없는 창원에서 주남저수지만은 그나마
맨살에 가까운 자연을 보여준다. 산남·용산·동판 3개 저수지로 이

주남저수지

뤄진 주남저수지는 예부터 동읍·대산면·북면지역에 농업용수를 공급했다. 나라가 다 말라도 여기는 걱정 없다는 이곳 사람들 자신감은 주남저수지에서 나온다. 하지만, 오늘날 주남저수지 가치는 농업용수 공급보다 이미 자리매김한 풍성한 생태계에서 나온다. 그 가치를 여기 사람들이 귀하게 여긴 것은 그렇게 오래되지 않았다. 창원시는 해마다 11월 '주남저수지 철새 축제'를 열어 나라에서도 귀한 철새도래지를 널리 알리고 있다.

분지 속 도시를 둘러싼 산줄기 역시 삭막한 도시가 갑갑한 이들에게는 가까운 탈출구다. 창원 북쪽을 병풍처럼 둘러싼 정병산^{567m}은 보이는 높이와 달리 버거운 등산로로 유명하다. 정상에서는 잘 정돈된 창원 시가지가 한눈에 들어온다. 천주산^{639m}은 여름철 피서지로 즐겨 찾는 달천계곡과 산에 두루 펼쳐진 진달래밭이 유명하다.

자연과 더불어 도심 곳곳에는 인공 공원이 조성돼 있다. 일반공원과 체육공원, 전통놀이공원에 광장까지 주변 다른 지역과 견줘 유난하다고 할 정도로 많다. 회색빛으로 뒤덮일 뻔한 도시에 발랄한 색을 더하는 작업은 여전히 진행형이다. 그렇게 가꾼 공간은 빡빡한 일상에 시달리는 여기 사람들에게는 소중할 수밖에 없는 쉼터다. 창원시가 내세우는 '환경도시' 구호는 잠시라도 소홀하면 잃을 수밖에 없는 소중한 것을 놓치지 않겠다는 다짐으로 보는 게 맞을 듯하다.

통합 창원시 숙제는 사람

2010년 창원·마산·진해를 묶은 통합 창원시가 출범했다. 마산·진해와 어깨를 걸면서 50만 명 정도였던 인구는 110만 명을 넘어섰고 293.3㎢였던 땅은 745.3㎢로 불어난다. 세 도시가 한 덩어리가 되면서 경남 '최대'·'최고'라는 수식은 웬만하면 창원 앞에 붙게 됐다. 하지만, 정작 옛 창원 사람들은 이 같은 변화에 담담한 편이다. 원래 큰 도시 사람들에게 갑자기 불어난 덩치는 그렇게 매력적이지 않은 듯하다. 오히려 늘 섭섭한 행정이 추진될까 예민한 마산·진해 사람들을 볼 때나 엉뚱하게 떨어져 나가는 게 없을까 신경 쓰는 정도다.

반면 창원시 포부는 거창하다. 2013년 창원시는 2025년을 내다본 도시기본계획안을 내놓았다. 계획안이 내세우는 도시 미래상은 '세계도시를 선도하는 녹색 성장도시'다. 그리고 계획 목표에는 균형, 친환경, 문화, 선진 등을 담았다. 창원·마산·진해권으로 나눈 개발 계획 역시 예사롭지 않다. 2025년 인구 150만 명이 살 것이라는 도시는 계획 단계부터 거대하다. 하지만, 1970년대 조성한 계획도시 속 사람들이 숨 가쁜 변화 속에 많은 것을 누리고 잃었듯 창원으로 묶인 창원 밖 사람들도 느닷없는 변화에 대한 두려움을 떨치지 못하고 있다. 거대 도시 구성원으로서 거는 기대와 제 것을 잃기 싫은 미련은 상당 기간 공존할 듯하다. 태생도, 거대화 과정도 오롯이 사람 머릿속에서 나온 도시 창원이 풀어낼 과제는 이 지점에서 시작한다. 결국 사람이다.

먹을거리에 담긴 역사와 문화

—

접시는 아직 채워지지 않았다

조선시대 인문지리서인 〈신증동국여지승람^{新增東國輿地勝覽}〉에는 창원
특산물이 나열돼 있다. 유자·석류·굴·해삼·오징어·대구·낙지·붕
어 같은 것들이다.

하지만 오늘날에는 해당하기 어려운 것들이다. 지금 이곳 사람들
에게 창원 대표 먹을거리를 물으면 시원스러운 답을 얻기 어렵다. 어
릴 적 기억으로 냇가에서 민물고기 잡아먹던 이야기를 꺼내지만, 다
른 지역에 비해 유별날 정도도 아니다.

창원은 1970년대 중반 계획도시 작업을 급격히 진행했다. 바깥사
람들이 일자리를 찾아 몰려들었다.

반면 이곳 사람들은 삶터를 내주고 떠나기도 했다. 해수면이 낮아
져 바다가 땅으로 변하는 지형변화도 있었다. 먹을거리 문화가 진득
하게 이어질 환경은 아니었던 것이다.

대신 급격히 진행되는 도시화 과정에서 외부 것들은 빠르게 흡수
됐다. 1983년 경남도청이 들어선 후 도내 각종 기관이 집중됐다. 그
러다 보니 관료들이 좀 속 깊은 대화를 나눌 수 있는 공간도 필요했
을 것이다. 고급 일식집이 유독 많이 들어서 있는 이유 중 하나겠다.

한편으로 창원 상남상업지구는 전국에서 알아주는 유흥지대로
이름 알리고 있다. 어디서 어떻게 나왔는지 모를 각종 퓨전 음식도
넘쳐난다. 다른 지역보다 좀 더 다양하고 폭넓은 문화가 공존하는
셈이다.

그래도 이 지역 사람들은 제대로 내세울 무언가를 찾으려 했다.
시에서는 지난 2008년 '창원 대표 음식'에 대한 설문을 진행했다.

이 지역민들은 '석쇠불고기'와 '두부'를 꼽았다. 이 두 가지는 창원
에서 비교적 토박이가 많은 지역에 뿌리를 두고 있다.

소답동 일대는 창원이 급격히 팽창하기 전 중심지 역할을 했다. 이곳엔 북동시장이 있다. 요즘에도 2·7일 장날 때 사람들로 북적인다.

'석쇠불고기'가 이름 오르게 된 것은 북동시장에 터전을 잡은 어느 국밥집 할머니 손에서다. 1960년대 중반 이 할머니는 양념한 고기를 석쇠에 구워 사람들에게 내놓았다. 입소문 나며 사람들 발걸음이 이어졌다. 손님들은 간판 없던 이곳을 '판문점'이라 불렀다. 이곳에 오면 평소 얼굴 보기 어렵던 이들을 이산가족처럼 만날 수 있었기 때문이라 한다. 지금은 장소를 옮겨 대를 이어 장사하고 있다. 이 집 말고도 석쇠불고기·국밥을 내놓는 집이 몇 되는데, 임진각·통일각·언양각 같이 분위기 비슷한 이름을 달고 있다.

북동시장에는 국밥 거리가 있다. 쇠고기국밥·돼지국밥을 판매하는 식당 10여 곳이 모여 있다. 최소 20~30년, 많게는 50년 넘은 곳도 있다. 돼지국밥 원조라 할 수 있는 부산에서 장사하다 이곳에 터전 잡은 식당도 있다. 장날 온 이들은 "어느 집에서든 국밥 한 그릇 걸쳐야 발걸음이 옮겨진다"고 한다. 국밥으로 유명한 인근 밀양에서도 찾는 이가 꽤 된다고 한다.

북면에서는 온천 즐기러 온 이들이 막걸리·손두부로 배를 든든히 채운다. 이곳에는 일제강점기에 양조장이 들어섰다. 사람들은 좋은 물 덕에 훌륭한 맛이 난다고 믿는다. 1970~80년대에는 창원공단 행사, 대학 축제가 있으면 막걸리 받는 차량이 줄을 이었다. 명절 때는 말할 것도 없었다.

막걸리와 어울리는 것 가운데 하나가 두부겠다. 일제강점기에 어느 할머니가 만든 재래식 손두부가 그 시작이었다고 한다. 이 할머

석쇠불고기

쇠고기국밥

북면 손두부가 만들어 지는 모습

니는 새벽부터 손수레 밀며 두부 파는 일을 50년 넘게 하다 세상을 떠났다 한다. 지금 이 지역에서 나오는 두부는 기계 힘을 빌리기는 한다. 그래도 여전히 막걸리 단짝 역할을 충실히 하고 있다. 북면온천 주변에 늘어선 노점 메뉴판에는 '북면 막걸리', '북면 두부'가 빠지지 않고 있다.

창원 특산물에서는 단감이 대표한다. 단감은 1927년 김해 진영에서 처음 재배된 것으로 알려져 있다. 이후 진영 인근인 창원 북면·동읍·대산면으로 점차 퍼져 나갔다고 한다.

하지만 이 지역에서 단감 재배가 본격적으로 시작된 것은 한참 지나서다. 벼농사가 전부인 각 마을 사람들은 그것에만 신경 썼다.

그러다 벼농사가 더 이상 소득 증대에 도움 되지 못하자 특수작물에 눈 돌렸다. 마을마다 먼저 앞장서는 이들이 있는 법이다. 어느 마을 누군가는 김해 진영장에 가보니, 진영 단감 가격이 생각 이상으로 높다는 것을 알았다. 해볼 만하겠다는 자신감이 들었던 듯하다. 각 마을 몇몇이 서로 정보를 공유하며 개척해 나갔다. 재래종 떫은 감보다 가격이 좋아 벌이가 아주 괜찮았다. 이것을 본 옆집에서도 하나둘 단감에 손대며 퍼져 나갔다.

1970년대에는 단감나무 한 그루로 대학 등록금을 낼 정도로 수입이 좋았다고 한다. 당시 기억을 떠올리는 이들은 "단감 덕에 자식 농사 다 지었다"고 한입으로 말한다. 국민소득이 높아져 소비도 늘고, 저장 기술도 발달해 1980년대 중반까지는 재미 좋았다고 한다. 그 이후 어려움이 찾아왔다. 초기 나무들이 고령화되면서 수확량이 줄고, 질도 떨어졌다. 단감 재배하는 지역도 여기저기 늘었다. '창원 기계공단' 이미지도 단감 농사하는 데 도움될 리 없었다. 포기하는 농가가 하나둘 나왔다. 이때 창원농업기술센터에서 수목교체 등 지원에 나섰다. 그 고비를 넘겨 지금은 전국 단감 생산량 가운데 20% 이상을 차지하며 그 명성을 잇고 있다.

'대산 수박'도 귀에 꽤 익은 편이다. 대산면 수박은 당도가 높고, 큰 상품으로 이름나 있다. 낙동강 변 비옥한 땅, 풍부한 일조량 덕이다. 수박 하우스재배 시기는 대산면 안에서도 마을마다 다르다. 먼저 한 곳은 1980년대 초반부터다. 또 어느 마을에서는 오이 재배가 재미없자 꽃으로 눈 돌렸다가 결국 수박에 정착했다고 한다.

소답동 일대는 1990년대까지 미나리 재배지였다. 집마다 논물 들어오는 곳에 미나리를 심어둔 풍경이 흔했다. 일대 개발로 이젠 옛기억으로만 남아있다.

볼거리에 담긴 역사와 문화

―

철기시대의 흔적,
그 위에 세워진 계획·공업도시

창원에서 바다를 접할 수 있는 유일한 곳은 삼귀지역^{귀산동·귀곡동·귀}^{현동}이다. 불과 100년 전까지만 해도 달랐다. 도심 깊숙한 곳까지 바닷물이 흘러들었다.

지금 팔룡동 창원종합버스터미널은 조선시대에 포구·염전이 있던 자리다. 봉곡동 지귀상가 일대도 마찬가지다. 특히 이곳은 물고기 많기로 유명했다. 빨래하던 여인네들이 방망이로 대구를 잡을 정도였다고 한다. 한때 명곡로터리 일대도 땅 아래 짠물이 흘러 식수로 이용하지 못했다고 한다.

그랬던 것이 해수면 변동으로 바닷물이 후퇴해 지금 모습에 이르고 있다.

'성산패총^{城山貝塚}'은 이 지역에서 큰 의미를 지니고 있다. 오늘날 공단지역에 다소 뜬금없이 자리한 것과 달리 말이다.

'성산패총^{사적 제240호}'은 삼한시대 조개껍데기 무덤이다. 조개껍데기가 있었다는 것은 이 일대 역시 바다였다는 의미다. 이곳에서는 '야철지^{冶鐵址}'도 발견됐다. 초기 철기시대 쇠를 녹이던 장소다. 이는 곧 1970년대 기계공업단지 조성 명분이 되었다. 삶의 터전을 내줘야 하는 주민이 "왜 하필 우리 지역이냐"고 하면, 국가는 "선조들 야철지였기 때문"이라 답했다. 당시 박정희 대통령도 이 점을 강조했다고 전해진다. 오늘날 창원이 '철의 도시'라 불리는 배경이다.

이곳 사람들은 국가 개발 앞에 희생을 강요당했다. 옛 창원군에는 3개 면이 있었다. 창원면·상남면·웅남면이다. 계획도시 설계로 이곳 주민은 삶터를 내놓아야 했다. 이들은 시간이 지난 1990년 '삼원회^{三元會}'라는 단체를 만들었다. '빛나는 창원을 이어가는 세 뿌리 모임'이란 의미다. 외지인이 90% 넘는 창원에서 이들은 '원주민' 자부

정밀공업진흥탑 보수 공사 모습

잘 설계된 창원시 도로

심을 드러낸다.

'계획도시 창원'을 나타내는 상징물이 하나 있다. 창원·마산·진해 지역 경계에 자리한 '정밀공업진흥탑'이다. 1974년 착공한 창원기계공단을 기념하기 위해 1979년 세운 것이다. 높이 25m인 기다란 탑은 미사일 모양을 하고 있다. 방위산업기지 의미가 담겨있다. 탑 아래에는 '우리 민족사에 찬란한 정밀공업의 금자탑을 세우자'라는 박정희 전 대통령 글씨가 새겨져 있다.

자로 잰 듯한 계획도시는 주거·상업·공단 지구를 구분했다. 그렇다 보니 1990년대 초까지만 해도 자는 곳, 먹는 곳, 일하는 곳이 또렷이 나뉘었다. 이 지역 사람들은 "음료수 하나 사기 위해 가게까지 한참을 걸어갔다 와야 했다"고 전한다. 걸어서 가능한 생활권이 아니었다. 차가 필요했고, 시간이 흐르면서는 자전거도 한 자리 차지했다. 잘 설계된 도로, 평평한 지형 덕에 자전거 타기 좋았다. '누비자' 같은 공용자전거가 나올 수 있었던 배경이겠다.

북면 쪽으로 눈 돌리면 '마금산온천' 얘길 빼놓을 수 없다. 역사가 꽤 깊다. 조선 초부터 문헌에 등장한다. 〈세종실록世宗實錄〉에는 '온정이 부에서 북쪽 18리 거리의 초미흘에 있는데, 욕탕이 3간'이라고 나와 있다. 즉 '당시 도호부로부터 북쪽 7km 지점에 있고, 욕탕 규모는 5.4m 정도'라는 것이다. 조선 초 이미 '각종 질환에 효험 있는 온천'이라는 소문이 났다. 전국에서 사람들 발길이 끊이지 않았다. 이곳에 사는 사람들 처지에서는 귀찮을 일이었다. 이 때문에 폐쇄된 채 한동안 시간이 흘렀다. 1927년이 돼서야 어느 일본인 의사가 옛이야기를 듣고서는 다시 온천을 개발했다. 환자 요양 시설로 활용하면서 엄청난 이득을 취했을 것이라 짐작된다. 시간이 또 지나 자유당 정권 때는 이기붕 부통령이 요양을 위해 찾았다 한다. 정치인들 왕래가 잦아지면서 한동안은 그들만의 밀담 장소로 활용됐다. 1981년 온천지구로 지정돼 지금에 이르고 있다.

창원을 두고 어떤 이는 '조각술이 뛰어난 고장'이라고 한다. 그 배경으로 드는 것이 몇 있다.

불곡사佛谷寺는 통일신라 시대인 10세기 때 지어진 것으로 전해진다. 이곳에는 보물 제436호인 '불곡사 석조비로자나불좌상佛谷寺 石造毘盧舍那佛坐像'이 자리하고 있다. 왼손 검지를 오른손으로 감싸 쥔 모습 등 사실적인 표현이 돋보인다. 불곡사 일주문은 특이하다. 사찰 일주문 기둥은 보통 두 개다. 그런데 이곳은 네 개다. 창원도호부 객사 문으로 사용되던 것을 1934년에 옮겨왔기 때문이다. 이 일주문 역시 화려한 조각이 담겨 있다.

대암산 아래에는 일명 장군바위에 불상을 새긴 '삼정자동 마애불경상남도 유형문화재 제98호'이 있다. 역시 예사롭지 않은 손놀림이 느껴진다.

시선은 자연스레 김종영1915~1982으로 향한다. 우리나라 근대 대표 조각가다. 창원 소답동에 그 생가가 남아있다. 김종영 생가는 또 이원수1911~1981와 연결된다. 이원수가 작사한 '고향의 봄'에는 '울긋불긋 꽃 대궐'이라는 노랫말이 나온다. 김종영 생가를 묘사한 것이다. 이원수는 양산에서 태어났지만, 동읍·소답동에서 어린 시절을 보냈다. 지금은 소답동에서 멀지 않은 곳에 '이원수 문학관'이 자리하고 있다. 이곳에는 친일 작품 부분까지 함께 담고 있다.

동읍 신방초등학교 뒤편 언덕에는 '신방리 음나무군'이 있다. 수령 400년 이상 된 것으로 1964년 천연기념물 제164호로 지정됐다. 마귀를 쫓는다 하여 그 옛날부터 보살핌 받았다고 한다. 애초 일곱 그루었는데, 태풍 탓에 네 그루만 남았다.

도계동 쪽에는 '부부의 날 발원지'라는 안내판이 붙어있다. 매년 5월 21일은 '부부의 날'이다. 권재도 목사가 법정기념일 제정운동을 펼쳐 2007년 그 성과를 이뤘다. 권 목사가 활동하는 교회가 곧 '부부의 날 발원지'인 셈이다.

창원은 마산·진해와 합쳐지며 통합 창원시가 됐다. 창원이라는 지명은 1408년 처음 등장했다. 의창현창원지역·회원현마산지역 중간 글자를 따왔다. '창'이 '원'보다 앞에 있는 것은 좀 더 번성했다는 의미겠다.

이후 1908년 창원부·웅천군진해이 통합돼 창원부가 됐다. 1914년에는 마산부와 창원군으로 분리됐다. 1931년 진해면이 진해읍으로 됐다가 1955년 진해시로 승격 분리됐다. 1973년에는 상남면·웅남면·창원면이 마산시에 편입됐고, 웅천면은 진해시에 편입됐다. 1980년 창원시 설치로 창원군은 의창군으로 개칭됐다가 1991년 다시 창원군으로 돌아갔다. 1995년 동면·북면·대산면이 창원시로, 진전·진북·진동·구산·내서면은 마산시로 편입됐다.

그러던 것이 2010년 7월 창원시·마산시·진해시가 합쳐진 통합 창원시가 탄생했다.

결국, 창원·마산·진해는 헤쳐모여를 반복하다 오늘날 하나가 된 것이다. 통합 단계 이후 지금까지 시 명칭·청사 문제 등을 놓고 갈등 골이 깊다. 지난 시간을 되돌아보면 그럴 일도 아닌데 말이다.

김주용(37) 창원대박물관 학예사는 창원 이야기에서 바다를 빼놓을 수 없다고 강조했다. "동읍 저수지 일대도 예전에는 모두 바다였습니다. 지귀상가 주변도 바다였죠. 1900년대 초까지 물이 흘렀던 것으로 보입니다. 해수면 변화에 따라 지금은 육지로 변했죠."

　김 학예사는 야철터와 관련한 일화를 들려줬다. "1970년대에 성산패총 밑에서 야철터가 발견됐죠. 정부의 건설 관련 부처에서는 밀어버려야 한다고 했고, 문화재 관련 부처에서는 절대 안 된다고 했죠. 그런데 박정희 당시 대통령이 창원을 찾아 '이곳에 야철터가 있다면서요'라고 한 말 한마디에 정리됐다고 합니다. 야철터가 기계공업단지 건설 명분이 된 거죠. 문화재를 국가정책에 이용한 대표적인 사례라 할 수 있습니다."

　계획도시에 얽힌 또 다른 이야깃거리를 들려줬다. "창원이라는 계획도시가 조성되고 나서 마라톤 경기가 열렸답니다. 오르막·내리막 길 없고, 일직선 코스라 기록이 좋을 줄 알았는데, 전혀 그렇지 않았답니다. 길이 너무 단조로워서 오히려 경기력이 떨어졌던 거죠."

　김 학예사는 역사적 관점에서 중요한 두 곳을 언급했다. "시대에 따라 도계·소답동 일대, 그리고 지금 창원시청 주변이 번갈아가며 번성했습니다."

김순재(49) 동읍농협 조합장은 창원 대표 농산물로 단감·수박·
풋고추를 들었다. "동읍·대산면·북면을 합쳐 흔히 '동대북'이라고 하
죠. 이 세 곳이 창원지역 농업 생산량의 98%가량을 차지한다고 보
면 되죠. 그 가운데 생산총액으로 따지면 단감·수박·풋고추가 제일
많죠. 특히 단감은 전국 생산량의 25% 수준까지 올라가 있고, 수박
은 5월 10일께 전국 출하량 기준으로 30%가량 됩니다."

창원 단감에 관한 이야길 조금 더 이어갔다. "단감이 진영에서 한
창 나올 때 북면·동읍에서도 많이 생산했죠. 그럼에도 단감 브랜드
는 진영에 자리 잡았죠. 왜 그런가 생각해봤죠. 저 위쪽 사람들은
창원하면 우선 '공단 있는 곳'이라는 인식이 강해요. 그러한 점에서
좀 손해를 보지 않았겠어요? 단감뿐만 아니라 다른 농산물도 마찬가
지죠."

김 조합장은 창원은 농사짓기 아주 좋은 땅이라고 했다. "동읍·
대산면·북면은 가뭄 걱정 없이 농사지을 수 있는 곳입니다. 주남저
수지가 있기 때문이죠. 만약 이곳조차 가뭄이 든다 하면, 우리나라
어느 곳에서도 농사지을 수 없다고 생각해도 틀리지 않습니다. 하지
만 창원지역 농사는 자본주의에 역행하고 있죠. 이미 투기자본이 다
들어왔습니다. 농민이 아니라 농업노동자로 전락한 것이죠."

놓치지 않고
둘러봐야 할 곳

창원의 집 1898년 순흥 안씨 고가인 성퇴헌을 1985년 복원·보수하여 새롭게 단장했다. 급격한 개발로 사라져가는 옛것을 보존해야 한다는 공감대에 따라 조성됐다. 공업지역인 창원에서 지금은 유일한 전통 한옥으로 남아있다. 안채·사랑채·민속교육관·정자·팔각정 등 14동으로 구성돼 있으며, 전통혼례식장으로 개방한다. 최근 바로 옆에 들어선 창원역사민속관은 통합시 역사를 담고 있다.

창원시 의창구 사림동 69

주남저수지 옛 시절 이곳은 자연 배후습지로 전체가 갈대로 덮여 있었다. 1920년대부터 농경지가 들어서자 농업용수 공급·홍수조절을 위해 제방을 쌓았다. 이에 저수지가 형성됐다. 1980년대 들어 동남내륙지역 최대 철새도래지로 이름 알리기 시작했다. 생태학습관·람사르문화관·탐조대·연꽃단지·주남돌다리 등이 있는 이곳은 매해 방문객이 20만 명에 이른다.

창원시 의창구 동읍 월잠리 303-7

불곡사 통일신라 시대에 지어진 것으로 알려져 있지만, 폐사 후 1930년 중건됐다. 이곳에는 9세기 전형적인 비로자나불상인 '불곡사 석조 비로자나불상^보물 제436호'이 있다. 일주문은 경상남도 유형문화재 제133호로 지정됐다. 비음산 남쪽 기슭에 자리하고 있는데, 주변에 불상과 기왓조각이 많이 흩어져 있다하여 '부처골'로도 불린다. 지금은 사람 왕래 잦은 도로 바로 옆에 있어 부담 없이 찾을 수 있다.

창원시 성산구 대방동 1036-1

마금산온천 평균 수온 55℃ 이상을 유지하는 온천물에는 나트륨·철·칼슘 등 20여 광물질이 포함돼 있는 것으로 알려져 있다. 피부병·신경통·관절염·습진 등에 효험이 있는 것으로 소문나 있다.

창원시 북면 신촌리 일대

성산패총 삼한시대 사람들이 먹고 버렸던 조개껍데기가 층을 이뤄 산처럼 쌓인 유적지다. 1974년 창원공업기지 조성 때 발견돼 수많은 토기·철기·석기 등이 나왔다. 조개껍데기 층 아래에서는 철을 만들던 야철터도 발견돼, 지금은 별도 시설로 보존되고 있다. 화려한 볼거리가 있는 것은 아니지만, 창원 역사 시발점이라는 점에서 이 지역민이라면 한 번쯤 찾아볼 만하다.

창원시 성산구 외동 853-26

삼귀 해안도로 분지인 창원지역에서 유일하게 바다를 접할 수 있는 곳이 삼귀지역(귀산·귀현·귀곡동)이다. 이곳에서 바라보는 바다 건너 마산지역은 또 다른 모습으로 다가온다. 밤이 되면 마창대교가 내뿜는 화려한 조명을 가까이서 감상할 수 있다. 여름에는 낚시하는 이들로 북적인다.

창원시 성산구 귀산·귀현·귀곡동

놓치지 않고
둘러봐야 할 곳

성주사 통일신라 시대에 불모산 기슭에 세워진 절로 오늘날 이 지역을 대표하는 절로 이름나 있다. '성주사 삼층석탑_{경상남도 유형문화재 제25호}' '성주사 대웅전_{경상남도 유형문화재 제134호}' '성주사 관음보살입상_{경상남도 유형문화재 제335호}' '성주사 감로왕탱_{경상남도 유형문화재 제336호}' '성주사 동종_{경상남도 문화재자료 제267호}' 같은 것이 있다. 가락국 시조 김수로왕이 마셨다는 샘물인 '어수각'도 있다.

창원시 성산구 천선동 102

창원향토자료전시관 '그때 그 시절'이라는 간판을 달고 주남저수지 입구에 있는 이곳은 향토사학자 양해광 씨 제안에 따라 만들어졌다. 주남저수지 70년 변천 과정이 담긴 사진을 비롯하여 1940년대부터 1980년대까지 생활용품·신문자료·선거 홍보물 같은 자료가 전시돼 있다.

창원시 의창구 동읍 주남저수지 입구

마산

(창원시 마산합포·마산회원구)

예향·민주성지·경남 1번지
누가 '옛 명성'이라 하는가

창원시 마산합포구 가포동과
성산구 귀산동을 잇는 다리는 '마창대교'다.
2008년 7월 개통한 이 다리는 접속도로를 포함한 길이 8.7㎞,
수면에서 상판까지 높이는 68m에 이른다.
귀산동에서는 거대한 교각과 마산만을 가로지르는 상판을
바로 아래서 한눈에 볼 수 있다. 하지만, 이곳에서 눈여겨볼 것은
늠름한 다리보다 그 밑을 흐르는 바닷물이다.
만을 끼고 도는 도시에서 바다를 가깝게 접할 수 있는 곳은
뜻밖에도 드물다. 게다가 물밑이 훤히 보여야 하는 곳이라면
더욱 귀하다. 그 조건을 마산 땅으로 한정하면
성산구 귀산동을 벗어나 갈 곳은 마산합포구 가포동 너머 몇 곳과
구산면 저도猪島 정도다. 이 때문에 마산 어디서든
가까운 바다는 그 거리만큼 살갑지는 않다.
마산은 바다보다 바다를 메운 땅 위에서
덩치와 살림 그리고 자존심을 키운 도시다.

마산 전체 면적[330.7㎢] 가운데 경지 면적[44.9㎢]은 13.5% 정도다. 이마 저도 1995년 옛 창원군이었던 내서·진동·진전·진북·구산면 등 5개 면이 통합되면서 늘어난 것이다. 그렇게 따지면 예부터 마산에서 들 판이라 할 곳은 별로 없다. 마산은 무학산[761m], 대산[727m], 광려산[752m], 팔용산[328m] 등에서 뻗은 비탈이 채 들판으로 펼쳐지기 전에 바다와 만난 땅이다. 땅 생김새가 이렇기에 농업은 마산이 내세울 산업이 못 된다. 그렇다고 여기 사람들이 눈 앞에 두루 펼쳐진 바다에서 나 는 수산물을 살림 밑천으로 삼은 것도 아니다.

일찍부터 바다를 메워 넓힌 땅에는 물류가 드나드는 항구나 공장 이 먼저 들어섰다. 소규모 근해어업이나 미더덕·오만둥이·홍합 양식 이 바다를 낀 도시 체면을 세울 뿐, 오늘날 어업 가구는 농가 수보 다 훨씬 적다. 그럼에도 근현대에 걸쳐 마산이 경남을 대표하는 도 시로 성장할 수 있었던 저력은 2·3차 산업에서 찾는 게 맞다. 마산 은 낮에 기계와 씨름하던 사람들이 밤에 흥을 마음껏 쏟아낼 때 전 성기를 누렸던 곳이다. 그리고 그 바탕은 조선 후기로 거슬러 올라 간다.

작은 어촌에 사람이 붐비기 시작한 것은 1760년 조창이 생기면서 다. 바닷길이 이어지는 목마다 설치했던 조창이 들어서면서 마산은 중·서부 경남 물산이 몰리는 곳이 됐다. 그리고 사람과 물건이 모이 는 곳에는 어김없이 시장이 들어섰다. 오늘날 경남을 대표하는 수산 시장인 '마산 어시장'도 이맘때 그 모양새를 갖춘다. 이때 사람들이 모여 이룬 마을이 창동·오동동·동성동·서성동·중성동 등 오늘날

마산만의 모습

마산 원도심에 해당한다. 시외버스터미널이 있는 마산회원구 합성동, 경남대가 있는 마산합포구 월영동과 더불어 여전히 마산을 대표하는 소비지역이다. 하지만, 일찍 번성한 포구는 1900년대 들어 이웃 나라를 삼키려는 열강들이 내뿜는 입김이 유난히 빨리 닿은 곳이기도 했다. 이빨을 먼저 드러낸 나라는 제정 러시아였다. 러시아는 중국 여순항과 블라디보스토크를 잇는 거점으로 마산항을 탐냈다. 그리고 기어이 1900년 마산항 한쪽을 얻어낸다. 이에 일본은 지금 창원시 진해구를 거점으로 삼아 기회를 엿본다. 1904년 러일전쟁에서 승리한 일본은 서둘러 마산항을 제 것으로 삼는다. 그리고 이 땅을 대륙을 넘보는 전진 기지로 활용한다. 느닷없이 진행된 왜곡된 근대화는 그 과정에서 떨어진 부산물 같은 것이었다. 평온했던 마산만을 흙으로 메우기 시작한 것도 이 시기다.

마산 가포 매립 공사 현장

마산자유무역지역 오늘날 모습

바다를 내주고 커진 도시

1970년 정부는 마산회원구 양덕동 일대 갯벌을 '수출자유지역'으로 지정했다. 외국 기업을 끌어들여 나라 살림을 불리려는 시도였다. 외국 기업은 세금 부담 없이 제품을 생산·판매할 수 있었다. 정부는 외국 기업을 통해 고용을 늘리면서 노동자들이 선진 기술을 익히도록 할 참이었다.

수출자유지역은 한일합섬, 한국철강, 무학과 더불어 마산 제조업을 이끌었다. 1970년대 중반부터 1980년대까지 이어진 마산 전성기는 수출자유지역 없이는 불가능했다. 출퇴근 시간 거리를 가득 메운 노동자들 행렬은 보는 이들에게 늘 강렬한 인상을 남겼다. 마산 번영을 도무지 의심할 수 없는 풍경이었다. 오늘날에도 여기 사람들이 마산 전성기를 자랑할 때면 빼놓지 않는 장면이다.

마산수출자유지역 1970년대 모습

초창기 한일합섬

거리를 메운 노동자 행렬은 잠시 흩어진 듯했다가 다시 모여들곤했다. 창동·오동동·어시장 등 소비지역은 늘 사람으로 붐볐다. 마산은 많이 만들고 벌고 쓰면서 생기가 돌았다. 지금은 듣는 이들이 웃고 넘기는 '전국 7대 도시' 같은 수식은 그때까지만 해도 전혀 과장이 아니었다. 하지만, 그 넘치는 활기가 드리우는 짙은 그림자도 있었다. 지역은 물론 나라 살림을 불린다는 마산지역 노동자 중에는 그 격려에 걸맞은 대우를 받지 못하는 이들도 허다했다. 마산에 넘치는 활기와 벌이가 이곳 노동자들 살림에 두루 미치지는 않았던 셈이다. 게다가 열악한 작업환경, 몰상식한 처우 등은 흉흉한 사건을 낳기도 했다. 산업화 시대가 노동자에게 요구하는 희생은 종종 뻔뻔하고 가혹했다. 그래도 억척스러운 노동자 중에는 벌이와 학업을 병행하는 근성을 보이는 이들도 적지 않았다.

이 가운데 사람으로서 당연히 누려야 할 권리에 유난히 예민했던 사람들은 노동자끼리 연대를 고민하게 된다. 그리고 이들은 '마산창원노동조합총연합^{마창노련}'을 이루는 굵은 뼈대가 된다. 마창노련 이름에서 미뤄 짐작할 수 있듯 지역, 아니 이 나라 노동운동사에서 수출자유지역(마산) 노동자와 공단(창원) 노동자가 차지하는 비중은 앞서 창원 의창·성산구 편에서 정리한 대로 막대하다.

척박한 일상, 살림살이는 제각각이지만 여기 사람들은 또 없으면 없는 대로, 있으면 있는 대로 저마다 노는 가락은 있었다. 마산은 제법 오래전부터 그런 유흥이 허락되는 곳이었다. 씀씀이가 헤퍼서는 안 될 사람들은 막걸리 한 잔에 목청껏 뽑는 노래 한 자락으로 고달픈 일상을 서로 달랬다. 피곤과 설움을 노래 장단에 맞춰 젓가락으로 상을 두드리면서 떨쳐내곤 했다. 이른바 '니나놋집'은 없이 사는 사람들에게 친숙한 공간이었다. 조금 여유가 생긴다면 어시장에서 마산만을 끼고 앉아 회 한 접시 정도는 안주로 삼을 수 있었다. 지금은 어시장과 바다 사이가 땅이 되면서 '홍콩빠'라고 부르던 그 이국적인 모습은 볼 수 없다. 여기 사람은 물론 바깥사람들도 아는 이들끼리는 흐뭇하게 추억하는 풍경이다. '통술'은 쉴 새 없이 나오는 안줏값을 이미 술값에 붙여 셈하기에 주머니가 두둑하지 않은 이들에게는 드나들 기회가 더 귀한 자리였다. 그리고 지역에서 힘깨나 쓴다는 이들은 요정을 기웃거렸다.

하지만, 좀처럼 가라앉지 않을 듯한 활기도 1990년대 들어 눈에 띄게 사그라진다. 이는 마산 경제를 이끌었던 제조업 사정 변화와 일치한다. 수출자유지역 입주기업이 빠져나가기 시작했고 한일합섬과 한국철강이 차례로 마산에서 사라지면서 마산 전체가 풀이 죽는다. 특히 1997년 외환위기는 많이 만들고 벌고 써야만 돌아가는 도시를 더욱 주저앉혔다. 그나마 수출자유지역이 가까스로 지역 제조업 한 축으로서 역할을 유지하며 체면치레를 하기는 했다. 오늘날 '마산자유무역지역'으로 불리는 수출자유지역은 여전히 지역 제조업에서 차지하는 비중이 크다. 2012년 현재 99개 업체가 가동 중이며 고용인원은 6400여 명으로 마산지역 제조업 전체 종사자(2만여 명) 가운데 32%를 차지하고 있다.

예술인들의 고향 마산

조각가 문신[1923~1995]은 마산에서 어린 시절을 보냈다. 1938년 일본 동경 미술학교에 입학했으며 귀국 후 10여 차례 개인전을 열었다. 1961년 프랑스 유학을 통해 추상 회화와 조각을 시작해 1970년부터 세계적으로 이름을 알린다. 이후 유럽 곳곳을 돌며 전시회를 열던 문신은 1980년 마산으로 돌아온다. 그리고 1994년 마산합포구 추산동에 '문신미술관'을 열었다. 이듬해 문신이 숨지고 나서 미술관은 고인 뜻대로 마산시에 기증됐다. 마산시는 2004년 '마산시립문신미술관'으로 단장해 다시 연다. 추산동 언덕에 있는 미술관에서 내려다본 마산만은 먼 풍경으로는 제법 매력 있다. 문신은 어렸을 때 마산만을 보며 영감을 얻곤 했다고 한다.

'마산은 예향藝鄕'이라는 여기 사람들 자랑에는 두 가지 뜻이 섞여 있다. 마산 출신 예인들과 더불어 마산을 거쳐 간 예인이 많다는 것이다. 김상옥·김남조·김춘수·나도향·임화·지하련·이영도·구상·김

문신미술관

문신

이선관

지하·서정주 등 마산에서 한철을 보낸 문인과 작곡가 조두남 정도
만 나열해도 한참 이어진다. 자랑은 대개 문신을 비롯해 권환, 이은
상, 작사가 반야월 등 이 지역 출신 예인까지 덧붙이면서 매듭지어진
다. 하지만, 이름 높은 예인들 가운데 예향 마산이 가장 사랑한 이라
면 시인 이선관^{1942~2005}을 꼽을 수 있겠다.

'창동 허새비^{허수아비}'라는 별명으로 유명한 시인 이선관은 1971년
〈씨알의 소리〉에 〈애국자〉를 발표하면서 본격적인 작품 활동을 펼쳤
다. 어릴 적 잘못 먹은 한약 탓에 장애인이 된 이선관은 3·15, 4·19,
부마항쟁 등을 겪으며 감성과 시대정신을 다듬었다. 그리고 이를 바
탕으로 단순하고 간결한 언어로 부조리를 꿰뚫었다. 시집으로 〈기형
의 노래〉·〈인간선언〉·〈독수대〉·〈나는 시인인가〉 등 12권을 냈으며
2005년 13번째 시집 〈나무들은 말한다〉 출판을 앞두고 지병인 간경
화로 별세했다. 이후 지역 문화·예술인을 중심으로 그를 기념하는

국립마산결핵요양원(현 국립마산병원)

추모 모임이 꾸려졌으며 2010년부터 해마다 마산합포구 창동 일대에서 '창동 허새비 축제'가 열리고 있다.

한때 마산이 유명한 문화·예술인들 '사랑방' 구실을 한 것은 분명하다. 이는 이들이 활동했던 시기 마산 사정을 통해 짐작할 수 있다. 먼저 마산은 나라에서 6·25 전란을 피한 몇 안 되는 지역이다. 마산에서 가장 가까운 전선은 함안이었다. 여항산에서 인민군과 대치한 연합군은 치열한 전투 끝에 기어이 방어선을 지켜냈다. 덕분에 마산은 안전지대였고 피란민들은 마산으로 몰렸다. 문화·예술인들 역시 전쟁 통에는 피란민이었다. 또 한 가지 이유는 1946년 마산합포구 가포동에 들어선 '국립마산결핵요양원'^{현 국립마산병원}에서 찾을 수 있다. 당시 젊은 문인들은 유행병처럼 결핵을 앓았다. 그리고 마침 마산에는 제대로 된 요양시설이 있었다. 마산서 한철을 보낸 문인 대부분은 요양원 환자였다. 피란민이고 환자였던 그들이 안정을 되찾았을 때 둘러본 마산은 노는 모양새 하나는 제대로 갖춘 도시이 기도 했다. 왜색 섞인 유흥가는 새로운 것에 굶주린 문화·예술인들 에게 충분히 매력적이었다. 이름깨나 알려진 문화·예술인들은 마음 에 드는 집을 단골 삼았을 테고 사람은 다시 사람을 불러들였다. 그 렇게 모인 이들은 서로 영감을 주고받곤 했다.

독립운동가와 진보정치인 그리고 3·15

두 줄로 나란히 솟은 무덤은 8기다. 마산합포구 진전면 양촌리 산 자락에 있는 이 무덤들 앞에는 '삼진 독립 의거 기념비'가 서 있다. 1919년 3월 28일과 4월 3일, 두 차례에 걸쳐 일어난 의거에는 진전· 진북·진동 3개 면 주민들이 참여했다. '삼진 의거'라는 이름이 붙은 이유다. 이 의거를 이끌다 목숨을 잃은 이들이 김수동·변갑섭·변상 복·김영환·고묘주·이기봉·김호현·홍두익 등 8명이다.

이들과 더불어 마산을 대표하는 독립운동가로 이교재[1887~1933]와 명도석[1885~1954]을 꼽을 수 있다. 진전면 출신인 이교재는 상하이와 국 내를 오가며 독립운동을 펼쳤다. 상하이 대한민국임시정부에서 경 상남북도상주대표로 활동했으며 군자금을 구하려고 국내로 입국했 다가 잡히기도 했다. 출옥 후 다시 상하이로 망명하려던 그는 신의 주에서 붙잡혔으며 풀려나자 기어이 상하이로 망명했다. 이후 김구 주석 위임장을 들고 국내에 다시 들어와 활동했다. 그러나 다시 체 포돼 갇혔고 이번에는 끝내 살아 나오지 못했다.

마산합포구 중성동에서 태어난 명도석은 1907년 마산노동야학을

삼진 의거를 이끌다 목숨을 잃은 여덟 의사의 묘

열사 이교재 순국 기념비

노현섭

운영했다. 1919년 추산공원에서 의거를 일으켰으며 1927년에는 신간회 마산지회 설립에도 참여했다. 일제 말기에는 조선건국동맹에 가담했으며 광복 후에는 건국준비위원회 마산지부 위원장으로 활동했다.

근현대사에 걸쳐 노동운동과 진보정치 활동을 펼쳤던 노현섭 1920~1991은 마산합포구 구산면 출신이다. 일본 중앙대 법과를 졸업, 전국 자유노조 위원장을 지냈으며 혁신정당운동에도 참여했다. 1960년 '마산지구양민학살유가족회'를 결성, 그해 10월 전국유족회 회장으로 선출됐다. 노현섭은 민간인 학살 문제를 해결할 특별법 제정을 꾸준히 요구했다. 그러나 박정희 군사정권이 들어서면서 북한을 이롭게 했다는 이유로 15년 형을 선고받는다. 노현섭은 8년 정도 복역 후 병보석으로 풀려난다. 하지만, 옥살이 후유증에 시달리다 1991년 숨을 거뒀다. 2010년 사법부는 5·16쿠데타 정권이 노현섭에게 씌운 '용공容共' 혐의에 대해 '무죄'를 선고한다.

시시비비를 가려 부당하면 덤벼들 줄 아는 결기는 옛 기록에도 있는 여기 사람들 성정이다. 이른 근대화는 새 문물을 이 땅에 일찍 이식했다. 6·25를 즈음해 몰려든 지식인들은 평범한 사람들 인식에 새로운 자극을 지속적으로 공급했다. 원래 드셌던 사람들은 정신적으로 야물어지기까지 했다. 이 같은 분위기 속에서 1960년 3월 15일이 다가온다.

3·15정신 그리고 민주성지

1960년 3월 15일, 선거를 앞둔 이승만1875~1965은 대통령이 아니라 '우두머리'가 되는 길을 택한다. 오직 우두머리가 되려는 이에게 민주적 절차나 가치는 아무 의미 없었다. 이승만·이기붕1896~1960을 앞세운 자유당 정권은 서슴없이 부정을 저질렀다. 마산에서 일어난 '3·15의거'는 파렴치한 정권에 대한 가장 극적인 저항이었다. 하지만, 정권은 의롭게 일어난 시민에게 총을 겨눴다. 4월 11일 마산상업고등학교 학생 김주열1943~1960이 눈에 최루탄이 박힌 채 마산만에 떠오른다. 아들을 잃은 마산시민은 분노했고 이는 4·19혁명으로 이어진다. 결국 이승만은 물러나게 된다.

민주주의를 우습게 여기는 독재 정권에 대한 거센 저항은 1979년에도 이어진다. 박정희1917~1979 유신 체제에 대항하며 10월 16일 부산대 학생들이 주도한 시위는 이틀 뒤 마산으로 번진다. 바로 '부마민주항쟁'이다. 박정희는 18일 부산에 계엄령, 20일에는 마산 일대에 위수령을 선포했다. 하지만, 독재자는 며칠 뒤 10월 26일 부하 김재

3·15의거 발원지

김주열 열사 시신 인양지

규^{1926~1980}에게 총을 맞는다.

'마산이 일어나면 정권이 무너진다'는 여기 사람들 자부심은 과장 같지만 사실이기도 하다. 자연스럽게 마산 앞에는 '3·15정신', '민주성지'라는 수식이 붙곤 했다. 이는 민주주의를 짓누르려는 세력에 저항하는 '야성^{野性}'을 곤추세우는 저력이 되곤 했다. 하지만, 1990년 민주정의당·통일민주당·신민주공화당이 민주자유당으로 합당하는 것을 기점으로 민주성지 분위기는 묘하게 돌변한다. 합당 이후 처음 치른 1992년 14대 총선부터 2012년 19대 총선까지 민주자유당, 신한국당, 한나라당, 새누리당 후보가 잇달아 당선된 것이다. 14대 총선에서 마산합포구 당선자인 김호일이 무소속이었으나 그는 다음 선거에서 신한국당 후보로 나서 재선된다. 결국 지난 20년 동안 이곳 유권자 선택은 1960~70년대에 걸쳐 그토록 처절하게 저항했던 세력이 여전히 주도권을 행사하는 정당 후보였던 셈이다.

지난 2003년 마산회원구 구암동에 '국립 3·15민주묘지'가 조성됐다. 12만 8000㎡ 면적에 3·15기념관, 묘역, 봉안소, 조형물 등으로 구성된 공원 가운데에는 '민주의 문'이 우뚝 솟아있다. 현대사에서 처음으로 민중이 주체적으로 민주주의 문을 열었다는 상징을 담았다고 한다. 이곳 사람들이 무엇보다 앞서 지켜야 할 가치다.

먹을거리에 담긴 역사와 문화

—

이름 사라졌어도
미더덕·아귀찜에 남은 마산

마산 바다는 사납지 않다. 육지 깊숙한 곳까지 들어와 있기 때문이다. 태풍이 다가오면 인근 바다에서 배들이 몰려든다.

그런데 이 순한 바다는 인간이 쏟아내는 각종 오·폐수를 떠안아야 했다. 1970~80년대 수출자유지역이 한창 재미 좋을 때였다. 당시를 기억하는 이들은 "전국에서 가장 더러운 바다였다"라고 한다. 다행히 인간이 뒤늦게라도 손을 내밀어 이제 '죽은 바다' 신세는 면했다.

이러한 시간 속에서도 이곳 바다는 먹을거리를 꿋꿋이 쏟아내고 있다.

마산은 미더덕 주산지다. 전국 생산량 가운데 70%가 진동면을 중심으로 한 이 지역 몫이다. 바다가 잔잔하고 수심도 깊지 않아 양식하기 좋은 환경이다. '물에서 나는 더덕'이라는 미더덕은 오래전부터 풍어제를 지낼 때 빠지지 않았다고 전해진다.

미더덕

오만둥이

　천덕꾸러기 취급받던 때도 있었다. 우리나라 모든 해안에 서식하는 미더덕은 양식장이나 선박에 달라붙으며 해를 끼쳤다. 그런데 1970년대에 이 지역에서는 불청객이라 생각하지 않았다. 피조개 양식장에 서식하는 모습을 보고서는 이놈들만을 위한 양식에 눈길 됐다. 나라에서는 없애는 데 힘을 쏟고 있던 터라 장려는커녕 제재를 가했다. 그러던 끝에 1990년대 들어서야 양식허가가 났다. 이후 2005년 진동에서 첫 축제가 열렸고, 2006년에는 특화사업으로 육성되기도 했다.

　미더덕 동생쯤 되는 오만둥이는 좀 덜한 대접을 받는다. '여기저기서 막 자라 흔하디흔하다'고 해 이름에 '오만'이 붙었다고 한다. 그럼에도 '씹히는 맛'에서는 어느 음식에 뒤지지 않는다.

'아귀찜' 앞에 '마산'이 떨어질 수 없다. '마산 아귀찜'은 1960년대에 '혹부리 할매' 손에서 나왔다는 얘기가 있다. 당시까지 아귀는 흉측스럽게 생겼다 하여 내다 버렸다. 장엇국 팔던 '혹부리 할매'는 어느 어부가 "버리기 아깝다"며 주고 간 것을 지붕에 던져두었다고 한다. 20일 정도 지나 바짝 말라있는 아귀를 보고서는 콩나물·고춧가루를 듬뿍 넣어 쪄보았다고 한다. 물론 훌륭한 맛이었다. 이로부터 얼마 지나지 않아 주변에 '건 아귀찜'을 전문적으로 내놓는 곳이 들어섰다는 것이다. 또 한편으로는 '원조 증명서'를 보유하고 있는 식당이 따로 있기도 하다.

해안편 / 마산 (경남 마산합포·마산회원구

아귀찜 상차림

'아귀'가 표준어이지만, 이곳 사람들은 '아구'라 한다. 어느 여주인 고향이 전라도인데, 그곳에서는 '아구'라 불렀다는 것이 배경에 있다 한다. '아귀'라는 말이 불교에서는 '굶주림으로 괴로워하는 귀신'이라는 의미여서, 오늘날 '아구'를 표준어로 해야 한다는 목소리도 크다.

　아귀찜은 그 상차림이 소박하다. 동치미 국물 정도만 함께 따라 나온다. 이러한 차림새를 두고 어떤 이들은 마산사람 기질과 연관 짓기도 한다. 즉 '수수한 상차림 속에 매운맛이 숨어있다. 어수룩하면서도 얕잡아 보는 이들을 그냥 넘기지 않는 마산사람 기질과 흡사하다'는 것이다.

　오동동에는 '복국거리'가 있다. 1960년대에 어느 식당이 문 연 것을 시작으로 지금은 20여 곳이 자리하고 있다. 양철통에 찌든 술독이 아무리 씻어도 없어지지 않는데, 복어 한 마리 넣어두자 싹 빠지는 것을 보고 '해장용 음식'으로 생각했다는 이야기도 있다.

　1980년대까지만 해도 복어 독 손질을 제대로 하지 않아 화를 당하는 일도 많았다. "맛이 이상하다"는 손님 말에 주방장이 먹었다가 목숨을 잃었다는 얘기가 있다. 또한, 독 사고가 나면 판·검사들이 복국거리에서 가장 먼저 장사한 식당 주인을 찾아 조언받았다고 한다.

　복국집 가운데 24시간 장사하는 곳도 많다. 1990년대 중반까지는 오히려 새벽 손님이 많았다고 한다. 이미 한잔 거하게 걸치고 찾는 이가 태반이라 싸움도 허다했다고 한다. 지금도 해장을 위해 찾았다가, 오히려 한잔 더 곁들이는 이가 많다.

　'진주 실비', '통영 다찌'와 견주는 것이 '마산 통술'이다. 통술은 안주가 한 상 통째로 나온다 하여, 혹은 술을 얼음 통에 담아 내놓는

복국

다 하여 이름 붙여졌다. '술이 오래갈까, 안주가 오래갈까'를 놓고 시합까지 했다는 우스갯소리가 풍성함을 대변한다. 이는 한 상 거하게 차려 내는 요정문화와도 관계있는데, 서민적으로 변형된 것이라 볼 수 있다. 1970년대에는 오동동 일대가 번성했고, 지금은 신마산 쪽이 좀 더 유명하다.

마산에는 장어촌이 몇 된다. 어시장 '장어구이거리'는 그리 오랜 역사는 아니다. 가장 먼저 들어섰다는 가게도 1990년대 중반 영업을 시작했다. 그즈음 비브리오 패혈증·돼지 콜레라 같은 것이 돌면서 회보다 장어를 찾는 이들이 늘어 이 거리가 번성했다 한다.

진동천 주변에도 장어집이 몇 된다. 이곳은 민물과 바닷물이 합쳐지는 곳이라 장어 맛이 특히 좋다고 한다.

장어덮밥

마산 오동동 통술거리

가포동 일대 장어촌도 유명했다. 하지만 이제 주변 매립으로 바다 풍광을 곁들인 맛은 볼 수 없게 됐다.

마산 어시장에서는 매년 가을 전어축제가 열린다. 진해만 일대에서 올라오는 통통한 놈들인 '떡전어'는 그 인기가 여전하다.

1960년대 어시장에는 바다 위에 반쯤 걸쳐 있는 집들이 있었다. 횟집촌으로 일명 '홍콩빠'라 불리던 곳이다. 물 위에 판잣집을 지은 홍콩 빈민가와 비슷한 모습이었다. 이후 매립이 계속 이어지면서 1980년 말 사라졌다.

1970년대 봉암다리 아래쪽에는 '꼬시락^{망둑어}' 횟집촌이 있었다. 박정희 전 대통령이 진해로 향하다 바다 위에 자리하고 있는 횟집들을 보고서는 궁금증에 찾았다가 그 맛에 반했다는 이야기가 따라붙는다.

마산은 홍합 주산지이기도 하다. 정부에서 각종 양식업 지원에 나섰을 때, 홍합은 이곳 바다에 집중됐다고 한다.

1960년 12월 1일은 마산에서 '영업허가 1호' 식당이 탄생한 날이다. '귀거래'라는 간판을 단 이 식당은 40년 넘는 시간을 이었지만, 주인장 사정으로 2013년 문을 닫았다.

볼거리에 담긴 역사와 문화

주택·공장·건물에 품 내어준
가깝고도 먼 바다

이 지역 학교 교가에 가장 많이 등장하는 것이 '합포^{마산 옛 지명만}'
'무학산'이다.

마산 바다는 가까우면서도 멀다. 가포동에는 유원지가 있었다.
이 지역에서 바닷바람을 제대로 즐길 수 있는 몇 안 되는 곳이었다.
해수욕장도 있었다. 하지만 물놀이할 수 없을 정도로 오염돼 1975년
폐쇄됐다. 대신 1976년 진동면 쪽에 광암해수욕장이 인공적으로 조
성됐다. 역시 수질악화로 2002년 그 기능을 잃었다. 바다 낀 이 지역
에 해수욕장은 남아있지 않다.

마산 바다는 점점 더 멀어져 가고 있다. 매립 때문이다. 가포바다
가 있던 자리는 거대한 땅이 대신하고 있다. 일제강점기에 이미 대대
적인 매립이 있었다. 오늘날 남성동과 어시장 일대다. 어시장은 1760
년 조창^{漕倉}이 설치되면서 오일장으로 형성됐다. 조선 후기에는 전국
13대 시장에 들 정도로 번성했다. 지금 자리한 곳은 그 옛날 바다였
던 곳이다. 오늘날 경남대학교 인근에는 최치원^{857~?}이 제자들을 가
르쳤던 월영대^{月影臺·경남도 기념물 제125호}가 있다. 당시에는 이곳 아래에 백
사장과 바다가 펼쳐져 있었다고 한다.

가포 매립지

월영대

이 지역 사람들은 2003년 태풍 '매미'에 대한 기억을 잊지 못한다. 태풍상륙과 만조가 겹치면서 바닷물이 육지를 덮쳤다. 18명이 희생 됐다. 당시 바닷물은 매립된 땅까지만 올라왔다고 한다. 지금 마산 조각공원에는 당시를 기록으로 남긴 침수표시판이 있다. 높이 92cm 까지 물이 찬 것으로 표시돼 있다.

바다가 멀어지는 이유는 또 있다. 해발 143m에 자리한 회원현성 지會原縣城止·경남도 기념물 제88호에서는 이 지역 시가지를 눈에 담을 수 있다. 하지만 바다를 시원스레 볼 수는 없다. 전망 좋은 곳에 저마다 고층 건물이 자리하고 있어서다.

여기 사람들은 큰 인물이 나거나 좋은 일이 있을 때 '무학산 정기 덕'이라고 곧잘 말한다. 무학산 주위에는 절들이 한 자리씩 차지하 고 있다. 깊은 산골짜기에는 기도원도 여럿 있다. 독립운동가인 주기 철1897~1944 목사는 무학산 정상 십자바위에 자주 올라 기도했다고 한 다. 무학산은 서원곡을 통해 시내 중심가 쪽으로 물을 흘려보내며 그 기운을 뻗치기도 한다.

돌섬

산을 뒤에 두고 바다를 앞에 둔 이 지역은 살아가는데 보탬이 되는 땅을 넉넉히 내놓지 못했다. 조선시대 조창, 1899년 개항, 1970년대 수출자유지역 등으로 여러 차례 바깥사람들이 몰려들었다. 주택·건물·공장이 우선이었기에 사람 다니는 길은 어깨 부딪칠 정도로 좁아도 감내해야 했다. 이 지역에 유독 골목이 많은 이유겠다.

1982년 개발된 돌섬은 국내 최초 해상 유원지다. 동물원·서커스 공연장은 사라진 지 오래됐다. 지금은 자연휴식공간으로 새 단장 중이다. 돌섬에는 전해지는 이야기가 있다. 가락국 왕 후궁이 빛으로 변해 이곳 바위틈으로 들어가자 섬이 '돼지 누운 형상'으로 변했다고 한다. 한날 밤 월영대에 있던 최치원이 돌섬에서 돼지 우는 소리와 광채가 나는 것을 보고서는 활을 쏘았다고 한다. 다음 날 이 섬에 들어가 화살 꽂힌 곳에서 제를 올리니 그러한 일은 다시 없었다고 한다. '돋'은 돼지 옛말이다.

이 지역에는 일제강점기에 들어선 옛 마산헌병 분견대·성요셉성당·옛 마산결핵요양원국립마산병원 같은 것이 남아있다. 1926년 지어진

신마산 일본가옥

몽고정

옛 마산헌병 분견대는 일제가 독립운동가들에게 가혹 행위를 저질 렀던 곳이다. 이후 군사정권 시절에는 보안사로 쓰이기도 했다. 성 지여중 안에 자리하고 있는 성요셉성당은 1928년 짓기 시작해 1931 년 완공됐다. 당시 국내에 성당 지어본 이들이 없어 중국 기술자들 손을 빌렸다고 한다. 옛 마산결핵요양원은 반야월1917~2012이 노랫말을 만든 '산장의 여인' 배경지다. 일본인들이 주로 거주했던 신마산 지역 에는 적산가옥이 일부 남아있다.

이 지역에는 경남지역 최초 개신교회가 있다. 1901년 들어선 문창 교회다. 일제강점기 신사참배 거부 운동에 나섰고, 1908년에는 창신 학교를 설립하기도 했다.

마산에는 국보급 문화재가 하나도 없다. 여기 사람들이 아쉬워하 는 대목이다. 대신 1281년 원나라 병사들이 이곳에 주둔할 때 마셨 던 우물인 몽고정夢古井·경상남도 문화재자료 제82호에 큰 의미를 부여한다. '물 맑은 고장'이라는 것을 내세울 수 있는 든든한 배경이 되고 있다.

1955년 발표된 노래 '오동동 타령'은 이 지역 오동동 권번 기생 애 환을 담고 있다. 이곳이 배경인지를 두고 한때 논란이 있기도 했지 만, 노래를 부른 황정자 씨가 이를 확인해 주며 일단락됐다.

1980년대에는 창동을 중심으로 20개 가까운 극장이 있었다. '전 국 7대 도시'에 이름 올리던 때다.

마산은 한때 '야도野都', 즉 야당도시라 불렸다. 지금은 철저히 보수 화됐다. 군사정권에 뿌리 둔 정당에 오랫동안 변치 않는 지지를 보 내고 있다. 1990년 3당 합당 이후부터다.

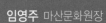
"마산은 곧 민주정신이지요."

임영주(60) 마산문화원장은 마산의 도드라지는 점에 대해 이렇게 압축했다. 3·15의거·부마민주항쟁, 좀 더 위로 거슬러 가면 삼진의거 같은 것이 그 바탕이라는 것이다. "세종실록지리지는 창원대도호부 사람들에 대해 추포건송, 즉 거칠고 포악하며 소송을 잘한다고 적어 놓았습니다."

마산은 '씨름 고장'으로 이름나 있다. "체육계 자료를 뒤져봐도 특별한 것은 나와 있지 않아요. 다만, 이곳은 조창이 있던 곳입니다. 곡식을 배에 실으려면 힘센 장정이 필요했습니다. 그러다 보니 이들을 장려하고, 또 새로운 이를 발굴하려 했던 것 아닐까요?"

마산어시장은 조선 후기 전국 13대 장시에 들 정도로 번성했다. "1760년에 조창이 생기면서 본격적으로 사람이 몰렸지요. 당시 유정당이라는 조창 건물이 있었는데, 900명을 모아놓고 연회를 베풀었다는 기록이 있습니다. 그만큼 큰 장시가 형성됐다는 거지요. 마산은 상업도시라 여기 사람들은 셈에 좀 능한 것도 같아요."

번성했던 시절 얘기는 이렇다. "수출자유지역에서 일 마친 이들이 끊임없이 흘러나왔죠. 출퇴근 시간에는 사람에 치여 지날 수가 없었어요. 1980년대 중반 정도가 마산 최고 전성기였던 것 같습니다."

삼진면은 진동면·진북면·진전면을 함께 일컫는다. '삼진의거'라는 역사적 배경을 바탕으로 사실상 같은 면민이라는 정서가 형성돼 있다. 인구는 진동면이 많고, 면적은 진전면이 가장 넓다. 특히 진전면은 마산지역 전체 면적 가운데 23%를 차지한다.

박중묵(50) 씨는 진전면이 고향이다. 창원서 직장생활 하다 부모님 건강 문제로 17년 전 귀농했다. "우리 면은 고성·진주·함안과 경계를 이루고 있습니다. 그래도 생활권은 마산지역입니다. 변방에 자리하다 보니 좀 보수적이라고나 할까, 마을 안에서 어른들 공경하는 문화는 확실히 자리잡혀 있습니다."

매년 4월 3일에는 세 개 면민이 모여 '삼진의거 재현행사'를 한다. "삼진의거가 우리 고장에서 시작됐다는 자부심이 크죠. 팔의사는 수천 군중을 이끌며 독립만세를 외치다 일본 총칼에 쓰러진 여덟 분을 말합니다. 그 뜻을 기리기 위해 주민 성금으로 1963년 창의탑을 세웠죠."

진전 주물럭 요리는 꽤 알려져 있다. 5~6곳 되는 가게가 옹기종기 모여 있다. "우리 지역은 양파가 좋습니다. 이를 주물럭요리에 적용하니 그 맛이 훌륭한 것 같습니다. 양촌마을에는 온천이 있습니다. 목욕 후 주물럭 드시는 게 하나의 코스죠."

놓치지 않고
둘러봐야 할 곳

—

국립 3·15민주묘지 마산이 내세우는 '민주정신'을 상징하는 곳이다. 1968년 구암동 애기봉현 위치에 묘역이 조성됐고, 이듬해 희생자 묘 13기를 이장했다. 2002년 국립묘지로 승격된 이후 2006년 지금의 이름으로 바뀌었다. 현재 33기가 안장돼 있다.

마산회원구 3·15성역로 75

저도연륙교 구복리와 저도를 연결하는 다리로 영화 〈인디안썸머〉 촬영지로 이름을 알렸다. 1987년 만들어진 일명 '콰이강 다리'는 너비 3m(길이 170m)밖에 되지 않아, 옛 시절 한쪽 편에서 차가 들어서면 반대쪽에서는 기다렸다 지나야 했다. 연인들이 채운 '사랑의 자물쇠'가 여기저기 보인다. 새 다리는 2004년 12월 개통했다. '저도 비치로드'에서는 바다를 벗 삼아 부담 없이 걸을 수 있다.

마산합포구 구산면 구복리

해양드라마세트장 2010년 4월에 40억 원을 들여 저잣거리·선착장·마방·가야관 등 6개 구역·목조건물 25채를 조성했다. 드라마 〈김수로〉를 시작으로 〈근초고왕〉 〈짝패〉 〈무사백동수〉 등을 촬영했다. 입장료는 없으며 드라마 촬영 때는 관람이 제한된다.

마산합포구 구산면 석곡리 770

팔용산 돌탑 산자락에 사는 이삼용 씨가 이산가족 슬픔을 극복하기 위해, 그리고 남북통일을 염원하는 마음에서 1993년부터 1000기를 목표로 쌓아오고 있다. 코끼리·봉황·잉꼬 등 다양한 형상의 돌탑은 신비감을 자아낸다. 입소문이 나면서 시에서는 기존 주택을 철거하고 돌탑으로 향하는 입구에 공원을 조성했다.

마산회원구 양덕동 산 26-5

마창대교 야경 마산합포구 가
포동~성산구 귀산동을 잇는 길
이 8.7km 다리로 2008년 7월
개통 이후 지역 랜드마크로 자
리 잡고 있다. 주탑 두 개는 독
수리가 날개를 펴고 있는 듯한
형상을 하고 있다. 성산구 귀산
동 쪽에서는 마창대교와 어우러
진 마산지역 야경을 담을 수 있
다.

성산구 귀산동 일대

진동 해안로 진동면 옛 광암해
수욕장서부터 구산면 원전마을
까지 해안로가 이어져 드라이브
하기 더없이 좋다.

마산합포구 진동면~구산면

놓치지 않고
둘러봐야 할 곳

마산음악관 음악인 이일래·조두남·반야월·이수인 등이 기증한 각종 자료가 전시돼 있다. 영상관에서는 마산지역이 배출한 음악인들에 관한 이야기를 들을 수 있다. 다만, 일부 해당하는 친일 논란에 대한 언급은 어디에도 없어 아쉬움을 남긴다.

마산합포구 신포동1가 68-1

회원현성지 고려 때 현을 다스리던 관청이 있던 곳이자 옛 몽고의 일본 정벌을 위한 군사적 전초기지였다. 성벽은 현재 약 620m에 걸쳐 남아있다. 무학산 남쪽 기슭에 자리한 얕은 산(해발 143m)이지만, 정상에 오르면 마산 시가지를 눈에 담을 수 있다.

마산합포구 자산동 산 12-4

진해

(창원시 진해구)

벚꽃·군항만 떠올린다면
아직 진해를 알지 못하는 것이다

진해 중원로터리에서 사방으로 뻗은 길은 여덟 갈래다.
남북으로 중원로, 동서로 편백로 그리고 동남쪽에서 북서쪽으로
백구로, 서남쪽에서 북동쪽으로 벚꽃로가 로터리를 지난다.
방사형 로터리는 중원로터리에서 위·아래로 하나씩 더 있다.
바늘 시계 중심에 중원로터리가 있다면 10시 지점이 북원로터리,
6시 지점이 남원로터리다. 북원·남원 로터리에서 뻗은 길은
각각 다섯 갈래다. 3개 로터리는 충무동·중앙동·태평동을 끼고
시가지를 이룬다. 도로 사이 적당히 들어선 주택과 상가는
격자형으로 반듯하게 정돈돼 있다. 오늘날에도 흠잡을 게 별로 없는
시가지는 100여 년 전에 조성됐다. 사람이 모여 이룬 시가지가
아니라 시가지를 만들고 사람을 들인 이른바 계획도시다.
하지만, 그 계획은 일본인들 머리에서 나왔다.

1900년 힘없는 나라는 러시아에 마산항 한쪽을 내준다. 러시아와 경쟁하던 일본은 이를 빌미로 진해 땅을 요구한다. 러시아 앞에서 무른 나라가 일본 앞에서 야물리 없었다. 일본은 1902년부터 진해를 군항으로 개발한다. 일본 해군은 일찌감치 진해를 주요 거점으로 삼았다. 그리고 1910년 이 나라를 완전히 삼킨 일본은 이곳에 마음먹고 시가지를 닦는다. 그 계획이 얼마나 주도면밀했는지 뼈대가 된 방사형 로터리는 오늘날까지 고스란히 남아 있다. '제황산 공원'에 있는 진해탑에서 내려다보는 중원로터리는 1920년대 사진 속 풍경과도 얼추 맞아떨어진다. 로터리는 100여 년을 건너뛴 오늘날에도 근대 도시 맵시를 태연하게 드러낸다. 진해 것이라고 내세울 만한 개성이다. 그리고 해마다 4월, 흐드러진 벚꽃은 진해가 품은 매력을 한 번에 터뜨린다.

제황산공원 전망대에서 내려다본 진해 시내

산에 머리를 두고 발은 바다에 담근 땅

　장복산 중턱을 지나는 고갯길은 창원 성산구와 진해구를 잇는다. '안민고개'다. 여기 사람들은 진해 매력을 잘 모르겠다는 바깥사람들에게 이 고갯길을 먼저 추천하곤 한다. 구구절절 설명할 것 없이 고갯마루에서 도시 풍경을 내려다보라는 것이다. 전망대에서는 진해 시가지와 그 너머 바다가 한눈에 들어온다. 눈 앞에 펼쳐진 야경은 고개 뒤쪽으로 짙은 어둠과 적절하게 대비되며 적잖은 감흥을 안긴다.

　동서로 길게 뻗은 진해 땅 전체는 위로는 산, 아래로는 바다가 이어진다. 산과 바다의 거리는 멀어도 2㎞ 안팎이다. 여기 사람들에게 산과 바다는 따로 시간을 내서 찾아다니지 않아도 되는 일상적인 공

간이다. 산성산400m, 장복산582m, 불모산802m, 화산798m으로 이어지는 산줄기는 동서로 길게 뻗은 진해 땅을 병풍처럼 감싼다. 그리고 창원 성산구와 진해구 경계를 이룬다. 산 아래 들판은 걸리는 것 없이 바다까지 이어진다. 하지만, 여기 사람 대부분은 땅을 일궈 살림을 꾸리지 않았다. 진해구 전체면적121.26㎢ 가운데 경지11.6㎢는 10%에도 못 미친다. 농가는 1200여 가구로 전체 가구(6만 7000여 가구) 가운데 1.8% 정도를 차지한다. 그렇다고 이곳 사람들이 바다를 터전으로 삼았다고 보기도 어렵다. 현재 어업이 생업인 집은 800여 가구로 그 수만 따지면 농업보다 적다. 어업 비중도 어획보다는 양식이 높다. 농어업은 진해 사람 살림에 그다지 보탬이 되지 않았다.

진해를 2차 산업이 활발한 곳으로 보는 것도 무리가 있다. 1970년대 들어섰던 진해화학은 이미 사라졌고, 1990년대 들어선 대동조선은 2001년 ㈜STX가 경영권을 인수하고 나서야 그 실적이 유난히 눈에 띄기 시작했다. 하지만, 전진밖에 모르던 ㈜STX는 2013년 현재 유동성 위기를 맞고 있다. 2차 산업 역시 진해에서는 큰 힘을 쓰지 못했다. 그럼에도 상대적으로 큰 도시인 창원·마산 사이에서 그렇게 기죽지 않을 수 있었던 저력은 3차 산업에서 나온다. 결과적으로 진해 산업 중심은 1·2차 산업보다 서비스업에 쏠려있다고 보는 게 맞다. 이 같은 산업 구조는 '군항軍港'이라는 특수성에서 나온다. 아니, 군항이 들어서기 훨씬 전부터 진해는 나라 밖과 거래를 튼 곳이었다.

일찍부터 열린 항구

예부터 왜구는 골칫거리였다. 제 가진 것만으로 만족하지 않았던 이들은 끝없이 이 나라 남쪽 지방 물과 바다를 헤집고 다니며 약탈을 일삼았다. 세종^{1397~1450}이 세 차례에 걸쳐 대마도 정벌에 나선 것은 도발에 대한 마땅한 응징이었다. 힘으로 해볼 수 없다고 여긴 왜구는 그제야 교역을 요청한다. 필요한 것을 빼앗을 수 없게 되자 정식으로 거래하겠다고 나선 것이다. 괘씸한 태도였지만 조정 또한 고민하지 않을 수 없었다. 교역이 도저히 불가능하다면 왜구는 다시 기를 쓰고 덤벼들 게 뻔했다.

1426년 삼포개항은 왜구에 대한 유화책이었다. 그 뜻은 거래할 수 있는 길을 열어 줄 테니 무리해서 도발하지 말라는 것이었다. 웅천 제포^{내이포}, 동래 부산포, 울산 염포를 묶어 삼포다. 이 가운데 제포가 지금 진해구 웅천 지역에 해당한다. 진해는 조선 초기부터 활발한 대외 무역항이었다. 조선시대까지 진해 중심지는 웅동만, 안골만을 끼는 동부지역이었다. 그 흔적은 오늘날에도 찾을 수 있다. 웅천읍성(진해구 성내동)은 1434년 지어졌다. 원래 900여m 길이로 쌓았으나 지금은 500m 정도 남아 있다. 안골왜성(진해구 안골동)은 임진왜란 때 왜군이 쌓은 성이다. 성은 안골만을 한눈에 내려다볼 수 있는 언덕에 있다. 교역이 활발했던 항구는 아군과 적군 모두 중요하게 여기던 지역이었다.

나라를 발칵 뒤집은 임진왜란^{1592년}이 터질 기미는 일찍 문을 연 항구에서 먼저 나타났다. 1510년 일어난 '삼포왜란'이다. 삼포에 거주하던 왜인들은 삼포를 관리하던 조정 관리에게 불만을 품고 난을 일

웅천 안골왜성

으킨다. 왜구는 삼포를 휘저으며 조선 군사와 백성을 무참히 살해한
다. 조정에서는 군사를 보내 가까스로 제압하나 삼포는 80여 년 뒤
왜구에게 더욱 처참하게 짓밟힌다.

　진해 중심이 제포가 있던 동부지역에서 행암만을 낀 서부지역 끝
으로 옮겨진 것 역시 배경에는 일본이 있다. 일제강점기 일본 해군
이 이 일대에 거점을 정하면서 변두리는 중심지 역할을 하게 된다.
근대적 개념으로 접근한 계획도시가 조성된 것도 이때다. 일본 해군
은 진해 땅을 영원히 제 것이라 생각했는지 길을 트고 건물을 짓고
항구를 넣는 데 무던히 공을 들인다. 따지고 보면 진해는 조선시대
부터 근대에 이르기까지 일본 영향이 적지 않게 미친 곳이다. 그리
고 그 흔적은 오늘날에도 힘들이지 않고 마주칠 수 있으며 다른 지
역과 구별되는 진해가 품은 개성이기도 하다. 하지만, 진해를 아끼는
사람들은 제 지역 자랑 한편에 끼어드는 왜색에 대한 거부감을 종
종 드러내기도 한다.

진해 한가운데 있는 진해루(진해구 경화동) 앞에 펼쳐진 바다는 시원하다. 그리고 이 바다는 대한민국 해군을 키우는 요람, 해군교육사령부 앞 풍경으로 걸맞다. 해군교육사령부 앞은 신병들 행렬로 한 달에 한 번 북적인다. 이곳에서 신병들 행렬 못지않게 눈에 띄는 것은 해군교육사령부 앞에 펼쳐지는 천막이다. 신병들에게 반드시 필요하다는 물건을 파는 분주한 상인들 모습은 진해 경제가 돌아가는 단면을 은유한다.

일본 해군이 고르고 고른 땅은 우리 군이 보기에도 요충지였다. 게다가 적이 남긴 것이기는 했지만, 진해에 이미 닦인 군 시설 기반 역시 쓸모 있었다. 1945년 손원일[1909~1980]을 중심으로 결성된 '해방병단'이 대한민국 해군 거점을 진해로 삼은 것은 여러모로 효율적인 선택이었다. 진해는 해군기지사령부, 해군작전사령부, 해군사관학교, 해군교육사령부가 들어서면서 대한민국 해군 기지로서 면모를 갖춘다.

해군은 해방 이후 이 나라 국방은 물론 진해 경제까지 떠받친 버팀목이다. 1·2차 산업이 시원치 않았던 진해가 시 단위 행정구역을 유지할 수 있었던 기반은 해군이었다. 식당·다방·술집·숙박업소 등을 차린 상인들은 너나 할 것 없이 해군만 바라봤다. 혈기 왕성한 젊은 군인과 씀씀이가 큰 장교는 여기 사람 살림과 진해 경제를 북돋웠다.

2007년 진해 해군작전사령부가 부산 이전 계획을 발표하자 진해가 뒤숭숭해진 것은 당연했다. 해군작전사령부 이전은 단순한 군부대 이동과 그 의미가 달랐다. 여기 사람들에게는 살림 밑천이 한꺼

번에 빠져나가는 듯한 충격이었다. 주민들은 해군작전사령부는 물론 교육사령부, 해군사관학교, 해군기지사령부 안부까지 염려하며 예민하게 반응했다. 결국, 작전사령부 일부 기능만 부산으로 옮겨지는 것으로 정리되자 진해 사람들은 그나마 가슴을 쓸어내리게 된다. 이는 진해 경제가 해군에 얼마나 의지하고 있는지를 보여준다. 여기 사람들은 우스갯소리로 "진해 특산품은 진해콩, 벚꽃빵 그리고 해군"이라며 그 애정을 감추지 않는다. 더불어 해마다 4월에 열리는 진해 군항제 역시 벚꽃과 함께 해군이 없었다면 그 매력이 반감됐을 게 분명하다. 진해 사람들에게 해군은 여러모로 어여쁠 수밖에 없다.

근대문화유산인 진해해군기지사령부 건물 ⓒ해군

평생 곧았던 시인과 목사

시인이자 한학자인 김달진[1907~1989]은 진해구 소사동(창원군 웅동) 출신이다. 1929년 시 '잡영수곡雜泳數曲'으로 등단했으며 1939년 불교전 문학교를 마쳤다. 1940년 첫 시집 〈청시〉를 냈으며 8·15 해방 후 동 아일보 기자로 잠시 활동했다. 1960년대 이후에는 불경과 한시 번역 에 집중했다. 대표작으로는 부처 일대기를 그린 서사시집 〈큰 연꽃 한 송이 피기까지〉(1974)와 시선집 〈올빼미의 노래〉가 있다. 또 동 양고전과 불경 책도 다수 펴냈다. 1990년 제정된 '김달진 문학상'은 평생 정신이 지닌 가치를 회복하려던 시인을 기린 것이다. 창원시는 1996년부터 해마다 10월 '김달진 문학제'를 열어 전시회, 백일장, 심 포지엄, 생가 방문 같은 행사를 진행하고 있다. 진해구 소사동에 있 는 생가 맞은편에는 '김달진 문학관'이 있다.

일제강점기 신사참배를 거부하다 순교한 목사 주기철[1897~1944]은 웅 천 출신이다. 1921년 평양 장로회신학교에 입학해 1925년 경남노회 에서 목사 안수를 받았다. 1931년 마산 문창교회(마산합포구 상남 동)에 부임해 신앙·계몽 운동을 펼쳤다. 1936년 평양 산정현교회에 부임한 주기철은 재직 중 신사참배를 강요받자 종교적 신념을 내세 워 거부한다. 그리고 신사참배 반대운동에 적극적으로 나서다 1938 년 체포된다. 징역 10년 형을 선고받은 주기철은 평양형무소에서 복 역하다 고문을 견디지 못하고 1944년 순교한다. 1963년 정부는 대 한민국건국공로훈장을 추서한다. 주기철이 어린 시절 다녔던 웅천교 회(진해구 성내동)는 현재 '주기철 목사 순교기념관'을 운영하고 있 다.

　진해구 남문동에 조성한 '흰돌메 공원'에서는 신항만을 한눈에 내려다볼 수 있다. 부산과 진해 경계에 조성한 신항만은 1997년 착공해 현재 북컨테이너 부두가 운영되고 있다. 완공되면 접안 시설인 안벽은 총 14.71㎞로 45개 선석 규모로 개발된다. 연간 수용 가능한 컨테이너는 1325만TEU컨테이너 1대 단위 정도로 예상된다. 신항 조성 초기 이름 문제를 두고 경남도와 부산시가 벌였던 싸움은 이제 아련한 기억이 됐을 정도로 이곳에 대한 여기 사람들 기대는 크다. 진해 사람들은 이 대규모 부두가 빚을 경제효과를 종종 즐겁게 셈하기도 한다. 긴 세월 관광·소비에만 의지했던 지역 경제 구조에 새로운 활력을 불어넣을 것이라는 기대도 있다. 물론 그 변화는 머릿속에서만 맴돌 뿐 아직은 일반 시민이 쉽게 가늠할 수 있는 수준은 아니다.

부산진해신항 컨테이너 부두

신항과 더불어 진해에 일어난 가장 큰 변화는 행정구역 통합이
다. 2010년 7월 창원시·마산시·진해시를 묶어 출범한 통합 창원시
는 진해에 큰바람을 일으키고 있다. 그리고 그 바람이 몰고 올 득실
에 대한 셈은 이 지역에 사는 사람들끼리도 의견이 분분하다. 거대
도시 일원으로서 자연스럽게 부풀어 오를 행정·경제 단위에 대한 기
대는 낙관이 되겠다. 하지만, 시 단위 행정구역이 구 단위로 바뀌면
서 불거진 가시적·심리적 박탈감 역시 아직은 무시할 수 없다. 이는
창원시 행정이 결정될 때마다 '배분'에 예민한 이유이기도 하다. 어쨌
든 통합 효과에 대한 낙관을 그대로 반영하면서 비관을 지우는 일
은 창원시 행정에서 가장 중요한 과제이기는 하다.

도시와 자연, 과거와 오늘의 조화

진해해양공원(진해구 명동)에 들어서면 '해양솔라파크'가 한눈에
들어온다. 진해를 대표하는 상징물로 자리매김하려는 듯 그 위용이
당당하다. 돛을 형상화한 높이 136m 탑은 주변 바다와 어우러져 그
매력을 더한다. 탑 전망대에서는 남해안은 물론 부산신항과 거가대
교까지 한눈에 볼 수 있다. 주변 섬과 바다를 잘 활용한 공원은 진
해가 가진 바다 자원을 더욱 적극적으로 활용하려는 시도다.

진해내수면환경생태공원(진해구 여좌동)은 여기 사람들이 '도심
속에 느닷없이 쏟아진 축복'이라고 여길 만큼 사랑받는 공원이다. 오
랫동안 사람 손을 타지 않았던 저수지와 숲, 산책로는 철저한 관리
로 찾는 사람들 마음을 흐뭇하게 한다. 진해 자연이 품은 매력이 산

군항제 기간 중 진해 여좌천 모습

옛 모습을 간직한 진해우체국

과 바다에만 펼쳐져 있는 게 아니라는 것을 당당하게 드러낸다. 벚
꽃 만발한 생태공원은 사진을 즐겨 찍는 사람들이 절대 그냥 지나치
지 않으려는 풍경이다.

진해를 감싸 안은 장복산과 불모산 산줄기 역시 근교산으로는 그
매력이 차고 넘친다. 특히 장복산 줄기에서 솟은 시루봉과 천자봉은
바깥사람들도 즐겨 찾는 등산 코스다. 진해는 산, 바다 그리고 그사
이 땅 곳곳에서 제 모습을 잃지 않은 자연이 큰 즐거움을 안기는 도
시다. 그 즐거움은 해마다 4월이면 벚꽃과 뒤엉키면서 더욱 강렬한
인상을 남긴다. 뭇사람을 설레게 하는 풍경은 진해 어디서든 화사한
자태를 뽐내는데 창원시는 그 멋이 유난한 곳을 추려 소개하고 있
다. 여좌천, 경화역, 안민고개, 장복산, 해군사관학교, 진해드림로드
6곳이다. 흩날리는 벚꽃 사이를 거닐면 여기 사람들이 주변 마산·
창원과 비교해 사람 살기는 진해가 으뜸이라고 여기는 이유를 알 것
같다. 그 조화로움은 단지 풍경으로만 그치지 않는다. 100년 세월
을 건너뛴 시가지. 그리고 그 곁에서 비슷한 시간을 태연하게 버티
고 서 있는 옛 건물. 진해 곳곳에 있는 옛 건물은 보고 지나치는 장
식 같은 대상이 아니다. 식당으로, 문화 공간으로, 관공서로 오늘날
에도 그 기능을 하고 있다. 그 곁에는 또 버젓이 오늘날 지은 건물
이 나란히 들어서 있다. 진해가 품은 매력은 그렇게 일상에서 다가
온다. 진해는 풍경과 더불어 그 시간조차 조화로운 도시다. 그렇다
면 진해가 품은 가장 큰 자산은 시간과 공간과 풍경이 일상에 자연
스럽게 밴 조화에서 찾는 게 당연하다.

먹을거리에 담긴 역사와 문화

—

콩 하나 빵 하나에 담은
진해 이야기

중원로터리 주변은 지난 시간을 끼고 있다. 색바랜 건물·가옥이 곳곳에 버티고 있다. 1900년대 초·중반 들어선 것들이다. 오늘날 식당이 그 공간을 제법 차지하고 있다.

'일본식 가옥 거리' 뒤편 골목에는 근대문화유산이 있다. 1930년대 일제 목조가옥이다. 일본해군병원장 관사였던 곳이다. 지금은 곰탕전문 식당으로 쓰이고 있다. 삐걱대는 복도 바닥은 옛 시간을 고스란히 뿜어낸다. 일제강점기에 사용하던 괘종시계·축음기·전화기도 그대로 자리하고 있다. 여전히 생명이 남아있는 것들이다. 매시 정각 '땡~ 땡~' 하는 괘종소리가 이를 증명한다.

인근에는 1920년대 것으로 전해지는 3층 팔각누각이 있다. '뾰족집'이라 불리는 곳이다. 일제강점기 초소로 활용됐다. 이후에는 요정 공간이었다. 지금은 식당이 자리를 차지하고 있다. 이 건물은 외관상으로는 그리 오래돼 보이지 않는다. 주거용으로 활용하기 위해 보수를 했기 때문이다. 건립 당시 중원로터리 건너편에도 같은 건물이 하나 더 있었지만, 남아있지 않다.

'뾰족집' 길 건너편에는 중국음식점이 있다. 6·25 전쟁 참전 중 포로가 된 중공군이 이곳에서 장사를 시작했다. 1956년 어느 화교가 물려받아 지금에 이르고 있다. 지금은 '원해루'라는 이름을 달고 있다. 나이 지긋한 이들은 '영해루'라 부르기도 한다. 건물 정면에는 간판 두 개가 있다. 위에 달린 것은 아주 낡았다. 1956년 당시 쓰던 간판이다. 이 중국음식점은 이승만·박정희 전 대통령이 발걸음한 곳이다. 영화 〈장군의 아들 2〉 촬영지이기도 하다.

1955년 문을 연 '흑백다방'은 이 지역 사랑방이었다. 이제는 마실 거리를 팔지는 않는다. 문화공간으로 바뀌어 정기적인 공연이 이어

지금은 식당으로 쓰이고 있는 일제 목조가옥

원해루 건물

지고 있다. 이름도 '흑백다방' 아닌 '문화공간 흑백'이다.

이 지역 먹을거리 특산품에서 '진해콩'이 빠지지 않는다. 1910년대에 일본인들에 의해 처음 생산된 것으로 전해진다. 밀·메주콩 가루를 반죽, 구운 후 잘게 해 설탕을 입힌 과자다. 간식거리 없던 시절에는 다른 지역에서도 그 맛을 알 정도로 유명했다. 오래간만에 맛본 이들은 크기가 작아졌다거나, 딱딱함이 덜해졌다고 말하기도 한다. 1930년대부터 제조공장을 운영한 이정제(57) 씨 집안은 지금까지 그 세월을 잇고 있다. 경화동 주택가 간판 없는 공장은 여전히 돌아가고 있다.

천리교 경남교구 안에는 주춧돌 하나가 있다. '백칠령 공양지탑'이라 적혀 있다. 1930년 진해만 요새사령부에서는 큰불이 났다. 어린이 영화상영 도중이었다. 모두 107명이 목숨을 잃었다. 106명은 일본인이었지만, 한국인 한 명도 있었다. '진해콩'을 만드는 일본인 집에서 아이들을 돌보던 한국인 소녀였다.

진해콩   진해콩 제조공장

벚꽃빵

　이곳 '벚꽃 고장'은 먹을거리에도 그 향을 쏟아낸다. 벚꽃 진액을 팥소에 넣은 '벚꽃빵'이다. 벚꽃 모양인 작은 빵을 한입에 넣으면 입 안에 향이 퍼진다. 2009년 군항제 때 처음 나왔는데, 반응이 좋았다. 어느새 특산품으로 자리 잡았다. 이를 만들어낸 곳은 진해제과다. 1947년 문을 연 곳이다. 어렵던 시절에는 때때로 돈 받지 않고 해군들에게 빵을 내주기도 했다 한다. 빵집 건물 2층은 외박 나온 해군과 그 가족이 하룻밤 지낼 수 있는 공간으로 사용했다.

　부산과 경계를 이루는 용원동은 해산물 집산지다. 이곳 봄 도다리 역시 식객을 불러 모은다. 용원 인근 바다는 모래 아닌 자갈이 많다. 물살이 거칠다는 얘기다. 이에 단련된 놈들이라 그 맛이 다르다고 한다. 진해에서는 '벚꽃 피고 질 무렵 도다리 맛이 제일 좋다'는 말이 있다.

　용원에서는 흔치 않게 '졸복회'를 내놓는 횟집이 여럿 있다. 졸복 크기가 작아 한 마리에서 회 두 점이 나온다. 그 쫄깃한 맛에 반해 만만찮은 가격도 아깝지 않다는 이들이 많다.

그 옛날 진해가 웅천으로 불리던 시절, 용원 인근 가덕도는 대구 산란지로 유명했다. 일제강점기가 끝났지만, 일본인들은 이곳 대구 맛 때문에 쉽게 발걸음 옮기지 못했다는 이야기도 전해진다. 오늘날 진해만에서 잡힌 대구는 전국적으로도 유명하다. 바다가 조용하고 산란하기 알맞은 환경 덕이겠다.

진해에서 잡히는 전어는 속살이 붉다. 이름도 '떡전어'라 붙여져 있다. 살이 떡처럼 통통하고 고소하다 하여 붙여졌다고 한다. 여기 에는 전해지는 얘기가 있다. 이 고을에 부임한 어느 지방관이 "그 유 명한 이곳 전어 맛을 보자"고 했다. 하지만 이생원이라는 자가 "산란 기라 어린 전어는 절대 잡아서는 안 된다"고 버텼다. 화가 난 지방관 이 목을 치려는 순간이었다. 지금의 웅천 괴정마을 앞바다에서 전어 들이 피 튀기며 뭍으로 올라왔다. 죽은 전어들은 하나의 글자를 나 타냈다. '德덕'이었다. 그리하여 '덕전어'라 불리던 것이 '떡전어'로 변 했다는 것이다.

한편으로 오늘날 들어서는 가을이 되면 어민들이 해군 통제수역 에 들어가는 '전어전쟁'이 벌어지기도 한다.

진해는 피조개 양식도 많이 한다. 파도가 잔잔하고 조류가 심하 지 않기 때문이다. 채취는 겨울부터 이른 봄까지다. 1970년대부터 일본으로 대부분 수출했다. 정작 이곳에서는 맛보기 쉽지 않은 것이 기도 하다.

안골마을에는 생굴 내놓는 곳이 줄지어 늘어서 있다. 과거에는 마을 안쪽에 횟집도 즐비했다. 하지만 신항 개발로 횟집은 대부분 문을 닫았다. 진해는 개발·매립으로 바다가 망가졌다. 바다에서 나 는 먹을거리가 예전만큼이길 바라는 것은 무리겠다.

볼거리에 담긴 역사와 문화

일제 흔적 넘어
오롯이 제 것으로

제황산帝皇山·90m은 '임금이 탄생할 명당'이라 하여 애초에는 제왕산帝王山으로 불렸다. 1947년 일본식 이름을 되돌리는 과정에서 제황산으로 잘못 적용해 지금에 이르렀다고 한다. 1929년 이곳 정상에는 높이 34.85m 되는 '러일전쟁기념탑'이 세워졌다. 여기에도 담긴 이야기가 있다.

기념탑 공사가 시작된 날 일본인 승려 꿈에 백발노인이 나타나 "무례한 짓을 그만둬라"고 경고했다고 한다. 일본 해군은 이를 전해 들었지만, 코웃음 치며 그대로 진행했다는 것이다. 이후 우환이 잇따라 닥쳤다고 한다. 실제로 기록에 남아있는 사고가 여럿 된다. 공사 현장 케이블카 사고로 일본인들이 피해를 보았다. 놀랍게도 함께 있던 한국·중국인들은 멀쩡했다. 또한 마산에서 들어오던 배가 전복돼 25명이 숨을 거뒀다. 그리고 진해로 향하던 열차는 터널에서 불에 휩싸였다. 영화 상영장에도 화마가 덮쳐 107명이 사망했다. 당시 사람들은 일제가 명당 지맥을 눌러 산신령이 노한 것으로 믿었다 한다.

해방 후 기념탑은 헐렸다. 1967년 그 자리에 해군 군함 사령탑을 상징하는 진해탑이 들어섰다. 박정희 대통령 친필이 지금도 탑 정문에 남아있다. 365계단을 오르는 것이 불편한 이들을 위해 2009년 모노레일이 만들어졌다. 초기에는 줄을 서며 타기도 했지만, 지금은 애물단지 신세를 면하지 못하고 있다.

남원로터리에는 '김구 선생 친필 시비'가 있다. 김구 선생은 1946년 진해 해안경비대 장병을 격려하며 '서해어룡동 맹산초목지誓海魚龍動盟山艸木知'라는 글을 남겼다. 이순신 한시 가운데 한 구절이다. '바다에 맹세하니 고기와 용이 움직이고, 산에 맹세하니 초목이 아는구나'라

욱일승천기를 닮은 중원로터리

진해 벚꽃

는 의미로 나라에 대한 근심이 섞여 있다. 이승만이 친일파를 끌어 모아 남한 단독정부를 세우려는 상황에 대한 안타까움이 담겼다는 것이다. 북원로터리에는 1952년 전국 최초로 세워진 '이순신 장군 동상'이 있다. 앞면에는 '충무공 이순신상 이승만 근저'라는 글이 새 겨져 있다. 뒷면에는 이승만과 가까웠던 문인 이은상 글이 적혀 있 다.

'이순신 장군 동상'에서 멀지 않은 곳에 욱일승천기 형상을 한 중 원로터리가 있다는 사실은 역설적이다.

중원로터리 인근에는 '시월유신 기념탑'이 있기도 하다. 1973년 옛 육군대학에 자리했다가 일부 이전 요구로 1976년 지금의 진해도서 관 입구로 옮겼다.

진해 벚꽃은 일제강점기에 10만 그루 이상 들어왔다. 하지만 해방 이후에는 일본에서 들어온 것이라 하여 천대받았다. 주민이 땔감으 로 모조리 베어 썼다. 그런데 1960년대 들어 이곳 벚나무 원산지가 제주도라는 얘기가 들려왔다. 벚나무를 바라보는 시선이 달라졌다. 그런 분위기 속에서 재일교포가 벚나무를 대량 기증하면서 다시 자 리 잡았다. 박정희 대통령은 벚꽃을 좋아해 이 당시 진해뿐만 아니 라 서울 여의도에도 대량 심을 것을 지시했다고 한다. 이와 달리 이 승만 대통령은 벚나무를 싫어했다고 한다. 그럼에도 재미있는 것은 오늘날 '이승만 별장'에 100년 이상 된, 이 지역에서 가장 오래됐다 할 수 있는 벚나무들이 자리하고 있다는 사실이다.

안민고개는 장복산맥 해발 330m에 자리하고 있다. 임진왜란 때 왜군이 지나지 못하도록 하고, 백성을 편하게 하였다 해서 '안민安民' 이라는 이름이 붙여졌다. 그 옛날에도 진해-창원 간 혼사가 많았다 한다. 산 하나만 넘으면 친정일지라도, 쉽게 갈 수 없는 폐쇄적인 시절이 있었다. 이 때문에 1년에 한 번 출가한 딸들이 고개에 올라와 친정 가족을 만나는 날이 있었다 하니 '만날 고개'이기도 했던 셈이다.

육지에서 17km 떨어진 곳에는 연도라는 작은 섬이 있다. 그 옛날에는 섬에 발붙이고 있는 남자가 없었다고 한다. 고기를 찾아 늘 망망대해에 나가 있었기 때문이다. 섬 안에는 여자들뿐이었다. 섬 안에서 세상 떠나는 이가 있으면, 여자들끼리 장례를 치를 수밖에 없었다. 그러한 지난 시간은 '연도여자상여놀이'라는 향토민속예술로 보존·전승되고 있다. 하지만 오늘날 신항 공사로 80여 가구 모두 섬을 떠날 수도 있는 처지에 놓여 있다.

연도

삼포 노래비

진해~마산을 잇는 마진터널은 1957년 개통됐다. 그 아래 장복터널이 만들어지고 나서부터는 이용자들이 거의 없다. 그래서 마산 방면 입구에 홀로 있는 추모비는 더 쓸쓸히 느껴진다. 1979년 산사태 때 목숨 잃은 해군 8명 이름이 적혀있다.

웅천 사도마을에는 세스페데스 신부 입국기념비가 있다. 진해는 서양인이 최초로 우리나라 땅을 밟은 지역이다. 그레고리오 데 세스페데스라는 스페인 신부가 1593년 임진왜란 당시 웅천포를 통해 들어와 1년간 종교활동을 한 후 일본으로 갔다. 1993년 스페인 사람들이 세스페데스 방한 400주년 기념 조형물을 보내와 작은 공원이 만들어졌다.

명동 삼포마을에는 '삼포 노래비'가 있다. 1983년 가수 강은철이 부른 '삼포로 가는 길'은 이 마을을 배경으로 했다. 노랫말을 만든 이혜민 씨가 여행길에 우연히 이곳에 들렀다가 정겨운 풍경에 빠져들어, 그 느낌을 가사로 담았다.

이동순(47) 문화해설사는 고향이 경북이다. 이곳 진해에 정착한 지는 10년가량 된다. "저는 농담으로 '진해 특산물은 해군'이라 말하기도 합니다. 해군이 없으면 경제가 죽는다고 봐야죠. 또한, 진해라는 공간은 일본·해군과 관계가 지속된 곳이라 할 수 있습니다. 조선시대 임진왜란, 일제강점기 해군, 그 이후 우리 해군으로 이어지고 있으니까요."

동서로 길게 뻗은 진해는 크게 세 개 지역으로 나뉜다고 한다. 가로 형태라 진해에서는 남부·북부권은 형성돼 있지 않다. "진해루를 중심에 놓고 동부·서부·중부로 나눌 수 있을 것 같네요. 동부는 이충무공 해전지 등 조선시대 역사·문화가 산재해 있죠. 서부는 적산가옥 등 일제강점기 흔적이 많죠. 중부는 석동·경화동 등 개발을 통해 계속 발전되는 곳이죠. 역사적으로 중심지가 동과 서를 오간다고 볼 수 있죠."

이 문화해설사는 진해 매력에 대해 이렇게 설명했다. "특이한 부분을 꼽자면 로터리 세 개가 이렇게 가까이 있는 데는 전국 어디에도 없습니다. 그리고 진해는 산과 바다가 생활 공간 가까이에 있죠. 그러다 보니 공기도 인근 지역과 비교해 확실히 좋은 것 같습니다. 산이 바다를 안고, 바다가 산을 삼키고 있는 덕이겠죠."

김현철(59) 김씨박물관장은 근대유물 수집가다. 옛 시절 소품·사진을 모아 진해구 소사동 김씨박물관에 전시해 놓고 있다. 그러면서 근대문화유산 연구도 활발히 하고 있다. "사실 진해는 지역 규모에 비해 독립운동이 아주 활발했습니다. 그 기반이 뭘까요? 의식교육장인 오산학교에 1920년대 유학 갔다 온 이들이 많았기 때문입니다. 주기철 목사를 비롯해 김조이·문석주 같은 분들이죠. 교육받은이들이 돌아오니 빨리 개화된 거죠. 1920년대에 여성운동이 일어났으니 대단한 거 아닙니까?"

일제강점기 시절 진해와 인근 마산의 관계에 대해서는 이렇게 말했다. "철도가 마산까지 깔렸고, 진해는 배편으로도 쉽게 들어올 수있었습니다. 일본 처지에서는 여기보다 작은 포구인 마산을 우선 점령할 필요가 있었던 겁니다. 그러고서는 1908년 본격적으로 진해군항을 개발하기 시작했죠. 진해 중심가는 일본인들만 거주했습니다. 일본 사람들에게 진해 그 자체가 자기들 도시였던 거죠."

김 관장은 진해 사람들 기질에 대해서는 이렇게 전했다. "진해 사람들은 정보가 좀 늦어요. 대학이 없다 보니 새로운 걸 수용하는데 좀 늦는 것 같아요. 그래서 아집이 좀 센 거 같아요. 그렇다고 보수적인 건 아니고…."

놓치지 않고
둘러봐야 할 곳

제황산공원 해발 90m에 불과하지만, 이 지역을 상징하는 곳이라 할 수 있다. 365계단을 오르면 높이 28m 진해탑을 마주할 수 있다. 이곳 9층 전망대에 오르면 시가지를 담을 수 있다. 탑 내에는 진해박물관도 자리하고 있다. 근린공원 조성사업이 2014년까지 진행된다. 365계단을 오르기 부담스러워하는 이들을 위해 모노레일을 설치해놓았다. 요금은 편도 2000원(창원시민 1500원).

진해구 중앙동 10-2

중원로터리 주변 옛 건물 중원로터리 주변 구석구석을 걸으면 옛 시간에 빠져들 수 있다. 1912년 만들어져 근대문화유산으로 지정된 진해우체국에서 시작하면 좋을 듯하다. 이어 일본식 가옥거리, 옛 일본해군병원장 관사(선학곰탕), 원해루, 수양회관, 흑백 등을 찾아 발품 팔아봄 직하다. 진해군항마을역사관에 가면 이 지역 옛 모습이 담긴 사진도 감상할 수 있다.

진해구 통신동 중원로터리 일대

진해루 2006년 해변공원 내에
조성된 누각이다. 일대는 산책
하기 좋으며 문화공연 장소로
도 인기다. 진해루 옆에는 천안
함 실종자 수색 도중 숨진 한
주호 준위 동상이 있다.

진해구 경화동 1007-14

김씨박물관 유물 수집가이자
진해근대문화유산 연구가인 김
현철 씨가 조성한 '추억의 박물
관'이다. 이와 함께 김 씨 딸이
운영하는 커피숍에서는 소박한
정취를 느끼며 커피 한잔 마실
수 있다. 커피숍 창밖으로는 김
달진 생가가 눈에 들어오며, 그
바로 앞에는 김달진 문학관이
자리하고 있다. 박물관·문학관
모두 입장료는 없다.

진해구 소사동 49-1

놓치지 않고
둘러봐야 할 곳

안민고개 장복산 허리 9km에 이르는 고갯길로 진해구 태백동 ~성산구 안민동을 잇는다. 일출·일몰, 그리고 야경 감상하기에 좋은 곳이자 벚꽃 명소다. 자전거 코스로도 인기다.

진해구 태백동

행암 바닷가 바다·기찻길·기암절벽·어촌마을이 묘한 조화를 이룬다. 봄~가을, 인근 횟집들은 야외에 자리 펴고 장사하기도 한다.

진해구 행암동

창원해양공원 해양공원 안에는 1944년 건조돼 2000년 퇴역한 '강원함'이 전시 공간으로 꾸며져 있다. 태양광에너지 발전시설인 해양솔라파크 전망대에서는 진해바다를 감상할 수 있다. 해양공원 바로 앞에는 밀물 때 길이 나는 '바닷길 동섬'이 있다. 입장료: 어른 3000원 (창원시민 1000원)·주차요금 1000원.

진해구 명동 656

내수면환경생태공원 1929년 수산시험장 진해양식장으로 출발, 내수면양식연구센터가 자리한 곳을 2008년 공원화했다. 저수지·습지·솔밭·데크로드 등이 있으며 식물 65종이 자란다. 사계절 어느 때 찾아도 좋은 산책 공간이다.

진해구 여좌동 577-1

통영

일본도 탐낸 풍요로운 바다
자유롭고 발랄한 감성을
잉태했으니…

통영 뭍에서 섬으로 이어지는 뱃길은 어디를 향하든 다채롭다.

끊어질 듯 이어지며 머리를 불쑥 내민 섬들이 빚어낸 풍경 덕이다.

'한려수도閑麗水道', '다도해多島海'처럼 건조한 말은

이런 오밀조밀한 눈맛을 제대로 담아내지 못한다.

'어머니가 큰솥 끓는 물에 수제비 반죽을 툭툭 던져놓은 것 같다'는

이곳 사람들 비유가 더 정겹고 소박하게 그 매력을 드러낸다.

통영항에서 남쪽으로 32㎞ 남짓 떨어진 '욕지도欲知島'.

욕지면사무소를 끼고 조금만 뒤로 돌아가면 나오는 밭 사이에서

'욕지도 패총' 안내 표지판을 찾을 수 있다.

이 조개무지를 비롯해 욕지도 주변 사람이 사는 섬에서 나온

선사시대 흔적을 학계에서는 기원전 6600년 언저리 것으로

추정한다. 배를 곯지 않는 게 무엇보다 중요했을 옛사람들에게

섬은 이미 넉넉한 터전을 내주었다.

통영 사람 대부분은 제 고장 이야기를 400여 년 전 들어선 '삼도수군통제영三道水軍統制營'에서부터 풀어내려 한다. 물론 '통영統營'이라는 땅 이름부터 지역에 남아 있는 유·무형 자산 대부분은 통제영에서 비롯한다. 하지만, 통영을 더 이야기하고자 하는 이들은 이 땅과 바다가 지닌 원초적인 매력이 통제영이 드리우는 큰 그늘에 덮이지 않기를 바란다. 뭍에서부터 멀리 섬까지, 선사시대부터 현재까지 통영은 풍요로운 자연이 늘 넉넉한 삶을 거들었던 곳이다.

풍요로운 바다가 만든 기질

통영 농업은 딱히 내세울 게 없다. 큰 강을 끼지 않은 통영은 그럴듯한 넓은 땅을 품지 못했다. 이곳 대부분이 섬이며 산지라 논농사는 더욱 부진하다. 통영 사람들이 여기 쌀을 자랑하는 일이 있다면 그것은 고성 쌀이라고 보면 된다. 그나마 욕지도에서 생산하는 고구마 정도가 특산품으로 꼽힐 정도다. 한때 온난한 기후 조건을 이용해 난대·열대성 과일을 키우기도 했지만 농산물 개방 정책으로 소득에 큰 보탬이 되지는 않는다. 하지만, 땅에서 나는 작물이 넉넉하지 않아 섭섭하다는 통영 사람은 없다.

예부터 통영은 풍부한 수산물로 유명했다. 이곳을 터전으로 삼은 사람들은 낚시를 드리우거나 그물을 던질 줄만 알아도 배를 곯는 일은 없었다. 욕지도에서는 예전에 욕지항 주변에서 멸치를 그냥 주웠다는 주민도 만날 수 있다. 포식자에게 쫓기던 멸치 떼가 욕지항을 끼고 돌면서 원심력을 버티지 못해 땅으로 튕겨 나왔다고 한다.

통영 바다

　통영 사람에게 늘 풍요로운 바다는 일본인에게도 탐나는 대상이었다. 1900년대 들어 일본인은 아예 통영에 터를 정하고 고기잡이에 나섰다. 그런 일본인들이 모여 살던 곳으로 '오카야마무라岡山村·도남동 남포마을'와 '히로시마무라廣島村·보디섬'가 유명했다. 도남동 남포마을에는 아직도 일본식으로 지은 집이 상당수 남아 있다.

　새로운 어획 기술로 무장한 일본인들은 통영 바다를 휘저었다. 일본인들은 그렇게 쓸어 담은 수자원을 마산항을 통해 중국에 팔아 큰 수익을 거뒀다. 근대에 등장한 이른바 기업식 어획이었다. 그때까지 재래식 고기잡이에서 벗어나지 못했던 통영 사람들은 어깨너머로 새로운 기술을 배우고 기계식 장비를 쓰기 시작한다. 바다에서 생존만 보장받으면 됐던 이곳 사람들은 점점 부富를 얻는 방법을 알게 된다.

척박했던 일제강점기, 통영 사람 상당수는 오히려 부유했다. 자녀를 서울 또는 일본 동경에서 공부시키는 집도 드물지 않았다. 이곳 사람들은 스스로 기질을 '화끈하다'고 한다. 그러면서 술값 계산할 때 미적거리지 않는다는 예를 종종 드는데 이 역시 살림살이가 넉넉했던 시절 밴 습관이라 할 수 있겠다. 그런 기질은 통영 선술집을 대표하는 '다찌' 상차림에서도 살짝 드러난다. 바다에서 나는 싱싱한 안주가 널린 이곳에서 구태여 음식마다 값을 매기며 셈하는 것은 거추장스러운 일이었다. 안줏값을 포함한 술값만 병 수대로 계산하는 게 성질에 맞았을 테다.

통영 사람들은 아주 오래전부터 어부였다. 땅을 빌려 삶을 이어야 했던 가난한 농부는 땅을 내준 사람 눈치 보는 일도 농사만큼 버거웠다. 하지만, 바다는 주인이 따로 없었다. 누구 눈치 보지 않고도 한 살림 꾸리기 어렵지 않았다. 가난한 어부라도 가난한 농부보다 삶은 자유로웠다. 자유로운 삶에 더해진 부는 자신감마저 안겼다. 웬만해서는 남들 앞에서 고개 숙이거나 기죽을 일이 없었다. 남자든 여자든 억세다는 통영 사람 기질은 그렇게 다듬어진 것으로 보인다.

충무공이 선택한 통영, 통영이 받드는 충무공

1995년 충무시와 통영군은 통영시로 통합되며 지금 모습을 갖춘다. 여기서 충무시는 이순신[1545~1598]의 호 '충무공'에서 따온 이름이다. 통영 역시 '통제영'에서 나왔다. 조선 최초 삼도수군통제사는 이순신이다. 통영시는 지명만 놓고 보면 이순신 그 자체다. 전국에 이순신과 작은 인연이라도 엮어서 이를 관광 상품으로 삼고자 애쓰는 지역은 허다하다. 이순신을 기리는 사당만 해도 30곳이 넘는다. 그런 사연을 모두 고려하더라도 통영과 이순신은 각별하다. 이는 단순히 지명에 이순신을 담아서가 아니다. 통영은 조선 최초 삼도수군통제사 이순신이 경상·전라·충청 3남 바다를 통틀어 전략적으로 가장 중요하다고 판단한 지역이다. 이순신과 묶이고 싶은 땅이 아니라 이순신이 선택한 땅인 셈이다. 그 판단이 그르지 않았다는 것은 역사가 증명한다.

통영에서 이순신 관련 유적으로는 충렬사(명정동)·제승당(한산도)·착량묘(당동)·이순신공원(정량동)을 꼽을 수 있다. 특히 제승당과 충렬사는 통영을 찾는 바깥사람들이 한 번쯤 들러 옷깃을 여미는 곳이다. 하지만, 이곳 사람들은 그보다 덜 알려진 착량묘에 담

통영한산대첩축제 삼도수군통제사 이순신 장군 행렬 ⓒ한산대첩기념사업회

긴 의미를 더 소중하게 여긴다. 착량묘는 이순신이 노량해전에서 숨을 거둔 이듬해인 1599년 수군과 백성이 뜻을 모아 초가를 짓고 위패를 모신 곳이다. 훗날 선조가 7대 통제사 이운룡에게 충렬사를 짓게 한 게 1606년이니, 착량묘에는 큰 어른을 잃은 슬픔과 조정에 대한 섭섭함이 함께 배었음 직하다. 초가였던 착량묘는 1877년 198대 통제사 이규석이 기와집으로 고쳤다. 통영에서는 해마다 이순신이 숨진 음력 11월 19일, 기신제忌辰祭를 착량묘에서 지낸다. 400여 년 전 백성이 품었던 마음을 소중하게 이어가는 셈이다.

통영 문화의 자양분 통제영

삼도수군통제영은 1593년 이순신이 한산도에 꾸린 진영을 시초로 보는 게 맞다. 하지만, 이 한산진영은 1597년 칠천량해전에서 패한 조선수군이 모두 태운다. 왜적에게 물자·정보가 넘어가는 것을 막고자 한 것이다. 이후 통제영은 전라좌수영, 경상우수영 등으로 옮겨지다가 1604년 6대 통제사 이경준이 두룡포문화동 일대에 터를 정하게 된다. 통제영이 진영 개념을 넘어 군사도시 형태를 갖추게 된 게 이때부터다. 이후 고종1852~1919 때인 1895년 통제영이 닫기까지 300년 남짓 통영 문화는 만개한다. 통영을 잘 아는 사람들은 이 시기를 '통영 르네상스'라고 주저 없이 말한다. 그 근거는 먼저 세병관(문화동)에서 찾을 수 있다.

세병관은 통제사 이경준이 통제영을 만들면서 세운 객사客舍이다. 팔작지붕을 얹은 정면 9칸, 측면 5칸 단층 건물이다. 경복궁 경회루,

세병관

여수 진남관과 더불어 남아있는 조선시대 목조 건축물 가운데 규모
가 상당히 큰 건물로 꼽는다. 통제영이 주최하는 큰 행사는 대부분
세병관에서 열렸다. 규모나 기능으로 봤을 때 오늘날로 치면 대형
강당을 떠올리면 되겠다. 임금에게 올리는 예, 제사, 군사 보고, 연
회 등에는 반드시 그에 걸맞은 격식이 따랐다. 그런 격식은 자연스럽
게 한양에서 누리던 고급문화를 통영에 이식했다.

통제영 행사 중 가장 눈여겨봐야 할 것은 '군점軍點'이다. 군점은 통제사가 담당한 경상·전라·충청 삼도수군을 총집결해 군선·군사·군물 등을 점검하는 행사로 봄·가을 두 차례 열렸다. 삼도수군이 한자리에 도열하는 장면은 다른 지역에서 감히 넘볼 수 없는 볼거리였다.

말과 멋, 음식과 놀이가 다른 사람들은 그렇게 1년에 두 번 통제영에서 뒤섞였다. 통제영, 특히 연회가 열렸던 세병관은 통제사가 누렸던 한양 문화와 경상·전라·충청 문화, 그리고 통영 문화를 뒤섞는 문화적 용광로 구실까지 했다. 그 시절 다른 지역은 물론 한양조차 누리기 어려웠던 문화적 축복이 통영에 쏟아진 셈이다. 300년 남짓 이어온 이 전통은 통영 문화를 키운 저력이 됐다.

통영에서는 해마다 '통영한산대첩축제'를 며칠씩 연다. 올해 51회째인 이 축제는 임진왜란 최고 승전을 자축하는 행사다. 이 행사를 구성하는 프로그램 상당수는 통제영에서 나왔다고 보면 된다. 물론 군점 재현 역시 축제에서 중요하게 다룬다.

통제영이 들어오면서 통영은 군사도시 모습을 갖췄다. 군사도시 모습을 갖췄다는 것은 장군과 병졸들이 눌러살기만 했다는 게 아니다. 통제영을 운영할 수 있는 기반시설까지 모두 갖췄다는 말이다. 조선시대 통영은 군사적 요충지기는 했지만 한양에서 보자면 남쪽 끝 변방이었다. 필요한 물자는 스스로 만들어내야만 했다. 오늘날도 마찬가지지만 군사물자 생산에는 최정예 기술자들이 투입됐다. 삼도수군통제사는 한양에서 손재주 좋은 기술자와 함께 통제영으로 부임했다. 이들 기술자가 통제영 12공방을 이룬다. 그리고 그들이 만들어낸 솜씨 좋은 물자가 오늘날 통영이 자랑하는 문화적 자산이 됐다. 통영갓, 통영자개, 통영소목, 통영장석, 통영소반, 통영부채, 통영꽃신, 통영놋그릇 등 기어이 앞에 '통영'을 붙이는 수공품은 나라에서 최상품으로 쳤다. 고장 이름 통영은 명품 브랜드이기도 했던 셈이다. 현재 기록에 남은 공방은 12개를 웃돈다. 여기서 '12'는 공방 숫자라기보다 '많다'·'완전하다'로 읽는 게 맞을 듯하다. 세병관 바로 맞은편에 있는 '통영시향토역사관'에서는 12공방이 남긴 유산을 실물로 볼 수 있다.

통영시는 지난 2000년부터 통제영 복원사업을 진행하고 있다. 통제영 내 30여 동에 이르는 주요 관아를 복원할 계획이다. 외롭게 통제영 영광을 증명했던 세병관이 통제영 복원과 더불어 더욱 늠름해지겠다.

문화·예술인을 낳은 통영 유전자

모든 풍요로움을 허락한 바다였지만 성이 날 때는 한없이 무섭고 거칠었다. 통영 사람들은 바다가 베푸는 은혜를 누리기도 했지만 거친 바다를 달랠 줄도 알아야 했다. 거대한 자연을 달래는 일은 사람이 다룰 영역은 아니었다. 보이지 않는 더 큰 힘에 기댈 수밖에 없었다. 바다에 기대어 살아가는 지역들이 대부분 그렇듯 통영도 무속이 발달했다. 마을 평안과 장수, 풍어를 기원하는 '남해안 별신굿'은 그런 바닷사람 마음이 남긴 유산이다. 통영 별신굿은 무당이 부르는 노래가 뛰어나기로 유명하다. 반주 악기에는 북이 들어가는 게 특징이다. 동해안 별신굿보다 오락성은 적지만 그 덕에 진지함은 더하다.

여기 사람들조차도 통제영이 남긴 고급문화를 말하다가 예부터 이어진 서민문화를 지나치는 일이 잦다. 하지만, 별신굿에 담긴 서민들 정서와 흥은 통영 문화를 이룬 또 다른 자산이다. 이를 먼저 짚어야 통영에서 나고 자란 유명한 문화·예술인에게 흐르는 발랄한 감성을 설명할 수 있다.

통영은 다양한 영역에 걸쳐 빼어난 문화·예술인을 배출했다. 아무리 추려내도 공예가 김봉룡1902~1994, 시조시인 김상옥1920~2004, 칠예가 김성수1935~, 시인 김춘수1922~2004·유치환1908~1967, 화가 전혁림1916~2010·이한우1928·김형근1930~, 조각가 심문섭1943~, 극작가 유치진1905~1974·주평1929~, 작곡가 윤이상1917~1995, 소설가 박경리1926~2008까지는 나와야 한다. 모두 이 나라 근현대 문화사에 뚜렷한 자취를 남긴 이들이다.

빼어난 문화·예술인들이 통영에 뿌리를 둔 까닭은 먼저 이곳 사람들 기질에서 찾는 게 마땅하다. 통영 바다는 넉넉한 살림과 함께 호방한 기개와 권위 앞에 떨지 않아도 되는 자유까지 안겼다. 이런 기질은 통영 출신 문화·예술인에게만 허락된 게 아니라 이곳 사람들 전반에 흐르는 감성이다.

통제영 300년이 뿌린 고급문화도 빼놓을 수 없다. 한양·경상·전라·충청이 어우러진 문화적 자산은 다시 이곳 서민문화와 섞였다. 서민문화는 고급문화에 흥을 보탰고, 고급문화는 서민문화에 격을 더했다. 서로 떠받치고 북돋우며 가꾼 문화적 감성은 이곳에서 나고 자란 사람들에게 자연스럽게 이식됐다.

이 나라 서민 살림 대부분이 척박했던 일제강점기, 통영 사람들에게만 허락됐던 넉넉한 살림도 문화·예술인 배출에 힘을 보탰다.

먹고사는 고민을 던 사람들은 먹고사는 문제와 상관없는 일을 상상할 여유가 있었다. 경성·동경 유학생이 유난히 많았던 이유도 이곳 사람들이 누린 부에서 비롯한다.

근대 문화 이식이 유난히 빨랐던 것 역시 이 지역 문화·예술인이 누린 복이다. 군사적 요충지는 아군에게도 적군에게도 중요한 곳이었다. 우리가 지켜야 할 곳이라면, 상대는 반드시 빼앗아야 했다. 어느 지역보다 이른 일제 유입은 통영에 신문물을 더 빨리 접하게 했다. 일제강점기 통영시내에는 이미 서양악기를 취급하는 악기사가 있었고 이를 곧잘 연주하는 인텔리도 많았다. 어린 윤이상과 벗들은 짬이 날 때면 집에서 현악 4중주를 연주하기도 했다. 1930년대 생긴 '삼광영화회사'가 영화 〈화륜〉을 제작한 곳도 통영이다.

통영을 '예향'으로 부르는 이유가 빼어난 문화·예술인 몇몇을 배출했기 때문이라고 한다면 이곳 사람들은 섭섭하다. 일제강점기인 1926년 순수 한글로 된 시조 동인지를 내고, 1950년대 재경 대학생들이 모여 잡지를 찍고, 1970년대 고등학생들이 동호회를 만들어 연극을 올리며 전국의 내로라하는 문학·예술인을 불러 강의를 들었던 곳 역시 통영이다.

흔히들 통영에 흐르는 문화·예술적 감수성은 미륵산에서 강구안 바다를 거쳐 섬으로 이어지는 빼어난 풍광에서 나온다고 정리한다. 그래서 '통영 앞바다를 보고 키운 감수성' 같은 수식을 감상적으로 붙이곤 한다. 하지만, 통영이 수백 년을 거쳐 다진 문화·예술 자산을 고려한다면 빼어난 이곳 풍광은 덤이라고 보는 게 맞을 듯하다.

먹을거리에 담긴 역사와 문화

—

우동도 먹고 싶고, 짜장도 먹고 싶고
'우짜노'

통영만의 다양한 음식문화 역시 300년간 이어진 통제영에서 출발해도 무리는 없겠다.

한양에서 이곳으로 온 종이품 관직 통제사들은 몸만이 아니라 위쪽 양반 고급음식도 함께 들였다. 이는 곧 통영의 풍부한 수산자원과 만남을 의미하는 것이기도 하다. 단지 그것만도 아니다. 208대에 걸친 통제사들은 종종 진상을 올리기도 했으니, 임금 입·눈을 사로잡기 위한 맛 향연이 어느 정도였을지 미뤄 짐작된다.

통제영이 폐지된 1895년 이후부터 일제강점기로 넘어가면서는 통영이 근대 수산업 대표 지역으로 떠오른다. 일본 사람들은 남해안, 특히 신선하면서 종류도 다양한 이곳 수산물을 제일로 쳤다 한다. 1900년대 초반 부산 포함한 경남 수산업 절반은 통영 몫이었다는 말도 전해진다.

넉넉하다 하기에 손색없는 곳이 된 것이다. 뱃사람 덕이었다. 현재까지 이어지는 통영 음식 가운데 이들을 중심에 둔 것이 적지 않다.

마산 통술·진주 실비와 비슷한 통영 다찌. 이것이 정확히 어디서 나온 말인지 이곳 사람들도 확실치 않다. 어떤 이들은 '다 있다' 줄임말로 받아들이기도 한다. 이보다 더 많은 이들은 '일본의 다찌바(立場·서서 먹는 곳'에서 유래했다는 쪽을 내민다. 뱃사람들이 일 마치고 술 한잔 얼른 마시던 선술집인 셈인데, 안주는 주인장 주는 대로다. 이는 뱃사람들이 늘 대하는 게 생선·해산물이다 보니, 안주보다는 차라리 술에 값을 매기는 것이 더 속 편했을 법도 하다.

통영시 어느 공무원은 조금 더 구체화한 다찌집에 대한 기억을 전한다.

"왕거미집이라는 술집에서 양동이에 담은 맥주를 내줬어요. 그게

통영 다찌

조금 더 발전해 안주도 체계화되고, 그러면서 장사가 잘되니 주위에 자연 발생적으로 한 집 두 집 생겨났죠. 지금 왕거미집은 없어졌죠. 한 30년 전쯤에…."

전통 다찌집은 술이 불어나는 데 따라 1·2·3차 안주가 차례로 나오는 식이지만, 이제는 기본 한 상 개념이 자리하고 있다. 보통 4인 기준 10만 원 정도다. 애초와 달리 만만찮은 돈을 털어야 하는 셈이다. 그래도 이곳 사람들의 '됐나? 됐다!'식 화통한 기질 덕에 셈을 서로에게 미루는 모습은 찾아보기 어렵다 한다.

충무김밥 역시 뱃사람 가까이에서 나온 음식이다. 해방 직후 머리에 이고 팔던 김밥이 빨리 상하자 밥만 따로 말고, 주꾸미 꼬치를 별도 대야에 담은 것이 시초라는 것은 그리 새삼스럽지 않다. 그런 데 이를 내 팔던 주 무대가 뱃머리였다.

오늘날 강구안·서호시장 일대 충무김밥집은 저마다 간판에 '원조'를 내걸고 있다.

60여 년을 통영에서 보낸 어느 주민 말이다.

"서로 원조라고 하는데, 그 말도 틀린 말은 아니지. 처음에 뱃사람한테 김밥 팔던 사람이 14~15명은 됐는데, 그 사람들이 하나둘 식당을 차렸으니 다 원조인 셈이지."

새벽 뱃일 떠나는 사람들을 위한 식당 메뉴도 여럿 있다. '우동도 먹고 싶고 짜장도 먹고 싶으니 우짜노'라는 우스꽝스러움이 담긴 '통영우짜'는 간단히 아침 한 끼 해치우는 수단으로 훌륭하다.

충무김밥

우짜

시락국집도 오전 장사다. 시락국은 무청 말린 시래기를 끓인 시래 깃국 사투리다. 다른 지역에서는 멸치로 육수를 내는데, 이곳은 장어 뼈를 우려낸다. '점심 지나서도 장사하는 시락국집은 제대로 된 곳이 아니다'라는 말은 곧 새벽 사람들을 위한 것임을 알게 한다.

풍부한 수산자원 덕에 조금만 부지런하면 먹고산다는 통영이라지만, 넉넉하지 못한 이들이 없을 수 없었다.

빼떼기죽은 여기서 출발한다. 주로 주산지인 욕지도 생고구마를 채로 썰어 말린 후 여기에 팥·강낭콩·조 같은 것을 넣어 끓인 것이 빼떼기죽이다. 지금이야 건강식으로도 찾는다지만, 양식이 풍족하지 않던 시절을 배경으로 한 메뉴다.

통영의 또 다른 별미인 꿀빵은 1960년대로 접어들던 시절, 달짝지근한 간식이 귀해 만들어진 일종의 도넛이다.

꿀빵

그래도 풍부한 수산자원 덕에 화려한 별미가 계절별로 이곳 미각을 깨운다.

도다리쑥국과 함께 봄이 찾아오는 것을 시작으로 6~9월 여름에는 갯장어^{하모}회, 가을에는 전어회, 겨울에는 물메기탕이다.

이곳에서는 먹는 사람 한 명 한 명 입맛을 배려하는 것도 잊지 않는다. 한집에서 소고깃국을 끓여도 양념장은 따로 해 식구들 각자 기호대로 먹는다고 한다.

다시 '원조' 이야기로 되돌리면, 대표 음식이 많다 보니 이 단어를 쉽게 접하게 된다. '원조' 간판 내건 식당 앞에 줄 선 장면은 흔하다. 하지만 여기 사람은 "우리는 원조집 안 찾지. 맛있던 집도 돈 벌고 건물 짓고 나니 옛 맛이 안 나거든"이라는 말을 종종 한다. 아니나 다를까, 충무김밥집을 추천해 달라 하니 '원조' 문구가 없는 집을 소개해 준다.

한 가지 덧붙이면 멍게비빔밥은 이곳 사람들보다는 외지인들이 좀 더 유난을 떠는 쪽이라는 얘기도 들린다.

볼거리에 담긴 역사와 문화

민초를 닮은 충무공이 여기 있다

면적 239.17㎢. 경남에서 가장 작은 땅을 품은 통영. 이 작은 곳에 이야기는 넘쳐흐른다. 이 지역 사람들은 통영 얘기를 하는 데서 "식상하더라도 이순신을 빼면 설명이 안 된다"라고 한다.

제승당·세병관·충렬사·착량묘…. 이 가운데 착량묘는 어울릴 것 같지 않은 해저터널을 사이에 두고 잘 드러나지 않은 얘기를 품고 있다.

1598년 이순신 순국 후 나라에서는 그의 사당을 따로 짓지 않았다. 3년이 지나서야 여수에 사당을 만들었다. 이순신만이 아닌 공동 사당이었다. 조선이 이순신을 바라보는 시선이 어떠했는지 짐작된다.

지역민들은 비교가 된다. 이순신 순국 이듬해 민초들이 직접 나섰다. 이순신 위업을 기리고 기신제를 모시는 작은 초가집 한 채를 지었다. 착량묘 시초다. 300년 후 고종 임금 때 이순신 직계 후손인 이규석이 통제사로 오게 되는데, 초라한 초가집을 보고서는 1877년 기와집으로 고쳐 지었다.

착량묘

이순신 동상

해저터널

착량鑿梁이란 '파서 다리를 만들다'라는 뜻으로 당포해전에서 참패한 왜군들이 도망가다 미륵도-통영반도 사이 협곡에 돌을 파고 다리를 만들어 달아난 데서 붙여졌다.

이러한 착량묘 바로 밑에 일제강점기 만들어진 해저터널이 있다. 통영~미륵도를 연결하는 동양 최초 바다 밑 터널로 1931년 착공해 1년 4개월 만에 완성됐다. 길이 483m·너비 5m·높이 3.5m. 바다 양쪽을 막고 그 밑을 파서 콘크리트 터널로 만들었다. 해저터널 이용 계획서에는 예상 연간교통량을 사람 9만 명·우마차 1000대·자전거 100대·자동차 1000대·가마 1000거로 기록해 놓았다.

해저터널은 통영~미륵도를 연결하는 터널이지만 이전에도 썰물 때에는 도보로 오갈 수 있었다. 일제강점기에 일본 어민 이주가 본격화됨에 따라 만들어진 것이다.

전해지는 얘기로는 또 다른 배경이 숨어있다. 한산해전에서 이순신 장군 손에 숨을 거둔 일본 송장이 이곳에 얼마나 쌓였는지 '송장목'이라고까지 불렸다 한다. 그래서 일제가 자기 조상 뼈가 묻힌 곳을 조선인들이 밟고 지나가면 안 된다 해서 해저터널을 만들었다고도 한다.

이순신 최초 사당 착량묘, 바로 그 아래 일제강점기에 만들어진 해저터널…. 한일 역사의 묘한 교차점이라 할 만하다.

착량묘와 같이 민의 마음이 담긴 또 다른 것이 있다. '통영의 남쪽을 망보던 산'인 남망산공원에 있는 이순신 동상이다. 6·25전쟁이 한창이던 1952년 통영인들이 한 푼 두 푼 모아 건립했다.

이를 두고 이곳 사람들은 말한다.

"여러 이순신 동상이 있지만, 가장 인간적인 모습이 담긴 동상입니다. 백성 마음이 새겨져 있으니까요."

여기 이순신은 지금까지 한산도를 바라보고 있다.

이곳 사람들은 이순신에만 마음을 준 것이 아니다. 김춘수 시비·청마 흉상 같은 것도 주민 손에서 만들어졌다.

통영이 예향이라는 것은 굳이 의식하지 않아도 느낄 수 있다. 300년간 이어진 궁중 고급문화, 12공방 발달에 따른 장인정신, 경제적 여유로움과 아름다운 풍광…. 이런 역사적 뿌리와 사회적 풍토 속에서 배출된 수많은 예술인. 윤이상 기념관·윤이상 거리, 박경리 기념관, 청마문학관·청마거리, 전혁림 미술관, 김춘수 유품전시관, 초정 김상옥 거리에서 그 기운을 느끼게 된다.

윤이상 기념관은 도천테마파크에 있다. 처음 찾는 이들은 가기까지 헷갈려 하기도 한다. '윤이상 기념관'이라는 표지가 없다. '윤이상'이라는 이름을 애써 드러내지 않으려 한 듯하다. 통영에 뿌리를 두고 있는 최정규(62) 시인은 "윤이상이라는 이름은 시대적 상황에 따라 껄끄러운 부분도 있고 하니…"라는 답을 주었다.

도천테마파크 공연장 입구

미륵산 케이블카

　도심지 바깥으로 눈 돌리면 유인도 44개·무인도 482개가 점점이 펼쳐져 있다. 이를 두고 누군가는 이렇게 표현한다.

　"위에서 보면 수제비 반죽 뚝뚝 던져놓은 것 같아요."

　최근 500만 명을 돌파한 미륵산 케이블카에 올라 아래를 내려다보니 고개가 끄덕여진다.

　또 어떤 이는 이렇게 말한다.

　"직선적인 미는 조금만 지나면 싫증 납니다. 동해에 처음 가면 좋다고 하지만, 조금 지나면 눈 안가잖아요. 통영은 직선과 곡선이 혼재해 있는 곳이에요. 같은 섬도 보는 각도에 따라 또 바뀌죠. 높이만 좀 달라도 또 다르게 보이죠."

서호시장 안 골목으로 들어가자 '할매우짜'가 보인다. 조필연(67) 할머니는 외지 손님이라는 걸 금세 알고서는 설명을 늘어놓는다. "먹어보면 독특한 맛이 나지. 여기 사람들이 우짜를 먹은 건 50년 정도 됐지. 장사하는 사람이 만든 게 아니라, 손님들이 만든 메뉴야. 우동 먹던 손님들이 짜장면도 먹고 싶으니까, 짜장 좀 섞어 달라하면서 시작된 거니까."

우짜 한 그릇 70원 하던 시절이 있었고, 지금은 4000원이다. 조필연 할머니가 그 세월을 다 담고 있지는 않다. "다른 할머니가 우짜 집을 오래 했고, 나는 그 옆에서 밥집하고 있었지. 이 할머니가 45년 정도 하다가 힘들어 더 못하겠다 해서 내가 이었지. 10년 좀 못 됐네. 우짜를 전문으로 하는 데는 여기하고 몇 군데밖에 없지. 새벽 4시 문 열면 5시 즈음 손님들이 와. 막일하는 사람, 배 타는 사람, 아침 일 가는 사람들…. 아침에는 밥이 빨리 안 되니, 일 가는 바쁜 사람들 먹기는 좋지."

여기 사람들은 '우짜는 세 번 먹어야 그 매력을 알 수 있다'는 말을 한다. "김해 장유 사람이 이걸 해 보겠다고 해서 전수해 줬는데, 장사가 안돼 얼마 못 가 문 닫았어. 그 집 사장은 지금도 우짜 생각난다며 우리 집을 찾지. 그 맛을 아는 사람만 찾는 음식이거든."

향토사학자 김일룡(67) 선생은 불편할 수 있는 얘기를 불편하지 않게 들려주었다. "우리 역사를 두고 모두가 이순신에만 너무 매달리는 것 같아요. 서점 가면 이순신 관련 책 엄청나게 많습니다. 이순신을 알려면 굳이 저 같은 사람한테 물어보지 않아도 책 보면 더 잘 알 수 있어요. 너무 획일화되어 있다는 생각이 듭니다. 역사도, 생각도, 교육도 좀 더 다양했으면 하는 바람이 있죠. 여러 인물을 더불어 존경하면서 다양한 인물을 배출해야 한다는 거죠."

재평가할 만한 통영인에 대해 묻자 "저는 개개 인물은 잘 거론하지 않아요"라고 말한다. "인물은 거론하는 것이 아니라고 생각합니다. 인물은 한평생 살아가면서 양과 음이 함께 있죠. 한일강제병합, 해방, 6·25, 독재시대, 이런 복잡한 시대에 산 우리가 어떻게 한 사람을 평할 수 있겠느냐는 거죠. 인물은 결과적인 것만 보고 단적으로 표현해서는 절대 안 된다고 생각합니다."

김 선생은 고향 사람들 기질에 대해서도 좋은 것만 들려주지 않는다. 오히려 그래서 더 각별함이 묻어난다. "여기는 사대부 문화가 아니라 전부 무관 문화예요. 여기에다 소위 말하는 뱃사람 기질까지 섞여 즉흥적이고 다혈질이에요. 물론 뒤끝이 없는 사람들이죠. 이러한 사람들이 일군 통영은 아주 매력적인 곳이죠."

놓치지 않고
둘러봐야 할 곳

남망산조각공원 이곳을 찾지 않고서 '통영 야경을 감상했다'고 말해서는 안 될 정도로 야경이 좋다. 높이 72m 작은 동산이지만, 벚나무와 소나무가 우거진 이곳에서는 거북등대와 한산도·해갑도·죽도 등 한려수도 절경을 바라볼 수 있다. 세계 유명 조각가 15명 작품이 전시돼 있으며, 이충무공 동상·청마 유치환 시비가 있다.

동호동 230-1

동피랑 벽화마을 한국의 몽마르트르 언덕이라 불리는 곳으로 서민 애환이 녹아있는 달동네. 마을 담벼락에 그려진 벽화로 사람들이 찾기 시작하면서 철거를 면했다. 마을 주민에게 피해를 주지 않도록 조용히 둘러보길 당부한다.

중앙시장 뒤편 언덕

한려수도 조망 케이블카 미륵
산 8분 능선에 자리한 케이블카
는 길이 1975m로, 관광용으로
는 국내 최장을 자랑한다. 8인
승 캐빈 47대가 순환하며 한려
수도 풍광 속으로 안내한다.

도남동 349-1

세병관 임진왜란 후 한산도에
있던 삼도수군통제영이 통영으
로 옮겨지면서 지어진 객사이
다. 통제영의 상징적 건물로 국
보 제305호. 현존하는 조선시대
단일 면적 목조건물 가운데 경
복궁 경회루·여수 진남관과 함
께 가장 크다.

문화동 62-1

놓치지 않고
둘러봐야 할 곳

한산도 임진왜란 때 삼도수군 통제영이 최초로 자리 잡은 곳이다. 이순신 장군이 전란 때 장수들과 작전회의를 하던 제승당이 자리하고 있다. 한산해역은 세계 해전사에 한 획을 그은 역사적 현장이다. 통영항에서 뱃길로 25분 걸린다.

장사도 10만여 그루 동백나무와 후박나무·구실잣밤나무·야생화가 뒤덮인 곳으로 2012년 1월 해상공원이 개장됐다. 통영항에서 뱃길로 40분 걸린다.

윤이상 기념관(도천테마공원)
기념전시관과 소공연장이 있다.
전시관에는 윤이상 선생이 독일
베를린에서 거주하며 남긴 유품
148종·412점이 있다. 또한 독일
에서 받은 훈장, 괴테 메달, 생
전 연주하던 바이올린, 항상 품
고 다녔던 소형태극기와 사진
500여 점 등이 전시돼 있다.

도천동 148

박경리 기념관 2010년 5월 5일
박경리 선생이 세상을 떠나고
나서 2년 후에 만들어졌다. 〈토
지〉 친필원고·여권·편지 등 유
품, 작품 관련 논문 등 자료실,
선생 묘소가 있다. 커다란 통유
리로 되어 있는 건물 안에서는
통영 바다를 바라볼 수 있다.

산양읍 신전리 1429-9

사천

세련된 도시 닮고 싶으나
'닮을 수 없는 매력'넘치는 땅

사천시 용현면에서 사천대교를 건너면 서포면에 닿는다.
서포면 남쪽에는 비토飛兎섬이 있다.
비토섬 동쪽으로 올망졸망 모여 있는 섬은 4개다.
월등도, 거북섬, 토끼섬 그리고 목섬. 사천시는 이들 5개 섬을
'별주부전' 무대로 묶어놓았다. 익숙한 이야기는 낯선 공간을
친근하게 만드는 장치다. 비토교飛兎橋는 서포면 남쪽과
비토섬 서쪽 끝을 잇는 다리다. 다리를 건너면 서포면과 비토섬이
품은 갯벌 한 자락을 볼 수 있다. 갯벌에는 참나무·소나무 막대기가
촘촘하게 박혔다. 유명한 서포굴이 여무는 자리가 이곳이다.
여기 사람들은 서포굴이 통영에서 나는 굴보다
장사는 못해도 맛은 낫다고 자신한다.
섬 둘레를 따라 동쪽 끝으로 가면 지도에서 길은 끊긴다.
땅끝 맞은편에는 월등도가 보인다. 거북섬, 토끼섬, 목섬은
월등도 너머에 있다. 비토섬과 월등도를 오가는 길은
하루 두 번씩 뭍이 되고 바다가 된다. 이곳에서 비토섬 갯벌은
제모습을 드러낸다. 섬과 갯벌이 품은 매력은 이미 차고 넘친다.
토끼가 용궁 다녀온 이야기로 그 매력이 더하거나 덜하지는 않다.

사천은 경남에서 가장 넓은 갯벌을 품은 땅이다. 사천 땅 가운데를 깊게 파고드는 사천만은 곳곳에 넓은 갯벌을 펼쳐놓았다. 그러나 이곳에서 농지, 항구, 공단은 갯벌을 덮으며 들어섰다. 지역이 살길을 찾는 고민은 갯벌을 뒤엎으면서 시작됐다. 그래도 구박받던 땅에서 미래를 발견한 이들은 있었다. 이들이 목소리를 내기 시작한 것은 갯벌 처지에서 다행이었다. 2007년 사천시가 '일반산업단지조성사업' 대상지로 점찍은 광포만 갯벌이 매립 손길을 피한 것도 이들 덕이다. 그러나 매립과 보존, 그 득실을 따지는 다툼은 여전히 진행형이다.

바다 덕 톡톡히 본 나비 닮은 땅

땅 깊숙이 들어온 사천만을 중심으로 좌우로 넓게 퍼진 땅 생김새는 나비를 닮았다. 〈사천시사泗川市史〉는 호랑나비가 하늘을 날아오른다는 '호접비상형胡蝶飛翔形'으로 묘사한다. 사천만 양쪽으로 나란히 뻗은 산줄기는 낮고 완만하다. 가장 높은 와룡산 주봉이 798m이고 대부분 높이 500m에 못 미치는 산들이 이어진다. 이런 산들이 전체 면적398.25㎢ 가운데 60% 정도 차지한다. 큰 강은 없으나 삼천포천, 덕천강, 사천강, 죽전천, 백천천, 곤양천 등 하천은 풍부하다. 산 아래 고루 퍼진 평야에서 이곳 농민들은 그렇게 모자라지 않은 살림을 꾸렸다. 이곳 사람들은 포도·참다래·단감 등을 지역 특산물로 친다. 아울러 서북쪽 곤명면에는 대규모 녹차 단지가 펼쳐져 있다. 그래도 사천시에 대한 인상은 상당 부분 바다에서 비롯한다. 더 정확하게는 삼천포항에 대한 인상이다. 1960년대 후반부터 대량으로 잡아들이기 시작한 쥐치는 이곳 어민들에게 주요 소득원이 됐다. 그 전성기는 1980년대 후반까지 이어진다. 더불어 삼천포항 주변에 쥐치포 가공업체까지 들어서면서 삼천포는 돈이 잘 도는 곳이 된다. 당시 새벽에 배에서 내리는 쥐치 상자는 받아서 가공하는 만큼 돈이 됐다. 무엇보다 상자를 많이 챙기는 게 먼저였다. 쥐치 상자를 서로 차지하려고 싸우다 보니 시어머니와 며느리였더라는 이야기는 이곳 사람들에게 흐뭇한 추억이다. 하지만, 1990년대 들어 쥐치 어획량은 급감한다. 이른바 '쥐치 씨가 말랐다'는 시기로 접어든 것이다. 항구는 갑자기 활기를 잃었다. 그나마 삼천포항을 버티게 한 것은 쥐치 가공 기술이었다. 예전만 못하지만 조금씩 나는 국내산 쥐치와 외국산 쥐치를 들여 포를 만들면서 '삼천포 쥐포'는 아쉬운 대로 명맥을 유지한다.

삼천포항

삼천포항 활기는 한풀 꺾였지만 남해가 이 땅에 베푼 자산은 수산물에서 그치지 않았다. 풍부한 수산물에 홀려 잠시 잊었을 뿐 사천 앞바다 역시 한려수도 길목이다. 남해와 맞물린 경남지역 대부분이 그렇듯 뭍과 바다가 어울린 풍경은 그저 넉넉하다. 사천만 입구에서 동쪽으로 방향을 정해 해안을 더듬으면 '실안 노을길'을 먼저 만난다. 국내에서 해안 일몰이 아름답기로 손꼽히는 곳이다. 실안 노을길 끝은 '창선·삼천포 대교' 입구다. 이미 '한국의 아름다운 길'로 선정된 다리다. 3.4㎞에 걸친 삼천포·초양·늑도·창선대교는 각기 다른 교량 양식을 뽐낸다. 다리를 지나치면 나오는 선착장에서는 사천 앞바다를 도는 유람선을 탈 수 있다. 남해안이 다도해多島海인 것은 사천 앞바다에서도 확인된다. 유람선 선착장을 지나면 바로 삼천포 수산시장과 노산공원이다. 생선회를 먹고 공원을 거니는 것은 사천은 물론 옛날 서부 경남 연인들이라면 한 번씩 거쳤던 낭만이라고 한다. 마지막으로 동쪽 해안 끝은 남일대 해수욕장이다. 이름에 '남해안 제일 절경'이라는 뜻을 담은 명소다. 바다를 바라보면 왼쪽 끝에 우뚝 솟은 늠름한 코끼리 바위는 덤으로 즐기면 되겠다.

갯벌 위에서 일으킨 산업

경남지역에 하나뿐인 공항은 사천에 있다. 김해공항은 부산시 강서구에 포함된다. 덕분에 사천은 경남에서 유일하게 하늘·바다·땅이 열린 지역이 됐다. 여기 사람들에게는 은근한 자랑거리다. 사천공항, 삼천포항은 모두 갯벌을 메워 만든 시설이다. 일제강점기부터 최

사천공항

근까지 조개나 캐는 시커먼 뻘은 늘 푸대접을 받았다. 어서 덮어 농사를 지어야 했고 항구가 돼야 했으며 공항, 공장을 세워야 했다. 이곳 사람들 상당수는 갯벌이 사라지는 만큼 사천이 발전한다고 믿었다. 사천에 있는 대규모 산업단지 상당수도 그 시작은 갯벌 매립이다.

사천시가 내세우는 구호는 '첨단 항공산업의 메카'이다. 이 구상은 1992년 '사천제1일반산업단지' 조성을 시작하면서 구체화한다. 사천에 처음 들어서는 일반산업단지이며 현재 사천 경제를 떠받치는 축이다. 사천읍 용당리와 사남면 유천리·방지리·월성리 일원에 조성된 산업단지 면적은 205만 8997㎡이다. 10개 업체가 입주해 있으며 노동자 수는 4400여 명이다. 주요 업종은 제1차 금속산업, 전자부품, 영상음향·통신장비, 담배제조업, 기타 운송장비 등이다. 사천을 대표하는 기업 '한국항공우주산업㈜KAI'이 이곳에 있다. 또 담배 제조업체인 'BAT코리아제조㈜'가 있는 곳도 여기다.

항공우주박물관

1997년에는 '사천제2일반산업단지' 조성이 시작된다. 사남면 방지리·초전리와 용현면 선진리 일원에 조성된 산업단지 면적은 161만 6570㎡이다. 주요 업종은 항공·운수기기, 전자·전기, 정보, 재료·소재 등이다. 일반산업단지에 14개 업체, 임대 전용 산업단지에 20개 업체가 입주했으며 노동자 수는 2900여 명이다. 대부분 조선 기자재와 항공 부품을 생산하는 업체이며 대표 기업은 SPP조선㈜이다. 이와 더불어 '사천외국인기업전용단지'와 사남·곤양·송포·두량·향촌 삽재 등 5개 농공단지가 오늘날 사천 산업·경제를 이끈다고 보면 된다. 사천시는 이처럼 갯벌과 바꿔 얻은 대가를 상당히 높게 친다.

사천만 동·서쪽, 삼천포항 사람들

사천에는 곤양향교(곤양면)와 사천향교(사천읍)가 있다. 사천만 양쪽에 사이좋게 한 곳씩 조선시대 국가 교육기관을 둔 셈이다. 이 향교를 근거로 사천만 동·서쪽 사람들은 나름 전통 있는 땅에 살았음을 자부한다. 여기에는 옛 삼천포시를 넌지시 겨냥한 우쭐거림이 섞여 있다. 하지만, 최소한 1990년대 초반까지 사천에서 가장 잘 나간 지역은 삼천포였다. 1960년대 후반부터 풍부한 수산물이 안긴 부富는 활달한 뱃사람들에게 자신감을 안겼다. 땅 크기는 작았지만 1995년 통합되기 전 삼천포는 시市, 사천은 군郡이었다. 비록 1990년대 들어 어획량이 줄어들면서 불황을 겪고, 1995년 사천시로 통합되며 지명까지 잃었지만 삼천포 사람들은 기죽지 않았다. 여전히 이곳 출신들은 사천 사람보다 삼천포 사람이라는 말이 익숙하다. 빼어난 경치 맛있는 음식에는 어김없이 이름 앞에 삼천포를 붙인다. 여전히 삼천포항, 주변은 사천읍과 더불어 주요 소비지역이다. 그래도 현재 사천시는 사천읍을 중심으로 한 사천만 동쪽 지역에 무게를 두고 있

곤양향교

사천향교

다. 삼천포 경기가 수그러드는 때와 맞물려 들어선 대규모 산업단지는 사천시에 새로운 활력을 불어넣었다. 이곳에서는 아직 갯벌을 메워 들어선 산업단지를 성공 사례로 보는 눈이 더 많다. 그 때문에 남해안에서 가장 넉넉한 갯벌을 메워 성장 동력으로 삼으려는 시도가 끊이지 않는다. 상대적으로 소외감을 호소하는 지역은 사천만 서쪽이다. 산업단지가 들어서며 상당히 망가진 동쪽 갯벌과 달리 서쪽 갯벌은 꿋꿋하게 제 모습을 지켰다. 하지만, 이를 흘겨보는 쪽은 오히려 이 지역 사람들이다. 제 모습을 지킨 자연이 주는 혜택에 가치를 두는 이들과 그렇지 않은 이들이 보는 갯벌은 서로 달랐다. 갯벌을 덮어 살림을 살찌운 사천만 동쪽 사람들처럼 살 수 없는 현실은 서쪽 사람들에게 고스란히 불만이 됐다. 갯벌을 덮어서 잃을 게 없다는 이들과 얻을 게 없다는 이들은 서로 이해하지 못했다.

사천시 통합 17년, 바깥사람들 보기에 사천과 삼천포 사이에 있을 듯한 정서적 갈등은 사실상 없다. 하지만, 사천시 행정은 사천만 동·서 지역과 삼천포를 쏠림 없이 아우르는 게 늘 과제다.

다솔사와 박재삼이 없었다면

사천에서 나라가 인정한 보물로는 '사천매향비(곤양면)'가 있다. 평범한 바위로 만든 비석이 지닌 가치는 돌에 새겨진 글귀에 있다. 비교적 온전하게 남아 있는 이 글귀 덕에 전국에 흩어진 매향비 용도를 알 수 있게 됐다. 국가 지정 보물이 된 이유다. 매향埋香은 신을 모시고자 향나무를 땅에 묻거나 향을 피우는 의식을 말한다. 이때 의식을 행하는 과정과 시기, 관련 집단 등을 기록한 비가 매향비다. 사천매향비에는 고려 후기 승려 4100여 명이 계를 조직해 매향의식을 했다는 기록이 남아 있다.

남해안에 접한 지역이면 으레 남아 있는 임진왜란[1592년] 흔적은 사천에도 제법 있다. 남해안 곳곳에서 승전을 올린 이순신은 사천에서도 일본군을 격파하는데 이는 '사천해전'으로 기록돼 있다. 사천해전은 거북선이 최초로 쓰인 전투다. 사천시 역시 이 부분을 영리하게 강조한다. 선진리성(용현면)은 일본식 성곽, 즉 왜성이다. 임진왜란 때 일본군은 이곳에 성을 쌓아 거점으로 삼았다. 여기서는 정유재란[1597년] 때 일본군과 조·명 연합군이 큰 전투를 벌이기도 했다. 선진리성 바로 옆에 있는 조명군총朝明軍塚은 일본군에게 귀와 코가 잘린 조·명 연합군이 묻힌 무덤이다. 선진리성은 현재 공원으로 잘 정비돼 있으며, 1995년 사천시 통합 이후 해마다 지역 축제인 '와룡문화제'를 열고 있다. 대방동에 있는 '대방진 굴항'은 고려 때 만들어진 군항 시설이다. 입구는 좁으나 안으로 들어가면 큰 배 2척 정도를 넣을 수 있는 공간이 나온다. 사천시는 임진왜란 때 이순신이 거북선을 숨겼던 곳으로 널리 알리고 있다.

이어질 듯 끊어지는 사천 옛이야기도 그나마 다솔사(곤명면)에서는 풍부해진다. 다솔사는 신라시대 504년 연기조사와 영악대사가 창건해 '영락사'라고 하던 것을 636년 건물 2동을 올리면서 '다솔사'로 이름을 바꿨다. 현재 건물은 1914년 화재로 타버린 것을 이듬해 다시 세웠다. 만해 한용운[1879~1944]이 독립선언서 초안을, 소설가 김동리[1913~1995]가 〈등신불〉을 쓴 곳도 다솔사다. 특히 이 절 대웅전 뒤쪽에 세운 탑에는 부처 진신사리가 보존돼 있다. 대웅전 불상은 누워

다솔사

있어 대웅전 안에서도 건물 밖 탑이 보이도록 했다. 이는 양산 통도
사 대웅전에 불상을 두지 않는 것과 같은 문법이다.

　노산공원(서금동)에는 '박재삼 문학관'이 있다. 아마도 사천에서 이
곳 출신 인물 이름이 먼저 붙는 장소는 여기 하나뿐일 듯하다. 박재
삼[1933~1997]은 한국 전통 서정시 맥을 이었다는 평가를 받는 시인이다.

　일본 도쿄에서 태어난 그는 어린 시절을 삼천포에서 보냈으며 삼
천포고등학교를 졸업했다. 첫 시집 〈춘향이 마음〉을 시작으로 〈뜨
거운 달〉, 〈찬란한 미지수〉, 〈햇빛 속에서〉, 〈다시 그리움으로〉 등
시집 15권과 수필집 〈차 한 잔의 팽세〉를 냈다. 문단에서는 현대문
학상·한국시인협회상·노산문학상·인촌상·한국문학작가상 등을 안
기며 그가 내놓은 성과를 기렸다.

사천만 서쪽에 거는 미래

풍부한 수산물이 흥을 돋우던 삼천포항 모습은 점점 멀어지는 과거다. 바닷가 사람들은 수려한 남해안 풍경과 입맛 돋우는 해산물에 예전에 누렸던 활기를 기대한다. 갯벌을 대가로 얻어낸 산업단지는 오늘날 사천을 움직이는 동력이다. '첨단 항공산업의 메카' 구호는 현재 사천을 정의하며, 사천이 그리는 미래이기도 하다. 남은 곳은 사천만 서쪽 땅이다. 이 땅은 사천이 갈 방향에 대한 질문을 던지고 있다. 개발과 보존으로 갈리는 두 갈래 답은 지난 2007년 제대로 부딪친다. 사천시가 '일반산업단지조성사업' 대상지로 광포만 갯벌을 정하면서다. 치열했던 대립은 일단 갯벌 보존 쪽으로 정리됐다. 갯벌이 드러내는 매력과 드러내지 않는 혜택에서 가치를 찾은 이들은 '일단 먹고살고 보자'는 주민들 반발에 힘겹게 맞섰다. 그 과정에서 끊임없는 탐사를 통해 수달, 삵, 대추귀고둥 등 귀한 야생 동식물을 찾아낸다. 갯벌의 생명력과 자산을 극적으로 증명해낸 셈이다.

사천만 서쪽 서포면·곤양면·축동면은 해야 할 게 많은 땅이다. 갯벌을 덮을 것인지 살릴 것인지에 대한 결정은 사천시 미래와 맞닿아 있다. 다만, 이 땅을 아끼는 이들은 이런 상상을 귀띔한다. 남일대 해수욕장에서 바다를 즐긴다. 노산공원에 들렀다가 삼천포항에서 회를 먹고, 유람선을 타며 섬을 감상한다. 선진리성을 거닐고 나면 사천대교에 올라 사천만을 건넌다. 남쪽으로 방향을 정하면 비토섬 갯벌, 북쪽으로 방향을 정하면 광포만 갯벌이다. 어느 갯벌에서든 생명력을 만끽하며 뒹굴다가 다시 사천대교를 건넌다. 그리고 실안 노을길에서 떨어지는 태양을 배웅한다. 여기는 경상남도 사천이다.

먹을거리에 담긴 역사와 문화

—

겉은 잔잔하지만
속은 거친 바다
생선회 좋은 질감 선사

사천의 새벽은 분주하다. 여전히 삼천포항은 전국에서 몰려든 사람들이 하루를 깨운다.

사천은 수산업이 일찍이 발달할 수 있는 조건을 안고 있었다. 뭍에서 유기질이 많이 유입돼 먹잇감이 풍부하고, 조수 간만의 차가 큰 덕에 물이 깨끗하다. 여기에다 난해류까지 더해져 다양한 수산 생물이 몰린다. 드넓은 갯벌이 정화 역할을 해 적조도 비켜 가곤 한다.

조금 더 들여다보면 특히 사천 생선이 입에 감기는 이유가 있다. 사천만은 겉과 속이 다르다. 드러난 물살은 아주 잔잔해 마치 호수와 같을 때도 있다. 그러나 그 속은 사뭇 다르다. 물살이 여간 세지 않다. 잔잔한 바다인 줄 알고 뛰어들었다가는 물살에 휘말려 큰 화를 당하기 십상이라고 한다. 이러한 거친 물살을 가르는 어류는 그 살이 흐물흐물하지 않다. 생선회로 좋은 질감을 선사한다.

사천은 산란을 위해 찾는 곳이기도 하다. 감성돔이 대표적이다. 그러다 보니 바늘 3개짜리 낚싯대를 넣으면 아래서부터 망둥어·감성돔·농어가 올라온다 한다. 특이하게도 바다에 낚싯대를 넣었는데 잉어·붕어·쏘가리 같은 민물고기가 얼굴을 내밀기도 한다. 어떤 때는 붕어가 워낙 많아 아예 드럼통으로 잡은 이도 있다 한다.

그렇다고 이를 반길 일은 아니다. 흘러야 할 물이 제 길로 흐르지 못하기 때문이다. 홍수 조절용인 남강댐 영향으로 남강으로 가야 할 물이 끊겨 사천만으로 흘러들어 때로는 민물이 되기도 한다. 가두리 양식장 피해가 뒤따른다. 그래도 유기물질 섞인 민물이 적당히 들어오면 조개 같은 것은 살이 오르기에 반기는 어민도 있다고 한다.

죽방렴은 물길이 좁고 물살이 빨라 어구 설치하기 좋은 곳에 발

삼천포쥐포

달한다. 이러한 요건이 충족된 사천에서는 수백 년 전부터 성행했다
고 전해진다. 하지만 1970년대 이후 산업화, 이후에는 사천만 매립·
염분 저하로 지금은 죽방렴 하면 남해가 먼저 떠오른다. 그래도 이
곳에서는 명절 선물용으로 대부분 죽방렴 멸치를 점찍는다고 한다.

　삼천포쥐포는 예전만 못해도 여전히 입에 오르내린다. 쥐치를 포
로 떠서 조미료 넣어 말린 것이 쥐포다. 그 오래전 쥐치는 헐값에 넘
어가는 홀대를 받았다. 그러다 입이 궁금해 간간이 간식 삼아 먹던
것이 퍼지면서 1960년대 중·후반부터 대량생산에 들어갔다. 물론
지금은 이곳에서 잡히는 쥐치가 크게 줄어, 오히려 횟감용으로 눈독
들이는 분위기다.

　그나마 여기서 잡은 쥐치로 만든 쥐포에는 큰 값이 매겨진다. 그
리고 베트남·중국산 쥐치를 여기서 가공한 것은 그 아래, 이도 저도
아닌 것은 헐값이다.

이곳 사람들은 쥐포에 대한 이런저런 기억을 안고 있다.

쥐포 가공업이 성업하던 때에는 새벽에 쥐치 상자를 더 많이 받아가기 위한 가공업자 간 경쟁이 치열했다. 한날은 어두운 새벽녘, 마찬가지로 앞뒤 안 가리고 서로 많이 차지하려고 옥신각신했는데, 알고 보니 시어머니·며느리 사이였다고 한다. 또 누군가는 쥐포 가공하는 집에 살다 보니 방에서 손만 뻗으면 먹을 수 있었다 한다.

사천에서는 서포 굴도 이름을 알리고 있다. 들리는 얘기로는 임진왜란 때 왜적이 침략하자 나라에서는 육지로 도망가라고 했지만, 서포면 사람들은 쉽게 떠나지 못했다고 한다. 굴이 워낙 풍부했기에 이를 놓을 수 없었던 것이다. 서포면은 참나무·소나무로 몽둥이를 만들어 갯벌에 박고, 여기에 발을 만들어 놓는다. 물에 있는 유생을 굴 껍데기에 붙게 하는 고전적 방식이다. 늘 물에 잠겨 있는 것이 아니기에 성장은 느리지만, 물 위에 있는 동안 많은 활동을 하게 된다. 통영 굴이 유명하지만, 사천에서 종패를 가져가기도 한다며 이 지역 사람들은 힘주어 말한다. 크기는 잔잔하지만 알이 꽉 차 씹는 질감이 다르다는 말도 더해진다.

'선진리'와 함께 따라붙는 것이 '백합죽'이다. 5~11월이 산란기인 백합은 민물영향을 받는 조개류로 수심 20m 모래·진흙에 몸을 두고 있다.

선진리 사람들은 백합 덕에 보릿고개 시절도 어렵지 않게 이겨낼 수 있었다 한다. 외지에 팔아 쌀을 들여오고, 남은 것은 구워서, 끓여서, 죽을 쒀 먹었다. 특히 찹쌀·인삼·대추·잣 등을 넣어 끓인 백합죽은 외지 사람들 군침까지 돌게 했다. 하지만 1990년대 들어 진사공단 등의 영향으로 백합 찾기가 쉽지 않게 됐다. 그래도 여전히

쌈 싸 먹는 김치찌개

두툼한 육전에 고명을 얹은 냉면

선진리를 찾으면 이를 맛볼 수 있으니 다행이다.

바다 아닌 것에 눈 돌리면 사천은 단감·포도·배 같은 것에도 일손을 쏟고 있다. 정동면 대곡마을 쪽에는 단감단지가 형성돼 있다. 경남 내에서는 진영단감이 이름을 날리고 있는데, 이곳 사람들은 "늙은 감나무는 단맛이 떨어질 수밖에 없는데, 사천은 진영보다 젊은 단감나무가 많다"고 강조한다.

한 끼 식사를 위한 것에서는 냉면·해물한정식·김치찌개가 대표성을 띠고 있다.

입맛이 다 같을 순 없어 호불호가 갈리기는 하지만, 두툼한 육전에 고명을 얹어주는 '재건냉면' 집은 외지 손님 발길이 끊이지 않는다. 대를 이은 아들이 다시 일으켜 세운다는 뜻에서 상호를 '재건냉면'으로 했다고 한다.

해물한정식은 삼천포항 쪽에 서너 집 있다. 어떤 집은 주문할 필요도 없는 단일 메뉴다. 가격이 오르기는 했어도 1만 원 조금 넘는 돈으로 대접받는 느낌을 안기에 충분해 보인다.

그 흔한 김치찌개가 한 고장의 대표 먹을거리라는 게 언뜻 보면 의아하다. 사천 김치찌개는 잘게 썬 돼지고기를 상추에 싸 먹는 특징이 있다. 이를 처음 시작한 곳 사장이 돼지고기를 워낙 좋아했다고 한다. 집에서 김치찌개 돼지고기를 늘 상추에 싸 먹던 것을 식당으로 옮겨온 것이다. 입소문이 났고, 그 비법을 여기저기 알려주다 보니 지금은 비슷한 식당이 여기저기 흩어져 있다.

볼거리에 담긴 역사와 문화

—

어제를 이끈 남쪽 바다
오늘을 이끄는 항공산업
내일을 이끌 무한한 생태자원

사천은 경남에서 유일하게 육지길·바닷길·하늘길 '3길'이 열려있다. 이는 오늘날 사천 하면 떠오르는 창선·삼천포대교, 삼천포항, 사천공항 같은 것들을 낳았다. '3길'은 곧 사천의 지난 시간과 지금을 들여다볼 수 있는 통로이기도 하다.

사천에는 2000년 이후 창선·삼천포대교, 사천대교, 대전통영간고속도로 진주~통영 구간이 잇따라 들어섰다.

2003년 4월 개통한 창선·삼천포대교는 남해 창선도~사천 삼천포항을 잇는다. 늑도·초양도·모개도를 디딤돌 삼은 각기 다른 형태의 삼천포대교·초양대교·늑도대교·창선대교·단항교가 저마다 자태를 뽐낸다. 이 가운데 삼천포대교·초양대교·늑도대교는 사천에 속해 있다.

배를 타지 않으면 눈 앞에 두고도 돌아돌아 남해대교를 이용해야 했던 지난날에 비춰보면 양쪽 모두에 큰 선물이었다. 애초 그 명칭을 놓고 양쪽은 꽤 신경을 곤두세웠다. 특히 통합으로 명칭을 잃은 삼천포 사람들은 여기에라도 흔적을 남겨두고 싶은 마음이 컸을 터이다. 그 애타는 마음이 반영되기는 했다. 물론 '창선'이 앞에, '삼천포'가 뒤에 붙은 점은 개운할 리 없다. 그래도 이제는 '남해 섬에서 나오는 이들이 우선'이라며 넉넉함을 내비치는 것으로 쓰린 마음을 달랜다.

창선·삼천포대교 개통으로 사천은 남해 관광객 흡수 기대도 컸다. 하지만 그리 신통치 않은 듯 '다리 만들어지고 들어오는 차량은 많아졌지만, 머무르지 않고 스쳐 가기만 한다'는 푸념을 쏟아낸다.

2006년 12월에는 사천 동서를 연결하는 사천대교가 놓였다. 사천은 아래쪽에서 위쪽으로 파고든 사천만을 기준으로 동서로 나뉘

사천대교

는 지형이다. 오른쪽에는 사천읍·옛 삼천포가 있고, 왼쪽에는 서포면·곤양면·곤명면이 자리하고 있다. 서로 간 이동하려면 이 지역 최북단이면서 양쪽 중간에 있는 축동면을 거쳐야 하는 번거로움이 있었다. 여기에다 사람 붐비는 것을 반대편에서 바라봐야만 했던 서쪽 지역은 상대적 박탈감을 안았다. 사천대교는 이러한 것을 동시에 해결하는 역할을 안고 있다.

이보다 1년 앞선 2005년 12월에는 진주~통영 구간이 뚫리면서 비로소 대전통영간고속도로가 완전히 개통됐다. 그렇지만 사천 사람들에게는 달갑지 않다. 대전통영간고속도로가 진주까지만 연결돼 있던 그 이전 4년여간은 충청·전라도 사람들 발길이 풍성했다. 주말 진주에서 사천 가는 길은 늘 붐볐다. 삼천포항 같은 곳은 옛 영화까지는 아니더라도 큰 활기를 띠었다. 그러다 고속도로 완전 개통 이후 이 발걸음은 사천을 외면하고 곧장 통영으로 빠져나갔다.

사천에서 '삼천포' 명칭이 남아 있는 몇 안 되는 것 가운데 하나가 삼천포항이다. 지금은 '삼천포가 삼천포항으로 바뀌었다'고 표현할 정도다. 삼천포항은 1906년 11월 일본인들 손에서 개항했고, 1964년 7월 무역항으로 지정됐다. 올해는 제주도 바닷길이 연결돼 삼천포항 자존심을 잇고 있다.

'잘나가다 삼천포로 빠진다'는 말은 그 배경을 놓고 여러 설이 있지만 명확하지 않으니 제쳐두고, 1978년 한 주간지 기사에서 처음 언급됐다가 법정 공방까지 이어졌다고 한다. 삼천포 사람들은 이 말에 여전히 신경을 곤두세운다.

반대로 이를 승화하려는 움직임도 있다. 이를테면 '빠진다'를 '삼천포 매력에 빠진다'로 재해석해 '잘나가면 삼천포로 빠진다'로 알리자는 것이다.

사천에는 택시 위에 달린 표시등이 앙증맞은 비행기 형상을 하고 있다. 시내버스정류장에도 비행기 모형이 눈에 들어온다. 모르는 이들도 이 지역 현재, 혹은 미래 살림살이가 항공산업임을 어렵지 않게 짐작할 수 있다.

사천이 비행기와 인연을 맺은 것은 1940년대다. 일제가 대륙진출 전초기지로 활용하기 위해 이곳에 비행장을 건설한 데 따른 것이다. 광복 이후 사천비행장 설치령이 공포돼 군에서 활용했고, 이후 제3훈련비행장으로 지금에 이르고 있다. 1969년 서울~사천~진해 간 민간항공기가 뜨며 오늘날 사천공항으로 이어졌다. '공항'이라는 말 무게와 달리 오늘날 사천공항은 그리 큰 덩치를 자랑하지는 않는다. 노선도 몇 되지 않아 이용자가 많지 않다. 이에 국제노선 전환 움직임을 보이고 있다.

사천은 바다를 끼고 있는 것만으로 그치지 않고, 경남에서 가장 드넓은 갯벌을 드러내고 있다. 내 지역 발전에 무게 둔 쪽에서는 광포만을 메워 공장 짓자는 얘기를 오래전부터 하고 있다. 광포만은 수달·삵·붉은발말똥게 같은 멸종위기 야생 동식물 20여 종의 터전이기도 하다.

서쪽 최남단에는 또 다른 갯벌이 펼쳐져 있는 서포면 비토섬이 있다. 이곳은 '별주부전 전설의 섬'으로 스토리텔링한 곳이다. 충남 태안군에도 별주부전 마을을 두고 있어 신경 쓰일 법하다. 사천은 서포면 비토섬과 별주부전 연결고리에 대해 몇 가지 내놓고 있다. 조선시대 고서에 등장하는 별주부 축문 내용에 '남해용궁의 별주부'로 명시되어 있어 그 배경이 남해라는 전제를 깔고 있다고 내세운다. 여기에 더해 '토별가' 내용 중에 사천시 서포면을 비롯한 서남해 안에서 많이 잡히는 '전어', 전남지역과 사천 일대에서 주로 쓰는 '깔따구'라는 말이 나온다는 점도 들고 있다.

이랬든 저랬든 비토섬은 자연의 숨소리를 내내 들려주는 갯벌만으로도 충분히 훌륭하다.

사천이 자연으로부터 받은 또 다른 선물은 '실안낙조'다. 이곳 낙조가 특히 도드라지는 이유는 호수와 같이 잔잔한 물살의 바다가 붉은빛을 마음껏 받아들이는 덕이다. 여기에 섬·죽방렴 같은 배경까지 더해진다.

사천에는 이름 알려진 절도 몇 된다. 일제 때 항일기지 역할을 한 곳으로 잘 알려진 봉명산 다솔사가 있다. 또한, 백천사는 목탁소리 내는 소가 유명세를 치른다. 하지만 구경꾼 앞에 선 소 눈빛에서 누군가는 애처로움을 읽기도 한다.

실안낙조

곤양면에는 조선 정기를 끊으려는 일제 행태가 어느 정도였는지 새삼 느끼게 하는 것이 있다. 300m를 사이에 두고 있는 세종대왕태실지와 단종태실지다. 조선 왕실은 생명을 준 것이라 하여 태(胎)를 소중히 여기며 명당에 봉안했는데, 세종대왕·단종 태가 이곳에 있었다. 하지만 1929년 일제는 전국에 있는 태실을 옮기고 그 땅은 민간에 팔아버렸다. 현재 세종대왕태실지·단종태실지는 애석하게도 그 흔적을 남겨둔 것에 그친다.

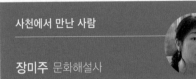

장미주(45) 문화해설사는 삼천포에서 나고 자랐다. "원래 삼천포는 사천에 속한 읍이었다가 광복 이후 항이 커지면서 시로 승격했죠. 그러다 다시 합해진 거니까, 명칭에서 사천을 우선하는 게 맞는 것 같습니다. 그런 역사를 이해하면 아쉬움은 있어도 삼천포로 하자고 우길 수 없는 부분이죠."

장 해설사는 사천 볼거리로 남일대 해수욕장 및 코끼리 바위를 우선 꼽았다. 노산공원·초양섬·실안낙조도 빼놓지 않았다. 이 가운데 노산공원에는 삼천포아가씨 동상이 있다. "시장께서 덴마크 인어아가씨 상을 보고 와서는 우리도 만들면 좋겠다는 생각을 했다고 합니다. 이를 위해 시민에게 의견을 물었는데, 인어보다는 아예 '삼천포아가씨'로 만들자는 여론이 컸나 봅니다. 이미 1960년대 은방울자매가 부른 '삼천포아가씨'라는 노래가 유명하거든요. 여기 사람들은 노래방 가면 필수적으로 부르기도 하죠."

어떤 노래인지 한번 불러줄 것을 요청하자, 장 해설사는 쑥스러워하면서도 적당한 콧소리를 섞어 조곤조곤 한 소절 풀었다.

'비 내리는 삼천포에 부산 배는 떠나간다~ 어린 나를 울려놓고 떠나가는 님이시여~ 이제 가면 오실 날짜 일 년이요 이년이요~ 돌아와요 네 돌아와요 네 삼천포 고향으로~.'

 사천 하면 떠오르는 것을 묻자 윤병렬(49) 씨는 환경운동가답게 '갯벌' '와룡산'을 들었다. "경남에서 사천 갯벌이 가장 넓습니다. 그 가운데 800만 평$^{2644만㎡}$ 되는 광포만은 가장 아름다운 곳이죠. 지역 주민은 매립해서 공장을 짓자고 하지만, 광포만은 매립할 수 없는 곳입니다. 멸종위기 야생 동식물이 20종이나 됩니다. 사천에서 동쪽은 개발할 수밖에 없더라도 서쪽은 보존해야 하는 곳입니다. 습지보호구역으로 정하고 순천만처럼 만들자고 줄곧 주장하고 있습니다."

 그는 광포만에 대한 그 옛날이야기를 전해준다. "곤양군수가 퇴계 이황 선생을 초청해 광포만 갯벌로 갔지요. 작은 섬에 배를 올려놓고 회 치고, 술 한잔한 흔적이 지금도 그대로 있습니다. 풍류객이 많이 찾은 곳으로 전해지고 있죠. 사실 사천만은 최근에야 알려지게 됐지, 그 이전에는 바깥사람들은 몰랐죠. 사천만이 얼마나 아름다운 곳인지…."

 사천 매력에 대한 부분에서는 뜻밖에 지리산을 언급했다. "사천은 지리산을 병풍처럼 볼 수 있는 곳입니다. 맑은 날 대포항 쪽에서는 지리산 능선이 천왕봉에서 노고단까지 다 보입니다. 우리 지역은 지리산과 아주 가까운 그런 곳입니다. 이 지역 초·중·고 교가에 대부분 지리산이 나오기도 하죠."

놓치지 않고
둘러봐야 할 곳

———

박연묵 교육박물관 40여 년간 교단에 있었던 박연묵 선생이 교과서·졸업앨범·제자 글 등 8100여 점을 전시해 놓았다. 전액 자비를 들여 자신의 집에 10개 전시관을 건립했다. 한 점 한 점 정성이 묻어있는, 말 그대로 살아있는 박물관이다. 박 선생이 직접 전시관을 안내하며 설명까지 곁들여 준다.

용현면 신복리 332, 055-834-0571

대포어촌체험마을 바다 한가운데에 돔 펜션 여섯 동이 있다. 바다 위에 떠 있지만, 누워있으면 흔들림이 크게 느껴지지 않는다. 주로 낚시하는 사람들이 많이 이용하는데, 봄에는 도다리, 여름에는 감성돔, 가을에는 전어, 겨울에는 물메기가 많이 올라온다.

대포동 438-6, 055-834-4988, www.seapensun.net

삼천포 수산시장 싱싱한 활어를 사기 위해 전국에서 몰려온 사람들로 새벽부터 장사진을 이룬다. 상가 안에 횟집·활어가게 등 320여 개 점포가 있고, 활어가게에서 횟감을 사가면 초장·밑반찬 및 매운탕을 끓여주는 양념식당이 여럿 있다.

선구동 58-50(삼양급수사 앞 노상주차장)·서동 322-74(삼천포수협 활어회센터 주차장)·서동 321-1(서부노외주차장)

비토섬 갯벌 별주부전 전설이 서려 있는 곳인데, 물이 빠지면 드넓은 바다가 갯벌을 이루며 장관을 연출한다. 주말에도 찾는 이가 많지 않아 한적한 시간을 보내기에 더없이 좋다.

서포면 비토리 5-48

놓치지 않고
둘러봐야 할 곳

실안낙조 2000년 한국관광공사 선정 '전국 9대 일몰지'에 뽑혔다. 해안도로를 걸으며 죽방렴·섬·바다와 어우러지는 일몰의 아름다움에 빠져보도록 하자.

실안동 1254

남일대 코끼리 바위 코끼리가 물 먹는 형상을 하고 있다. 제대로 된 형상을 보려면 반대편 진널전망대로 가면 된다.

향촌동 710-1·향촌동 1253-16(진널전망대)

대방진굴항 고려시대 왜구를
막기 위해 설치한 군항 시설이
다. 조선시대에는 이순신 장군
이 이곳에 거북선을 숨겨놓았
다고 전해진다.

대방동 250

노산공원, 박재삼문학관 바다
를 향하는 언덕 위에 있는데, 특
히 남단 바닷가 위 정자에 오르
면 한려수도 전망이 한눈에 들
어온다. 공원 안에 있는 사천
서정시인 박재삼 문학관은 무료
로 관람할 수 있다.

서금동 101-61

거제

수산업으로 조선소로 관광으로
경남의 주춧돌이 되는 큰 섬

속을 발라낸 대구가 바닷가에 길게 내걸려 있다.
어민들은 대구 건조를 볕과 바닷바람에 맡긴다.
거제시 장목면 외포항에서 마주치는 풍경이다.
대구는 11월 말에서 이듬해 3월까지 외포항을 드나든다.
외포항 둘레에 자리를 정한 상인들은 대구 거래로 분주하다.
항구 한쪽에서는 어민과 상인이, 다른 한쪽에서는
상인과 행인이 서로 셈을 맞춘다.
이 나라에서 두 번째로 큰 섬, 거제에 있는 크고 작은 항구는
117곳이다. 거제는 항구다. 그리고 거제 아침은 항구에서 시작한다.
같은 작업복을 입은 노동자들이 도로를 가득 채운다.
길을 메운 오토바이와 자전거 행렬은 바깥사람들에게는 낯설어
그 느낌이 이국적이다. 거제 중심가와 아주동, 장평동 일대에서
흔히 볼 수 있는 풍경이다. 아주동에는 대우조선해양,
장평동에는 삼성중공업이 있다. 규모로 나라를 대표하는 조선소다.
조선업은 제조업과 더불어 경남을 대표하는 산업이다.
그 조선업 심장은 거제에 있다. 거제 아침은 조선소에서 시작한다.

거제에 사람이 살았던 시기는 선사시대로 거슬러 올라간다. 거제면 법동리에 있는 산달도山達島에서는 이를 뒷받침하는 패총이 발견됐다. 이곳에서는 토기와 석기 등 신석기시대 유물 230여 점이 나왔다. 사등면 청곡리에 있는 고인돌, 즉 지석묘支石墓는 청동기시대 대표유적이다. 지석묘는 청곡리를 비롯해 둔덕면 학산리, 일운면 소동리, 지세포리 일대, 연초면 당공리 등에서도 발견된다. 거제는 오래전부터 사람들이 살 만한 곳이었다.

뭍과 멀지 않은 섬은 옛사람들이 넓은 강 주변만큼 터를 정하기 좋아했다. 무엇보다 바다가 내놓는 수산물이 풍부했다. 섬사람들은 땅을 일군 사람들만큼 살림을 재어놓지는 못했지만, 웬만해서는 배를 곯을 일도 없었다. 그렇다고 뭍과 가까운 섬이 모두 살기 좋은 땅은 아니다. 거제에 오랫동안 사람이 살 수 있었던 이유는 바다와 더불어 민물에서 찾아야 할 듯하다. 섬에서는 귀하다는 물이 거제에는 유난히 풍부했다. 섬 전체에 고루 뻗은 산줄기는 제법 넉넉한 물을 머금을 수 있었다. 그리고 그 규모는 동부면 구천리에 있는 구천댐에서 엿볼 수 있다. 1987년 완공된 구천댐은 거제 공업용수와 식수를 공급한다. 길이 231m, 높이 50m에 저수량은 어림잡아 1000만 t에 이른다.

거제 전체면적(402.01㎢) 가운데 경지(67.46㎢)는 16.8% 정도다. 중앙에서 섬 전체로 고루 뻗친 산줄기 때문에 들판 대부분은 해안에 있다. 가라산580m을 비롯해 계룡산566m·옥녀봉554m·노자산559m·선자산523m·산방산507m·앵산507m이 500m를 넘고, 대금산437.5m·북병산

465m·국사봉462m·망산397m 등이 솟아 있다. 거제를 대표하는 이 11개 봉우리는 이곳 자랑거리가 바다에만 펼쳐진 게 아니라는 것을 은근히 내세운다.

넓지 않은 들판은 그래도 넉넉한 물과 따뜻한 날씨 덕에 쏠쏠한 농산물을 내놓았다. 곡물과 더불어 감·배·유자 등 난대성 과수 재배는 농업과 어업을 겸한 이곳 농민들 살림에 제법 보탬이 됐다. 그렇다고 해도 거제가 품은 가장 큰 자산은 바다다. 280㎞가 넘는 섬 둘레 곳곳에는 예부터 어항이 발달했다. 현재 국가가 관리하는 '국가어항'은 지세포·구조라·외포·능포·다포·금포 등 6곳이다. 경남도가 관리하는 '지방어항'은 18곳이며 거제시가 관리하는 어촌정주어항(82곳), 소규모 어항(11곳)을 보태면 거제시 어항은 117곳에 이른다. 특히 거제 바다는 예부터 나라에서 손꼽을 만큼 물이 깨끗하고 난류·한류성 어족이 고루 잡히는 곳이었다. 옛 기록을 보면 능포리·옥포리 앞바다에 궁중에서 관리하는 어장이 있을 정도였다. 하지만, 거제 바다는 풍부한 어장을 품은 남해안 대부분 지역이 그렇듯 예부터 일본이 눈독을 들인 곳이기도 했다. 특히 일제강점기에는 일본인 가시이香椎源太郎가 거제 바다를 독점해 이 일대 생선을 모조리 훑어가기도 했다. 그때 거제에 살던 어민들은 일본인에게 고용돼 생계를 유지했다. 그나마 어깨너머로 앞선 어획 기술을 배워둔 게 뒤에 거제 수산업을 키운 동력이 되기는 했다.

바다가 내놓는 자산은 수산물로 그치지 않았다. 여기 사람들이 '관광하기 좋은 거제'를 자랑한다면 그 근거는 바다에 있다. 거제는 경남에서 해수욕장을 가장 많이 가진 곳이다. 구조라·농소몽돌·덕원·덕포·명사·물안·여차몽돌·와현·학동몽돌·함목·황포·홍남으

로 이어지는 섬을 둘러싼 해수욕장은 바깥사람들에게는 부러울 수
밖에 없는 풍경이다.

경남 조선산업의 심장

지금은 그 기세가 한풀 꺾였다 해도 조선업은 제조업과 더불어
경남을 대표하는 산업이다. 그리고 경남을 넘어 이 나라 조선 산업
을 대표하는 업체 두 개가 거제에 있다. 바로 대우조선해양과 삼성
중공업이다.

대우조선해양

1978년 공사 진행이 부진하던 옥포조선소를 넘겨받은 대우조선해양은 1981년 그 모습을 드러냈다. 4.3㎢ 땅에 조성된 조선소에는 기네스북에도 오른 100만t급 독이 있다. 또 900t 골리아스 크레인을 비롯한 최신 설비로 생산하는 건조 규모는 270만t에 이른다. 대형 상선을 비롯해 각종 특수선박, 육·해양 플랜트, 산업설비 등이 이곳에서 생산된다.

1977년 신현읍 장평리에 있던 우진조선소를 사들이며 들어선 삼성중공업은 고부가가치 선박 생산으로 경쟁력을 내세우고 있다. 세계 최초로 건조한 쇄빙유조선을 비롯해 LNG선, 초대형 컨테이너선이 삼성중공업을 대표하는 제품이다. 또 원유 시추 설비와 해양설비 그리고 풍력발전기까지 사업 영역을 넓히고 있다.

경남 경제를 살찌운 이들 조선업체가 거제에 미친 영향은 상당하다. 조선소가 들어서면서부터 지금까지 그 변화는 이곳 사람들에게 숨 가빴다. 거제시 살림 상당 부분은 조선소에서 일하는 사람들과 조선소 사람들이 쓰는 돈에서 나온다고 보면 된다. 거제에서 가장 번화하다는 고현과 옥포는 조선소 노동자 소비를 밑천으로 덩치를 키웠다.

섬을 드나드는 바깥사람이 많아지면서 도시 또한 번잡해졌다. 인심 넉넉하고 온순한 섬사람들에게 닥친 변화와 바깥사람들은 한동안 감당하기 버거웠다. 이 때문에 여기 사람들은 흉흉해진 인심, 늘어난 범죄 원인을 종종 조선소에 돌리곤 한다. 더불어 섬 전체를 감싼 맑은 바다 상당 부분을 조선소에 내준 것 또한 한쪽에서는 섭섭하게 여기는 부분이다. 또 경남에서도 유난한 이곳 물가 역시 조선소 탓이라고 흘겨보는 눈이 많다. 물자 교류가 원활하지 않았던 섬

대우조선 퇴근 풍경

이라 원래 높았던 물가를 조선소 사람들 소비가 부추겼다는 것이다. 그래도 거제 경제 규모를 키운 동력이 조선소라는 점은 누구도 부정하지 않으며 부정할 수도 없다.

거제·거가대교가 이은 뭍과 섬

견내량은 거제시 사등면 덕호리와 통영시 용남면 장평리 사이 좁은 바다다. 1971년 이 해협을 가로질러 '거제대교'를 놓으면서 뭍과 섬은 연결된다. 길이 740m, 폭 10m인 이 다리 덕에 조선산업은 거제에서 자리매김할 수 있었다. 더불어 거제대교는 섬에 갇힌 사람들에게 더 넓어진 생활권을 안겼다. 거제대교 주변 둔덕면·사등면·거제면·동부면 사람들 중 상당수는 '통고^{통영고} 나왔다'고 할 정도로 통영과 다름없는 생활권을 누렸다.

거제대교

뭍사람들 또한 거제대교 건설을 반길 만했다. 통영 바닷가에서 보면 눈 앞에 보이는 섬 주변은 바라보고 끝내기에는 아까운 풍경을 보듬고 있었다. 하지만, 풍경을 즐기고자 감당해야 할 수고 역시 만만찮았다. 그러던 것이 도로가 다리를 타고 넘어가 거제 구석구석에 뻗치면서 섬은 훨씬 가까워졌다. 섬을 찾는 사람들은 많아졌고 이들이 쓴 돈은 거제 살림에 보탬이 된다. 1980년대 들어 늘어난 교통량을 감당하지 못하면서 견내량에는 1999년 새 다리가 놓인다. 길이 940m, 폭 20m로 거제대교 위쪽에 놓인 이 다리는 '신거제대교'라는 이름을 얻었다. 뭍에서 섬으로 통하는 길은 더욱 넓어진다.

부산 가덕도 휴게소에서 바라보는 거제 바다 풍경은 남해안 어느

거가대교

곳과 마찬가지로 다채롭다. 한려해상국립공원을 굳이 통영 한산도에서 시작해야 하는지 섭섭할 정도다. 넓고 맑은 바다, 오목조목 머리를 내민 섬과 더불어 사람들 눈길을 끄는 것은 가덕도와 거제를 잇는 긴 다리다. 섬과 섬을 잇다가 물속으로 잠겨 다시 섬과 섬 사이에서 모습을 드러내는 이 다리 길이는 8.2㎞에 이른다. 2010년 개통한 '거가대교'다. 이 다리가 놓이면서 부산과 거제는 부쩍 가까워진다. 창원~고성~통영을 거쳐 거제 고현까지 2시간 넘게 걸리던 길은 50분 거리로 줄어든다. 섬은 경남과 더불어 부산까지 같은 생활권에 둔다. 하지만, 대도시와 이어진 이 다리를 바라보는 눈길이 곱지만은 않다. 거가대교 건설 때부터 이 다리가 안은 문제점에 달라붙었던 전 경남도의원 김해연은 한마디로 '희망과 절망을 품은 다리'라고 정리한다. 부산과 경남을 잇는 통로로서 새로운 경제 성장 동력이 될 수 있으리라는 기대가 희망이다. 반면, 부담스러운 통행료(소형차 1만 원)와 민간업체에 대한 지나친 소득 보전, 이로 말미암은 지방재정 부담은 절망에 해당한다. 이 때문에 거가대교는 잘못된 민자사업 사례로 종종 꼽히기도 한다. 거가대교에 대한 여기 사람들 감상 또한 크게 두 가지로 나뉜다. 대도시와 생활권을 공유하면서 유난스러운 이곳 물가를 붙들 수 있겠다는 기대가 하나다. 다른 하나는 거제에서 긁은 돈이 부산에서 풀릴 것에 대한 우려다.

아름답지만 외롭고 아팠던 섬

해금강, 외도, 대병대도, 소병대도 등 거제를 둘러싼 섬은 62개다.

이들 섬 상당수는 손을 타지 않아 날것 그대로 매력을 뿜낸다. 자연은 '스스로 그러할' 때 더욱 돋보일 수밖에 없다. 거제 주변에 널린 해수욕장 역시 남다르다. 거제 해변에서는 모래밭보다 모난 데 없이 잘 깎인 돌멩이가 흔한데 이 돌을 '몽돌'이라고 부른다. 거제시는 몽돌을 시 상징물로 삼아 귀하게 여긴다. 하지만, 역사를 더듬어보면 거제는 외로운 섬이었다. 아니, 섬이기에 외로웠다.

물과 떨어진 섬은 은둔 또는 유배할 곳으로 적당했다. 거제도에 유배된 인물 가운데 기록에 남은 첫 인물은 고려 왕 의종$^{1127~1173}$이다. 의종은 정중부$^{1106~1179}$가 일으킨 난 때문에 섬으로 쫓겨났다. 조선시대 유배된 인물 중에는 최숙생$^{1457~1520}$과 송시열$^{1607~1689}$이 있다. 연산군 때 벼슬을 지낸 최숙생은 기묘사화^{1519년} 때, 송시열은 효종$^{1619~1659}$이 죽자 자의대비慈懿大妃가 상복을 입는 기간을 두고 벌인 당쟁에서 밀려 유배된다.

6·25 때 포로수용소(고현동)가 들어선 것도 이곳이 섬이기 때문이다. 1950년 11월 고현·상동·용산·양정·수월·해명·제산지구에 설치한 포로수용소에는 인민군 15만 명, 중공군 2만 명 등 포로 17만 명이 수용됐다. 사상이 다른 사람끼리 함께 지내야 했던 수용소에서는 충돌이 끊이지 않았다. 위태했던 안정은 1952년 미국인 준장 도드$^{Francis T. Dodd}$가 납치되면서 순식간에 깨진다. 이 사건은 고현에 있던 제76 수용소에 있던 인민군 대좌 이학구$^{?~1963}$가 지휘한다. 사건 가담자들은 포로 대우 개선, 포로 송환 중지 등을 요구하며 UN군과 대치했다. 또 반공 포로를 인민재판에 부쳐 처벌하기도 했다. 이 기간 죽은 반공 포로는 105명에 이른다. 이 사건은 도드 준장이 구출되며 매듭지어지나 포로 사이 적대감은 좀처럼 가라앉지 않는다. 결

국 반공 포로와 공산 포로는 따로 수용된다. 고현동 '거제도포로수용소유적공원'에는 당시 시설과 포로 생활상을 재현해 놓았다.

섬이 겪은 아픔은 여기서 그치지 않는다. 지난 2005년 '한국전쟁 전후 민간인학살 진상규명 범국민위원회'가 엮은 〈한국전쟁 전후 민간인학살 실태보고서〉를 보면 거제는 경남에서 상처가 가장 깊은 곳 가운데 하나다. 1949~1950년 거제 일대에서 군경이 저지른 민간인 학살은 8건으로 희생자는 어림잡아 2000명에 이른다. 섬은 외로웠고 외로워서 더욱 아팠다.

14대 대통령 김영삼^{1927~}은 거제 장목면 외포리 대계마을에서 태어났다. 1951년 장택상^{1893~1969} 국무총리 비서로 정치에 입문한 김영삼은 1954년 27세 되던 해 자유당 후보로 출마해 최연소 의원으로 당선된다. 1954년 '사사오입^{四捨五入}' 개헌에 반발, 자유당을 탈당한 김영삼은 1955년 민주당 창당에 참여한다. 1960년 부산 서구에서 민주당 후보로 나서 재선한 그는 정치 무대를 부산으로 옮긴다. 1961년 5·16쿠데타 이후 잠시 활동을 멈췄던 그는 1963년 민정당 후보로 3선에 성공한다. 1970년 김대중·이철승과 '40대 기수론'을 제창하며 신민당 대통령 경선에 나선 김영삼은 결선투표에서 김대중에게 밀린다. 그러나 1971·1973년 총선에서 연이어 국회의원에 당선되면서 곧 정치력을 회복한다. 이후 김영삼은 박정희·전두환으로 이어지는 군부독재와 맞서며 김대중과 더불어 야권을 대표하는 정치인으로 자

김영삼 전 대통령 생가

리매김한다. 1987년 군부독재 만행에 분노한 국민은 '6월 민주항쟁'
으로 대통령직선제를 얻어낸다. 그러나 김영삼과 김대중이 끝내 단
일화를 이루지 못하고 치른 13대 대선에서는 민정당 후보로 나선 노
태우가 당선된다. 이어 이듬해 총선에서 통일민주당이 평화민주당에
이어 제2야당이 되면서 김영삼은 정치적 입지가 매우 약화된다. 이
는 결과적으로 1990년 민주정의당·통일민주당·신민주공화당 3당
합당으로 이어지는 빌미가 된다. 1992년 민주자유당 후보로 대선에
나선 김영삼은 14대 대통령에 당선된다.

　김영삼은 취임 초기 강력한 개혁을 진행한다. 이 과정에서 군내
조직인 '하나회' 제거, 국군보안사 조직 축소, 금융실명제 시행 등 핵
심적인 개혁안이 처리된다. 특히 전두환·노태우를 12·12사태와 비
자금 사건 책임을 물어 구속한다. 하지만, 한보 비리사건에 이어 아
들 김현철이 국정 개입 물의를 일으키며 정치적 위기를 맞는다. 더불
어 집권 말기에 발생한 외환위기 상황에서 IMF 관리체제를 받아들
이며 거센 비난을 받기도 한다. 장목면 외포리에는 생가와 함께 '김
영삼대통령기록전시관'이 있다.

먹을거리에 담긴 역사와 문화

—

버릴 것 없는 어장
어부는 사계절 내내
쉴 틈 없었다

거제 바다는 넉넉하다. 어디 하나 버릴 것 없는 어장이 섬 주위를 둘러싸고 있다. 조선시대에는 나라에서 관리하는 어장이 여럿 있었다. 가조도·능포 앞바다 같은 곳이다.

거제 사람들은 다음과 같은 옛 기억을 떠올린다.

"갈치는 하도 많아서 퇴비로 사용하고 그랬죠."

"멸치 같은 건 어린아이들이 불 하나 들고서 수두룩하게 잡았습니다."

봄·여름·가을에는 갈치·멸치·고등어·조기 같은 난류성 고기가 몰려든다. 겨울에는 또 대구가 찾아온다.

1년 내내 손 놀릴 틈 없었던 것이다.

하지만 일제 그늘은 벗어날 수 없었다. 우리나라 물 좋은 어장 대부분은 일본인 손아귀에 들어갔다. 1908년 그들 압박에 '대한제국어업법'이 제정되었다. 외국인이라도 한국에 거주하는 이들은 어업권을 취득할 수 있게 된 것이다. 일제는 자국 땅 사람들에게 이를 적극 알리며 이주 희망자를 모집했다.

일본과 가깝고 더없이 좋은 어장인 거제는 가장 먼저 군침 흘릴 곳이었다. '가시이'라는 일본인 수산업자가 거제도~가덕도에 이르는 대구어장을 20년간 취득했다. 이때부터 여기서 잡힌 대구는 사정없이 일본 땅으로 건너갔다. 그러면서 '가시이 생선'이라는 이름까지 붙게 되었다.

이 지역 어민들은 넋 놓고 지켜볼 수밖에 없었다. 그래도 생계를 위해서는 어쩔 수 없었다. 일본인 업자 아래로 들어가 근근이 입에 풀칠하는 신세를 마다치 않았다.

당시 어민 가운데는 교육과 거리 먼 이들이 많았다. 그래도 영민

거제 외포항 대구.

한 이들은 일본 어업기술을 어깨너머로 알음알음 터득하기도 했다. 훗날 일본인들이 물러나고 나서는 이때 배운 재주를 발휘하기도 했다. 국내 수산 기술이 한 단계 나아지는 계기가 된 측면이 있다.

오늘날 돌아보면 '가시이'가 어업권을 취득한 어장 가운데 이순신 장군 첫 승전지도 포함돼 있다. 지금 인근 능포 앞바다는 비록 조선소를 마주하고 있더라도 여전히 고기가 많은 곳이다. 대물을 낚으려는 강태공들이 전국에서 몰려와 진을 친다.

조선 시대에 동해는 명태, 서해는 조기, 남해는 대구가 대표 어종이었다고 전해진다. 입이 커서 이름 붙여진 대구大口는 동해에서 부산을 돌아 진해만으로 들어온다. 11월 말에서 이듬해 2월까지다. 이때 산란도 한다. 바다가 조용하고, 성장하기 알맞은 수온 때문이다.

흔하디흔한 대구는 1950년대 들어서 그 양이 줄기 시작했다. 일제강점기에 마구잡이 어획 탓이 크다. 거제 사람들은 1981년부터 인공수정란 방류를 했다. 지금까지도 매해 계속하고 있다. 30년 가까이 250억 개 넘는 인공수정란이 바다에 풀렸다. 공들인 효과는 나타나고 있다. 그럼에도 이 지역 어민들은 지난 경험을 잊지 않고 있다. 만 4년 이상 된 완전히 자란 것들만 끌어 올린다. 그 아래 것들은 잡혀도 다시 놓아준다. 동해에서도 대구가 잡히기는 한다. 그런데 몸집 작은 어린 것들이다. 특히 사시사철 잡아 올려 맛이 여기만 할 리 없다. 진해만에서 올라온 것들에게만 '겨울철 대구'라 부르는 것이 마땅하다 하겠다. 겨울철 이 지역 외포항을 찾으면 대구가 지천으로 널려 있는 모습을 볼 수 있다.

거제는 굴 양식으로도 유명하다. 전국 굴 생산량 가운데 40%는 거제·통영에서 나는 것들이라 한다. 이는 수하식 양식, 미국 수출

같은 것들이 배경에 있다.

수하식은 먼저 굴깍지를 줄에 꿰 유생이 붙게 한다. 이를 썰물 때 노출해서 단련한다. 그리고 양식장 물 아래서 성장하게 하는 방식이다. 1924년, 일본에서 이 방식을 도입했다는 사실이 거제 사람들에게 알려졌다 한다. 많은 이가 일본 땅에서 배워 올 수는 없고, 서적을 뒤적이며 이래저래 연구한 듯하다. 그러한 끝에 1960년대 들어 수하식이 정착되었다.

이즈음 '굴 수출' 얘기가 떠돌기 시작했다. 해방 직후 양식업 주역은 단연 김이었지만, 1950년대 이후 수출이 감소했다고 한다. 자연스레 대안을 찾게 되었을 터이다. 다름 아닌 굴이었다. 1972년 '한미 패류협정'에 따라 거제·통영 일원 4곳이 미국 수출용 생산해역으로 지정됐다. 오염물질이 유입되지 못하도록 철저한 관리를 하게 된 것이다. 오늘날 둔덕면·거제면·동부면을 끼고 있는 거제만이 그러한 곳이다.

굴 양식장

굴 구이.

굴 산업은 노동집약적이다. 그러면서도 큰 힘을 필요로 하지 않는다. 이 지역 아낙들은 일손을 바삐 움직이며 생계에 큰 도움을 얻을 수 있었다.

거제 바다가 이러한 지난날을 담고 있기에 수산업협동조합이 전국 최초로 이 지역에 설립되었다는 것도 어렵지 않게 이해된다. 1908년 '거제 가조어기 모곽전 조합'이라는 것이 만들어지며 오늘날에 이르고 있다.

거제에서는 해녀를 보는 것도 어렵지 않다. 1900년대 초 제주도에서 일부가 장승포·지세포·구조라·옥포 같은 곳으로 조금씩 넘어왔다고 한다. 학동몽돌해변에서는 한쪽에서 가쁜 숨을 몰아쉬며 물질하는 해녀 모습이 관광객 너머로 보인다.

볼거리에 담긴 역사와 문화

—

눈부신 절경 한편엔
일제의 아픈 상처도

해금강·신선대·바람의 언덕·학동몽돌해변·여차홍포 해안 절경….

어디에 시선을 둬도 눈이 시리다. 어느 것 하나 모자람 없다. 거제는 마치 도도함을 내뿜고 있는 듯하다. 하지만 거제를 속 깊게 들여다보면, 이러한 생각은 잠시 접어두게 된다.

근현대사 페이지를 채울 만한 것들이 이 땅 곳곳에 스며있다. 비교적 알려진 포로수용소 같은 얘기 말고도 말이다.

거제 사등면 가조도에서 1km가량 떨어진 곳에는 '취도吹島'가 자리하고 있다. 아주 작은 섬이다. 실제 면적이 165㎡50평밖에 안 된다. 지적도에는 이보다 10배 이상 넓은 것으로 돼 있다.

러일전쟁 당시 송진포松眞浦에 요새를 마련한 일본해군은 취도를 함포사격 연습 표적으로 이용했다. 이 작은 섬이 그 수많은 포탄을 이유 없이 받아들여야 했으니, 온전했을 리 없다. 지금은 만신창이가 된 채 상단부만 남아 애처롭게 바다에 떠 있다.

바람의 언덕

취도.

시청 수장고에 보관 중인 '러일전쟁 비석'.

이곳에는 '러일전쟁 승전 기념비'가 있다.

1904년 일본은 진해 앞바다에서 러시아 함대를 쓰러뜨린바 있다. 러일전쟁을 자기들 승리로 돌려놓은 결정적 계기가 되기도 했다. 이를 기념하기 위해 1935년 진해해군요항사령부에서 기념비를 세웠다. 기념비에는 '밤에는 이 섬을 목표로 함포 사격을 했다'는 내용이 담겨 있다.

수십 년 지난 후 '일제 잔재'라는 목소리가 커지면서 철거 논란이 계속되기도 했다.

취도를 향해 함포를 쏜 곳은 칠천도七川島 너머에 있는 송진포다. 오늘날 장목면에 속해 있는 곳이다. 송진포는 뒷산에서 대마도 관측이 가능한 군사적 요충지였다. 이곳 역시 '러일전쟁 기념비'가 자리하고 있었다. 해방이 되자 곧바로 마을 사람들이 나서 무너뜨리려 했다. 처음에는 사람 힘으로만 밀어보았는데, 쉽게 넘어갈 리 없었을 것이다. 해군 공병대 도움을 받아 다이너마이트로 몇 번 시도 끝에 폭파했다고 한다. 그래도 비석碑石은 글씨·형태 훼손이 덜한 채 한동안 나뒹굴었던 듯하다. 널따란 돌판이라 파출소 입구 디딤돌로 사용됐다. 역사에 관심 깊은 공무원이 이를 알고서는 시청 수장고收藏庫에 옮겨 지금까지 보관하고 있다. 이러한 이야기를 접한 일본인 누군가는 수십억 돈으로 비석을 사 가려 했다는 이야기도 있다.

일본은 송진포에 주둔한 해군에 공급할 어업기지도 필요했다. 제격인 곳이 장승포長承浦였다. 풍부한 수산자원에 노동력도 뒷받침됐기 때문이다. 그러면서 집단 이주촌이 형성되었다. 촌장 이름을 딴 '이리사 촌'이라 불렀다. 주택·학교·우편취급소 같은 것들이 들어서며 대단위 마을이 형성됐다. 1920년 들어서는 이 마을에 거주하는 이

197

가 700명에 달했다고 한다. 이들은 풍부한 수산자원을 바탕으로 그들만의 번영을 이어갔다고 한다. 특히 고등어잡이 근거지로 자리 잡았다. 어부 100여 명을 태운 채 거제도·거문도·욕지도·제주도 근해뿐만 아니라, 경북 동해안·전남 남서해를 돌았다. 마구잡이로 끌어올리며 어장을 황폐하게 만들었다.

1945년 8월에는 이곳 장승포항이 미군 공습을 받기도 했다. 이때 이곳 사람들은 일본인들이 잘 입지 않는 흰옷을 입고 산으로 도망쳤다고 한다. 미군이 알아보고 포탄 세례를 하지 않을 것으로 생각했던 듯하다.

이곳 사람들은 어장뿐만 아니라 노동력까지 착취당했다. 이러한 경제적 환경에서 저항감이 표출되지 않을 수 없었을 것이다. 일제강점기에 이 일대를 중심으로 젊은 층 저항운동이 거셌다고 한다.

장승포 바다 아래 쪽에는 지심도只心島가 자리하고 있다. 위에서 내려다보면 마음심心 자를 닮았다 하여 이름 붙여졌다.

위에서 내려다본 지심도

지심도 흙길에 떨어진 동백꽃봉오리

몇 년 전 TV 예능프로그램에서 찾은 이후 북적이고 있다. 어떤 이는 "더 이상 한적한 섬이 아니다"라며 크게 아쉬워하기도 한다.

일본은 이곳 또한 현지인들을 내쫓고 군사 요새로 활용했다. 시간이 좀 더 지난 1950년에는 보도연맹원 학살로 이곳에서 수백 명이 총살 또는 수장되기도 했다. 오늘날 여유로운 동백숲과 어울리지 않게 포대 흔적이 남아 있고, 국방과학연구소가 자리하고 있다.

거제 북쪽에 자리한 저도^{猪島} 또한 일제 군 시설로 활용되다 1954년 대통령 여름 휴양지가 됐다. 20년 전 그 용도에서 벗어났지만, 군 시설이라는 이유로 일반인은 발 들이지 못하고 있다. 한편에서는 시가 관리권을 이양받아 관광지로 활용해야 한다는 얘기를 힘껏 하기도 한다.

　거제는 삼한 시대 변한 12개국 가운데 '독로국'이라 칭하던 곳으로 그 역사가 깊은 고장이다. 이승철(76) 향토사학자는 다음과 같은 이야기를 들려주었다. "거제는 섬이면서도 산이 좋고, 특히 물이 풍부해요. 수십 년 전에는 통영 사람들이 거제 물을 받아먹기도 했어요. 이 때문에 '왜 우리 물을 바깥에 주느냐'며 사람들이 들고일어나는 바람에 군수가 곤욕을 치렀죠. 물 많고, 따뜻하고, 수산자원 풍부한 곳이다 보니 오래전부터 사람이 몰려든 것 같아요."

　이승철 향토사학자 고향은 거제가 아니다. 공무원 생활을 하던 31살 때 이곳에 정착했다. 그런데 그 인심에 반했다 한다. "거제 간다고 하니 뱃사람들 많은 곳이라며 걱정 많이들 했어요. 그런데 실제 오니 방도 공짜로 주고, 갯가에서 잡은 것도 먹어보라며 막 가져다 주고 그래요. 이곳 사람들은 섬 안에 있는 사람은 가족처럼 생각하는 것 같습니다."

　하지만 아쉬움이 있는 듯하다. "지금은 참 각박한 곳 가운데 하나로 변했습니다. 1970년대에 조선소가 들어서면서 외지 사람이 엄청나게 들어온 탓이죠. 조선소 때문에 경제가 활성화되기는 했지만, 인심 풍요로운 고장은 옛이야기가 돼 버렸습니다. 물가 높기로도 유명한데, 거제대교 뚫리고 난 이후 그나마 좀 낮아진 것 같기는 해요."

거제에서 만난 사람

김봉기 장목면 주민

거가대교를 지날 때 대부분은 휴게소에 들러 바다 위 다리를 감상한다. 그런데 좀 더 좋은 구도를 찾아 사람이 몰리는 곳이 있다. 거제휴게소 아래편에 있는 장목면 시방마을이다. 이 작은 어촌마을은 이제 주말 아니라도 관광객 발걸음이 잦다.

하지만 이 마을 주민 김봉기(64) 씨는 반가운 눈치가 아니다. "다리가 나면서 이곳 사람들 교통이 편리해진 측면은 있죠. 마을 사람들도 비싼 물건 사거나 병원 갈 때는 거가대교 타고 부산으로 다 가지요. 반대로 우리 마을로 관광객들도 많이 들어오게 됐습니다. 그런데 여기저기 펜션도 많이 들어서고, 땅값도 부풀려지고 그래요. 인심도 나빠져서 이래저래 다투는 일도 많네요."

장목면 내 대계마을은 김영삼 전 대통령이 태어난 곳이다. "장목면 사람들은 아주 자랑스러워 하죠. 아마 이 지역 사람들은 조상 대대로 자랑스럽게 생각할 겁니다."

김 이장은 30년 가까이 객지생활을 하다 고향을 다시 찾았다. "어릴 적 고향 느낌은 다 사라졌죠. 여러 세대를 잇는 토박이는 별로 없습니다. 객지에서 온 사람이 대부분이죠. 그 좋던 인심을 이제는 찾아보기 어렵습니다. 그래도 풍부한 바다 자원이 있다는 점에서 축복받은 땅이라 생각합니다."

놓치지 않고
둘러봐야 할 곳

해금강 원래 이름은 갈도^{葛島}인데, '바다의 금강산'이라 불리며 1971년 명승 제2호로 지정될 때 '해금강'으로 등재됐다. 사자바위·미륵바위·촛대바위·신랑바위·신부바위·해골바위·돛대바위 같은 기암괴석으로 이루어져 있다. 유람선으로 해금강 속을 들여다보면 탄성은 절로 커진다.

남부면 해금강유람선터미널에서 배편으로 이동

우제봉 해금강유람선터미널에서 배편 시간이 1시간 정도 여유 있다면 인근 우제봉을 찾으면 된다. 높지 않은 산길을 800m가량 들어가면 우제봉에 발 들일 수 있다. 깊고 넓은 거제 바다와 해금강, 대·소병도를 조망할 수 있다.

남부면 갈곶리 산 2-16

신선대 인근에 있는 '바람의 언덕'에 가려진 측면이 있지만, 그래서 더 한적한 아름다움을 즐길 수 있다. MBC 드라마 〈회전목마〉와 영화 〈종려나무숲〉 촬영지기도 하다.

남부면 갈곶리 산 21-19

지심도 일명 '동백섬'이라 불린다. 이곳 동백꽃은 12월 초순 피기 시작해 4월 하순 꽃잎을 감춘다. 이 시기 동백나무 숲을 걸으면 바닥에 촘촘히 떨어진 붉은 꽃을 일부러 피해 가기 힘들 정도다. 섬 안에는 10곳 넘는 민박집이 있다.

장승포항(지심도터미널)에서 배편으로 이동

놓치지 않고
둘러봐야 할 곳

여차~홍포 해안도로 여차~홍포마을로 이어지는 3.5km 구간. 비포장도로라 가는 길이 험하기는 하지만, 대·소병도 등 바다에 떠 있는 보석 같은 섬을 감상할 수 있다.

남부면 여차·홍포마을

포로수용소 유적공원 6·25전쟁 때 포로가 늘어나자 1951년 고현·수월지구에 포로수용소가 만들어졌다. 1953년 휴전 이후 폐쇄된 시설을 1983년 경남도 문화재자료로 지정했다. 지금은 일부 건물이 남아 있고, 당시 생활상을 재현해 놓고 있다.

고현동 산 362

김영삼 대통령 생가 1928년 거제시 장목면 외포리 대계마을에서 태어난 김영삼 전 대통령의 지나온 흔적이 담겨 있다. 2000년 8월 부친 고 김홍조 옹이 대지·건물 일체를 시에 기증했고, 시에서 2001년 생가 및 기록전시관을 만들었다.

장목면 외포리 1371

거제자연휴양림 노자산 150~565m에 자리해 한려해상국립공원의 크고 작은 섬뿐만 아니라 멀리 대마도까지 눈에 담을 수 있다. 등산로·산책로·야영장·통나무집 등 휴양시설이 완비돼 있다. 이용 요금도 비교적 저렴하다.

동부면 구천리 산 103

고성

어찌 이대로 남을 수 있었나
날것 그대로 빛나는 이 바다

고성 동쪽에서 해안선을 따라가면 그 시작은 회화면이다.
'당항포 관광지'가 있는 회화면에서 마암면을 지나
거류면과 동해면에 접한 해안선이 만을 이룬다.
만 입구에 있는 '동진교'는 고성군 동해면과 창원시 진북면을 잇는다.
다리를 지나면 '한국의 아름다운 길'로 지정된 해안로가 펼쳐진다.
동해면 동쪽에서 남쪽으로 이어진 해안로가 거류면을 지나
통영시와 만나면서 고성 해안선은 한 번 끊긴다.
통영을 넘어 다시 시작하는 고성 해안선은 고성읍에 물려 있다.
고성읍에서 삼산면, 하일면, 하이면으로 이어지는 해안선 끝에는
'상족암'이 있다. 상족암을 지나면 나오는 한국남동발전㈜
삼천포화력본부는 이름과 달리 고성에 있는 시설이다.
유난히 한적하고 평온한 바다 풍경을 자랑하는 이곳 해안선 길이는
186㎞가 넘는다. 한적하고 평온한 바다 분위기는 먼발치 감상이
아니다. 고성 해안선에는 당연히 있음 직한 어촌이 매우 드물다.
어선이 드나들고 그물을 꿰며 해산물을 거래하는 분주한 풍경은
마주치기 어렵다. 예부터 수심이 얕아 큰 어장을 이루지 못한
탓이다. 그나마 그럴듯한 어촌 풍경은 동해면과 거류면 사이
당동만 일대와 삼산면에서 만난다. 게다가 지형과 근해 양식업 탓에
그럴듯한 해수욕장도 조성되지 않았다. 뜻하지 않게 손때조차
타지 않는 바다가 된 셈이다. 이 때문에 길게 펼쳐진
고성 바다 풍경은 멀리서 보나 가까이서 보나 날것에 가깝다.

고성 바닷가와 나란히 이어진 도로는 빼어난 드라이브 코스다. 동진교에서 시작하는 동해면 해안로는 '한국의 아름다운 길'이라는 수식이 없다 쳐도 그 가치가 덜하지 않다. 그런 점에서 고성 바다는 가까이서 즐기기보다 멀리서 바라보는 게 더 좋은 '관상용 바다'이다. 해안로 풍경이 빼어나지만, 굳이 그 길을 고집할 이유도 없다. 바다가 가려졌다 싶으면 어느새 너른 들판과 한 번씩 나타나는 저수지가 그 풍경을 대신한다. 더불어 부담스럽지 않은 경사를 따라 굽이굽이 이어지며 산 허리춤을 따라가는 도로도 매력적이다. 여기에 당항포 관광지, 남산공원, 상족암에는 편의시설이 우수한 오토캠핑장이 조성돼 있다. 고성은 운전하는 이들에게는 맞춤형 관광지다.

바다를 앞에 둔 논

바다를 앞에 두고 땅을 일궜던 사람들

벽방산650m, 거류산571m, 무량산581m, 연화산477m, 수태산571m을 비롯한 고성지역 주요 산 높이는 500m 안팎이다. 두루 보기에는 좋되 유난히 내세울 만한 것은 아니다. 산보다 눈여겨볼 곳은 평야다. 평야는 고성읍과 영현면, 영오면 일대에 발달했다. 고성군 전체면적 (514.33㎢) 가운데 농경지(123.4㎢)는 24%에 이른다. 고성은 비교적 넓은 평야와 더불어 하천도 풍부하다. 영천강, 사천강을 비롯해 영오천, 개천천, 고성천, 마암천, 구만천 등 물줄기가 땅 곳곳에 뻗쳤다. 게다가 이곳 사람들은 예부터 저수지와 둠벙웅덩이을 만들어 가뭄에 대비했다. 덕분에 고성은 논·밭농사를 자랑할 수 있는 경남에서 몇 안 되는 지역이 됐다. "고성 쌀로 통영 먹였다"는 여기 사람들 말은 통영 사람들도 어느 정도 인정한다. 하지만, 기름진 땅과 견줘 바다에서 얻는 것은 보잘것없다. 2010년 통계를 보면 고성 어업 인구는 1625명이다. 이는 농업 인구(1만 5038명)의 10%를 겨우 넘는 수준이다. 그나마 가까운 바다 대부분은 양식장이다. 당동만을 비롯해 고성 앞바다 곳곳에서는 넓게 펼쳐진 하얀색 부표를 볼 수 있다. 생산물은 주로 굴·조개·새우 등이다. 고기잡이는 '통통배'라 할 수 있는 소형 어선에서 대부분 이뤄진다. 하지만, 그 규모가 수산업이라고 내세울 정도는 아니다. 그래도 더워지면 맛이 더 난다는 이곳 하모갯장어회는 유명했다. 공룡에 사활을 걸기 전까지 고성 지명은 종종 '하모'와 짝을 짓곤 했다.

고성군이 친환경 농업에 눈을 돌린 것은 지난 2008년이다. 다른 지방자치단체보다 한발 앞선 움직임이었다. '생명환경농업'이라는 이름을 내건 이 사업은 고성 농산물 가치를 질적으로 높이려는 시도였다. 미생물을 활용해 되살린 땅에서 화학비료와 농약을 쓰지 않고 길러낸 쌀에 고성군은 '생명환경 쌀'이라는 이름을 붙였다. 2008년 295농가(1.64㎢)가 참여해 시작한 '생명환경 벼' 재배는 2011년 989 농가(6.12㎢)로 늘었다. 어느 모로 보나 고성 산업 중심은 농업이다.

소가야 흔적과 고성오광대

고성은 주변이 시市로 둘러싸인 외로운 군郡이다. 동쪽은 창원시, 남쪽은 통영시, 북쪽은 진주시, 서쪽은 사천시와 접한다. 바다까지 포함하면 거제시까지 행정 경계가 맞물린다. 고성 어디서든 가까운 시지역 중심가까지 차로 25분 정도면 갈 수 있다. 고성 안에서 규모 있는 소비가 이뤄지기는 어려운 환경이다. 이 때문에 지금 사람들 눈에 고성은 주변 시 단위 지역에 이리저리 뜯기는 작은 지방자치단체 정도로 보일지 모른다. 하지만, 고성은 일찍부터 옛사람 눈에 들었던 곳이다.

고성읍에 있는 고성박물관 입구에 들어서면 먼저 '고자미동국古資彌凍國'에 대한 소개를 볼 수 있다. 옛 삼한시대 변한 12국 가운데 하나인 고자미동국 본토가 지금 고성읍 일대라고 설명한다. 이 지역은 또 42~461년 소가야 도읍지이기도 했다. 고성에 남은 소가야 흔적은 기록과 추측을 넘어 유적까지 뒷받침한다. 일단 고성박물관 뒤쪽에 배경처럼 자리한 '송학동 고분군'이 대표적인 소가야 흔적이다. 송학동 고분군은 발굴 초기 고대 일본 고분 형식을 닮았다는 주장

송학동 고분군

이 나오며 논란을 일으켰다. 일본 학계에서 이 고분군이 '임나일본
부설任那日本府說·고대 일본이 한반도 남부를 통치했다는 설' 증거라며 달려든 것이다. 하
지만, 무덤 7기에 대한 추가 발굴로 고대 일본 고분과 다른 형식이
라는 게 밝혀지면서 논란은 멈춘다. 동해면에 있는 '내산리 고분군'
역시 소가야 흔적이다. 원래 100여 기의 고분이 있었으나 일제강점
기 도굴과 파괴로 61기만 제 모습을 갖추고 있다. 땅을 파서 깬 돌
로 묘 주변 벽을 쌓고, 판석을 얹어 흙을 덮은 '수혈식 석곽묘'는 가
야 고분이 지닌 전형이다.

　고성은 고대문화가 일찍 움튼 곳이었다. 하지만, 이후 역사에서
고성이 전면에 드러나는 시기는 거의 없다. 아울러 누구나 이름을
들으면 알 수 있는 인물 또한 딱히 끄집어내기 어렵다. 이는 주변에
큰 도시를 낀 지역에서 나타나는 흔한 현상이다. 다만, 고성읍에 있
는 고성향교를 비롯해 위계서원·도연서원(마암면), 갈천서원(대가
면) 등 조선시대 교육기관에서 꾸준히 이어진 유학 전통을 엿볼 수
있다. 그 시작과 견줘 다소 아쉬운 이 지역 문화 자산을 살찌운 것
은 서민들이었다. 고성읍에 있는 '고성탈박물관'에서는 국가중요무형
문화재 제7호 '고성오광대' 자취를 더듬을 수 있다. 고성오광대는 진
주·사천·마산·통영과 더불어 그 흔적이 잘 남은 가면극이다. 공연

고성오광대 탈

은 다섯 과장으로 구성됐다. 제1과장 '문둥북춤'은 조상이 저지른 죄로 문둥이가 됐다는 상황을 중심으로 좌절과 절망을 신명으로 바꾸는 내용을 담았다. 제2과장 '오광대놀이'는 서민을 대변하는 말뚝이를 내세워 양반을 신랄하게 비판한다. 제3과장 '비비과장'은 짐승과 사람을 섞어 닮은 비비를 내세워 양반을 조롱하며 울분을 푸는 내용이다. 제4과장 '승무과장'에서는 서민들이 바라보는 종교를, 제5과장 '제밀주과장'에서는 처첩 관계에서 빚어지는 비극을 다뤘다. 고성오광대보존회는 해마다 7~8월에 정기공연을 연다. 고성탈박물관에서는 고성오광대를 비롯해 경남·부산지역에 전하는 가면극 유래를 확인할 수 있다. 또 특색 있는 지역 탈을 비롯해 세계에 있는 다양한 탈 540여 점을 한 번에 볼 수 있다.

'고성농요'는 고성오광대보다 서민들 일상에 더욱 가까운 문화유산이다. 모를 찌면서 부르는 소리인 '모찌기등지', 모를 심으면서 부르는 소리인 '모심기등지'와 더불어 '논매기소리', '도리깨질소리', '물레질소리' 등 5과장으로 구성됐다. 고성농요보존회는 해마다 6월 고성들판에서 농요 공연을 연다.

문수암에서 내려다본 한려수도

신라시대 고승 의상대사와 얽힌 전설이 있는 문수암(상리면). 그 규모나 사찰 생김새가 그다지 돋보이지 않는 이 암자가 지닌 매력은 바로 옆 전망대에서 느닷없이 다가온다. 전망대에서 내려다보이는 고성 앞바다는 통영 미륵산에서 내려다보는 그 바다와 크게 다르지 않다. 올망졸망 모인 크고 작은 섬 뒤로 펼쳐진 잔잔한 바다. 이곳에서 보이는 바다 역시 한려수도 한 자락이다.

고성을 대표하는 사찰은 개천면에 있는 옥천사다. 역시 의상대사가 창건했다는 이 절 이름은 대웅전 뒤 맑은 물이 솟는 샘에서 비롯한다. 절 입구에서부터 마주치는 의젓한 건물은 '자방루'이다. 자방루 앞에 서면 대웅전을 비롯해 옥천사에 있는 주요 건물이 마치 그 뒤로 숨은 듯하다. 난리 때 왜적과 맞섰다는 기록으로 미뤄 절 앞을 든든히 지켰을 이 건물은 충분히 요새 기능을 했을 테다. 옥천사에 있는 귀한 유물은 '임자명반자'^{보물 495호}라고 불리는 청동북이다. 주로 법당에 걸어놓고 법회나 의식을 할 때 사용하는 이 악기는 고종 _{1852~1919} 때 만든 것이다.

고성 사찰에 있는 또 한 가지 귀한 유물은 운흥사(하이면)에 있다. 보물 제1317호로 지정된 괘불탱화이다. 1730년에 만들어진 이 괘불은 석가여래를 가운데 두고 양쪽에 부처가 셋씩 앉은 형상을 그렸다. 운흥사 역시 의상대사가 세운 절로 임진왜란 때는 승병 군영으로 쓰였다. 이곳에서 사명대사는 승병 6000여 명을 이끌고 왜적과 맞섰다고 한다.

1592년 6월 전라좌수사 이순신이 전라우수사 이억기, 경상우수사 원균과 함께 고성 당항포로 도주한 왜선 26척을 격파한다. 이어 1594년 3월 삼도수군통제사가 된 이순신이 당항포로 이동하는 왜선 31척을 섬멸한다. 당항포해전 관련 기록은 이렇게 두 번에 나눠 남아 있다. 하지만, 지역사에 관심이 깊은 이들은 당항포해전에 앞서 벌어진 적진포해전을 먼저 짚는다. 1592년 5월 적진포에 정박해 민가를 습격한 왜군을 쫓아 격파한 내용이다. 이 해전은 한동안 통영시 광도면에서 거둔 전과로 전해졌다. 그러나 학계와 지역사를 연구하는 이들이 고증을 거듭하며 지금은 고성에서 벌어졌던 해전으로 정리되는 중이다. 그럼에도, 구체적으로 고성 어느 지역을 특정하지는 못하고 있다. 그나마 유력한 설로 거류면 당동리와 동해면 내산리가 거론된다. 지방자치단체와 학계에서 나서 정리할 과제다.

당항포

당항포해전과 관련해서는 한 가지 재미있는 이야기가 전해진다. 바로 무기정 기생 월이 설화다. 고성읍 무기정 기생이었던 월이는 어느 날 접대하던 한 사내가 예사롭지 않음을 알아챘다. 그 사내는 임진왜란 직전 조선 지리를 정탐하던 밀사였다. 월이는 일부러 그를 술에 곯아떨어지게 한 뒤 몸을 뒤진다. 그리고 품에서 조선 바닷길과 공격 요지, 피란길 등을 기록한 지도를 찾아낸다. 월이는 순간 지도를 고쳐 그리는 기지를 발휘한다. 훗날 이 지도를 따라 항로를 진행하던 왜선은 당항포 근처에서 혼란에 빠진다. 그리고 이순신 함대와 마주치면서 섬멸된다. 동해면 끝자락에 남은 지명 '속싯개'에는 왜군들이 속았다는 뜻이 담겼다고 한다. 남해안에 두루 걸친 이순신 승전 기록과는 다른 면에서 흥미로운 이야기다.

공룡 나라 고성

10년 전만 해도 경남을 벗어난 바깥사람들에게 알려진 고성은 통일전망대가 있는 강원도 고성이었다. 예전에 전방에서 군 생활을 했다는 이곳 사내들에게서 경남 고성을 설명하느라 진땀을 뺐다는 일화는 심심찮게 들을 수 있다. 하지만, 지금 경남 고성군 위상은 이전과 다르다. 공룡을 지역 대표 브랜드로 내세우며 거둔 작지 않은 성과다. 경남 고성은 '공룡 나라' 고성이기도 하다.

행정구역을 구분할 리 없는 공룡 흔적이 유난히 고성에 많이 남은 이유는 크게 두 가지 정도로 본다. 먼저 이곳 바닷가에 펼쳐진 땅이 발자국 등 흔적을 남길 정도로 적당히 물렀다. 그러면서도 그

상족암군립공원에 있는 공룡발자국

공룡엑스포 행사 장면

흔적이 흐트러지지 않을 정도로 적당히 야물기도 했다. 그 위에 긴 세월 흙이 차곡차곡 쌓이면서 귀한 흔적은 변형을 겪지 않을 수 있었다. 아울러 고성 바닷가는 예부터 사람 손을 타지 않았다. 그 덕에 자연에만 몸을 맡긴 채 일정한 침식이 진행됐고, 긴 세월 묻혔던 공룡 흔적이 드러날 수 있었다. 의도했든 그렇지 않았든 내버려 둔 자연은 거대 생물이 남긴 흔적을 이 땅에 고스란히 되돌려준다. 그리고 고성군은 이를 영민하게 활용했다. 고성군이 '경남공룡세계엑스포' 개최를 신청한 것은 지난 2003년이다. 그리고 당항포 일대에 충무공 전승을 기념하는 시설과 공룡엑스포 행사장을 묶어 '당항포 관광지'를 조성했다. 2006년, 2009년에 이어 2012년 3월 30일 열린 제3회 공룡세계엑스포는 지난 6월 10일까지 진행됐다. 행사 기간 엑스포 방문자는 179만 명, 수입은 117억 원을 기록했다. 하지만, 여기 사람 상당수는 엑스포로 몰린 소비가 행사장 안에서만 돌고 그친다며 아쉬움을 감추지 않는다. 앞으로 행정이 배려해야 할 부분이겠다.

엑스포 주행사장이 당항포에 있지만, 고성이 지닌 모든 매력을 오롯이 보듬은 곳은 따로 있다. 하이면에 있는 상족암군립공원이다. '고성공룡박물관'과 주변 공원, 그 아래 상족암과 해안을 묶은 군립공원은 남해안 어디에도 밀리지 않는 절경을 자랑한다. 그저 독특한 바위와 절벽이 어우러진 경치 좋은 곳일 뻔했던 이곳을 더욱 특별하게 만든 것은 역시 공룡 흔적이다. 바닷가에 펼쳐진 너른 바위에서는 누구나 쉽게 공룡 발자국을 확인할 수 있다. 또 이곳 바닷가에 끊임없이 밀려드는 파도는 사람 솜씨로는 도저히 흉내 낼 수 없는 바위와 굴과 절벽을 빚었다. 특히 이 주변 바다는 밑바닥이 훤히 보일 정도로 맑다. 살림에 큰 보탬이 되지 않았기에 외면받았던 여기 바다는 그 덕에 돈으로 셈할 수 없는 매력을 더할 수 있었다. 상족암에서 시작해 촛대바위 너머까지 이어지는 탐방로에서 마주치는 남해안이 만든 절묘한 풍경은 그래서 더욱 대견하다.

먹을거리에 담긴 역사와 문화

———

옛 명성 잃었지만
맛은 살아있네
갯장어(하모) 샤부샤부

고성은 오래전부터 쌀을 자급자족했다. 그래서 인근 통영·거제 같은 곳으로부터 부러운 눈길을 받았다. 여기에 바다서 나는 해산물까지 더해지니, 어렵던 시절에도 비교적 배곯지 않은 고을이었다. 그러한 덕에 좀 풍족해진 이들은 자식 교육에 정성을 쏟았다. 해방 후 '전국 공직자 가운데 고성 출신이 제일 많다'는 말도 있었다.

오늘날 이곳 청색 바다에는 양식장 흰 부표가 여기저기 자리하고 있다. 굴·미더덕 같은 양식이 성행하고, 멸치 말리는 모습도 어렵지 않게 볼 수 있다.

그럼에도 아쉬운 대목은 있다. 이곳에서도 적지 않게 생산하는 굴은 통영이, 미더덕은 마산^{현 창원시} 진동이, 장어는 삼천포가, 멸치는 남해가 좀 더 앞에 이름 올린다.

지금은 예전 명성만큼은 아니지만, 그래도 체면치레할 만한 것이 있기는 하다.

갯장어로 식당에서는 '하모'라 불리는 놈이다. 장어에는 종류별로 다른 이름이 붙어 있어 헷갈리기 십상이다. 갯장어가 하모, 붕장어가 아나고, 먹장어가 꼼장어, 뱀장어가 민물장어다. 특히 생김새·맛에서 갯장어와 붕장어 구분이 쉽지 않다. 갯장어는 주둥이가 뾰족하고 몸체가 큰 편이며 여름 한철 음식이다. 특히 잔가시가 많은 특징이 있다.

갯장어는 그 옛날 '견아리^{犬牙鱺·개 이빨 한 뱀장어}'라 불렸듯 이빨이 날카롭고 성질이 아주 사납다.

지금이야 여름 별미로 좀 비싼 가격을 치르고서라도 맛보려는 이 많지만, 일제강점기에는 전량 일본으로 넘어갔다 한다.

갯장어는 7~8월 한철에 먹어야 제맛이라지만, 좀 다른 해석도 있

다. 여름철 강한 어종이기에 가장 더울 때 더없이 좋은 맛이 나기는
하지만, 9월까지는 한결같은 맛이 난다고 한다. 그런데 8월이 되면
전어 냄새가 솔솔 나니 사람들 매정한 입이 그쪽으로 쏠려 홀대받
는 측면이 있다는 말도 전해진다.

1990년대 초까지만 해도 '갯장어' 하면 '고성'이 자연스레 튀어나
올 정도였다고 하는데, 삼산면이 그 중심이다. 삼산면은 어촌지역이
라 그 옛날 쌀이 귀했다. 겨울에 식량을 빌려다 먹고는, 여름철 잡은
갯장어로 그 값을 대신했다고 한다. 갯장어가 수도 없이 올라와 섭
섭지 않은 가격으로 일본에 수출했다고 한다. 하지만 어린놈까지 손
을 대면서 개체 수가 급격히 줄어들었다. 그러면서 그 이름값도 함
께 떨어졌다.

오늘날 갯장어는 전라남도 여수로 넘어가 있다. 이 지역은 특히
샤부샤부 인기가 좋다. 샤부샤부는 칼집에서 맛이 갈리는데, 그 솜
씨가 발달해 있다 한다.

갯장어

갯장어 샤부샤부

갯장어 회

그래도 삼산면 사람들은 눈을 작게 돌려 "통영에서도 하모를 내 건다지만, 입맛 까다로운 그쪽 사람들은 여기로 다 온다"며 의미를 이어가려 한다.

역시 삼산면 쪽에는 왕새우 양식장이 몇 군데 자리하고 있다. 남 해안은 수온이 서해안 쪽보다 1~2도 높아 새우 양식하기에 유리한 조건이라 한다. 9월 이후 알이 꽉 차면 소금구이·튀김으로 미식가 입맛을 사로잡는다.

해산물 내놓는 시장에 가서는 '오도리^{살아있는 싱싱한 새우를 뜻하는 일본말}'를 찾으면 회로 즐길 수 있다. 팔딱거리는 놈을 붙잡고 머리 떼고 몸통 껍데기 벗겨 초장에 한입 하면 싫지 않은 비릿함이 전해진다. 떼어 낸 머리는 소금구이로 또 한 번 즐기면 된다.

시간을 오래전으로 거슬러보면 토하젓이 이곳 사람들 기억에 남 아있는 듯하다. 토하는 논·저수지에서 나는 작은 민물새우다. 논농 사 발달하고, 이를 뒷받침하는 저수지도 유독 많다 보니 그 안에서 나는 놈을 적절히 활용한 듯하다.

고성 촌로들은 토하젓에 대한 기억을 떠올리며 "굴 담그듯 양념 버무려 뜨끈한 구들장에 하루 재웠다 먹으면 그 맛이 일품이었다"고 한다.

다시 바다회 이야기를 하자면 여기 사람들은 "겨자·된장·초장 모 두 섞어 소스를 만들고, 한입에 3~4점씩은 먹는다"라며 뱃사람 호탕 한 기질을 내비치려 한다.

예로부터 고성 오일장이 열리면 줄 서가며 먹은 음식이 다름 아 닌 흑염소국밥이다. 주로 사량도(통영시)에서 방목한 흑염소를 잡아 다가 내놓았다. 그 맛 때문에 인근 진주·마산뿐만 아니라 전국적으

흑염소국밥

로 고성 오일장 기다리는 이가 많았다 한다.

하지만 유서 깊은 집은 세월과 함께 하나둘 사라지고, 지금은 3대가 잇는 60년 된 집이 고성읍 쪽에 자리하고 있다. 등심·뒷다리살은 석쇠불고기에, 내장과 그 외 부위는 국 우려내는 데 들어간다.

고성에는 지금도 양조장이 예닐곱 된다. 예전에는 면별로 하나씩은 있었다고 한다. 벼농사·농요가 발달한 이곳에서 농번기에 목 축일 것이 빠져서는 안 될 노릇이었다. 하이막걸리 등 고성 것을 찾는 이들이 비단 이 지역 사람만은 아니다. 그 맛 비결은 이 지역 농산물 품질이 좋다는 것을 떠올리면 되겠다.

볼거리에 담긴 역사와 문화

조선산업 남긴 상처
공룡 덕에 명성 찾았네

창원시 진북면에서 동진교를 넘으면 맨 먼저 고성군 동해면東海面이 펼쳐놓은 바다와 맞닥뜨리게 된다. 고성이 벼농사하기 좋은 땅만 쥐고 있는 것이 아니라 남해안 바다까지 끼고 있다는 것을 새삼 깨닫게 한다. 맑은 청색 바다는 눈을 시리게 한다. 수평선만 보인다면 밋밋할까 걱정했는지 섬들이 알아서 보기 좋게 자리하고 있다. 이러한 고성군 '동해'는 강원도 '동해'와 비교해도 뒤처짐이 없다.

차 몰고 온 이들이라면 운전을 멈추지 않고 그대로 흘러가며 보는 것도 좋다. '한국의 아름다운 길 100선'에 뽑힌 해안로가 동진교에서부터 펼쳐진다. 이 길이 끝나더라도 아쉬울 틈은 없다. 양촌 삼거리에서 왼쪽 거류면 방향으로, 오른쪽 동해면사무소 쪽으로 향해도 바다는 떨어지지 않는다.

'한국의 아름다운 길 100선'에 뽑힌 해안로

하지만 눈맛만 생각한다면 여기저기 한 자리씩 차지하고 있는 조선소는 조금 불편하다. 그 옛날 고성군은 저수지 많은 덕에 가뭄 걱정 없이 벼농사할 수 있었다. 여기에 바다서 나는 것까지 보텔 수 있어 보릿고개 걱정은 크게 하지 않았다. 근래에 와서는 이 지역 전체를 먹여 살릴 다른 뭔가가 필요했다. 1980년대 들어 화력발전소가 하이면 덕호리에 들어섰는데 '고성' 아닌 '삼천포'라는 이름을 달았다. 오늘날 '한국남동발전 삼천포화력본부'다.

2000년대 들어 눈 돌린 것이 조선산업이었다. 조선산업특구 얘기가 나오면서 조용했던 농어촌 마을도 심란하게 됐다. 연락 뜸하던 자식들이 오른 땅값을 보고 찾아들어서는 자기네들끼리 다툼하는 모습도 종종 있었다 한다. 2007년 동해면 일대가 조선산업특구로 지정됐다. 하지만, 얼마 되지 않아 조선산업 불황이 찾아와 지금은 놀고 있는 땅도 적지 않다. 애초 인구 증가 기대도 컸지만 신통치 않아 보인다. 행정에서 목표를 지나치게 부풀리는 측면이 있다손

조선소

문수암에 오르면 눈에 들어오는 한려수도와 약사전

치더라도, 10만 명으로 잡았던 목표와 6만 명 채 못 되는 현실은 큰
괴리가 있다. 이미 2002년 동진교가 놓이면서 창원시 진동면까지 차
로 20~25분이면 갈 수 있고, 소 키우던 아이들이 용접 기술 배워서
는 오히려 다른 공단으로 빠져나간다는 데서도 설명이 가능하다. 처
음부터 곱지 않은 시선을 보낸 이들은 지금 '애물단지'라는 말을 스
스럼없이 하며 애석함을 드러낸다.

　고성에서 바다를 한눈에 바라볼 수 있는 곳을 찾으면 문수암文殊
庵이 기다리고 있다. 무이산549m 정상 아래 자리하고 있는 이곳에서
는 한려수도 비경을 마음껏 담을 수 있다. 문수암은 신라시대688년에
의상義湘·625~702이 창건했는데, 암자는 1959년 태풍 사라 때 무너져 이
후 현대식으로 다시 세워졌다. 전두환 전 대통령이 직에서 물러나고

나서 유배지로 강원도 인제군 백담사를 택했는데, 이곳 문수암도 그 물망에 올랐다고 한다. 이는 심복이기도 한 허문도 전 국토통일원 장관이 이곳 고성 출신이었기 때문으로 전해진다.

문수암을 비롯해 옥천사玉泉寺·계승사桂承寺·운흥사雲興寺와 같이 고성에서 이름난 절은 의상대사가 창건했다. 이 가운데 계승사는 상상하기 어려운 세월을 고스란히 간직하고 있다. 1억 년 전 백악기 퇴적구조천연기념물 제475호다. 물결이 찰랑거리며 암반에 남긴 '물결무늬', 그리고 '빗방울 자국' '덩치 큰 공룡 발자국'이 또렷하다.

이곳뿐만 아니라 상족암 같은 곳을 비롯한 해안 곳곳에는 기이한 암반이 펼쳐져 있다.

더불어 '공룡 발자국'은 고성군 여기저기에 남아있다. 1982년 하이면 덕명리 해안에서 국내 처음으로 공룡 발자국이 발견되었는데, 처음에는 긴가민가했다고 한다. 주변에 발자국 형상이 너무 많다 보니 믿기지 않을 법도 하다. 이후 고성군에서는 지역 축제를 디딤돌 삼아 2006년 세계공룡엑스포를 열면서 브랜드화했다. '고성'이라는 지명은 강원도에도 있어 헷갈리는 이들이 많다. 예전에는 어디 가서 '고성 사람'이라 하면 '통일전망대 있는 곳'이라고 반응하던 이들이 많았는데, 이제는 '공룡'이라고 퍼뜩 알아챈다 하니, 지역 브랜드화가 야물게 된 듯하다.

시간을 조금 옮겨보면 대표적인 '소가야小加耶' 흔적인 송학동 고분군이 고성읍 고성박물관 뒤편에 자리하고 있다. 6세기 전반 축조된 소가야 왕릉으로 추정되고 있는데, 신라·백제·가야·일본 형식이 스며든 여러 토기가 나왔다. 주변 여러 국가와 교류했음을 짐작하게 한다. 이러한 역사적 의미를 떠나 군 중심가에 자리해 소가야 숨결

회화면 어신리 꼬마공룡발자국

을 어렵지 않게 느낄 수 있다는 것은 이곳 사람들 복이다.

고성에는 개인이 일군 수목원 몇이 자리하고 있다. 동해면 외산리 좌부천 마을에 자리한 '소담수목원'은 40여 년간 객지 생활을 하고 돌아온 이가 고향에 내준 선물이다. 거류면 은월리에 자리한 '만화방초萬花芳草'는 17년 전부터 차밭·야생화를 일군 또 다른 누군가 정성이 스며 있는 곳이다.

고성 향토사학자인 하기호(79) 선생은 어릴 적 이야기를 섞어가며 이 지역에 관한 얘길 들려줬다. "고성은 경작지가 넓어 농경에 적합하고, 해산물도 풍부합니다. 산이 뒤에 있어 땔감 구하기도 수월했지요. 장날 되면 찾아든 거제·통영 사람들에게 쌀도 많이 팔아 천석꾼·만석꾼이 여럿 있었습니다."

하 선생은 이러한 환경이 향학열로 연결됐다고 말한다. "오래전부터 서원이 마을마다 있었습니다. 학문에 전념할 수 있는 경제적 뒷받침이 됐다는 얘기예요. 해방 이후 들어서는 자녀를 통해 출세해야겠다는 풍조가 많았죠. 자연히 교육에 관한 관심이 컸습니다. 그래서 관계에 들어가 출세한 사람이 아주 많았죠."

하 선생은 이곳 사람들 기질에 대해 말했다. "고성 사람 앉은 데는 잔디도 안 난다'고 했죠. 법원에서 판사가 제일 피곤해하는 이가 고성 사람이라는 우스갯말도 있죠. 독한 사람이라는 뜻 같지만, 시련과 변화에 끈기로 극복한다는 의미가 담겨 있다고 봅니다."

하 선생은 옛 풍경에 관한 얘길 어릴 적 기억으로 풀었다. "집집 어머니들이 밤에 길쌈하면서 부르는 농요가 아직도 귀에 익습니다. 오광대놀이는 주로 담장 밑에서 하는데, 겨울에 볕 들어오는 담장 아래서 마당놀이 구경을 늘 했죠."

'마을 옛 담장'이 전국에 여럿 있긴 하지만 '고성 학동마을 옛 담장'은 좀 특별나 보인다. 이곳 담장은 두께 2~3cm 되는 납작돌을 활용했다. 고르지 않은 시루떡을 차곡차곡 쌓은 듯한 느낌에 정감이 간다.

최형림(68) 할아버지를 비롯한 주민은 마을에 대해 친절히 설명해 줬다. "이 마을은 전주 최씨 집성촌이야. 여기 뒤쪽 문중 종택은 300년도 넘었지. 돌담에 쌓은 납작돌은 기계로 쪼갠 것이 아니라 마을 뒷산에 있는 것 그대로 캐와 쌓은 거야. 한여름에 비 내리면 황토가 쓸려갈까 봐 아래는 납작돌만 쌓았어. 그리고 맨 위 널돌은 빗줄기로부터 담장을 보호하는 거지. 그 안에 지혜가 다 담겨 있지."

몇몇 규모 있는 고가 담장에는 사람 머리보다 조금 크고 네모난 구멍이 있다. "배고픈 사람들 찾아오면 밥 내주는 통로지. 안에 양반들이 있으니 발 들이게 하기는 어렵고, 그래도 인심은 베풀겠다는 마음에 식모들이 구멍을 내놓은 거지."

마을 이름이 알려지면서 조용했던 마을이 시끌벅적하게 됐다. "차가 많이 들어와서 좀 시끄럽기는 해. 그래도 우리 마을 보러 온 사람들인데 싫은 내색 할 수 있나. 아는 것 있으면 알려주고 그러는 거지 뭐."

놓치지 않고
둘러봐야 할 곳

상족암군립공원 한려수도를 한눈에 조망할 수 있고, 암반·기암 절벽은 탄성을 자아낸 촛대바위·병풍바위·선녀탕, 그리고 공룡 발자국 2000여 개가 있다.

하이면 덕명리

고성공룡박물관 상족암군립공원 내에 자리한 국내 최초 공룡박물관이다. 살아 움직일 것 같은 공룡 모형, 입체 영상관 등이 있어 아이들에게는 더없이 좋은 박물관이다.

하이면 덕명리 85

문수암 신라 시대 706년 의상 대사가 지은 암자다. 무이산 아 래 자리하고 있어 한려수도 절 경이 한눈에 들어온다.

상리면 무선리 산134

송학동 고분군 6세기 전반 소 가야 왕릉으로 추정하고 있는 데, 이곳에서 신라·백제·가야· 일본 형식의 다양한 토기가 나 왔다. 이국적인 분위기까지 더 해져 산책 코스로 안성맞춤이 다.

고성읍 송학리 470

놓치지 않고
둘러봐야 할 곳

고성학동마을 옛 담장 다른 지역 옛 담장과 달리 납작 돌로 쌓여 있어 보는 맛이 특별나다. 납작 돌은 인위적으로 가공한 것이 아니라 수태산 일대에 있는 자연석 그대로이다.

하일면 학림리 917-1 일원

소담수목원 동진교, 그리고 바다와 산이 어울린 빼어난 경치를 볼 수 있다. 민박시설·참숯가마 찜질방이 있으며, 카페에서는 다양한 차와 간단한 식사도 할 수 있다.

동해면 외산리 50-1

동해면 봉암리 공룡발자국 초대형 용각류 등 다양한 공룡발자국이 펼쳐져 있다. 그 어느 곳에서도 찾아보기 어려운 해면의 특이한 암반은 눈을 사로잡는다. 꼭 공룡 발자국만이 아니더라도, 인적이 드물어 고즈넉한 바다 정취를 느낄 수 있다.

동해면 봉암리 애항동산 아래 해안

'한국의 아름다운 길' 창원시 마산 방면에서 동진교를 지나면 탁 트인 고성 바다가 펼쳐진다. 여기서부터 10km가량 이어진 해안길은 드라이브하기 좋다.

동해면 외산리 동진교 건너 77번 국도

남해

거저 얻은 보물섬이 아니오
오랜 시간 억척스럽게
'보물로 가꾼 섬' 이오

상주면 양아리 벽련마을에서 바로 눈 앞에 보이는 섬은 '노도'다.

노도까지는 낚싯배로 10분 정도 가면 닿는다.

하지만 330년 전 꼿꼿한 선비에게 이 길은 한없이 멀었다.

한양에서 경남이 먼 땅이었고, 남해는 경남 땅에서 떨어진 섬이었다.

노도는 섬에서 또 떨어진 섬이다.

예나 지금이나 물살이 거칠었던 바다는 섬과 섬 사이를 더욱

벌려놓았다. 동력선으로 10분이지 돛에 의지하는 배는

꽤 시간을 들여 눈 앞에 있는 섬에 닿았을 테다.

선비는 섬 언덕배기 한쪽에 초가를 지었다.

먹을 것이라고는 솔잎을 넣은 피죽과 자신이 파놓은 샘뿐이었다.

왕에게 미움받은 선비는 살림도 마음도 가난했다.

하지만, 그는 이곳에서 〈사씨남정기〉와 〈구운몽〉 등을 써낸다.

노도는 김만중1637~1692이 유배됐던 곳이다.

우리 문학사에서 손꼽는 귀한 자산은 외롭고 척박한 삶에서 솟았다.

넉넉하지 않았지만 그래서 더 많은 것을 가지게 된 섬 남해는

그런 면에서 옛 어른과 닮았다.

  '다랑이'는 비탈을 깎아 만든 계단식 논이다. 너른 들판을 가질 수 없었던 산간지역 사람들은 비탈을 깎아 씨를 뿌렸다. 다랑이는 없이 살았던 사람들이 악착같이 살림을 꾸렸던 흔적이다. 가천마을(남면 홍현리)에 펼쳐진 다랑이 역시 그 억척스러움이 다를 게 없다. 하지만, 이곳 다랑이는 마을 너머 펼쳐진 바다와 더불어 사뭇 다른 풍경을 자아낸다. 부지런한 사람과 호젓한 섬이 만들어낸 평온한 인상이다. 다랑이는 남해 곳곳에서 볼 수 있다. 그만큼 너른 들판이 귀했다는 증거다. 망운산786m, 금산705m을 비롯해 호구산627m, 설흘산481m, 대방산468m 등 산과 구릉이 두루 뻗친 섬은 농사짓기 편한 땅을 찾기 어려웠다. 그래도 부지런한 사람들은 땅을 깎고 갈아서 씨를 뿌리고 작물을 심었다. 남해 전체면적(355.89㎢) 가운데 경지면적(84.69㎢)은 23% 정도다.

  땅이 아쉬웠던 섬사람들 눈은 사방을 둘러싼 바다로 향했다. 하지만, 이 바다는 이름이 같은 땅에 유난히 호락호락하지 않았다. 바다와 맞닿은 땅은 큰 배를 대기 적당한 곳이 드물었다. 거센 물살 또한 뱃사람들을 고달프게 했다. 뭍과 떨어진 섬은 애써 잡은 수산물을 거래하기도 불편했다. 그럴듯한 어항을 여럿 품은 통영·거제와는 달리 여기 사람들은 고기잡이만으로 살림을 크게 불리지 못했다. 바다에서 거둔 수확으로 큰 장사를 하겠다는 사람들에게 남해는 매력적인 곳이 아니었다. 그나마 남해에서 내세울 만한 어항은 1920년대 일본인이 개발한 미조항 정도다. 대부분 바닷가 마을 사람들은 소규모 어업으로 살림을 꾸렸다. 그래도 남해 사람들은 부족하

남해 지족해협 죽방렴

고 아쉬운 환경을 탓하지 않았다. 만을 낀 바닷가 사람들은 부지런히 조개 등을 양식했다. 먼바다 고기잡이가 버겁다고 해서 일손을 놓지도 않았다. 여기 사람들은 나가서 얻을 수 없다면 불러들여 얻을 줄도 알았다. 지족마을(삼동면 지족리) '죽방렴'과 해라우지마을(남면 홍현리) '석방렴'은 그런 명민함이 낳은 어업 형태다. 이곳 사람들은 물이 들고 날 때를 살펴 적당한 곳에 대나무를 꽂거나 돌로 울타리를 쌓아 고기를 가뒀다. 특히 죽방렴에서 잡아들인 멸치는 '죽방멸치'라고 불리며 그 맛과 품질이 예부터 유명했다. 뱃사람들을 고달프게 했던 거센 물살은 멸치 살에 탄력을 더해 '죽방멸치' 이름을 드높였다.

뭔가 아쉬운 땅과 바다가 서로 어울려 이곳 사람들에게 안긴 선물도 있다. 남해 특산물인 마늘·유자·시금치 등이다. 땅이 좁은 탓에 생산량이 돋보이지는 않았지만 그 맛은 유별났다. 여기 사람들은 풍부한 햇살을 잘 받아들이는 땅과 소금기 머금은 바닷바람 덕이라고 설명한다. 물론 싹수가 보이는 작물에 달라붙어 생산량을 늘리고 품종을 개량한 이곳 사람들 부지런함도 그 명성에 보탬이 됐다.

현재 남해 주요 산업은 그 수가 줄어들기는 해도 농어업이다. 10가구 중 3~4가구는 농업 또는 어업을 하며 농어업을 겸하는 집도 많다. 그리고 착실한 관광자원 개발로 숙박·음식업 종사자가 늘고 있다.

뭍과 섬, 섬과 섬을 이은 다리

남해에 시외버스가 드나들기 시작한 때는 1966년이다. 차를 실을 수 있는 배 '금남호'가 남해와 하동 사이 좁은 바다인 노량해협을 오가면서다. 사람들은 차를 탄 채로 바다를 건널 수 있었다. 그래도 차를 옮긴 것은 결국 배였다. 1960년대까지 남해는 섬이었고 사람들에게는 '남해도'라는 이름이 익숙했다. 남해 상징이자 종종 경남을 상징하는 어여쁜 다리 '남해대교'가 노량해협 위를 가로지른 것은 1973년이다. 양 끝에 늠름한 교각 두 개만 세우고 강철선에 길을 의지한 이 다리는 그 자체로 드문 볼거리였다. 특히 남해대교는 남해 땅과 하동 땅 한 자락을 끼고 바다 풍경까지 품으며 섬을 찾은 이들을 입구에서부터 설레게 했다. 뭍사람을 들뜨게 하는 매력 넘치는 섬은 다리가 놓이면서 나라 안에 두루 소문이 났다. 남해를 찾는 사람들 덕에 남해군도 쏠쏠하게 살림을 불릴 수 있었다. 다리는 섬에 묶였던 사람들이 새로운 희망을 찾아 뭍으로 떠나는 길목이기도 했다. 때마침 불어닥친 산업화 바람은 섬사람들 마음을 더욱 부추겼다. 1960년대 한때 13만 7000명을 웃돌던 남해 인구는 1965년 이후 오름세가 꺾여 1985년에는 9만여 명, 현재 5만여 명으로 줄었다.

노량해협에서 역할을 잃은 금남호는 지족해협을 오가며 남해와 창선을 잇는다. 그러다 1980년 '창선교'가 놓이면서 금남호는 창선과 삼천포 사이 바다로 항로를 옮긴다. 이어 2003년 창선·삼천포대교가 개통되면서 섬과 뭍을 이었던 기특한 배는 그 기능을 다 한다. 뭍과 섬, 섬과 섬 사이 다리가 놓이면서 바깥사람들에게 '남해도'는 '남해'로 더욱 익숙해진다.

창선·삼천포대교

넉넉하지 않은 섬사람들은 출세할 길을 바다 건너에서 찾았다. 척박한 환경을 원망하지 않던 부모들도 자식만은 뭍에서 공부시켜야 한다는 각오가 남달랐다. 부모는 자식을 진주·부산·서울 등 큰 도시로 내보내며 어깨에 힘을 주곤 했다. 섬 생활에 지친 사람들도 뭍으로 향했다. 참을성 많고 부지런한 사람들은 밖에서 무슨 일을 해도 제 몫을 해냈다. 하지만, 큰 도시에 사는 어설픈 사람들은 촌을 무시했고, 촌을 지나 바다 건너에 있는 섬을 무시했다. 섬사람들은 더욱 단단하고 당당해야 했다. 섬에서 품은 성정과 밖에서 다진 결기는 성공한 남해 사람들이 지닌 공동자산이 됐다. "밖에 나가서 다 출세했다"는 남해 사람들 자랑에는 과장은 있되 빈말도 아니다. 남해 사람들은 밖에서 자신만큼 힘들었을 고향 사람들을 유난히 잘 챙겼다. 큰 도시에 있는 남해 향우회는 어느 향우회보다 돈독하기로 유명하다. 여기 사람들은 섬 밖에서든 안에서든 향우회를 업지 않고서는 큰일을 못한다고 믿는다. 그런 남해에서도 창선은 유별나다. 1980년 창선교가 놓이기 전까지 창선은 남해에서 또 떨어진 섬이었다. 남해 사람들이 뭍사람들에게 겪는 설움을 창선 사람들은 남해읍 사람들에게 당하곤 했다. 지지 않으려면 더 드셀 수밖에 없었다.

'드세다', '빼지다', '독하다'는 수식은 경남에서도 유난히 남해 사람들 앞에 잘 붙는다. 여기 사람들도 그런 말을 태연하게 받아들인다. 오히려 그런 평가가 남해 사람들 생활력을 잘 드러낸다고 홀가분하게 정리한다. 그 '생활력'이라는 말에 부지런하고 똑똑하며 자존심 강하다는 뜻이 담겼다는 게 이곳 사람들 해석이다.

그 풍경을 보물로 삼은 섬

남면 서남쪽 길은 향촌·선구 바닷가를 끼고 돌아 사촌해수욕장을 지난다. '한국의 아름다운 길'로 선정된 길이다. 창선·삼천포대교와 더불어 남해에 있는 '한국의 아름다운 길'은 두 개다. 하지만, 그런 별난 수식으로 섬을 감싼 수려한 풍경에 차별을 둘 이유는 없다. 섬 둘레를 감싼 길은 지나치기도 머무르기도 좋다. 이곳을 찾는 사람들은 섬 어디서든 산과 바다를 고루 즐길 수 있다. 남해군도 그런 땅 특성을 명민하게 파악해 '걷기 좋은 길'을 조성하고 있다. 남해가 자랑하는 풍경을 배경으로 삼은 길에는 '바래길'이라는 이름이 붙었다. '바래'는 갯벌과 갯바위에서 해초·해산물을 캐는 것을 일컫는 남해 토속 말이라고 한다. 이 길이 품은 매력을 일찍 느낀 이들은 남해를 종종 '차로 갈 수 있는 제주도'라고 일컫는다.

남해 자연이 품은 매력을 가장 효율적으로 볼 수 있는 곳은 금산(상주면)이다. 기암괴석으로 뒤덮인 산은 그 자체로 매우 잘생겼다.

남해 바래길 1코스 풍경

게다가 이곳은 남해가 품은 바다를 가장 넓게 볼 수 있는 곳이기도 하다. 정상에서 멀리 보이는 고운 모래밭, 그 너머 평온한 바다, 곳곳에 올망졸망 솟은 섬은 경쟁하듯 눈맛을 돋운다. 산 정상 아래에는 절벽을 배경으로 '보리암'이 자리하고 있다. 낙산사 홍련암(강원도 양양군), 보문사(인천시 강화군)와 더불어 이 나라 '3대 기도처'로 꼽는 비범한 곳이다. 금산은 남해군이 정리한 '남해 12경' 가운데 '1경'이다. 남해군은 그 정도로 부족하다 싶었는지 금산 안에서 볼 수 있는 풍경만 모아 '금산 38경'을 따로 뽑아놓았다. 또 금산은 시인 이성복[1952~]이 1986년 시집 〈남해 금산〉을 발표하면서 감수성 넘치는 문학도들에게 영감을 준 곳이기도 하다.

보리암

금산

금산이 빼어난 것은 사실이지만, 그렇다고 남해 제일봉인 망운산을 빼놓을 수는 없다. 망운산 중턱에는 충무공과 임진왜란 때 숨진 이들 영혼을 모셨다는 화방사가 있다. 절 근처에는 천연기념물 산닥나무 자생지가 있다. 화방사에서 산 정상에 있는 망운암까지 이어지는 길은 등산객에게 인기가 높다. 남해 제일봉에서는 너른 바다와 오목한 만, 이웃 여수·사천 등이 한눈에 들어온다.

남해를 대표하는 바다 풍경은 상주·송정해수욕장이다. 금산 정상에서 내려다보이는 백사장이 바로 이곳이다. 여름에만 100만 명 넘게 찾아온다는 상주해수욕장은 고운 모래와 백사장 둘레 소나무숲이 유명하다. 이웃한 송정해수욕장 역시 모래가 곱기로만 따지면 으뜸이다. 사람 발길이 드문 겨울, 송정 백사장에서는 이곳을 거닌 새 발자국도 또렷하게 볼 수 있다.

섬이 품은 이국적인 매력은 이를 잘 활용한 외국 마을 두 곳에서 다시 보게 된다. 삼동면 물건리에 있는 독일마을과 이동면 용소리에 조성한 미국마을이다. 각각 제 나라 건물 양식을 고스란히 들여온 독일·미국마을 집은 교포들에게 분양하고 있다. 또 두 마을 모두 민박을 운영한다. 그 생김새가 유별난 건물들은 남해 풍경 덕에 마치 제 나라 땅에 세운 듯 능청스럽게 이국적인 모습을 뽐낸다.

독일마을이 들어선 언덕에서 바다를 내려다보면 바다와 마을 사이를 가로지르는 숲이 눈에 띈다. '물건방조어부림'이라고 불리는 이 숲은 태풍과 염해에서 마을을 지켜주고 나무 그늘이 고기를 모이게 한다는 기특한 숲이다. 길이 1.5㎞, 너비 30m로 조성된 숲에는 팽나무·상수리나무·느티나무·이팝나무·후박나무 등 나무 40여 종이 심어져 있다.

이순신[1545~1598]의 마지막 전투는 1598년 11월 19일 노량해협에서 벌어진다. 나라를 송두리째 뒤집어놓고 꽁무니를 빼는 왜적을 장군은 고이 보낼 수 없었다. 조·명 연합수군은 탈주를 준비하는 왜선 500여 척 앞을 가로막는다. 이순신은 왜군 함대 절반을 가라앉히고 도망하는 적을 쫓았다. 그러나 결국 적이 쏜 탄환에 맞아 배 위에서 숨을 거둔다. 전투가 끝나고 시신은 관음포(고현면 차현마을)로 옮겨졌다. 이곳에 있는 '이락사李落祠'는 '이순신이 떨어진 곳에 세운 사당'이라는 뜻이 담겨 있다. 1973년 정부는 이 일대를 정비해 '관음포 이충무공 전몰 유허'라 이름 짓고 사적으로 지정했다. 숨을 거둔 이순신을 임시로 묻은 곳은 설천면 노량리에 있는 언덕이었다. 시신이 고향인 충남 아산으로 옮겨지자 사람들은 빈 무덤을 짓고 사당을 세워 '충렬사'라고 이름 지었다. 이후 60년이 지나 1658년[효종 9년] 옛 집은 헐리고 새집이 들어섰다. 5년 뒤인 1663년[현종 4년] 남해 충렬사는 통영 충렬사와 함께 임금이 내려준 현판을 걸게 된다. 전쟁을 끝내면서 삶을 마감한 장군에 대한 예우는 그렇게 후하지 않았다.

이락사

외로운 섬에서 솟은 영감

멀고 척박한 섬은 예부터 유배지로 적당했다. 현재 기록에 남은 남해 유배객은 47명에 이른다. 나라에서 제주도 다음으로 많다. 배운 재주라고는 공부밖에 없는 선비들은 붓을 들어 설움을 달랬다. 권력과 한참 떨어진 변두리에서 끼니 때우기조차 버거웠던 선비들은 다행히 정신만은 맑았다. 이 나라에 남은 문학 유산 가운데 중요한 자리를 차지하는 '유배문학'은 외로운 섬에서 꽃피울 수 있었다. 남해읍에 있는 '남해유배문학관'에서는 유배객과 이들이 남긴 작품, 그리고 우리 문학사에서 유배문학이 지닌 가치 등을 확인할 수 있다.

1689년숙종 15년 남해 노도로 유배된 김만중은 이곳에서 〈사씨남정기〉와 〈구운몽〉 등을 써낸다. 〈사씨남정기〉는 희빈 장 씨에게 빠져 인현왕후를 내친 숙종을 풍자한 소설이다. 〈구운몽〉은 성진이라는 불자가 하룻밤 꿈에서 온갖 부귀영화를 누리다 깨어나 그 덧없음을 깨닫고 불법에 귀의한다는 내용이다. 특히 김만중은 당시 선비들이 귀하게 여기지 않았던 우리글로 작품을 남겼다. 당시 백성들에게도 오늘날 사람들에게도 복된 일이었다.

안평대군·양사언·한호와 더불어 조선 4대 명필로 꼽히는 김구1488~1534도 남해 유배객이다. 문장도 뛰어났지만 글 맵시로 워낙 유명했다. 기묘사화1519년 때 조광조 파로 몰려 남해로 귀양 온 그는 유배문학 가운데 백미로 꼽히는 〈화전별곡〉을 남겼다. 김구가 살았던 설천면 노량리 충렬사 앞에는 그를 기려 후손이 세운 유허비가 있다. 이 밖에 남구만1629~1711, 이이명1658~1722, 박성원1697~1757, 류의양1718~? 등이 오늘날까지 작품을 남긴 남해 옛 손님들이다.

먹을거리에 담긴 역사와 문화

거센 물살은 멸치를 몰아오고
바닷바람은 마늘을 살찌웠다

창선교는 삼동면 지족~창선면 지족을 잇는다. 1980년 놓이면서 창선면을 외로운 섬에서 벗어나게 했다. 그런데 한번은 창선교에 큰 일이 있었다. 1992년 7월 30일, 교각 11개 가운데 하나가 무너지면서 상판 80m가 바다에 내려앉았다. 다리 위를 지나던 한 명이 목숨까지 잃었다. 당시 사람들은 다리가 무너진 이유를 놓고 이런저런 얘기를 쏟아냈다고 한다.

그 가운데 하나가 '거센 물살'이었다. 그런데 완전히 틀린 말은 아니었다. 빠른 유속 때문에 공사를 어설프게 한 것으로 드러났기 때문이다.

이렇듯 창선교 일대 지족해협은 물살이 세기로 유명하다. 좋지 않은 기억도 남겼지만, 사실 이곳 사람들에게 많은 혜택을 안겼다.

지족해협은 물살이 시속 13~15km에 달하며 물 폭도 좁다. 흐르는 물은 폭포수처럼 힘찬 기운을 내뿜는다. 이 덕에 튼실한 어류를 죽방렴竹防簾으로 쓸어 담을 수 있다.

창선교

죽방렴에서 멸치를 뜰채로 뜨는 모습 ©남해군 제공

죽방렴은 대나무 그물을 세워 물때에 휩쓸려온 고기를 건지는 원시 어업이다. 죽방렴은 여러 지역에서 이용되지만, 〈경상도 속찬지리지(1469년)〉에는 남해군 지족해협이 가장 오래된 것으로 기록돼 있다. 수심이 얕고, 물 폭이 좁아 어구 설치하기도 제격이었던 듯하다. 오늘날 이곳에는 죽방렴 23개가 있다. 여러 어종이 들어오지만, 멸치가 가장 큰 수확거리다.

멸치회

멸치는 성질이 급해 잡히면 금방 죽는다. 그래서 곧바로 삶고 말려야 한다. 죽방렴은 이 점에서 유리하다. 뜰채로 떠서 코앞에 있는 육지로 바로 옮기면 된다. 멸치 질이 뛰어날 수밖에 없다. 반면 먼바다 나가 잡은 놈들은 그물을 끌어올리는 과정에서 훼손되기도 하고, 돌아오는 동안 질도 떨어진다.

이 지역 사람들은 우스갯소리로 '죽방렴 멸치 한 마리가 아이스크림값'이라고 한다. 찾는 이가 많지만, 풍족히 내놓을 수 없어 비싸다는 얘기다. 오늘날 지족해협 일대에는 멸치 음식점이 여럿 있다. 멸치 크기가 어른 손가락보다 커 구이로 나오기도 한다.

미조항은 남해 오른쪽 남단에 자리하고 있다. 가을이 되면 어선들이 은빛 갈치를 싣고 속속 들어온다.

가을이 제철이라 '10월 갈치는 돼지 삼겹살보다 낫다'는 말도 있다. 가을에는 남해 앞바다에서, 겨울에는 제주도에서 들어온다.

미조항에는 갈치요리를 내놓는 식당이 늘어서 있다. 특히 양파·미나리·풋고추·참기름·초고추장 같은 것을 버무리고, 막걸리식초로 비릿함을 없앤 갈치회무침은 별미로 통한다.

남해 전통음식에서 빼놓을 수 없는 것이 전어밤젓이다. 전어 내장 가운데 완두콩만 한 타원형 담낭으로 담근 젓갈이다. 주산지인 남해읍 선소리 사람들은 "한번 맛본 이들은 그 맛을 못 잊어 남해를 다시 찾는다"며 으쓱해 한다.

또한, 육지 사람들은 미역국에 소고기를 주로 넣지만, 남해 사람들은 "미역국에 감성돔·도다리·낭태·광어 같은 생선이 들어가야 제대로 된 맛이 난다"고 한다.

이곳 바다는 땅에서 나는 것에도 힘을 보탠다.

'남해 마늘' 앞에는 '해풍을 먹고 자란'이라는 수식어가 따라붙는다. 해풍에 나트륨이 실려 와 양분 이동을 돕고, 맛·때깔을 높인다고 한다. 마늘은 추위·더위에 약한 편인데, 남해는 일교차·연교차가 비교적 적은 이점도 더해진다. 이제 벼농사보다 소득이 쏠쏠한 마늘 재배에 너도나도 눈 돌리고 있다. 재배면적이 늘면서 이 지역 농업총생산액의 30~40%를 차지하고 있다. 생산량은 도내 35%·전국 5%가량 된다.

남해에서는 어느 식당에 가나 밑반찬으로 시금치가 나온다. 식당 주인들은 한결같이 "별다른 양념 없이 내놓은 것"이라고 말하는데, 단맛이 줄줄 흐른다. 이곳 시금치는 바닷바람 때문에 길쭉이 자라지 않고 옆으로 퍼진다고 한다. 그래서 오히려 뿌리·줄기·잎에 영양분이 고루 퍼져 당도가 높다고 한다. 이동면에서 시금치 하는 어떤 이는 "여기서 키운 건 모두 대도시 서울·부산 사람들이 먹는다"며 단단한 자부심을 드러낸다. 재배 시기는 10월부터 이듬해 3월까지인데, 특히 1월 말 나오는 것이 가장 달다고 한다.

시금치는 겨울을 나는 동안 따듯해야 잘 자란다고 한다. 포근하고 눈이 적게 내리는 남해가 제격이다. 그래서 이곳 사람들은 다른 지역에 눈이 좀 내리고 기온도 떨어지길 바라는 눈치다. 상대적으로 이곳 시금치 값이 껑충 뛰기 때문이다.

남해에는 '3자'가 있다. 유자·치자·비자다.

유자에 대해 전해지는 얘기가 있다. 장보고張保皐·?~846가 당나라에서 유자를 선물 받고 돌아오다 풍랑을 만났다고 한다. 흘러들어온 곳이 남해였는데, 도포에 있던 유자가 깨져 그 씨앗이 이곳에 뿌리 내렸다고 전해진다. 1970년대에는 나라에서 농가소득을 위해 유자

남해 시금치밭

유자

나무를 보급했다 한다. 이 지역에서는 유자 팔아 자녀 공부시켰다
하여 '대학나무'라 불리기도 한다.

치자는 1973년 이 지역 군화郡花로 지정됐다. 흰 꽃은 조경수로 활
용되며, 홍적색 열매는 공업용 천연염료 혹은 약용으로 쓰인다. 비
자는 1979년 이 지역 군목郡木이 되었다. 달면서 떫은 열매는 기생충
없애는 약으로, 목재는 바둑판으로 사용된다. 하지만 치자·비자는
예전만큼 보기 어려워 '남해 3자'도 옛이야기가 되어가고 있다.

볼거리에 담긴 역사와 문화

—

부족함 메우려 부지런
눈부신 절경을 만들다

'다랑이'는 비탈을 깎고 석축을 쌓아 만든다. 남해 가천마을에서만 볼 수 있는 것은 아니다. 통영 산양, 함양 마천, 전남 완도, 경북 고령 같은 곳도 꽤 유명하다.

그럼에도 가천마을 다랑이는 다른 곳과 비교할 수 없는 특별함이 있다. 45도 기울어진 가파른 곳에 108계단·680개 논이 바다를 향해 쏟아져 내린다.

이곳에 다랑이가 언제 형성됐는지에 대한 기록은 남아 있지 않다. 다만, 신라 문무왕661~681 때 마을이 형성됐으며, 적어도 임진왜란1592년 이전에는 집단 거주했을 것이라는 얘기는 전해진다.

이곳 마을 이름은 그 옛날 간천間川으로 불리다, 조선 중엽에 가천加川으로 바뀌었다고 전해진다. 가천마을을 품고 있는 산 두 개가 있다. 설흘산481m과 응봉산472m으로 바다와 바로 맞닥뜨린다. 산 사이로는 물이 흐르며 바다로 흘러든다. 농사에서 빠질 수 없는 게 당연히 물이겠다. 굳이 이 가파른 곳에 억척스러운 손길이 닿은 이유는 이러한 맥락에서 이해할 수 있겠다.

가천마을의 마늘밭

시계 없던 시절 다랑이에서 일하던 이들은 앞바다에 정기적으로 지나는 여객선을 보며 중참시간·휴식시간을 가늠했다고 한다.

옛사람들이 어렵게 내민 손길은 오늘날 훌륭한 장면을 선사한다. 가천마을 다랑이는 한 발짝 물러나 봐도 좋고, 안으로 들어가 접해도 부족함 없다. 멀리서는 계단식 논이 바다로 흘러내리는 모습을 담을 수 있다. 마을 안으로 들어가면 지게 진 할아버지, 짐을 머리에 인 여인네 같은 정겨운 장면을 접할 수 있다.

하지만 가천마을 스스로는 사뭇 다른 속내를 담고 있다.

도로에는 부동산중개업소, 아파트 투자 홍보 펼침막 같은 게 눈에 띈다. 사람들 발길 잦은 곳이니 돈 냄새 나지 않을 리 없겠다.

계단식 논에는 기계를 들이기 어려워 전통방식으로 힘겹게 농사 지어야 했다. 강한 바닷바람까지 안아야 하는 환경이기에 땀 흘린 것에 비해 손에 쥐어지는 건 늘 부족했다. 바다와 접하고 있다지만, 배 댈 수 있는 해안도 아니다. 고작 직접 바다에 뛰어들어 해산물을 손에 들고나오는 정도였다. 그마저도 못하는 사람은 바다를 바로 앞에 두고 저 멀리 시장에서 생선을 사와야 했다. 그래서 가천마을은 늘 부족함에 시달렸다.

그랬던 이곳에 2002년 큰 변화가 찾아왔다. '농촌전통테마마을'로 지정된 것이다. 바깥사람들 발길이 들끓기 시작했다. 2년 사이 방문객이 20배가량 늘고, 60여 가구 소득도 5배 정도 높아졌다. 남면 해안관광도로와 연계한 관광지로 자리 잡으면서 주변에 펜션이 우후죽순 들어섰다. 이곳 땅값도 하루가 멀다 하고 쑥쑥 올랐다.

주말이면 차 댈 곳 없어 아우성 넘치는 지금, 주변 땅값은 10년 전과 비교해 100배 이상 올랐다고 한다. 이제 펜션·가게가 들어설

가천마을 입구

가천마을 안 풍경

시설 안내판

만큼 들어선 것인지 일대에는 매물도 별로 없는 듯하다.

앞서 2005년에는 '명승 제15호'로 지정됐다. 다랑이뿐만 아니라 가천마을이 보존구역으로 돼 함부로 손댈 수도 없게 됐다.

그런데 마을 주민 대부분 70대 이상 노인이라 재래식 농사도 힘에 부친다. 그래서 노는 땅이 많다. 마을 주민은 민박·가게 같은 것에 눈 돌렸다. 비탈길 아래 가구 가운데 반에 가까운 26가구가 민박 이름을 내걸고 있다.

이렇듯 가천마을은 겉으로는 옛 모습을 이어가고 있지만, 속은 그만큼은 아닌 듯하다.

남해에는 별스러울 정도로 사투리가 발달해 있다. '사투리 사전'까지 만들어졌을 정도다.

거슬러보면 이러한 기록이 있다. 1771년 남해에서 유배생활을 한 유의양柳義養·1717~?이 남해문견록南海聞見錄에 남긴 글에는 '서울에서 멀리 떨어진 만큼 쓰는 말도 많이 달랐는데, 기러기는 글억이라 하고, 옥수수는 강남수수라 하고, 지팡이는 작지라 하니, 이런 방언이 처음 들을 때에는 귀에 설더니 오래 들으니 조금씩 익어갔다'고 되어 있다.

오늘날 남해를 찾았을 때 '어서 오시다어서 오세요'라는 인사말을 어렵지 않게 듣고 볼 수 있다. '~세요' 대신 '~시다'를 붙인 것으로 '앉으시다' '가시다' 같이 쓰인다. 한편으로 아랫사람이 어른한테 '밥 먹었는가' '앉게' '잘 가게'와 같은 말을 사용하기도 한다. 그런데 남자 아닌 여자 어른에게만 사용한다니 갸웃하게 만든다. 외지 나간 남해 사람이 전화로 어머니에게 '밥 드셨는가'와 같은 말을 썼다가 주위 사람에게 핀잔 듣기도 했다고 한다. 이러한 것은 궁중 용어이다. 그 옛날 남해는 제주도에 이어 두 번째로 유배객이 많은 곳이었다. 비록 밀려난 이들이지만, 그들이 안았던 사대부·궁중문화가 이곳에 스며들었기 때문일 것이다.

어떤 이는 어릴 적 기억을 떠올리며 "아버지가 배 타고 전라도 여수로 가 학용품을 사 오셨다"고 풀어놓는다.

요컨대 남해 사투리는 섬·유배문화·전라도와 가까운 생활권, 이러한 것들이 복합적인 영향을 끼친 것으로 받아들이면 될 듯하다.

이 지역 사람들은 "경남에서 남해는 곧 대한민국 제주도 같은 곳"이라고 말하는데, 그럴 법도 하겠다.

정의연(59) 남해안역사문화연구소장은 남해 사람 기질에 대해 섬·육지 기질이 합쳐져 있다고 했다. "제주도·거제도에는 섬 도島를 붙이지만, 이곳은 남해도라 하지 않잖습니까? 섬이지만 섬이 아니고 싶은, 섬에서 벗어나고 싶은 이곳 사람 마음이 담겨 있기 때문입니다. 또한, 남쪽 끝 변방이라 전쟁이 나면 중앙 지원을 얻을 수 없었습니다. 스스로 지켜야 했던 거죠. 그래서 오늘날 남해 사람이 억척스럽고, 애향심이 유별난 듯합니다."

유배문화가 지금까지 이어지는 것도 이곳 사람들 정서가 담겨 있다고 한다. "뱃놈·섬사람 소릴 듣기 싫어 교육 많이 받았다는 표현을 하고 싶었던 게 아닐까요? 그래서 유배 온 사대부 문화에 동참하려 한 것 같습니다."

남해는 오늘날 선진화된 장례문화로 주목받는다. "예전에는 상여가 그 어디보다 화려했습니다. 마지막 길은 왕처럼 모시려 한 거죠. 지금은 화장률 높은 곳으로 주목받고 있습니다."

정 소장은 끝으로 남해를 이렇게 표현했다. "남해는 곧 고려·조선 역사 축소판이라 생각됩니다. 고려 팔만대장경이 이곳에서 판각됐다든지, 조선시대 임진왜란 마지막이 이곳 노량 앞바다라든지, 이성계가 금산에서 기도한 후 조선을 세웠다는 이야기 같은 것 말이죠."

남해 창선면 사람들은 여전히 본섬을 남해라 하고 스스로는 창
선이라 한다. 임태식(73) 씨는 창선면에서 나 젊은 시절 잠시 빼고는
한평생을 이곳에서 보냈다. "예전에는 남해군 10여 개 읍·면 체육대
회가 열리면 창선이 무조건 1등 했지요. '남해읍 산 사람 세 명이 창
선 송장 하나 못 당한다'는 말을 하지요. 서울서는 창선 사람 보고
'고춧가루 서 말 먹고 물밑 30리를 기어서 간다'고도 하지요."

창선면은 그 옛날 섬 중의 섬이었다. 1980년 창선교가 놓이면서
그 신세를 면할 수 있었다. "다리 놓이기 전에는 배 두 척이 왔다갔
다했죠. 밤에는 오다가다 못했고…. 창선교 놓이고도 진주 가려면
창선교 지나 남해 본섬으로 한참을 돌아가야 했습니다. 하루가 꼬
박 날아가는 거죠. 그래도 창선교 놓이면서 생활하기 수월해진 건
분명합니다."

2003년에는 창선·삼천포대교까지 들어섰다. 원래 창선면 생활권
이 삼천포 쪽이었다고 한다. "그 옛날에는 배가 삼천포에서 많이 다
녀, 시장 보러 전부 삼천포로 갔습니다. 창선교 놓이고 남해 쪽에 가
까웠다가, 2003년 창선·삼천포대교 놓이면서 또 그쪽이 됐죠. 자식
들 고등학교는 진주 쪽으로 많이 보냈어요. 객지 공부시키려면 재정
이 뒷받침돼야 하니까, 그런 걱정도 했고…."

놓치지 않고
둘러봐야 할 곳

금산·보리암 금산^{705m}은 '남해 금강'이라 불린다. 망운산^{786m}보다 높이는 낮지만, 이 지역 대표 산이다. 한려해상국립공원 내 유일한 산악공원으로 기암괴석을 이룬 38경을 자랑한다. 이러한 절경 속에 자리한 금산은 강원도 낙산사 홍련암, 인천 강화도 보문사와 함께 우리나라 '3대 기도처'라 불리며 발걸음을 잇게 한다.

상주면 상주리 1865

가천다랭이마을 가천마을 다랑이는 설흘산^{481m} 아래 45도 경사 비탈에 108층 넘는 계단식으로 되어 있다. 이곳 가천마을에는 암수바위라는 명물이 있기도 하다. 만삭인 여성이 누워 있는 듯한 길이 4.9m 암바위, 남자 성기 모양을 한 길이 5.9m 숫바위다. 결혼한 여성들이 숫바위를 만지며 '아이를 얻게 해 달라'고 소원 비는 모습을 볼 수 있다.

남면 홍현리 895

지족해협 죽방렴 죽방렴은 물이 흘러들어오는 방향에 대나무를 V자 모양으로 설치한 원시어장이다. 지족해협에는 23개 죽방렴이 설치돼 일대 식당에서 싱싱한 멸치를 내놓고 있다. 죽방렴 관람대·갯벌체험장 등이 주변에 자리하고 있다.

삼동·창선면 지족해협 일원

미조항 향하는 물미해안 물건~미조를 잇는 해안도로로 넓고 깊은 바다를 감상할 수 있다. 항도마을에 있는 전망대에서는 사량도·두미도·욕지도 같은 여러 섬을 감상할 수 있다.

삼동면~미조면

놓치지 않고
둘러봐야 할 곳

남해대교 남해 하면 가장 먼저 떠올려질 법한 곳이다. 하동과 연결한 길이 660m 다리로 1968년 착공해 1973년 개통했다. 당시 동양 최대 현수교였다. 경남 내륙과 남해도를 잇는 연륙교라 해서 남해대교로 이름 지어졌다. 1994년 보강 공사 때 붉은색 대신 회색 페인트를 덧칠했다가 2003년 다시 붉은색을 입혔다.

남해군 설천면 노량리

창선·삼천포대교 남해 창선면과 사천시를 연결하는 한려수도 최고 명물이다. 2006년 당시 건설교통부가 선정한 '한국의 아름다운 길 100선'에서 대상에 이름 올렸다. 3.4km에 걸친 5개 교량 가운데 2개는 남해군 담당이다.

창선면

독일마을 1950~60년대 독일로 건너가 경제 발전에 이바지한 광부·간호사들이 노년을 보낼 수 있도록 조성한 곳이다. 독일식 주택 33동이 자리하고 있다. 숙박이 가능하며 일대에는 아기자기한 커피전문점도 여럿 들어서 있다.

삼동면 물건리 1074-2

남해유배문학관 유배라는 절망적인 삶을 문학·예술로 승화한 선조 숨결이 담겨 있다. 2010년 11월 개관한 곳으로 향토역사실·유배문학실·유배체험실·남해유배문학실·김만중 특별실 등이 있다.

남해읍 남변리 555

하동

누가 이토록 사랑하였나
경남 서쪽땅

산은 지리산이다.

강은 섬진강이다.

바다는 한려수도 한 자락이다.

기름진 땅은 평사리 들판이다.

이 모두를 품은 고장 이름은 하동이다.

이 땅에는 자연이 베푼 자산이 유난히 넉넉하다.

'강 동쪽河東'이라는 소박한 이름은

그 매력을 절반도 담아내지 못한다.

이곳 사람들은 어지간해서 다른 고장 생김새를 부러워하지 않는다.

하동 자랑은 늘 산과 강, 바다를 묶으면서 시작한다.

가진 게 많아서 여유롭고 과장이 없어 당당하다.

하동 서북쪽에서 뻗친 지리산 줄기는 남쪽으로 향하면서

그 기세가 수그러든다. 하지만, 한풀 꺾여도 지리산이다.

영신봉1652m, 덕평봉1522m, 명선봉1586m, 토끼봉1534m 등

치솟은 봉우리는 당당하다. 더불어 형제봉1115m, 구재봉768m,

금오산849m 등 1000m 안팎 봉우리가 곳곳에 솟아 있다.

산줄기가 두루 뻗은 땅인 만큼 들판은 귀하다.

하동군 전체면적$^{675.23㎢}$ 가운데 농경지는 고작 14.9%$^{100.94㎢}$이다. 하지만, 섬진강 물줄기를 머금은 땅은 기름지다. 형제봉(악양면)에서 또는 섬진강 건너에서 눈 앞에 펼쳐지는 너른 들판은 이 땅에 농지가 넉넉하지 않다는 사실을 잠시 잊게 한다. 그래도 하동 사람 10명 가운데 6~7명은 농가 인구인 만큼 여기 주산업은 농업으로 보는 게 맞다. 농업을 빼면 숙박·음식점업과 도·소매업 종사자가 많다. 잘생긴 땅 생김새는 그저 자랑거리로 그치지 않는다. 제법 든든한 살림살이 밑천이기도 하다.

이것저것 빼도 남는 섬진강

곧 저물 햇살이 섬진강 물결 위에서 잔잔하게 흩어진다. 반짝이는 하얀 모래밭은 너르다. 풍요로운 백사장은 바닷가에서만 볼 수 있는 게 아니다. 강을 가로지르는 다리는 섬진교다. 하동읍에서 이 다리를 건너면 전남 광양시다. 섬진교 아래에서 온몸을 물막이 옷으로 감싼 할머니와 마주친다. 허리춤에 큰 대야를 묶은 할머니는 천천히 강을 훑는다. 대야는 허리 높이에서 할머니를 따라다닌다. 이런 풍경은 여기 사람들에게 매우 익숙하다. 예부터 유명한 하동 재첩은 그렇게 채집한다. 섬진강을 터전으로 삼은 어머니, 아버지들은 재첩과 재첩을 끓인 국으로 살림을 꾸렸다.

평화롭고 넉넉한 섬진강을 품은 하동 풍경은 섬진교를 건너 광양에서 오히려 제대로 보인다. 광양 언덕배기에서 강과 모래밭, 하동읍 들판과 그 너머 산줄기는 한눈에 들어온다. 모래밭 뒤로 넓게 퍼진 소나무 숲은 '하동송림'이다. 1745년영조 21년 강바람과 모래바람 피해를 막고자 조성한 숲이다. 나라 안에서 둘째가라면 섭섭한 소나무 숲은 2005년 천연기념물제445호로 지정됐다. 아름다운 경치를 은유하는 '백사청송白沙靑松'은 이곳에서 비유가 아니라 묘사가 된다.

하동은 지리산을 머리에 이고, 한려수도에 발을 담그며, 섬진강을 옆구리에 두른 땅이다. 그러나 지리산은 함양 지리산이며 산청 지리산이기도 하다. 한려수도 앞에는 통영·거제·사천·고성·남해 등 뭐든 붙여도 된다. 지리산과 한려수도는 하동 것이라고 할 수는 있으되 독차지할 수 없는 이름이다. 하지만, 섬진강은 다르다. 경남에서 섬진강을 자랑할 수 있는 땅은 하동뿐이다. 섬진강 물줄기는 전북 진안군 백운면 팔공산 기슭에서 비롯한다. 작은 샘에서 솟은 물은 212㎞에 걸쳐 흐르며 전라도와 경상도를 경계 지었다. 그렇더라도 강이 가른 것은 땅 이름뿐이다. 예부터 영·호남 사람들은 섬진강으로 모여들어 서로 섞였다.

섬진강 백사장과 뒤로 넓게 퍼진 소나무 숲, 그리고 섬진교

하동읍과 화개면 탑리에 서던 오일장은 하동은 물론 나라에서 손
꼽는 큰 장이었다. 경남 서쪽 끄트머리 땅에 대규모 장이 들어선 것
은 순전히 섬진강 물길 덕이다. 5일에 한 번 장이 서면 섬진강 주변
마을은 물론 영·호남 곳곳에서 배가 몰려들었다. 전남 여수·광양,
경남 남해·삼천포·충무·거제 등에서 출발한 배는 남해를 지나 섬
진강을 거슬러 올라 나루 곳곳에 물건을 내려놓았다. 그 배들이 지
나온 길이 유명한 '하동 포구 팔십 리'다. 뭍길이 두루 뻗치지 않았
던 때 배는 가장 효율적인 운송수단이었다. 산에서 나는 것과 바다
에서 나는 것은 강가에서 만났다. 그 활기찬 장에 멀리서 보부상까
지 몰려들었다. 하동장과 화개장에는 온갖 물건이 풍성하게 쏟아졌
다. 사람들이 몰려들 수밖에 없었다. 하지만, 하동에 서던 오일장 활
기는 1960~70년대 들어 부쩍 수그러든다. 이는 철도와 도로 등 뭍

화개장터 표지석

길이 두루 뻗치기 시작한 때와 맞아떨어진다. 상인들은 섬진강이 아니어도 재빨리 장을 옮겨 다닐 수 있었다. 하동은 모여들던 땅에서 지나치는 땅이 됐다. 게다가 하동 사람들조차 물길로 수월하게 진주·부산으로 나가기 시작했다. 하동에 서던 큰 시장은 점점 평범한 시골 장터가 됐다.

옛 영화를 잃은 시골 장터는 80년대 후반 대중가요를 통해 느닷없이 명성을 얻는다. 1988년 가수 조영남이 발표한 노래 〈화개장터〉다. 이 노래는 지금 민주당 의원인 김한길이 작사했다. 자기 유행가 없는 가수였던 조영남은 이 노래로 톱스타가 됐다. "하동은 몰라도 화개장터는 안다"고 할 정도로 평범한 시골 장도 유명세를 치렀다.

지금 화개장터는 화개면 탑리 길가에 새로 조성됐다. 1997년부터 복원해 2001년 개장한 화개장터는 현대식 상설시장이다. 잘 정돈된 매장과 곳곳에 세운 기념물에서 화개장터에 들인 각별한 공을 엿볼 수 있다. 하지만, 노래에 담긴 구수한 정감과 향수를 느끼기는 쉽지 않을 듯하다.

영·호남엔 없으되, 산과 강에 있는 경계

하동에 섞인 호남 흔적은 읍에서 밥 한 끼만 먹어도 접할 수 있다. 먼저 내놓는 음식에 밴 맛깔스러움이 그렇다. 여기 사람들은 산·바다·강·들판에서 제철마다 나는 풍성한 먹을거리에 섞인 호남 손맛을 자랑하곤 한다. 당장 남해대교만 건너도 입맛이 다르다는 핀잔에서 그런 자신감이 묻어난다. 음식과 더불어 말투 또한 유별나다. 전남 광양이 시댁인 하동 며느리 말투를 놓고 시댁에서는 경상도, 친정에서는 전라도 것이라고 한다. 하동 며느리는 그저 '하동 사투리'라며 웃어넘긴다. 아닌 게 아니라 하동 말투에는 영·호남 사투리와 억양이 딱히 정해놓은 규칙 없이 버무려졌다.

나라를 망친다는 해묵은 영·호남 지역감정은 하동에 없다. 어림잡아 하동 사람 10명 중 3~4명은 호남과 한집안이라고 할 정도다. 행정 경계가 가른 하동과 광양·구례는 섬진강 양쪽을 터전 삼아 두루 섞인다. 이 때문에 이곳을 잘 아는 사람들은 하동 땅에 놓인 경계는 영·호남에서 찾을 게 아니라고 한다. 보이지 않는 벽은 오히려 섬진강 사람들과 지리산 사람들 사이에 있다.

하동읍·악양면 등 강을 낀 땅은 비교적 풍요로웠다. 쓸 만한 들판은 섬진강 한 자락을 붙들고 펼쳐졌다. 이곳에서는 만석꾼 부자도 여럿 나왔다고 한다. 굳이 기름진 땅이 아니더라도 섬진강은 한 살림 꾸릴 정도 밑천은 언제든지 내놓았다. 하지만, 지리산이 성큼 들어선 땅에 사는 사람들 형편은 그렇지 않았다. 없는 땅을 일궈 나온 작물은 넉넉하지 않았다. 한때는 산에서 나는 나물, 약초 같은 물품을 장에 내놓으면서 형편이 나았던 시기도 있었다. 그러나 하동 장이 번성할 때까지였다. 다른 환경이 낳은 차이는 살림살이에서 드러났다. 그리고 힘은 늘 더 가진 쪽으로 쏠렸다. 섬진강 사람들은 하동 중심으로 향했고, 지리산 사람들은 하동 주변을 맴돌았다. 하동을 움직인다는 강 사람들 자부심은 그만큼 산 사람들에게 설움을 안기곤 했다. 그 묵은 감정은 '골짝놈'·'읍면놈'으로 시작하는 옛사람들 입씨름에서 간혹 엿볼 수 있다.

화개면에서 쌍계사로 길을 정하면 이 나라에서 풍경이 빼어나기로 손꼽히는 길을 지난다. '한국의 아름다운 길' 가운데 하나인 '십리벚꽃길'이다. 섬진강 주변 풍요로운 땅에서 영험한 지리산으로 들어가는 길목이 십리벚꽃길이라는 것도 꽤히 색다르다.

하동이 품은 하나뿐인 국보는 쌍계사에 있다. 국보 제47호인 '진감선사대공탑비眞鑑禪師大空塔碑'다. 신라 정강왕이 진감선사를 흠모해 887년에 세운 이 비는 고운 최치원이 비문을 썼다. 쌍계사 대웅전과 마주 보지 않고 약간 비스듬한 각도로 세워진 비는 임진왜란 때 왜병 탓에 금이 가는 수난을 겪기도 한다. 지금은 비석 둘레에 금속판을 대고 조여 그 형태를 지키고 있다. 하동에 하나뿐인 국보를 품은 사찰이 자랑할 것은 한 가지 더 있다. 신라 때부터 보급되기 시작한 차茶가 바로 쌍계사를 중심으로 널리 퍼진다. 겨울이 따뜻하고 봄이 이르며 비가 많이 내리는 하동은 차를 재배하기 적당했다. 게다가 기름지고 물 빠짐이 좋은 땅도 차 맛을 거들었다. 하동군은 쌍계사를 중심으로 명원다원, 고려다원, 삼우다원, 쌍계야생다원 등 '다원8경'을 정해 하동에서 나는 차가 지닌 빼어남을 널리 알리고 있다.

하동 지리산 골짜기는 예부터 신령스러운 곳으로 이름났다. 신라 시대 최치원이 은거했다는 얘기까지 거슬러 올라가지 않더라도 오늘날 청학동과 삼성궁에서 그 유별난 정취를 확인할 수 있다. 현재 지리산 청학동으로 불리는 도인촌은 '유불선삼도합일갱정유도회儒佛仙三道合一更正儒道會'라는 가르침을 받드는 사람들이 사는 곳이다. 유교를 바탕으로 두되 불교·선도·동학·서학을 합쳐 큰 깨침을 얻겠다는 사상이다. 이곳 사람들은 1960년대까지 세상과 담을 쌓고 살았다. 하지만, 그 존재가 세상에 알려지고 관광 바람이 불며 오가는 바깥사람을 헤아릴 수 없게 됐다. 지금은 그 양식은 대체로 지키되 바깥세상과 소통도 자연스럽게 이뤄진다. 바깥 문물을 늦지 않게 받아들이며, 이곳에 남은 옛 정취를 애써 배워가는 사람들도 많아졌다.

생김새로는 청학동보다 더 기이한 삼성궁은 청암면 묵계리에 있다. 해발 850m에 있는 구조물은 한풀선사라 불리는 강민주가 1983년 고조선 시대 소도를 복원한 것이다. 삼성궁 입구에서부터 끊임

쌍계사 안 진감선사대공탑비

삼성궁

없이 이어지는 돌무더기는 묘한 배치로 보는 이를 당혹스럽게 한다. 길목마다 둔 안내판이 없다면 길을 잃을 정도로 꼬인 길을 따라가면 몇 번 굴을 지나고 인공호수도 지나친다. 그러다 산길을 걸어 좁은 굴을 만나는데 그곳이 삼성궁 입구다. 굴을 지나면 다시 훤히 펼쳐진 삼성궁 도장은 이전까지 거쳤던 기이한 길을 한데 모아놓은 것 같은 모습으로 오는 이를 맞이한다. 환인·환웅·단군을 모신 삼성궁은 신선도를 수행하는 도장이기도 하다.

풍요로운 땅이 낳은 영감

하동은 한국 현대 문학사에 큰 자취를 남긴 소설과 인연이 깊다. 여기 사람들은 이 역시 하동이 품은 풍요로운 자연 때문이라고 여긴다. 악양면 형제봉에서 평사리 들판은 한눈에 담긴다. 박경리 1926~2008 소설 〈토지〉 배경이다. 실제 박경리는 하동 평사리 들판 인상만 글에 담아냈을 뿐 글을 쓰는 내내 마음에 두지 않았다. 토지를 쓰는 동안 평사리에 온 적도 한 번도 없었다고 한다. 토지에서 평사리는 만들어진 공간이다. 오히려 2001년 토지문학제 때 평사리에 온 박경리가 "평사리에 왜 토지 기둥을 세웠는지 현장에서 실감할 수 있었다"며 고백했다고 한다. 그런 면에서 하동군은 영민했다. 평사리 최 참판댁을 중심으로 소설 〈토지〉를 현실화한 공간은 하동이 지닌 또 다른 자산이 됐다. 이곳을 찾는 사람들에게 이미 박경리 〈토지〉와 악양면 평사리 최 참판댁은 하나로 이어질 수 있도록 했다.

하동을 배경으로 한 소설로는 김동리 1913~1995가 쓴 〈역마〉가 있다.

최참판댁

소설 무대가 된 화개장터에는 소설 줄거리를 정리한 조형물이 설치 돼 있다. 박경리 〈토지〉와 김동리 〈역마〉가 탁월하지만, 그래도 하동을 대표하는 작가는 이병주다.

소설가 이병주1921~1992는 북천면 출신이다. 일본에서 공부했으며 1955년 부산에서 국제신보 편집국장과 주필로 활동했다. 1961년 5·16쿠데타 때 노동조합과 관련된 필화사건으로 구속돼 2년 7개월 동안 복역했다. 1965년 〈소설 알렉산드리아〉로 작가 활동을 시작했다. 대표작으로 〈지리산〉, 〈산하〉, 〈그해 5월〉, 〈관부연락선〉, 〈행복어 사전〉 등이 있다. 현대사를 소재로 한 선이 굵은 남성적 작품을 많이 냈다. 북천면 직전리에는 이병주 문학관이 있다.

자취 감춘 하동 김, 갈사만에 거는 기대

금남면에 있는 금오산 정상에서 남해를 내려다본다. 왼쪽은 사천, 맞은편은 남해, 오른쪽이 광양이다. 이리저리 굽은 해안선과 올망졸 망 떠 있는 섬을 보면 하동 역시 한려수도 한 자락을 품은 땅이 분명하다. 하지만, 멀리 내려다보이는 멋들어진 풍경과 달리 가까이서 즐길 수 있는 하동 바다는 별로 없다. 이는 금성면에 있는 화력발전소와 그 너머에 있는 광양제철소 탓이다. 물론 제철소와 발전소가 나라 산업과 지역 경제에 보탬이 된 것도 있을 테다. 그러나 얻은 게 있다고 해서 잃은 게 아쉽지 않을 리 없다. 하동 김도 그 아쉬움 가운데 하나다.

하동은 예부터 맛이 빼어난 김이 나는 곳으로 유명했다. 이 맛난 김은 금남면 갈사만 양식장에서 나는 것들이다. 갈사만은 섬진강 민물과 한려수도 짠물이 만나는 곳이다. 하동 김 맛이 유별난 이유는 이런 환경 덕을 봤다고 보면 되겠다. 특히 그 맛은 바다 건너 일본인이 더 탐했다. 일제강점기 하동 갈사 지역은 상수도가 가장 먼저 놓인 곳이라고 한다. 김 양식에 필요한 물을 충분히 공급하기 위해서였다. 일본인은 하동 김이 나기가 무섭게 전량 공출했다. 하동 김은 해방 후에도 상당량을 일본에 수출했다. 이 때문에 하동 김은 영·호남을 벗어난 지역에서는 쉽게 맛볼 수 없었다고 한다. 하지만, 이제는 하동 갈사만에서 김이 나지 않는다. 광양제철이 들어서면서 1985년 김 양식은 자취를 감춘다.

김이 사라지면서 갈사만은 잊히는 듯했다. 하지만, 하동군이 미래 동력을 이곳에 걸면서 그 위상이 살아났다. 바로 '갈사만 조선산업단지' 조성 사업이다. 바다 317만㎡, 육지 244만㎡ 등 총면적 561만㎡ 규모다. 해양플랜트 등을 중심으로 조선소와 조선 기자재, 1차 납품단지가 들어선다. 이 대형 사업이 하동에 안길 것은 뭔지, 또 하동이 잃을 것은 뭔지 당장은 가늠하기 어렵다. 하지만, 아직 제 모습을 갖추지 않은 터에 걸린 기대가 적지 않은 것 또한 사실이다.

먹을거리에 담긴 역사와 문화

'재첩국 사이소'
배 곯는 아이들 생각에
아낙은 허리 펼 날 없었다

　재첩국 한 그릇에는 섬진강이 담겨 있다. 맑지만 겉보기에 화려하지 않다. 그냥 소박한 것이 이곳 사람들 삶과 닿아 있다.

　살림 넉넉지 않던 시절, 섬진강 변 아낙들은 재첩으로 배곯는 아이들을 달랬다. 공부도 시켰다.

　한여름 강물이라 할지라도 몸이 시리지 않을 리 없다. 몇 시간씩 몸 담그고 있어야 했지만 집에 있는 아이들 생각에 힘든 줄도 모르고 강바닥을 긁고 또 긁었다. 어느 정도 잡았다 싶으면 집으로 돌아왔다. 펄펄 끓는 물에 모두 쏟아부어 국을 끓였다. 배 채우고 난 나머지는 내일 밥상 몫이 아니다. 양철통에 담고서 강가에서 떨어진 곳으로 향했다. "재첩국 사이소~ 재첩국 사이소~"를 외쳤다. 사러 나온 이들이 돈을 내밀면 좋으련만, 보리·콩 같은 것과 바꾸려 한다. 그래도 어쩔 수 없다. 집 나설 때는 재첩국 담은 양철통을, 다 팔고 돌아갈 때는 돈 대신 받은 것을 한 짐 지고 '끙끙' 거려야 했다.

　벌이가 쏠쏠했던 집안에서는 목돈도 좀 만지기도 했다. 하지만 바깥양반이 노름판·술판에서 허투루 날려 아낙은 허리 펼 날 없었다는 이야기도 전해진다.

재첩국

섬진강 재첩잡이

　오늘도 해 질 무렵 섬진강에는 재첩과 씨름하는 아낙 모습이 보인다. 수건을 머리에 두르고 '물옷'이라 불리는 고무 옷을 입고 있다. 허리에는 큰 대야와 연결한 끈을 두르고 있다. 허리를 구부려 손에 든 소쿠리로 바닥을 쓴다. 그리고 물에 반쯤 담가 모래는 빼고 재첩만 담는다. 큰 대야가 다 차지는 않았지만, 이 정도면 됐다 싶은지 뭍으로 나온다.

　재첩은 강에서 나는 조개라 해 '갱조개'라고도 한다. 바닷물과 민물이 접하는 모래 많은 곳에 산다. 재첩은 특히 깔끔을 떤다. 맑은 물 아니면 살지 않는다. 바꿔 말해 재첩 많은 곳이 1급수다. 섬진강이 그런 곳이다. 아래쪽 하동포구공원에서 평사리공원 일대까지 재첩이 자리하고 있다. 오래전과 비교하면 상류로 많이 밀려왔다. 하구 바닥이 낮아지면서 바다 짠물이 올라왔기 때문이다. 1970년대 후반부터 10여 년간 토목공사용으로 섬진강 모래를 퍼 나른 탓이다.

채취는 5월 중순부터 10월까지 이어진다. 6월이 제철이다. 이때 살이 가장 통통하며 향도 좋다. 이 시기가 되면 섬진강 변에는 사람들이 쏟아져 나와 강바닥을 훑는다.

재첩에는 타우린이라는 성분이 있어 술 좋아하는 이들에게 해장용으로 좋다 한다. 국·회·수제비·전·비빔밥 같은 것으로 밥상에 오른다.

섬진강은 재첩만 내놓는 것은 아니다. 참게를 빼놓으면 섭섭하다.

민물에서 나는 게인 참게는 집게발에 털이 수북하다. 껍데기는 매우 억세다. 하지만 키토산이 들어있어 항암효과가 있다 하니 단단한 껍데기도 감수할 만하겠다. 등딱지 안 내장물은 독특한 향을 낸다. 그 맛에 찾는 이들은 계속 찾는다.

참게는 단풍 드는 가을철, 특히 10월에 가장 맛이 좋다고 한다. '서리 내릴 무렵 참게는 소 한 마리하고도 바꾸지 않는다'는 말이 떠올려진다.

딱딱한 껍데기에 거부감 느끼는 이들은 '참게가리장'을 찾는다. '가리'는 '가루'라는 의미다. 참게를 곡식·채소와 함께 완전히 빻아 걸쭉하게 끓인 것이다. 못살던 시절 냇가에서 먹감다 나무에 묶은 지렁이를 바위틈에 넣으면 참게 한두 마리 잡을 수 있었다 한다. 하지만 그걸로 누구 입에 붙일 수도 없었다. 쪄봐야 싸움만 날 일이었다. 그래서 잘게 썰고 곡식 가루를 넣어 죽처럼 해 먹은 데서 시작되었다 한다. 지금 어느 식당에서는 '참게가리장국'에 대해 특허를 받아 놓았다.

그 옛날 임금님 밥상에 오른 음식이 한두 가지 아닐 테니 큰 의미는 아닐지라도, '밥도둑' 참게장 역시 진상에서 빠지지 않았다.

참게가리장국

은어밥

이 지역 가을 별미가 참게라면 여름에는 은어다. 회로는 뼈째로 썰어 먹는다. 억세지 않다는 얘기다. 이 때문에 이름도 생소한 '은어밥'이라는 것이 나왔다. 은어는 비늘이 없기에 내장만 도려내고 끓는 잡곡밥에 머리 부분을 꽂아 넣는다. 밥이 익으면 꼬리부터 살을 발라내서는 양념장에 비벼 먹는다. 보기에는 비릴 것도 같지만, 그렇지 않다. 은어가 수초를 뜯어 먹어 특유의 수박향을 뿜는 덕이다.

봄에는 황어·벚굴이다. 황어는 잉엇과 물고기로 민물·바닷물을 오가며 번식하는 어종이다. 예전에는 흔하디흔했지만 개발·오염으로 그 수가 줄었다. 이젠 이름 자체도 생소하다. 다행히 4월 화개천에서는 떼 지어 나타나는 황어를 볼 수 있다 한다.

벚굴은 그 예전에 '벙굴'로 불렸다. '벚꽃 필 때 가장 맛이 좋다' 혹은 '큰 알맹이가 활짝 핀 벚꽃을 닮았다' 하여 이젠 '벚굴'로 익숙해져 있다. 노량 바닷물과 섬진강 물이 6대4 비율로 섞여 있는 물 아래 5~20m 지점이 벚굴 자리다. 바다 굴과 비교하면 그 크기가 5~10배가량 크다. 양식이 되지 않아 100% 자연산이다. '벚굴마을'인 고전면 전도리 신방마을은 봄 되면 발걸음이 쏟아진다.

하동 특산물은 대봉감이다. 이 고장이 대봉감 시배지다. 1922년 악양면 축지리에서 재배한 것이 시초다. '과실의 왕은 감이요, 감의 왕은 대봉감이다'는 옛말도 있다. 크기가 일반 감 2~3배다. 그냥 먹으면 아주 떫다. 홍시나 깎은 후 말려 곶감으로 이용된다. 특히 홍시를 냉동실에 넣어두었다가 순가락으로 아이스크림처럼 녹여 먹는 것으로 유명하다. 대봉감 앞에는 '악양'이 따라붙는다. 악양면에서 나는 대봉감이 특별난 이유는 지명에 답이 있다. 악양岳陽은 '높은 산에 볕이 잘 든다'로 풀이할 수 있다.

볼거리에 담긴 역사와 문화

—

강이 품지 못한 삶을
보듬었던 나무들

하동은 '마음의 고향' 같은 곳이다. 이곳 사람이 아닐지라도 한번 찾은 이들에게 그리움을 남긴다. 무엇보다 섬진강이 자아내는 은은함 덕일 것이다. 유유히 흐르는 강물은 복잡한 이 마음을 소리 없이 위로하고, 어디까지 펼쳐져 있는지 모를 은빛 모래는 지친 이 몸을 포근히 감싼다.

그런데 정작 섬진강은 핏빛 다툼에 편할 날이 많지 않았다. 그냥 묵묵히 받아들여야만 했다.

'섬진강蟾津江' 이름 유래부터 그렇다. 두치강·모래가람·다사강으로 불리던 시절도 있었다. 그러다 두꺼비 전설이 담기게 된다. 1385년 왜적이 침략하자 수십만 마리 두꺼비떼가 나타나 울며 쫓아냈다 한다. 여기서 '두꺼비 섬', '나루 진'자를 땄다 한다.

뱃길이 중요 교통수단이던 시절, 이곳은 군침 도는 군사적 요충지였다. 삼한시대 백제가, 이후 통일신라가, 또 지나서는 후백제가 이

섬진강 풍경

땅을 거머쥐었다. 고려·조선시대에는 뱃길 타고 호남지역으로 진출하려는 일본이 하루가 멀다 하고 호시탐탐 노렸다. 조선 후기에는 농민항쟁이 있었고, 일제강점기에는 의병이 들고일어났다. 1950년대를 전후해서는 이데올로기 아픔에 핏물이 들기도 했다.

그래도 섬진강에서 나고 자란 사람들은 쉽게 떠나지는 않았다. '하동 포구 팔십 리'를 따라 생활 터전을 이어갔다.

1970년대까지 섬진강을 가로지르는 교통수단은 '줄 배'였다. 광양 진월면 쪽에서는 하동으로 통학하는 이가 많았는데, '줄 배'가 발이었다. 하동에서 광양·구례를 연결하는 다리가 하나둘 들어서며 그 풍경도 사라졌다. 하동 광평리~광양 다압면을 잇는 섬진교는 1935년 만들어졌다. 6·25전쟁 때 인민군 남하를 막기 위해 폭파됐다가 1980년대 중반 다시 연결됐다. 1992년에는 하동 금남면~광양 진월면을 잇는 섬진강교, 1995년 하동 금성면~광양제철소를 연결하는 섬진대교가 들어섰다.

2003년에는 하동 탑리~구례 간전면을 잇는 남도대교가 개통돼 '영·호남 화합 상징'으로 부각했는데, 좀 뜬금없기는 하다. 남도대교 바로 앞 화개장터가 '화합의 장소'로 한창 드러날 때였다는 점을 떠올릴 만하다. 이곳 사람들에게는 새삼스러운 시선이었다. 하동과 광양·구례는 '나와 너'를 구분하는 것이 불필요했다. 다리 하나 놓을 때 이름 놓고 지역 간 다툼이 많다지만, 남도대교는 그럴 일도 없었다. 광양에도 재첩이 많이 나지만 '하동 재첩'으로 이름났다고 해서, 반대로 하동도 만만찮은 매실이 '광양' 쪽에서 두드러진다고 해서 섭섭해 하는 분위기도 아니다.

시선을 옮겨보면 하동은 '나무'로도 빠지지 않는 고장이다. 십리벚

십리벚꽃길

꽃길같이 단지 눈을 호사롭게 하는 것만은 아니다.

하동 벚나무는 오늘날 귀한 문화유산으로 남아 있기도 하다. 팔만대장경 경판에는 나무 10여 종류가 사용됐다. 특히 산벚나무는 너무 무르지도, 너무 단단하지도 않아 경판으로 더없이 좋았다 한다. 하동 지리산 쪽 벚나무는 이에 적합해 벌목 후 섬진강을 따라 남해 판각 장소로 옮겨졌다 한다.

1950년대에는 부산 판자촌 짓는 데 사용하기 위해 하동 지리산·광양 백운산에서 벌목한 것들이 섬진강을 타고 수시로 빠져나갔다고 한다.

하동은 차* 시배지다. 신라 828년 흥덕왕 때 당나라 사신으로 간 대렴공이 '차 씨'를 가져오자 왕이 지리산을 지정했고, 화개동천에 심으면서 싹 텄다. 화개차를 맛본 추사 김정희 선생은 "중국 최고 차인 승설차보다 낫다"고 하였다 한다. 화개면 운수리 쌍계사 주변은 지방기념물 61호 '우리나라 차 시배지'로 지정되었다. 화개면 정금리에는 우리나라에서 가장 오래된 '1000년 차나무'가 자리하고 있다. 거대 고목을 생각했다면 조금 실망스러울 수 있겠다. 차 나무는 원래 그리 크지 않아 높이 4m 20㎝·둘레 57㎝에 불과하다.

　하동읍 광평리에 있는 소나무숲 '송림'은 1745년 조성돼 백성들 강바람·모래 피해를 덜게 했다. 악양면 '취간림'은 악양천 물을 막기 위해 조성한 숲이다. 지금에는 일본군 '위안부' 피해 사실을 밝힌 고 정서운 할머니 뜻을 기린 '평화의 탑'이 있어 의미를 더한다.

　악양면에는 눈길 사로잡는 소나무가 곳곳에 자리하고 있다. 들판 한가운데 우두커니 자리하고 있는 '부부송', 11그루 소나무가 하나처럼 보이는 '십일천송', 마치 큰 바위를 뚫고 나온 듯한 '문암송^{천연기념물} ^{491호}'이다.

문암송

칠불사

옛 시절 섬진강 주변은 대나무 숲을 이루고 있었지만, 지금은 사라졌다. 제방 공사가 이러한 아쉬움을 남겼지만, 대신 비옥한 땅을 만들기도 했다. 오늘날 섬진강 빛과 흡사한 은빛 비닐하우스가 강 주변을 차지하고 있다.

쌍계사와 함께 하동을 대표하는 사찰로 칠불사^{七佛寺}를 꼽을 수 있다. 가락국 태조 수로왕의 일곱 왕자가 이곳에서 수도한 후 성불하였다고 해서 이름 지어졌다. 만들어진 시기는 서기 103년으로 전해진다. 이는 서기 48년 세워졌다고 전해지는 김해 장유사^{長遊寺}와 함께 '불교 남방유래설'을 뒷받침하는 것으로 의미 부여되고 있다. 수로왕과 왕비 허황옥^{許黃玉}이 왕자들 보러 섬진강 뱃길로 들어와 십리벚꽃 길을 지나는 모습을 떠올리게 한다.

  각 지역 문화해설사들을 만나보면 저마다 자기 지역에 대한 자부심이 대단하다. 하동군 이정화(52) 문화해설사도 전혀 빠지지 않는다. "지리산이라는 명산이 있고, 한려해상국립공원이 있고, 섬진강이 있습니다. 자연경관과 그 안의 문화·역사가 이렇게 잘 어우러진 곳은 없다고 생각합니다. 통영 문학은 바다를 중심으로 하지만, 하동은 바다뿐만 아니라 지리산·섬진강·악양들판까지 섞여 있죠."

  이 해설사는 청학동으로 얘길 옮겼다. "왜 하필 청학동이 하동이었을까를 생각해 봅니다. 하동에는 섬진강이 있습니다. 그런데 전쟁이 계속되고 일본 약탈이 심했던 애환이 있습니다. 그러다 보니 이상향에 대한 동경이 더 컸던 듯합니다. 청학동은 전쟁·병·굶주림이 없다고 합니다. 지금 청학동이 자리한 지리산 중턱 800m 지점에 식량 나올만한 곳이 있을까도 싶지만, 직접 가보면 농사지을 평평한 땅이 얼마든지 있습니다."

  바깥사람들에게는 이 지역 말씨가 좀 독특하게 다가올 법하다. "학교는 진해에서 나왔는데, 지금도 동창들 만나면 제일 먼저 듣는 말이 '하동 산다면서 왜 전라도 말을 하느냐'는 것입니다. 그런데 전라도 구례 쪽에 가면 '전라도 아닌 경상도 말씨'라는 얘길 듣습니다. 여긴 경상도·전라도라는 두 개 문화가 아닌 그냥 하나일 뿐입니다."

삼성궁은 신성 공간인 고조선 시대 소도를 복원한 곳이다. 해발 850m 터에 돌탑이 끊임없이 쌓여 있다. 이 방대한 양의 돌을 어떻게 쌓았는지 놀랍기만 하다.

이곳에서 수행하는 박달선사(51)는 삼성궁에 대해 설명했다. "한풀선사(강민주)께서 42년 동안 쌓은 것이고, 또 지금도 쌓고 있습니다. 돌을 옮기고 나르는 것은 수행자들이 돕는다지만, 직접 쌓는 것은 한풀선사께서 모두 다 합니다. 매일 돌 80톤씩 쌓는다면 믿을 수 있겠습니까? 국립공원 내 불법 시설물이다 해서 나라에서 다섯 곳이나 허물기도 했지요."

돌탑이 의미하는 것은 뭘까? "여기는 고대 소도 흔적이 남아 있던 곳입니다. 이를 복원하기 위한 것입니다. 돌탑은 우리말로 돌솟대인데, 원력을 위해 쌓고 있는 것이죠. 이 공간은 한풀선사 사비로 만들어졌고, 지금은 재단이 설립돼 제자들이 지켜가고 있습니다."

삼성궁에서 수행하는 이는 30~40명가량 된다고 한다. "새벽에 일어나서 청소·참선·경전공부, 그런 생활이죠. 수행자로 들어오기 위해서는 일정 기간 교육받은 후 시험을 쳐야 인연을 맺을 수 있습니다."

지금도 돌탑을 쌓고 있는 한풀선사 나이를 묻자 "세속적인 나이는 의미 없습니다. 몇백 년인지 알지도 못합니다"라고 했다.

놓치지 않고
둘러봐야 할 곳

하동송림 1745년에 도호부사 전천상[1705~1751]이 강바람·강모래 피해를 막기 위해 소나무를 심었던 것이 지금에 이른다. 2㎞에 걸쳐 200~300년 된 소나무 850여 그루가 노송숲을 이루고 있다. 섬진강 흰 모래와 어우러져 '백사청송'이라 불린다.

하동읍 광평리 443-10

평사리 최참판댁 박경리 대하소설 〈토지〉 무대로 잘 알려진 악양면 평사리. 소설 속 영남 대지주 최참판댁을 한옥 14동으로 구현했으며, 드라마 〈토지〉 세트장도 보존돼 있다. 이곳에서는 악양들판·부부송·동정호를 한 눈에 담을 수 있다.

악양면 평사리 497

고소성 신라가 군사 목적으로 쌓은 것으로 추정하지만, 고구려 광개토대왕이 만든 성이라는 설도 있다. 지리산에서 뻗어내려온 산줄기 중턱 300m 고지에 자리하고 있는데, 눈 앞에 펼쳐진 악양들판과 섬진강은 곧 하동의 진짜 모습이라 할 만하다.

악양면 평사리 산31

남도대교 하동군 화개면~전남 구례군 간전면을 잇는 다리. 2003년 만들어진 이후 영·호남 화합 상징으로 대변된다. 차에서 내려 358m에 이르는 다리를 걸으면 눈부신 섬진강에 잠시 눈을 감게 된다.

화개면 탑리

놓치지 않고
둘러봐야 할 곳

화개장터 영·호남인이 어우러진 옛 장터다. 1997년부터 4년에 걸쳐 옛 모습을 복원했는데, 정돈된 느낌은 있지만, 정감은 다소 떨어져 아쉽게 다가온다. 화개장터를 지나 쌍계사로 향하는 십리벚꽃길은 꼭 봄날이 아니어도 충분히 매력적이다.

화개면 탑리

쌍계사 신라 성덕왕 때인 723년 만들어졌는데, 이후 옥천사라 불리다 '산문 밖에서 두 시내가 만난다' 하여 쌍계사로 이름 지어졌다. 국보 제47호 '진감선사 대공탑비'와 보물 9점 등이 있다. 주차장에 차를 대고 400~500m 걸어야 하는데, 단풍철인 가을날 찾으면 특히 좋다.

화개면 운수리 208

삼성궁 하동 출신인 한풀선사 (강민주)가 1983년 환인·환웅·단군을 모신 성역으로 조성했다. 이곳을 채우고 있는 수많은 돌탑은 경외감을 느끼게 하는데, 한풀선사와 그 수행자들이 40여 년에 걸쳐 만들었고, 지금도 계속하고 있다.

청암면 묵계리 1561-1

금오산 정상 높이 849m인데, 금성사로 향하는 코스는 차가 정상까지 올라간다. 정상에 오르면 사천·남해·광양에 걸친 남해안이 한눈에 펼쳐지며, 지리산도 바라볼 수 있다. 군사 시설이 있어 사진촬영 때는 주의해야 한다.

금남면 덕천리

진주

천년을 이은 자존심
진주사람 삶 그 자체

덕유산과 지리산에서 솟은 물줄기가
진양호에서 만나 진주를 가로지른다.
보기만 해도 흐뭇하고 넉넉한 '남강'이다.
동쪽으로 흐르는 물길을 따라가면
진주 안에서 남강 끝물은 대곡면과 지수면 사이가 된다.
적당히 굽은 물길과 하얀 모래밭이 호젓하게 펼쳐진 곳이다.
손을 덜 탄 풍경은 진주 시내에서 보는 그것과는
또 다른 매력을 드러낸다.
대곡면을 지나는 국도를 따라 북으로 향하면
단목리 입구에서 큰 비석 하나와 마주친다.
'세덕사묘정비世德祠廟庭碑'라고 새긴 비석 뒤에는
진양 하씨 시조를 모신 사당 '세덕사'가 있다.
단목마을은 강씨·정씨와 더불어 진주 3대 성씨姓氏로 꼽는
하씨 집성촌이다. 마을에서 가까운 남강까지 거리는 1.6㎞ 정도.
그 사이 펼쳐진 너른 들판은 500여 년 전부터
이곳에 터를 정한 이들을 보듬었다.
예부터 아쉬울 게 없던 부촌富村이라는 여기 사람 말은
땅만 둘러봐도 그럴듯하다. 그렇더라도 이곳이 진주를 대표하는
부촌일 리는 없다. 그저 넉넉한 살림을 허락한 땅이
진주 울타리 안에 고루 뻗쳤다고 보는 게 맞을 듯하다.

강·하·정씨를 비롯해 진주가 본관인 성씨는 80개다. 나라 안에서 경주(87개) 다음으로 많다. 본관이 자리매김한 시기는 대략 고려 초기로 본다. 진주는 통일신라시대 9주, 고려시대 12목 가운데 하나다. 오래전부터 왕이 지방을 다스리는 거점으로 삼은 땅이었다. 왕과는 통해야 했고 세가 뻗치는 땅에는 엄해야 했던 곳에는 늘 그런 일을 맡은 이들이 살았다.

진주에는 이미 일가一※를 이룰 만한 인물이 많았다. 진주가 불러들인 인물은 또 그 이름으로 진주를 널리 알렸다. 뭇사람조차 '진주 출신'이라는 소개에 은근히 힘이 들어갔을 테다. 성씨 앞에 붙일 본관으로 삼기에 진주는 충분히 잘난 고장이었다. 그 위상은 조선시대까지 꾸준히 이어졌다. 오늘날에도 유난스럽다는 진주사람 자존심은 그 뿌리가 매우 깊다.

울타리 안에서 아쉬울 게 없던 곳

진주에서 높은 산이라고 해봤자 600m를 넘지 않는다. 집현산577m을 비롯해 방어산530m, 오봉산524.7m 등이 이곳에서 높다고 할 수 있는 산이다. 그나마 이 산들은 진주 외곽에 있어 산줄기가 안쪽까지 미치지 않는다. 진주시 전체면적712.8㎢ 가운데 높이가 100m 이하인 땅은 69%, 300m를 넘는 땅은 고작 1.5% 정도다. 진주는 구릉과 너른 들판이 대부분인 곳이다. 이는 곧 남강이 위·아래로 펼쳐놓은 들판 덕을 고루 본 지역이라는 말이 된다. 진주 안을 대강 둘러봐도 농사 지을 땅이 아쉬운 마을은 거의 없다. 그리고 이 땅은 옛 기록에 빠짐없이 적어놓을 만큼 매우 기름졌다. 여기 사람들은 먹고사는 일 때문에 굳이 바깥을 기웃거리지 않아도 됐다. 부족할 게 없는 이들은 늘 그렇듯 여기 사람들은 어디서든 웬만해서 굽히는 일이 없었다. 하지만, 이 같은 여유와 자신감은 상대적으로 변화에 둔한 원인이 되기도 했다. 일제강점기부터 들이닥친 숨 가쁜 산업구조 변화에 진주 사람들은 예민하지도 않았고 그럴 필요도 없었다. 오히려 허락 없이 밖에서 밀고 들어오는 문물을 예사로 낮춰보는 편이었다. 그다지 아쉬울 게 없는 사람들에게 바깥에서 들어오는 변화 요구는 무례한 것이었다. 물론 진주가 변화에 둔감했던 큰 원인은 밖에도 있었다. 근대 들어 이 나라 산업구조 재편은 철도와 항구 중심으로 진행됐다. 진주는 철길과 뱃길을 놓고 보면 그저 멀리 떨어진 땅이었다. 교통 중심에서 벗어난 땅은 여태껏 겪어본 적 없는 변방 취급을 받았다. 1920년대 들어온 근대식 산업시설인 견직공장은 산업이 진주 환경을 탐한 것이지 여기 사람들이 산업을 탐낸 것은 아니었다. 그래도 일찍 자리매김한 섬유산업은 서서히 규모를 키우며 진주 산업을 이끈 바탕이 되기는 한다. 특히 1960~70년대 정부는 섬유산업에 유난히 공을 들였다. 이때는 전국 상인들이 진주비단을 사고자 진을 쳤다고 한다. 그리고 1978년 상평공단 조성을 계기로 진주 섬유산업은 더욱 덩치를 키운다. 지금까지 이어지는 진주비단 명성은 이때 바탕을 다진 것이다.

그렇더라도 산업에서 특징을 찾아 진주 앞에 이름 붙이기는 여전히 쉽지 않다. 너른 들판에서 나는 작물이 풍부하다 해도 진주는 농업을 앞세우는 도시가 아니다. '공업도시'라는 수식은 오히려 농업보다 머쓱한 편이다. 관광으로만 먹고사는 도시도 아니고, 상업이 유난히 발달한 소비지역도 아니다. 이 같은 애매한 특성은 통계에서도 나타난다. 농가인구가 4만여 명으로 가장 많으나 33만 명이 넘는 진주 인구 가운데 10%를 겨우 넘기는 정도다. 제조업 종사자는 1만 3000여 명, 도·소매업은 1만 7000여 명, 숙박·음식업이 1만 3000여 명이다. 부족한 게 없는 도시는 딱히 대놓고 내세울 게 없는 도시이기도 하다. 그럼에도 굳이 진주를 수식할 말을 찾는다면 '교육'이겠다.

진주 학생 인구는 8만여 명, 교육서비스업 종사자는 1만 2700여 명이다. 진주사람 3~4명 가운데 1명은 학생 또는 선생이거나 교육 관계자인 셈이다. 경상대(가좌동)·한국국제대(문산읍 상문리)·경남과학기술대(칠암동)·진주교육대(신안동) 등 6개 대학을 비롯해 진주지역 초·중·고·대학교는 91개다. 특히 1923년 개교한 진주교육대는 영남권 최초 교육대학이다. "영남을 가르친 선생들이 진주에서 배웠다"는 여기 사람들 자랑은 그 근거가 분명하다.

진주향교

진주 교육은 뿌리 또한 깊다. 경남 최초 근대식 학교인 '진주소학교'는 1895년 문을 열었다. 경남 최초 교육기관인 '진주향교'(옥봉동)가 창건된 해는 987년까지 거슬러 올라간다. 과거에도 근대에도 경남 교육 시발점은 진주다. 오래전부터 진주는 '교육 도시'였다.

남강이 있기에…

해마다 10월이면 진주 안 어여쁜 빛은 죄다 남강 위에서 흐드러진다. '진주남강유등축제'이다. 2002년 처음 시작한 유등축제는 해마다 200만 명이 넘는 관광객이 참여한다고 한다. 오늘날 진주는 물론 경남을 대표하는 축제다. 유등축제는 진주와 남강이 지닌 매력을 가장 짧은 시간에 극적으로 보여준다.

같은 시기에 진행하는 '개천예술제'는 나라에서 가장 오래됐고 규모가 큰 종합문화예술축제로 이름이 높다. 1949년 '영남예술제'로 시작한 축제는 1959년부터 '개천예술제'라는 이름을 얻었다. 행사 기간 문학·음악·미술·연극을 비롯해 8개 분야 예술 경연과 문화·전시행사, 민속놀이가 진행된다. 진주 문화가 품은 유·무형 자산은 이 기간 아낌없이 쏟아진다. 개천예술제 무대 역시 진주성과 남강이다.

진주가 몸뚱이라면 남강은 척추다. 강은 너른 들판을 이 땅에 안겼고, 진주는 그 들판을 밑천 삼아 예부터 중심지 노릇을 할 수 있었다. 강이 아니었다면 진주성 역시 경남에 흔한 산성보다 나을 게 없다. 성을 감싸고도는 물줄기는 아군에게는 든든했고 적군에게는 늘 버거웠다. 임진왜란[1592년] 때 관군이 뭍에서 거둔 첫 승리는 진주

개천예술제 한 장면

성 싸움이었다. 한산대첩, 행주대첩과 더불어 임진왜란 3대첩 가운데 하나다.

진주 목사 김시민[1554~1592]이 진주성에서 적을 맞은 것은 1592년 10월이었다. 성을 포위한 왜군 2만여 명과 맞서 김시민이 지휘하는 병력은 고작 3800여 명. 김시민은 7일 동안 공방전을 버텨내며 적을 물리친다. 하지만, 자신은 적이 쏜 총알에 맞아 죽는다.

왜군은 이듬해 6월 진주성을 다시 공격한다. 9만 3000여 명에 이르는 왜군 정예부대는 진주성을 모질게 몰아붙였다. 8일 동안 이어진 전투에서 결국 진주성은 무너진다. 이 전투로 왜군에게 죽은 사람은 7만여 명이었다고 한다. 늘 베풀기만 하던 남강도 이번만은 진주사람 피를 흘려보내는 것 말고는 할 수 있는 게 없었다. 진주 기생 논개[?~1593]가 왜장을 껴안고 '의암義巖'에서 남강으로 뛰어든 것도 이맘때다.

나라 안에서 최고로 꼽는 누각 '촉석루' 역시 남강 덕을 봤다. 비록 집 생김새가 빼어나긴 하나, 남강이 없었다면 '제일'이라는 이름까지 얻기는 어려웠을 테다. 잘생긴 누각에서 내려다보는 도도한 물줄기는 주변 풍경과 더불어 이곳을 찾는 이들에게 영감을 주곤 했다. 나라에서 글 좀 쓴다는 묵객들은 촉석루에 저마다 글귀 하나씩을 남기곤 했다. 더불어 누각은 벼슬아치들이 풍류를 즐기던 곳이었고 그 유흥을 널리 퍼뜨리는 곳이기도 했다.

강은 평민들에게도 살가운 곳이었다. 아낙들은 강가에서 빨래를 했고, 넓은 모래밭에서는 소싸움이 벌어지곤 했다. 사람들이 뒤엉켜 놀던 곳은 일이 있을 때면 집회 장소로 적당했다. 아울러 강을 낀 주변 풍경, 특히 '새벼리', '뒤벼리'라 불리는 강가 벼랑은 늘 보는 사

남강

람들 마음을 흐뭇하게 하는 풍경이다. 여기에 남강 상류에 있는 진양호에서 바라보는 넉넉한 수평선까지 더하면 남강이 진주에 쏟아부은 자산은 넉넉하다 못해 차고 넘친다.

여유로운 사람들이 누린 멋과 가락

유흥을 찾던 옛사람들에게 으뜸은 평양 기생, 버금은 진주 기생이었다. 진주에 부임한 벼슬아치들이 한양에서 누렸던 유흥은 주로 교방을 통해 이식됐다. 여기 사람들은 유흥과 음식 모두 한양 출신 어른 입맛에 맞춰야 했다. 그 솜씨가 제법 괜찮았는지 진주에서 즐기는 유흥은 나라 안에서도 유명했다. 오늘날까지 진주에 남아 있는 무형 자산은 대체로 한양 것이 교방으로 이식되는 경로를 따랐

진주 검무 ⓒ진주시

다. '진주검무'는 그런 자산 가운데 가장 빼어난 것으로 꼽힌다.

진주검무는 춤 전반부에 색한삼을 양손에 끼고 추는 게 특징이며 옛 궁중 검무 원형을 잘 보존한 것으로 평가받는다. 진주검무는 중요무형문화재 12호로 지정됐다. 이와 더불어 놀이춤 '한량무', 궁중가무 '진주포구락무', '진주교방굿거리춤', '신관용류가야금산조' 등 멋스러운 몸짓은 경남도가 지정한 무형문화재로 보호받고 있다. 진주시전통예술회관(판문동)은 이 같은 귀한 춤사위를 보존·전승하고 있으며 정기공연도 한다.

교방문화가 지킨 옛 멋과 흥은 진주 출신 예인에게 이어진다. 특히 이 나라 대중가요는 여기 출신 예인들에게 진 빚이 많다. 먼저 국내 첫 창작가요 〈강남 달〉을 작사·작곡한 김서정^{본명 김영환·1898~1936}이 진주 출신이다. 김서정은 이후 〈세 동무〉·〈봄노래〉·〈강남제비〉 등을 발표하며 창작가요 시대를 열었다. 대중적으로는 훨씬 알려진 가수 남인수^{1918~1962}도 진주 출신이다. 대표곡 〈애수의 소야곡〉을 비롯해 〈황성옛터〉·〈이별의 부산정거장〉 등 1000여 곡을 불렀다. 이 밖에 〈타향살이〉·〈목포의 눈물〉·〈아빠의 청춘〉 등을 작곡한 손목인(본명 손득렬·1913~1999), 테너 색소폰 연주자로 더욱 유명한 작곡가 이봉조(1932~1987), 〈대머리 총각〉·〈육군 김 일병〉 등 대중가요를 비롯해 〈개구리 왕눈이〉·〈아톰〉 등 만화영화 주제가도 작곡한 정민섭^{1940~1987} 역시 진주 출신이다. 이 같은 흥興은 오늘날 진주 사람들 유전자에도 깊이 박혀 있는 듯하다.

강상호 선생의 묘

형평운동기념탑

기개 앞에서 오히려 하찮았던 신분

전통이 뿌리 깊은 고장에서 신분 차이는 엄했다. 하지만, 신분은 달라도 진주 사람은 진주 사람이었다. 정도를 넘어설 때는 받아칠 줄 아는 결기는 여기 사람들 성정이었다. 그 성정은 논개를 모신 사당 '의기사義妓祠'에 시를 남긴 기생 산홍에게서 엿볼 수 있다. 산홍은 을사오적으로 당시 권세가 드높던 이지용1870~1928이 첩을 삼으려 하자 매몰차게 거절하고 엄하게 꾸짖었다. 그러고도 이지용이 단념하지 않자 스스로 목숨을 끊었다고 한다.

1862년 일어난 진주농민항쟁 또한 가혹한 수탈에 대항한 조직적인 농민 운동이었다. 비록 항쟁은 10여 일 만에 끝났지만 이후 전국적으로 농민항쟁이 퍼져 나가는 마중물이자 30여 년 뒤 동학농민운동으로 이어진 불씨가 됐다.

이 나라 근대사를 통틀어 눈여겨봐야 할 인권해방운동 가운데 하나인 '형평운동'이 일어난 곳도 진주다. 1894년 갑오년 칙령으로 평민이 된 백정들은 제도로는 평등했으나 관습으로는 차별받아야 했다. 모진 사람들은 백정과 한자리에 있는 것도, 백정 자식이 자기 자식과 공부하는 것도 받아들이지 못했다. 서러운 백정들은 당시 신지식인 강상호1887~1950를 찾아가 억울함을 호소한다. 강상호를 비롯한 지식층은 그 당연한 호소에 '형평사衡平社'를 조직해 답한다. '백정은 인간이 아니더냐'로 시작하는 '주지문'은 1923년 5월 13일 진주 시내에서 선포된다. 이후 형평사는 이 운동을 격렬하게 반대하는 단체에 맞서 전국적으로 조직을 확대한다. 하지만, 이듬해 형평사 지도부 사이 분열을 시작으로 활동이 움츠러들면서 1935년에는 기능을 거의 잃게 된다.

석류공원(가좌동) 입구에는 형평운동을 이끌었던 지식인 강상호 무덤이 있다. 그리고 지난 1996년 형평운동기념사업회는 진주성 앞에 '형평운동기념탑'을 세웠다. 두 남녀가 문을 지나 하늘로 곧게 뻗은 평행선을 향해 걸어가는 모습을 한 이 기념탑이 담은 의미는 오늘날에도 무겁다.

진주정신이 곧 진주다

'진주 오방리 오방재'(미천면)는 태종 때 영의정을 지낸 하륜 1347~1416과 아버지 하윤린, 조부 하시원을 모신 재실이다. 오방재 뒤로 산길을 따라 200m 정도 올라가면 하륜 일가 묘가 있으며 50m 정도 더 들어가면 하륜 묘가 나온다. 이들 하씨 문중 묘는 고려 말에서 조선 초로 이어지는 무덤 양식을 한눈에 살필 수 있어 귀한 자료로 친다.

통일신라 시대부터 중심지였던 진주는 조선 초기 영의정을 내면서 그 위세가 정점에 이른다. 그리고 조선말까지 1000년 남짓 중심지로서 위상은 흔들리지 않는다. 1896년 이곳에 경남도청이 들어선 것은 여기 사람들에게 지극히 당연했다. 하지만, 일제강점기 들어 진주는 느닷없이 변방이 된다. 긴 세월 쌓은 자존심은 효율적인 침탈 경로만 닦기 바쁜 일제가 보기에 아무것도 아니었다. 일제는 1925년 기어이 경남도청을 부산으로 옮긴다. 진주 위세와 자존심은 그렇게 한 번에 꺾인다. 늘 중심이었던 사람들은 오늘날까지도 낯설기만

하륜 묘

한 변두리 처지다. 애초에 없던 사람들보다 가졌던 것을 빼앗긴 사람들이 느끼는 설움은 더욱 컸다. 어디서 주눅이 들 일이 없었던 진주 사람들은 뿌리도 없어 보이는 이들이 내려다보는 꼴을 받아들이지 못했다. 서러운 만큼 오기는 더욱 단단해졌다. 유난스러운 진주 사람들 자존심이 바깥사람과 부딪치는 일은 예전보다 잦아졌다.

애초부터 넉넉한 사람들은 아쉬울 게 없었다. 배움도 깊었고 흥을 즐길 줄도 알았다. 그냥 놀았던 게 아니라 나라에서 가장 고급문화를 누렸던 사람들이었다. 아니다 싶으면 부딪칠 줄 아는 결기 또한 남달랐다. 여기 사람들 얘기에 종종 섞여 나오는 뿌리 깊은 '진주 정신'은 그렇게 여물었고 단단해졌던 것으로 보인다.

먹을거리에 담긴 역사와 문화

양반님네 까칠한 혀끝 녹인
화려한 맛

통일신라는 685년에 전국을 9주로 나눴다. 그 가운데 하나는 진주 몫이었다. 오늘날로 따지면 도청 소재지가 들어선 것이다. 큰 관청이 있으니 이를 중심으로 사람이 모여들었다. 중앙에서 온 관리·양반, 그리고 기생이 북적북적했다. 풍류가 이 고을에 꿈틀한 것이다. 이어지는 연회상을 채우기 위해 음식도 화려해질 수밖에 없었다. 그러한 교방·양반문화가 오늘날까지 뻗치고 있다. '진주의 맛'이 화려한 이유겠다.

이곳 사람들은 대표 향토음식으로 '진주비빔밥'을 꼽는데 주저하지 않는다. 진주비빔밥은 '칠보화반七寶花飯·일곱색깔 꽃밥'이라는 또 다른 이름을 곱게 달고 있다. 황색 놋그릇, 흰 밥, 오색 나물이 어우러져 그 자태를 뽐낸다. 눈맛부터 사로잡는 데서 알 수 있듯 진주비빔밥은 기생들 손에서 나왔다고 전해진다. 힘쓸 일 없고 술 좋아하는 한량들 입맛이 까다로워 그 비위를 맞추느라 꽤 힘들었다고 한다. 하지만 나물에 육회 얹은 비빔밥으로 그 입맛을 녹였다고 한다.

진주비빔밥과 천황식당

물론 제사음식에서 별도로 발전했다거나, 진주성 전투 때 여인네들이 밥에 이런저런 나물과 육회를 섞어 날랐다는 또 다른 유래도 덧붙는다. 이랬든 저랬든 이 지역 사람들은 "그 옛날부터 천 리 길 마다치 않고 이 맛을 보러 온다"며 자부심을 드러낸다.

가장 오래된 식당은 1929년 문을 열었으니 80년 넘는 세월을 잇고 있다. 일제강점기에 지은 목조건물과 낡은 나무탁자가 지난 시간을 담고 있다.

다음은 '진주냉면'이다. 1994년 북한에서 펴낸 〈조선의 민족전통〉에 '냉면 중에서 제일로 여기는 것은 평양냉면과 진주냉면'이라 기록돼 있다는 이야기는 자주 언급된다.

1849년 펴낸 〈동국세시기東國歲時記〉에는 '진주냉면은 메밀국수에 무김치·배추김치를 넣고 그 위에 돼지고기를 넣은 것'이라고 설명하고 있다. 주원료인 메밀이 이 고을 인근 산에 많이 재배돼 이 특별한 음식이 가능했던 듯하다.

두툼한 육전에서 느껴지듯 진주냉면 역시 여유 있는 자들 몫이었다. 한량들이 교방에서 밤참으로, 혹은 다음 날 술 깨기 위한 음식으로 이용했다고 한다. 또한, 벼슬아치·지주들이 특식으로 이용했는데, 바깥에서 들여와 안방까지 나르는 하인까지 두기도 했단다.

1945년 시장에서 냉면을 내놓기 시작한 어느 식당은 이제 그 자녀들이 저마다 번듯한 가게를 마련해 문전성시를 누리고 있다. 어느 식당은 육수 비법을 궁금해하는 이들 때문에 곤욕을 치르며 입에 오르기도 했다. 또한, 인기 만화에도 소개되면서 명성을 높였다.

'진주헛제삿밥'은 해학을 담고 있다. 유생儒生들이 밤에 글공부하다 배가 고프자 향을 피우며 허투루 제사를 지내고 나서 음식을 먹었다고 한다. 굳이 가짜 제사를 지낸 것은 주변 가난한 백성에 대한 미안함 때문이었다고 한다. 또 다른 이야기도 있다. 제삿밥을 무척 좋아하는 사또가 이 고을에 부임했다. 그래서 하인들이 제사를 지 낸 것처럼 해서 음식을 올렸는데, 사또는 "향냄새가 안 나는 것 보 니 헛제사를 지냈구나"라며 알아챘다는 것이다.

진주냉면

진주헛제삿밥

수복빵집의 단팥죽에 찍어 먹는 찐빵

그 옛날 교방은 궁중음식에다 지리산 주변 농산물·남해 수산물까지 더해 오색찬란한 꽃 상을 내놓았다. 3~4차례 걸쳐 상이 차려졌다는데, 술과 궁합이 맞는 해산물·국 요리가 다양하게 나왔다고한다. 일제강점기 이후 교방 폐쇄와 함께 그 화려한 상차림도 사라졌다. 그래도 몇몇 음식점에서 그 모양새를 갖춰 내놓고 있다.

1960~70년대 들어서면서 시대에 맞는 음식들도 하나둘 더해졌다.

진주성 인근 남강 변 장어거리에는 '원조' 간판이 여럿 내걸려 있다. 1970년대 초, 남편 잃은 어느 여인이 자식들 입에 풀칠하기 위해시작한 것이 장어구이였다. 삼천포에서 갯장어를 사와 강변에서 연탄불에 올리니, 그 냄새가 여간 구수하지 않았던가 보다. 잔술 걸치며 먹는 안주로 입소문 나자 주위에 가게가 하나둘 들어섰다. 그 여인은 이제 손 놓기는 했지만, 아들이 이어받아 40년 세월은 끊기지 않고 있다. 하지만 진주성 복원 확장이 계획돼 있어 몇 년 후면 이 명물거리도 사라질 운명이다. 어느 주인장은 찾는 이가 예전만 못한 지 "이번 참에 다른 도시로 옮겨 장사할까 한다"는 속내를 드러낸다.

통영다찌·마산통술에 비유되는 것이 '진주실비'다. 1980년대에 통영·마산에서 이 지역으로 스며들어, 신안동사무소 뒷골목에 '실비' 간판을 내건 집이 하나 둘 들어섰다고 한다. 지금은 통영·마산과 달리 주로 주택가에 자리하고 있다. '실비'라는 이름은 '실제 비용만 받고 판다'는 것으로 이해하면 되겠다. 안줏값 따로 없이 소주 1만 원·맥주 5000원으로 셈하는 식이다. 마산통술은 한 상 5만 원에 소주 5000원·맥주 4000원, 통영다찌는 술 10병 포함한 한 상 10만 원에 술 추가는 소주 1만 원·맥주 6000원 같은 식으로 값을 매긴다. 진주 인근 사천에도 실비집이 있는데, 셈하는 방식이 또 다르다.

진주 평안동 쪽에는 70년 가까이 된 허름한 빵집이 있다. 찐빵을 단팥죽에 찍어 먹는 별식을 내놓는다. 타지 간 사람들은 이 맛을 잊지 못할 정도라고 한다.

문산읍 쪽에는 '쨈국수'라는 독특한 이름을 달고 있는 음식도 있다. 비빔국수 일종인데, 돼지고기 볶은 양념 색깔이 딸기잼을 떠올리게 한다.

수십 년 전에는 은어 낚는 이들이 많았다고 하는데, 댐이 만들어진 이후 그 모습도 보기 어려워졌다고 한다. 그래도 은어를 통째로 넣어 쌀과 함께 찌는 '은어밥'은 별식으로 아직 이름 올린다.

진주는 차茶 문화를 다진 곳이기도 하다. 전국 최초 차 모임이 1969년 이뤄져 차문화를 전국에 퍼트렸다.

은빛 모래 옅어진 자리
미래의 '새 빛' 흐르고

진주성 안에는 '영남포정사嶺南布政司'가 있다. 조선시대 경상남도 관찰사가 업무 보던 곳이니, 옛 도청 자리였다는 것을 상징한다. 이 지역 사람들에게는 아픔이 담긴 곳이다. 지금도 많은 이는 "일제 아니었으면 도청 옮길 일은 없었을 것"이라 말한다. 일제는 부산을 대륙진출 발판으로 삼았다. 1925년 도청이 결국 부산으로 넘어가자 진주에서는 '슬픈 종말'이라는 탄식이 나왔다. 영남포정사를 보며 1980년대 초를 떠올리는 이도 있다. 부산에 있던 도청이 진주 아닌 창원으로 이전했다. 검은 리본 달기 등 도청 환원운동을 벌이기도 했다.

이곳 영남포정사에서 진주성 밖을 내다보면 진주경찰서가 어렴풋이 보인다. 그 옛날 진주성 안에 속하던 곳이다. 당시에는 큰 연못이 있던 자리다. 일제가 성곽을 허물고 못을 메웠기에 지금은 시가지가 형성돼 있다.

논개가 왜장과 함께 몸 던진 의암義岩. 이를 처음 본 이들은 의아한 눈빛을 보내기도 한다. 이곳에 빠졌다 해도 목숨 잃을 정도까지는 아니라는 의미겠다. 의암은 위험한 바위라 해서 위암危岩이라 불렸다. 남강댐 건설 이후 물 흐름이 죽은 것이지, 그 이전에는 급류가 바위를 휘감았다고 한다. 누군가 빠졌을 때 찾을 방법이 없어 인근에서 해녀를 불러왔다는 말도 들린다.

강은 기름진 땅을 선사하기도 했지만 '너와 나'를 구분 짓게 하기도 했다. 1920년대에는 배를 엮어 임시로 만든 '배다리'라는 것이 있었다고 한다. 그러다 도청 이전으로 성난 민심을 달랠 목적이었던 진주교가 놓였다. 경상남도 최초 철골구조 다리였다. 그럼에도 강을 사이에 두고 반대편을 '배 건너 마을'이라 불렀다 한다. 심한 갈등까지는 아니었지만 '우리'로 뒤섞이는 데는 시간을 필요로 했다.

의암

진주교를 놓고 아련한 기억을 떠올리는 이도 많다. 다리 건너다 잠시 발걸음 멈추면 맑은 물, 하얀 모래, 강을 헤집고 다니는 물고기를 눈에 담을 수 있었다 한다.

이 지역 사람들이 남강을 바라보며 종종 떠올리는 것은 '은빛 모래'다. 오늘날 수변공간으로 바뀐 진주성 아래도 모두 백사장이었다고 한다. 서에서 동을 가로지르는 남강은 구불구불 몸을 틀고 있으니 백사장이 많을 수밖에 없었겠다. 너른 백사장은 소싸움을 위한 좋은 장이었다. 소싸움이 열리면 몇 날 며칠 수많은 구경꾼이 모여,

진주 남강 백사장

모래바람 뒤집어쓰는 것 마다치 않았다고 한다. 일제강점기에는 소
싸움장에서 시대 울분을 대신 토했다고 한다. 물론 군중 모이는 걸
달가워할 리 없는 일제는 이 역시 막으려 했다. 1940년대 말 상금이
커지면서 전국에서 내로라하는 싸움소들이 몰리며 '진주소싸움'은
명성을 떨쳤다.

백사장은 또한 아이들 놀이터이기도 했다. 땀과 모래가 범벅되면
물에 들어가 멱도 감으며 말이다. 댐이 들어서 이제 물이 흐르지 않
으니 백사장 대부분은 사라졌다. 대곡면 정도에 그 옛 흔적만 남아
있다.

남강댐은 홍수 걱정에서 벗어나게 했고, 이후에는 남강유등축제
를 큰 걱정 없이 열 수 있게 했다. 그렇지만, 그 대가도 만만치 않았
다. 1969년·2001년, 두 차례 걸친 댐 건설로 무 재배로 유명했던 대
평면, 그리고 수곡면은 수몰 지역으로 변했다. 2001년에는 터전을
상실한 주민 1525가구 가운데 568가구가 8개 단지에 걸쳐 이주했
다. 나머지는 지원금을 받아 뿔뿔이 흩어졌다. 댐이 들어서면서 물
은 사천만으로 방류됐다. 옆 고장도 어장 황폐화·침수 피해에 한숨
쉬게 된 것이다.

댐이 만들어지며 조성된 진양호는 이 지역 사람들에게는 훌륭한
데이트·소풍 장소다. 공원에는 365계단이라 하여 이름 붙여진 '일년
계단'이 있다. 데이트 온 이들은 이 계단에서 사랑을 속삭이기도 하
겠지만, 운동선수들에게는 지옥훈련 코스로 악명 높다.

물문화관 앞 비碑에는 '진양호' 석 자가 큼지막하게 박혀 있다.
1969년에 찾은 박정희 전 대통령이 남긴 것이다. 박 전 대통령 흔적
은 진주성 안에도 있다. 1962년 국가재건최고회의 의장 때 진주성

진양호

내 창렬사에 들렀다가 '7만 명에 이르는 백성은 죽어서도 변변한 대접을 못 받아 안타깝다'하여 별도 비석을 세우게 했다. 오늘날 그 비석 앞에는 '목숨은 장군이나 백성이나 똑같다'라는 내용을 담은 박정희 기념비가 자리하고 있다.

진주에는 대나무숲이 유독 많다. 이 지역에서는 높이 138m에 불과한 비봉산飛鳳山이 진산으로 꼽힌다. 봉황이 날개를 활짝 펴고 있는 모양이라 해서 이름 붙여졌다. 봉황은 대나무 열매를 먹는다. 태평성대를 상징하는 이 새가 고을에서 사라지면 안 된다 하여 대나무를 여기저기 심었다고 한다. 그뿐만 아니라 대나무는 생활도구로 유용하게 사용됐기에 대나무밭을 크게 하면 돈벌이도 좋았다고 한다.

1905년 설립된 진주교회는 백정신분 해방운동인 '형평운동'의 계기가 된 곳이다. 당시 백정은 일반 신자와 함께 예배를 보지 못했다. 1909년 외국인 선교사가 '평등인권사상에 어긋난다'하여 함께 예배드리려 했지만, 많은 신자가 불참하며 형평운동 시발점이 됐다. 이곳

진주교회

진주 기미독립만세의거 기념종탑

교회에는 '진주 기미독립만세의거 기념종탑'이 있다. 1919년 3월 18일, 진주교회는 종탑을 울리며 이 지역 첫 독립만세의거를 알렸다.

1905년 본당으로 승격한 문산성당은 이 지역 최초 성당이다. 자리하고 있는 곳은 외곽지역인 문산읍이다. 지역 보수성 때문에 시내로 들어가지 못하고 바깥에서부터 포교를 할 수밖에 없었던 듯하다.

망진산 봉수대는 조선 초 만들어져 외적 침입을 알리는 수단으로 사용됐는데, 1894년 동학농민항쟁, 1919년 3·1만세운동 때도 사용된 것으로 전해진다. 일제강점기에 훼손된 것을 1995년 시민 2000여 명이 낸 성금 6500여만 원으로 복원했다. 남북통일 염원 뜻을 담아 백두산·한라산·지리산·독도·진주 월아산 돌을 모아 기단에 심었다. 통일이 되면 금강산 돌도 섞을 계획이다.

오늘날 진주 시가지는 반듯하게 정리된 느낌을 준다. 6·25전쟁 때 폐허가 된 후 토지구획정리사업과 맞물려 복구사업을 했기 때문이다.

장일영(70) 문화해설사는 제2차 진주성 싸움에서 순국한 이들을 모신 창렬사에 관한 얘길 꺼냈다. 창렬사는 진주성 내에서 비교적 외지면서 높은 곳에 자리하고 있다. "구석이면서 남향 아닌 서쪽을 바라보고 있습니다. 이 넓은 성안에 좋은 자리 찾으려면 얼마든지 있었을 텐데 말이죠. 저는 이렇게 추측해 봅니다. 차라리 왜를 등지고 서쪽을 바라보게 한 것이라고 말이죠. 서쪽은 또 어딥니까? 호남입니다. '무진주 무호남'이라는 말이 있습니다. 진주가 무너지면 호남도 없다는 거지요. 그래서 호남 사람들이 진주성 전투에도 많이 참여했습니다."

　진주는 예로부터 유명한 것 세 가지가 있다고 한다. 공물·기생·대나무다. "동국여지승람에 '나라에 바치는 공물 가운데 진주가 영남의 반을 차지했다'라고 나와 있어요. 기생이 빠질 수 없죠. 나라 잔치를 하면 전국 기생 가운데 평양이 제일 많이 뽑히고 그다음으로 진주·대구였습니다. 대나무는 봉황을 섬기려는 마음, 선비의 기개, 홍수 조절용 등의 이유로 많이 심었죠."

　멋과 맛, 풍류에 관한 얘기로 옮겼다. "먹을 게 많고, 사람도 많고, 기생도 많고, 그러니 풍류가 있을 수밖에 없죠. 진주가 한국가요 고향입니다. 하루아침에 된 게 아니라, 콩 심은 데 콩 난 거죠."

백정신분해방운동인 '형평운동'이 진주에서 일어난 지 90년 됐다. 형평운동기념사업회는 지난 1992년 창립했다. 지난 1996년에는 촉석루 앞에 기념탑을 건립했다. 남녀가 손을 맞잡고 함께 발맞추려는 모습을 하고 있다.

권춘현(49) 운영위원장에게 왜 하필 진주에서 일어났을까에 대한 궁금증부터 던졌다. "학자마다 견해가 조금씩 다르기는 한데, 제일 크게는 역사적 배경에 있는 듯합니다. 진주농민항쟁과 같은 역사적 의식이 남아있어 다른 지역보다 욕구가 컸던 듯합니다. 또한, 진주는 당시 경상도 중심이면서 사회운동도 활발했고 형편운동을 도우려는 세력이 있었던 거죠. 그리고 진주교회 동승 예배 거부, 그 시기에 일본서도 비슷한 운동이 일어난 영향도 있었던 것으로 보입니다."

당시 백정이 집단으로 거주했던 지역은 오늘날 옥봉동 진주향교, 망경초등학교 근처였다고 한다. "백정이라 불리는 집단은 이제 없지요. 그렇더라도 소외된 계층, 장애인·이주여성·외국인노동자, 좀 더 넓게는 서민층 인권 문제는 다르지 않다고 봅니다. 인간적인 대접을 못 받는 사회를 바꾸려 노력을 해야 하는 거죠."

이에 사업회는 인권실천운동·장애인인권운동 등 다양한 활동을 하고 있다.

놓치지 않고
둘러봐야 할 곳

진주성 3800명을 이끈 김시민 장군이 2만여 명에 달하는 왜군을 물리친 '임진왜란 3대첩지' 가운데 한 곳이다. 사적 제118호로 17만 6804㎡⁵만 ³⁴⁸³평 땅에 우리나라 3대 누각 가운데 하나인 촉석루, 논개가 왜장을 끌어안고 뛰어든 의암, 임진왜란 전문 국립진주박물관, 김시민 장군 동상 같은 것이 자리하고 있다.

본성동·남성동

진양호 경호강·덕천강이 만나는 곳에 자리한 인공호수다. 아침에는 물안개, 저녁에는 노을을 감상할 수 있으며, 휴게전망대에 오르면 호수를 한눈에 담을 수 있다. 주변에는 진주랜드·동물원·진주시전통예술회관·물문화관이 들어서 있다.

판문동 일대

경상남도수목원 1988년 조성된 곳으로 100만 3640㎡[30만 3601평] 면적에 식물 1700여 종이 자리하고 있다. 산림박물관을 비롯해 열대식물원·야생동물원·무궁화공원·화목원·생태온실·민속식물원·산림욕장 같은 것이 주제별로 들어서 있다. 반나절 정도 시간 내봄 직한 나들이 명소다. 입장료: 어른 1500원.

이반성면 대천리 482-1

문산성당 1905년 소촌공소에서 본당으로 승격된 지역 최초 성당이다. 1923년 지은 한옥식 건물(현 강당), 1937년 세운 서양식 건물이 함께하며 조화미를 뽐내고 있다. 우리나라 성당 건축 양식 변화가 담겨 있다는 점에서 큰 의미로 다가온다.

문산읍 소문리 58-1

놓치지 않고
둘러봐야 할 곳

용호정원 1922년 박헌경이라는 이가 만든 정원이다. 계속된 재해로 흉년이 들자 마을 사람을 돕기 위해 땅·금전을 주고, 열두 개 인공 봉우리·연못·팔각 정자를 만들었다. 못 주위를 둘러싸고 있는 열두 봉우리가 묘한 장면을 만들어낸다.

명석면 용산리 44-2

망진산 봉수대 망진산^{172m} 정상 바로 아래에 있는 봉수대는 조선 초 만들어져 외적 침입을 알리는 통신수단으로 사용됐다. 임진왜란 때는 조선군·명군·왜군이 번갈아 점거하며 사용했다고 전해진다. 시민 2000여 명 성금으로 1995년 복원됐다. 이곳에서는 유유히 흐르는 남강과 시가지를 눈에 담을 수 있다.

망경남동

성전암 조선 인조가 이곳에서 100일 기도를 한 후 왕에 올랐다고 전해진다. 이를 기리기 위해 인조대왕각을 세웠고, 위패를 봉안했다. 여항산 중턱에 자리하고 있는 이곳에서는 눈 앞에 펼쳐지는 능선 물결을 감상할 수 있다. 해 질 녘이면 더더욱 좋다. 차가 사찰 앞까지 힘겹게 오를 수 있다.

이반성면 장안리 산31

진주청동기문화박물관 대평면은 남강댐 건설 때 발굴조사가 이뤄지면서 국내 최대 청동기유적지임이 밝혀졌다. 이곳에는 국내에 하나밖에 없는 청동기 전문 박물관이 있다. 야외전시장에는 당시 생활상을 재현해 놓고 있으며, 이 밖에 상설전시장·입체영상관·체험실 등이 있다.

대평면 대평리 706-5

김해

화려했는데…
비옥한 땅·가야사 주도권 틀어쥔 철기문화 흔적

부산에 기댄 성장, 평야·철새 풍경을 잃었으니

허전해졌어…

김해시 활천동·회현동·부원동이 모여 중심가를 이룬다.

내외동은 전형적인 시가지다. 중심가와 시가지 사이는

경전철이 가로지른다. 빼어날 것도, 모자랄 것도 없는

전형적인 도시 풍경이다. 하지만, 김해가 지닌 가장 큰 자산은

도시 경계 너머에서 시작한다.

도심을 둘러싼 너른 들판이 그것이다.

칠산서부동을 비롯해 주촌·장유·대동면으로 펼쳐진 평야는

경남은 물론 이 나라에서 손꼽는 비옥한 땅이다.

'김해 흉년 들면 경남이 굶는다'는 옛말에 허세는 없다.

김해는 평야다. 도심과 너른 들판을 한눈에 내려다본 곳은

김해시 중심에 솟은 분산이다.

분산 정상에는 지난 2002년 개관한 김해천문대가 있다.

일반인이 언제든지 이용할 수 있는 관측시설이다.

천문대가 있는 분산 높이는 382m이다.

1000m를 예사로 넘나드는 서북부경남 산세와 견주면

내세우기 멋쩍은 높이다. 그럼에도 이 나지막한 산 정상에서

김해 도심과 들판은 눈에 걸리는 것 없이 펼쳐진다.

맞은편에 보이는 산이라고 해봤자

그 너머 들판이 보일 정도 높이다.

내세울 만한 산세가 없는 이 땅은

그만큼 넉넉한 들판을 보듬을 수 있었다.

　서북쪽에서 김해와 밀양을 가르는 낙동강은 동쪽으로 흐른다. 강은 다시 김해와 양산을 경계 짓는다. 그리고 남쪽으로 꺾이는 낙동강에서 빠져나온 서낙동강 줄기가 김해와 부산을 일부 가른다. 김해평야는 이 낙동강 줄기가 나른 흙이 쌓인 삼각주다. 호남평야와 더불어 '이 나라 대표 곡창지대'라는 김해평야 명성은 1930년대 중반 이후 얻기 시작했다. 1932년 '대저제방'이 완공되기 전까지 너른 들판은 그저 홍수 피해가 잦은 습지였다. 대저제방은 낙동강 서쪽 분류인 죽림강에서 녹산 노적봉까지 32㎞ 길이로 이어졌다. 습지는 제방이 들어서고 나서야 농지로 쓰일 수 있었다. 대저제방은 홍수 피해를 줄이면서 바닷물 침입도 막았다. 제방 건설 이후 드러난 비옥

김해평야와 김해시 전경

한 땅을 중심으로 관개 시설은 꾸준히 나아졌다. 그리고 1970년대까지 김해와 부산 북구를 아울러 130㎢가 넘는 들판은 풍부한 농산물을 생산해낸다. 하지만, 김해평야는 이름과 달리 오롯이 김해 것이 아니다. 1978년 행정구역 개편으로 대저·명지 등 비옥한 땅은 부산으로 넘어간다. '김해공항'이 경남이 아닌 부산에 있는 공항이 된 것도 이때다. 게다가 1989년 가락·녹산까지 부산 강서구로 편입되면서 김해평야는 상당 부분 부산 것이 된다. 이 나라 최대 곡창지대라는 감탄을 오늘날 여기 사람들이 민망하게 받아넘기는 이유다. 그렇더라도 경남 농업을 말하면서 김해 앞에 둘 수 있는 지역은 별로 없다. 한림·생림·상동·대동·진례·장유 등 이 땅에 고루 퍼진 들판이 쏟아내는 농작물과 채소, 과일은 그 종류와 양에서 항상 두드러진다. 굳이 김해평야를 들먹이지 않아도 경남 농업이 비빌 언덕은 김해다. 더불어 전국 최대 꽃 생산지인 '대동화훼단지'가 있는 곳도 김해라는 것을 빼놓아서는 안 되겠다.

자랑하고 싶은 가락국 흔적

역사에 남아 있는 가야 흔적은 빈약하다. 가야인들이 남긴 기록이 없는 데다 가야를 병합한 신라도 그 기록에는 소홀했던 탓이다. 오늘날 남은 가야사는 〈삼국유사〉에 조금 남은 기록에 대부분 기댄다. 그래도 가야 역사와 그 시대 사람들 흔적이 가장 풍부한 곳은 김해다. 김해시 행정 역시 가야문화 자랑에 상당히 공을 들인다.

가락국 시조 김수로[?~199]를 모신 수로왕릉은 서상동에 있다. 〈삼국유사〉가락국기﨟洛國記에는 '199년 158세로 수로왕이 붕어하자 대궐 동북쪽 평지에 높이 일장—丈의 빈궁殯宮을 짓고 장사를 지낸 뒤 주위 300보를 수로왕묘라 했다'고 남아 있다. 수로왕릉은 1963년 사적 73호로 지정됐다. 위치로 보면 대략 김해 가운데 있는 이 왕릉은 가야 고도古都는 김해라는 것을 은근히 내세우는 듯하다.

수로왕릉에서 2㎞ 정도 북쪽으로 가면 구지봉이 있다. 가락국 건국신화에 나오는 서사시 '구지가龜旨歌'가 불린 곳이다. 신화 배경이 아니라면 그저 나지막한 언덕에 지나지 않는 구지봉을 넘어가면 잘 정돈된 수로왕비릉이 나온다. 신비롭기로 따지면 수로왕 못지않은 왕비 허황옥33~189년은 고대 인도 아유타국 사람이다. '역사 최초 국제결혼'이라는 이곳 사람들 얘기도 재밌지만, 학자들은 고대 가락국이 인도까지 교류했다는 점에 더 주목한다. 허황옥과 동행해 남방불교를 전했다는 오빠 장유화상 흔적은 김해에 있는 절 몇 곳에 전설로 남아있다. 신어산에 있는 은하사와 동림사, 불모산에 있는 장유사 등이다. 장유사에 있는 '장유화상 사리탑'은 경상남도문화재자료 제31호로 지정돼 있다.

가야문화는 곧 철기문화다. 기록이 빈약한 가야사 주도권을 김해가 틀어쥘 수 있는 까닭은 풍부한 철기문화 흔적에서 나온다. 1920년 발굴이 시작된 봉황동 유적은 국내 선사시대 유적지 가운데 학술적 가치가 높은 곳으로 손꼽힌다. 유적 발굴을 통해 수습된 토기조각은 독특한 무늬 덕에 '김해토기'라는 이름을 따로 얻었다. 또 도끼, 손칼 같은 철기와 함께 동물 뼈로 만든 각종 생활용품도 발굴됐다. 특히 유적 속에서 재가 돼 나온 쌀은 한국 벼농사 시작을 짐작하게 하는 매우 중요한 자료다. 더불어 이후 발굴을 통해 찾아낸 돌

국립김해박물관에서 볼 수 있는 가야 유물

널무덤과 독무덤에서는 청동제품이 함께 나왔다. 김해는 지난 2001
년 근처 회현리패총과 더불어 유물이 나온 일대를 '김해 봉황대 유
적'으로 확대 지정했다.

사적 제341호로 지정된 '대성동고분군'은 1990년 발굴이 시작됐
다. 가락국 지배층 무덤으로 추정되는 이곳에서는 지석묘, 토광묘,
목관묘 등 다양한 형식을 띤 무덤이 그 모습을 드러냈다. 무덤 안에
서는 토기, 철제 농기구, 마구, 갑옷 등과 더불어 순장자까지 확인됐
다. 당시 묻혔던 사람이 누렸던 부와 권력을 엿볼 수 있는 흔적이다.

지난 2003년 개관한 '대성동고분박물관'에서는 무덤에서 나온 다양한 유물과 고분 발굴 상황을 그대로 복원한 현장을 볼 수 있다.

대성동고분박물관 바로 위쪽에는 '국립김해박물관'이 있다. 김해는 물론 경남에 두루 걸친 가야문화 흔적을 한눈에 볼 수 있는 곳이다. 지난 1998년에 개관한 국립김해박물관에는 가야 유물 1300여 점이 전시돼 있다.

부산 덕에⋯ 부산 탓에⋯

김해 인구가 30만 명을 넘어선 해는 1997년이다. 그리고 2010년 들어 50만 명을 넘어섰다. 인구 규모만 따지면 경남에서 두 번째로 큰 도시다. 하지만, 이 같은 위상은 양쪽에 낀 대도시 창원과 부산 때문에 움츠러드는 면이 있다. 특히 이 나라 제2도시인 부산을 옆에 둔 김해는 예부터 그 영향력에서 벗어나기 어려웠다. 김해시 성장은 상당 부분 부산에서 비롯한다. 너른 들판에서 거둔 넉넉한 작물을 재산으로 바꿔준 곳은 영남권 제1소비지역인 부산이었다. 이곳 농민들은 더 생산하지 못하는 일은 있어도 더 팔지 못하는 일은 거의 없었다. 부지런을 떠는 만큼 살림을 불릴 수 있었다. 더 기민한 농민들은 축산물에 눈을 돌렸다. 농사와 같은 품을 들이면서 더 나은 소득을 얻을 수 있다는 것을 깨달은 사람들은 소·돼지를 부지런히 키웠다. 이는 상대적으로 이르게 산업화에 들어간 부산에서 점점 발붙이기 어려워진 도축장이 김해로 넘어온 시기와 맞아떨어진다. 그리고 여기 사람들이 공들여 키운 가축을 가장 많이 소비하는 곳 역

양돈장

시 부산이었다.

　김해는 농촌을 떠나 도시로 뛰어든 수많은 이들에게 알뜰한 보금
자리이기도 했다. 부산 사상공단에서 일하던 노동자들 상당수는 집
값이 싼 김해에 집을 구했다. 다리 하나만 건너면 구할 수 있는 싼
집은 팍팍한 살림에 큰 위안이 됐다. 그렇게 모인 사람들은 부산에
서 번 돈을 김해에서 썼다. 김해 살림은 그렇게 또 불어날 수 있었
다.

　농업과 축산업이 주요 산업이었던 김해에 공단이 몰려든 시기는
1990년대다. 농사밖에 지을 수 없었던 들판은 농지법 개정으로 공
장을 세울 수 있게 됐다. 비싼 땅에서 허덕이며 공장을 돌렸던 부산
기업인들은 재빠르게 너른 들판으로 눈을 돌렸다. 부산에서 공장 하
나 지을 돈으로 김해에서는 공장 두 개를 짓고도 돈이 남았다. 여기
사람들은 이 시기 부산에서 경영난을 겪었던 많은 기업이 김해에서
재기할 수 있었다고 입을 모은다. 일단 들이닥친 공장은 풍족한 일
자리를 제공했다. 대부분 농민이 살았던 이곳에는 안팎에서 기술자

들이 모이기 시작했다. 공단으로 모여드는 사람들을 중심으로 소비지역은 다시 형성됐다. 김해는 또 그렇게 덩치를 키웠다.

하지만, 낙동강 너머 큰 도시가 김해에 무작정 내주기만 할 리는 없었다. 일단 부산은 두 차례 행정구역 개편으로 김해평야 상당부분을 앗아갔다. 행정구역 개편으로 김해는 비옥한 땅과 함께 나라 안에서 이름 높던 두 가지 농산물 이름을 잃게 됐다. 바로 명지에서 나는 파 '명지파'와 대저에서 나는 배 '구포배'다.

때가 되면 낙동강 하구를 뒤덮던 철새 풍경도 원래는 김해 것이었다. 을숙도를 비롯해 낙동강 하구 갈대가 우거진 습지는 철새들이 머물기 좋은 곳이었다. 그러나 지금은 철새 안식처 역시 부산 것이다.

부산에서 밀려들어 온 공장은 김해를 키우기도 했지만 망치기도 했다. 미처 행정 손길이 닿기 전에 들판 곳곳에 들이닥친 공장은 '난개발' 전형을 만들었다. 산업화와 동시에 들이닥친 공해는 김해 환경을 적잖이 망쳐 놓았다.

가장 극적이고, 비극적인 대통령

진영읍 본산리 봉하마을. 마을 가운데 넓게 깔린 1만 5000여 개 판석 각각에는 그리움 가득한 글귀들이 새겨져 있다. 판석을 가로질러 끝에 닿으면 누운 비석 하나가 있다. 비석을 받친 붉은 철판 위에는 묘지 주인이 세상 사람들에게 그토록 하고 싶었던 말 한마디가 새겨져 있다.

노무현 전 대통령의 비석

봉하마을 전경

'민주주의 최후의 보루는 깨어있는 시민의 조직된 힘입니다'.

16대 대통령 노무현¹⁹⁴⁶~²⁰⁰⁹. 군사독재 정권에서 인권변호사로 활약하던 그는 1988년 13대 총선에서 부산 동구에 출마해 당선되면서 정계에 입문한다. 그리고 그해 11월 TV로 생중계한 국회 제5공화국 비리 특별조사위원회 청문회에서 증인들을 치밀하게 추궁하면서 '청문회 스타'로 떠오른다. 하지만, 노무현은 1990년 노태우·김영삼·김종필이 주도한 '3당 합당'에 맞서 그를 정계로 이끌었던 김영삼과 결별한다. 이후 1992년 14대 총선, 1995년 부산시장 선거, 1996년 15대 총선에서 낙선을 거듭하다 1998년 서울 종로 보궐선거에서 당선된다. 그리고 2000년 영호남 지역갈등 해결을 내세우며 16대 총선에서 부산 북·강서을 지역구에 출마하나 낙선한다. 김대중 정부에서 해양수산부 장관을 거친 뒤 새천년민주당 상임고문으로 정치권에 복귀한 노무현은 2002년 제16대 대통령 선거 후보 경선에 나선다. 이 경선에서 처음 도입한 국민참여 경선제는 그에게 큰 기회를

고 노무현 전 대통령

안긴다. 49일 동안 이어진 경선에서 72.2% 지지율로 대선 후보가 된 노무현은 그해 한나라당 후보로 나선 이회창과 맞붙는다. 선거 결과는 48.9% 대 46.6%, 2.3%포인트 차 승리였다.

참여정부 5년 동안 노무현은 헌정사상 처음으로 탄핵까지 겪으면서도 탈권위주의, 개혁입법, 남북관계 등에서 의미 있는 성과를 남긴다. 하지만, '양극화'로 대표되는 경제문제와 첨예한 진보·보수 진영 갈등을 극복하지 못하며 2007년 대선에서 이명박 후보를 내세운 한나라당에 정권을 넘겨준다.

2008년 고향인 봉하마을로 귀향한 노무현은 생태환경운동에 힘을 쏟는다. 하지만, 이후 불거진 친인척, 측근 비리 문제로 검찰 수사를 받았고 결국 2009년에 검찰에 소환된다. 그리고 2009년 5월 23일 새벽 봉화산 부엉이바위에서 몸을 던진다. 가장 극적인 대통령은 가장 비극적으로 삶을 마감했다. 노무현 서거 이후 봉하마을에는 해마다 100만 명이 넘는 사람들이 찾아 그를 추모한다.

유별나지 않은 지역색

김해는 경남에서 양산과 더불어 지역색이 옅은 지역으로 꼽힌다. 예부터 김해 동부지역은 부산과 생활권을 공유했다. 큰 병원을 가더라도, 귀한 물건을 구할 때도 여기 사람들은 큰 도시 주변을 기웃거렸다. 김해 서부지역은 또 다른 큰 도시와 마주하고 있다. 현재 김해 인구가 가장 많이 사는 장유지역 사람 대부분은 터널 하나만 지나면 갈 수 있는 창원과 또 생활권을 공유한다. 장유 주민 상당수는 창원에 직장이 있다. 김해는 또 경남에서 호남 인구가 많은 편에 속하는 지역이다. 1970년대 부산에 사상공단이 조성되면서 일자리를 찾아 유입된 호남 인구 상당수는 공단과 거리는 가까우나 집값은 싼 김해에 거주했다. 게다가 김해는 경남에서 외국인노동자가 가장 많은 지역이기도 하다. 사정이 이렇다 보니 지역 이름을 구심점으로 내세우기가 다른 지역보다 쉽지 않다. 여기 사람들은 보통 정서적으로는 가까운 큰 도시에 쏠리는 편이다. 이 같은 분위기는 종종 '애향심'이 부족하다는 핀잔으로 돌아오기도 한다. 하지만, 이런 환경이 경남에서 드물게 상당히 역동적인 정치 지형을 만드는 면도 있다. 김해 유권자들은 17대 총선에서 지역구 의원 2명을 모두 열린우리당 후보로 당선시킨 것을 비롯해 18·19대 총선에서도 민주당 후보를 한 명씩 당선자로 배출했다. 민주자유당-신한국당-한나라당-새누리당으로 이어지는 영남권 기반 정당이 선거 때마다 고전하는 지역 가운데 하나가 김해다. 여야 어느 쪽이든 정치적 주도권을 장담할 수 없는 지역인 셈이다.

가야 바닥에 얹힌 김해문화

수로왕릉을 중심으로 반경 1~2㎞ 안에는 옛 가야문화뿐 아니라 오늘날 김해문화가 함께 펼쳐져 있다. 이 가운데 내동에는 김해를 대표하는 문화시설인 '김해문화의전당'이 있다. 1464석 대공연장, 540석 소공연장을 비롯해 미술관, 스포츠센터, 문화강좌실, 영상미디어센터, 야외공연장까지 갖춘 시설이다. 전국 어디에 내놓아도 뽐낼 수 있을 만큼 빼어나다.

봉황동에는 '김해한옥체험관'이 있다. 숙박할 수 있는 시설로 전통 가옥 멋에 현대 가옥이 지닌 편리함을 조화롭게 엮었다. 한옥체험관 주변은 바로 수로왕릉, 김해민속박물관, 봉황동 유적지 등 가야문화 흔적으로 넘친다.

진례면에 있는 '클레이아크김해미술관'은 도자와 건축을 주제로 한 전국에 하나뿐인 전시관이다. 흙Clay과 건축Arch을 의미하는 단어 조합에서 알 수 있듯 도자를 재료로 한 다양한 건축적 시도를 접하면서 영감을 얻을 수 있는 곳이다. 미술관 옆에는 김해가 자랑하는 멋인 분청도자기를 경험할 수 있는 '김해분청도자관'이 있다. 〈경상도 지리지〉에 '김해 토공산물은 자기'라고 기록됐을 정도로 김해 분청사기는 역사가 깊다. 김해분청도자관에서는 분청사기 역사와 작품을 볼 수 있으며 도예체험교실도 운영하고 있다.

1500년 시간을 뛰어넘어 고대문화와 현대문화가 두루 호흡하는 곳. 너른 들판을 품은 풍요로운 땅이 내비치는 매력은 그렇게 다가온다.

먹을거리에 담긴 역사와 문화

뒷고기, 버리기 아까웠거나
남주기 아까웠거나

김해에는 도축장이 주촌면·어방동에 각각 있다. 도축장이라는 게 썩 환영받을 시설은 아님에도 두 개나 자리하고 있다. 그 까닭을 부산 인근이라는 점에서 찾을 수 있겠다.

도축장은 소비자 많은 곳에 자리하기 마련이다. 부산은 영남권 제1소비지다. 공장·주거 시설 짓기 바쁜 부산에서는 도축장 터 잡기가 마땅치 않았고, 기피시설로 인식되다 보니 이미 있던 것마저 옮겨야 할 판이었다. 둘러보니 김해가 있었다. 이곳은 산업화 이전이라 땅도 넉넉했고, 부산뿐만 아니라 창원·옛 마산·울산까지 영역에 둘 수 있었다. 구포에 있던 것이 주촌면으로 옮겨왔고, 이보다 규모 작은 것은 어방동에 들어섰다.

오늘날 경남·부산·울산에서 도축-가공-경매가 한꺼번에 이뤄지는 데가 이 두 곳이다. 소 사육보다는 양돈 쪽이 발달해, 도내 돼지 70~80%는 여기 손을 거친다.

뒷고기

도축장 인근에는 정육점·식당이 따라붙었다. 좀 더 신선한 고기라는 기대감을 안길 수 있기 때문이었다.

지금이야 유통구조·냉동시설이 발달해 그 의미는 떨어졌다. 오히려 찾는 이 발길 옮기기 좋은 곳이 곧 목 좋은 데다.

'진영갈비거리'는 이러한 배경에서 이해할 수 있겠다. 진영읍 좌곤리 국도 14호선은 창원 쪽에서 버스 대절해 부곡온천 오가는 길목이다. 주촌면 도축장과도 멀지 않다 보니 갈비전문식당이 1970년대부터 하나 둘 자리 잡아 약 700m에 걸쳐 늘어서게 됐다. 1990년대까지만 해도 차 있는 인근 사람들은 가족 외식으로 진영갈비를 즐겨 찾았다. 이제는 동네 구석구석 고깃집이 있다 보니, 굳이 먼 발걸음 할 이유도 적어졌다. 진영갈비 이름값이 예전만 못한 것은 어쩔 수 없는 노릇이다.

이 지역 도축장은 '김해 뒷고기'라는 것을 낳기도 했다.

뒷고기 유래는 좀 엇갈린다. 우선 돼지 부위 가운데 쓸 만한 것 떼고 남은 것 버리긴 아까워, 주머니 사정 넉넉지 못한 이들을 위해 내놓았다는 설이다. 또 하나는 도축장에서 일하는 이들이 그 맛을 알고서는 밖으로 내다 팔지 않고 뒤로 빼돌려 자기들만 맛봤다는 것이다. 이랬든 저랬든 그 이름과 달리 훌륭한 먹을거리로 손색이 없다.

뒷고기는 주로 머리·엉덩이 쪽에서 나온 것들이다. 최근에는 관련 식당이 워낙 많다 보니 물량도 달려 혀·눈살·볼살·목살 같은 것과 더불어 항정살도 섞인다. 뒷고기는 가위로 자를 필요 없도록 잘게 나온다. 하지만 살은 아주 두툼해서 겉만 타고 속은 잘 익지 않기에 자주 뒤집어야 한다.

대동할매국수

뒷고기집은 1970년대 즈음 전하동 쪽 허름한 식당에서 시작돼 1980년대 성업하며 내외동 쪽으로 많이 몰려들었다 한다.

서낙동강 변 불암동에는 민물장어촌이 형성돼 있다. 한때 강변을 따라 30여 집이 들어서 '불암 장어거리'를 이뤘다. 그러던 것이 건물 노후·위생·주차문제로 10여 곳은 새 터로 옮겨 또 다른 '불암동 장어타운'을 형성했다.

김해에는 국수·손칼국수로 이름 알리는 곳도 있다.

대동면 쪽에는 전국에 입소문 난 '대동할매국수'가 있다. 1959년 문 연 곳이다. 대동면은 부산 구포와 가까워 오래전 나룻배로 서로 교류하기도 했다. 이곳에 5일장이 서면 구포를 비롯한 인근에서 모여든 사람으로 북적였는데, 국수 한 그릇으로 배를 든든히 했다 한다. 지금도 변변한 간판 없이 한 귀퉁이에 자리하고 있고, 메뉴는 오직 물국수 하나밖에 없다. 그럼에도 사람들은 여전히 줄 서는 것을 마다치 않고 찾는다. 주변에 있는 다른 국숫집 4~5곳은 비빔국수·콩국수 같은 메뉴를 강조하며 차별화하려 한다.

동상동 김해재래시장 안에는 10곳 넘는 손칼국숫집이 옹기종기 모여 있다. 특히 간판 없이 1~9호점으로 되어 있는 곳들은 50여 년 전부터 손맛을 이어왔다. 메뉴와 가격은 같지만, 사람마다 찾는 집이 달라, 옆집에 빈자리가 나도 굳이 기다렸다 원하는 집으로 가는 풍경이 흔하다.

진영으로 다시 눈 돌리면 이 지역을 대표하는 단감을 언급하지 않을 수 없다. 첫 재배지로서 '진영단감'은 하나의 대명사와도 같다.

진영 단감

감 재배단지

　우리나라 단감은 일본 사람 손에서 시작됐다. 진영역장을 지내고 한국인과 결혼한 일본인이 1927년에 최초 재배에 나섰다. 또한, 일본인 식물학자 세 사람이 단감에 알맞은 토질·기후·산세를 연구했는데, 진영만 한 데가 없다 해서 신용리에 100그루를 시험 재배한 것이 지금에 이르고 있다.

　진영과 단감은 궁합이 맞았다. 기온은 연평균 14도를 유지하며, 흙은 수분 유지에 강한 특성이 있다. 산이 동서를 가로질러 남쪽에서 오는 해풍 및 태풍으로부터 보호하는 병풍 역할을 하기도 한다. 무엇보다 서리가 늦게 찾아와 다른 지역과 비교해 생육기간이 10일가량 긴 덕에 일조량도 풍부하다.

　진영은 단감 덕에 농촌치고는 쏠쏠하게 돈을 만져 아이들 교육 걱정은 크게 하지 않았다 한다. 물론 지금은 오래된 나무가 많고, 재배환경 좋은 곳이 여기저기 나타나면서 경쟁력 확보에 대한 고민도 깊어지고 있다.

볼거리에 담긴 역사와 문화

—

너른 김해평야 명성
그리 오래지 않았다

김해에는 장유사長遊寺·은하사銀河寺라는 절이 있다. 이 지역 사람들에게 물으면 위치 아는 이가 많지 않다. 이곳에서조차 알려지지 않았지만, 들어보았음 직한 이야기가 있다.

여름날 찾는 이 많은 장유대청계곡을 따라 오르다 보면 장유사와 만나게 된다. 입구에 있는 불상은 시선을 그리 오래 잡아두지 못한다. 이름난 다른 것에 비하면 절 분위기도 그리 매력적으로 다가오지 못한다. 시내를 내려다볼 수 있는 전망이 펼쳐지지만, 산 능선이 방해하는 탓에 시원스럽지도 않다. 이러다 보니 그 이름이 묻혀 있는 것도 무리는 아니겠다.

그럼에도 이 절의 의미를 새기고자 하는 것은 담긴 이야기 때문이다. 장유사는 우리나라 불교 남방유래설을 뒷받침하는 절로 입에 오르내린다. 가락국 수로왕 처남인 장유화상長游和尚·허보옥은 인도 아유타국 태자이자 승려였다. 수로왕의 비인 누이동생 허황옥許黃玉을 따

장유사

은하사

라 가락국에 왔다가 서기 48년에 이 절을 세웠다는 이야기가 전해진
다. 이를 통해 불법이 전파되었다는 설이다. 또 한편으로는 수로왕이
허황옥과 달콤한 신혼을 보낸 곳이라고 전해지기도 한다.

　　물론 가락국 제8대 질지왕451~492 때 허황옥 명복을 빌기 위해 세
웠다는 설이 있다는 것도 함께 생각해야 하겠다.

　　삼방동 신어산 서쪽 자락에 있는 은하사 역시 장유화상이 만들었
다 전해진다. 이 역시 자료가 부족하지만, 인도불교 전래 기념으로
이곳에 서림사西林寺라는 절을 지은 것이 오늘날 은하사로 이어지고
있다고 한다. 지금 찾는 이들은 우리나라에서 가장 오래된 사찰 가
운데 하나라는 의미를 부여한다.

구산동 수로왕비릉에는 파사석탑婆娑石塔이라 불리는 것이 있다. 돌 6개가 쌓여있는 게 전부로 볼품은 없다. 파사석탑은 수로왕 비 허황옥이 인도에서 바다 건너 올 때 파도를 잠재우기 위해 싣고 온 돌이라 전해진다. 허황옥은 이 돌을 싣고 장유사 앞까지 배편으로 왔다고 한다. 너른 땅만 펼쳐져있는 지금 모습으로는 상상이 되지 않지만, 그 당시는 장유사 인근에 물이 일렁였다는 얘기다.

이 대목에서 '철·바다'를 담은 김해金海 지명을 새삼 생각해 보게 한다. 김해는 가야시대에 해상교역이 활발히 이루어진 지역으로 드러나 있다. 김해가 지명에 처음 등장한 것은 통일신라 756년이다. 바다가 지명 속에 녹아든 것이다.

그랬던 이 지역이 지금은 평야지역으로 뒤바뀌어 있다. 이는 해수면 변화와 일제강점기에 물 들어온 지역을 낙동강 흙으로 메우고, 수리시설을 조성해 지금과 같은 평야를 인위적으로 이뤘기 때문이라 한다.

장유에 다시 시선 두자면, 이곳은 김해지역 신도시 상징이다. 대청동옛 대청리 중심가는 밤이 되면 어지러운 불빛이 일대를 휘감는다.

이러한 장유에서 이 시대 마지막 전통 유림장儒林葬이 치러졌다는 것은 뜻밖이다. 관동동옛 장유면 관동리에는 조선시대 때 유교 가르침이 이뤄졌던 월봉서원月峯書院이 자리하고 있다. 지난 2007년 7월, 전국 유림 1000여 명이 이곳에 모였다. 영남 기호학파 마지막 유학자인 이우섭 선생이 76년 세월을 뒤로하고 타계했을 때다. 유림장은 열엿새 동안 이어졌고, 장례행렬 때는 200여 개 만장이 장유신도시에 휘날렸다.

김해에는 남명 조식曺植·1501~1572 선생 흔적도 있다. 남명 선생은 합천에서 나고 산청에서 생을 마감했다. 30세 때 김해에 정착해 18년 동안 학문을 연구한 곳이 대동면 주동리에 있는 산해정山海亭이다.

하지만 김해는 오늘날 합천·산청이 남명 선생을 크게 이름 내거는 것과는 다른 분위기다. 문의 없이 산해정을 찾았다가는 잠겨 있는 문고리만 보고 발걸음을 옮겨야 한다.

이우섭 선생 탈상제

월봉서원

김해 외국인 거리

동상동·서상동 쪽은 김해를 또 다른 모습으로 채운다. '서울 이태
원'을 떠올리게끔 하는 외국인거리가 있기 때문이다. 2000년 전 국
제결혼 한 수로왕·허황옥 숨결이 이어지는 것인지, 수로왕릉에서 멀
지 않은 곳이기도 하다. '종로길'을 중심으로 외국인들이 넘쳐나고 일
대 가게 간판은 여러 외국어로 표기돼 있다. 다문화음식점도 수십
개에 이른다.

한림·주촌면 쪽 공단을 중심으로 일거리 찾아 모여든 외국인이
현재 1만 5000명을 훌쩍 넘는다. 구도심인 동상동·서상동은 물건
가격이 싸고 전통시장까지 있다 보니 외국인들이 자연스레 모여들
었다. 이 다문화 안식처는 입소문이 나면서 인근 창원·부산 외국인
노동자 발걸음까지 옮기게 하고 있다.

김해 땅이던 대저읍·명지면·가락면 낙동지구가 1978년 부산으로 편입됐다. 1989년에는 가락면·녹산면까지 넘어갔다. 그러다 보니 광활했던 김해평야도 반 토막 났다. 주소를 김해에 두고 있지만, 스스로 부산 사람이라고 말하는 이도 적지 않다.

김해에서 56년 세월을 보낸 최성열 씨는 이렇게 설명한다. "예전에 인구 7만 명 정도 될 때는 생산시설이 다 부산에 있어 경제활동은 모두 그쪽에서 했죠. 1990년대 들어서 생산시설이 다시 김해로 넘어왔습니다. 땅 부족한 부산 대신 김해에 공장도 들어섰어요. 일자리는 늘었지만, 환경적인 측면에서는 문제를 좀 안게 됐고…."

김해 한림·주촌면 같은 데는 공장이 여기저기 들어서는 난개발을 보였다. "부산 사상공단이 김해·양산으로 양분해 이전했죠. 또한, 부산 녹산공단이 조성될 때는 그쪽에 입주할 수 없는 영세업체들이 역시 김해로 들어왔어요. 부산에서 100만 원 하는 땅을 여기에서는 15만 원이면 살 수 있었으니까요."

이러한 배경은 호남인구 유입과도 연결된다. "김해 인구 가운데 호남지역 사람이 30% 이상 되는 것으로 알고 있습니다. 아마 부산 사상공단에 몰려든 호남 사람들이 이쪽이 집값도 싸서 정착했던 듯합니다."

김해에서 만난 사람

강동관 부경양돈농협

　김해 주촌면·어방동 도축장은 이제 각각 부경축산물공판장·김해축산물공판장으로 불리고 있다. 도축장뿐만 아니라 사료공장·육가공공장 매장 등이 한곳에 있는 계열화 시스템을 이루고 있다. 하루 최대 돼지 도축량은 4500마리다.

　김해 양돈업에 대해 부경양돈농협에서 일하는 강동관 씨는 이렇게 설명한다. "도축장은 유통하기 좋은 곳에 자리할 수밖에 없습니다. 그런 면에서 부산·창원·마산·울산과 가까운 김해가 입지로서는 최적지였습니다. 그렇게 주촌면·어방동에 도축장이 들어선 덕에 현재 돼지 사육으로만 보면 대전 이남에서는 김해가 제일 많습니다. 도내 돼지 도축 80%는 김해에서 소화하고 있습니다."

　하지만 과거와 비교하면 김해 양돈업도 많이 위축된 상황이다. "많을 때는 30만 마리 정도 길렀지만, 지금은 절반으로 떨어졌습니다. 양돈업 하던 1세대 나이가 이제 일흔 가까이 됐죠. 2세대가 이어받아 오히려 더 크게 하는 경우도 종종 있지만, 극히 드물어요."

　김해 양돈업이 예전만 못한 이유는 몇 가지 더 있는 듯하다. "신규로 시작하려는 사람도 있습니다. 그런데 이 지역 땅값이 워낙 오르다 보니 서부경남 쪽으로 빠져서 하는 경우가 많습니다. 무엇보다 환경규제 강화가 가장 큰 어려움입니다."

놓치지 않고
둘러봐야 할 곳

수로왕릉 김해 가야 문화를 대표하는 유적지. 김해 김씨 시조이며 가락국을 창건한 수로왕 무덤으로 크기는 지름 22m·높이 6m다. 1963년 사적 73호로 지정되었으며, 1994년까지 보수·단장해 지금에 이르고 있다. 수로왕릉 옆에는 '단아한 숲'이라는 의미를 담은 수릉원이 자리하고 있어 산책하기 좋다.

서상동 312

수로왕비릉 수로왕의 비인 허황옥 무덤. 인도 아유타국 공주로 2000년 전 국제결혼 한 왕비 숨결을 느껴봄 직하다. 능 앞에는 허황옥이 아유타국에서 올 때 파도를 잠재우기 위해 배에 싣고 왔다고 전해지는 파사석탑이 있다. 인근 구지봉 고인돌에는 한석봉 손길로 전해지는 음각 글씨가 새겨져 있다.

구산동 120

장유사 우리나라 불교 남방전 래설을 뒷받침하는 절이다. 서기 48년 인도 아유타국 태자 장유화상이 누이인 수로왕의 비 허황옥을 따라와 최초로 창건한 사찰이라고 알려져 있다. 이곳은 수로왕과 허황옥이 첫날밤을 보낸 터로 알려져 있기도 하다. 장유대청계곡을 따라가다 보면 불모산 아래 자리하고 있다. 좁은 길이지만 차로 이동할 수 있다.

대청동(옛 장유면 대청리) 68-1

김해한옥체험관 전통한옥 7동으로 구성돼 있고 숙박 시설 2인실 3개, 4인실 5개가 있다. 일정요금을 내면 연 만들기·전통매듭·한지공예·민화공예·전통음식공예·떡메치기 등 전통문화체험을 할 수 있다. 가야정찬·허왕후 만찬·수로왕만찬 같은 궁중음식도 마련돼 있다. 문의: 055-322-4735~8,

봉황동 425-13

놓치지 않고
둘러봐야 할 곳

봉하마을 2009년 5월 23일 노무현 전 대통령이 서거한 지 여러 해가 지났지만, 부엉이바위를 바라보노라면 다시금 아픔이 밀려오는 건 어쩔 수 없다. 고 노무현 전 대통령 숨결을 느끼기 위해 봉하마을 사저·생가·묘역·추모집·대통령길을 찾는 이들 발걸음은 계속되고 있다.

진영읍 본산리 30

김해천문대 주차장에 차를 대고 15분간 걸어가면 김해 시가지가 한눈에 들어오는 분성산 382m 지점에 다다른다. '소행성 관측지 국제공인획득' 천문대로 망원경 프로그램·실내별자리 프로그램·천체관측 프로그램 등이 운영되고 있다. 주말에는 예약하지 않으면 프로그램 참여가 어렵다. 문의: 055-337-3785

어방동 산 2-80

김해외국인거리 종로길을 중심으로 한 동상동·서상동 일대를 말한다. 주말에는 베트남·몽골·인도네시아·중국 등 아시아국가 외국인들로 북적거린다. 전문음식점·옷가게·휴대전화판매점 등 간판은 각 외국어로 표시돼 있고, 노래방은 나라별 목록이 따로 있다. 전통시장이 공존하고 있어 더욱 특별한 느낌을 선사한다.

종로길 등 동상동·서상동 일대

기적의 도서관 '책읽는사회만들기국민운동'이 2003년 MBC 예능프로그램 〈느낌표〉와 함께 어린이 전용도서관 건립사업으로 만들었다. 2011년 11월 전국 11번째로 개관했다. 신을 벗고 내 집처럼 이용할 수 있도록 만들어 아이들에게 편안함을 선사한다. 이용시간: 오전 9시~오후 6시. 문의: 055-330-4651

율하동(옛 장유면 율하리) 1407

밀양

알면 알수록 흥미진진한
한 권의 이야기책 같은…

길게 놓인 철길은 경부선이다. 철길 너머는 바로 낙동강이다.

강을 따라 눈길을 옮기면 멀리 낙동대교에 닿는다.

낙동대교 위로는 대구·부산고속도로가 지나간다.

낙동대교 너머에는 삼랑진교가 있다.

그 너머에 강을 가로지르는 철길이 경전선이다.

밀양시 삼랑진읍 작원관지鵲院關址에서 한눈에 들어오는 풍경은 이렇다.

영남지방 동서남북을 잇는 교통 요지라는 이곳 사람들 자랑에는

과장이 없다. 그리고 그 자랑은 조선시대부터 비롯한다.

경남 양산·밀양, 경북 청도·대구·칠곡·상주·문경, 충북 충주,

경기 안성·용인을 이으면 서울에서 부산까지 가장 짧은 길이 생긴다.

걸어서 15~16일, 960리380여km. 이 길이 바로 '영남대로嶺南大路'다.

지금 고속도로나 철길보다 서울과 부산을 가깝게 잇는 길이다.

조선시대 한양과 부산 사이 사람과 물자는 영남대로 위를 흘렀다.

양산에서 영남대로를 따라 밀양으로 들어가면 강과 벼랑 사이 좁고 험한 길을 먼저 만난다. '작원잔도鵲院棧道'이다. 양산 '황산잔도黃山棧道', 경북 문경 '관갑잔도串岬棧道'와 더불어 영남대로에서 험하기로 유명한 벼랑길이다. 벼랑길은 둘러가서는 의미 없는 영남대로를 끊기지 않게 한 이음쇠였다. 작원잔도 폭은 겨우 수레 한 대 지나갈 정도였다. 더불어 그 옆은 서에서 동으로 흐르던 낙동강이 남쪽으로 꺾이며 폭이 좁아지는 지점이기도 했다. 뭍길도 물길도 다니기는 버거웠지만 관리하기에는 좋은 곳이었다. 이곳에 작원관鵲院關을 뒀던 이유다. 작원관 관리는 지나가는 사람과 물자를 검문했고 관원에게는 묵을 곳을 내주었다. 그리고 좁은 길목은 적을 막기에 유리한 곳이기도 했다.

1592년 4월, 고니시 유키나가小西行長가 이끄는 왜군 1만 8000여 명이 작원관 앞에서 멈춘다. 부산 동래성을 순식간에 무너뜨린 왜군은 아무 저항 없이 양산을 지나 북진했다. 영남대로는 한양까지 군사가 이동하기에도 좋은 길이었다. 거침없는 진격을 가로막은 이는 밀양부사 박진1560~1597이다. 강과 벼랑 사이 좁은 길목에서 왜군과 대치한 조선군은 300여 명, 백성까지 더하면 700명 정도였다. 하지만, 이들은 호락호락 길을 터주지 않으며 여러 날 버틴다. 작원관 전투는 결국 양산 쪽으로 산을 넘어 작원관 뒤로 돌아서 들어온 왜군이 끝낸다. 조선군은 화살이 떨어지면 돌과 바위를 굴렸고 조총에 당하면 왜군을 끌어안고 강으로 뛰어들었다고 한다.

작원관지는 지난 1995년 원래 자리에서 1.2㎞ 정도 북서쪽에 조

성됐다. 남쪽을 향해 '한남문'을 지었으며 전적기념비와 위령비도 세
웠다. 교통요지 밀양, 그리고 굽힘 없는 이곳 사람들 기개는 작원관
풍경과 역사에서 엿볼 수 있다.

산과 강이 둘러싼 알토란같은 땅

내륙지역인 밀양은 동·북·서 삼면이 산으로 둘러싸여 있다. 남쪽
에는 낙동강이 흐르지만, 여기저기 솟은 산은 삼면을 둘러싼 산과
더불어 곳곳에 분지를 이룬다. 이 같은 땅 생김새 탓에 밀양은 유난
히 여름 기온이 높다.

밀양 풍경

밀양은 '영남 알프스' 주요 봉우리인 가지산[1240m], 천황산[1189m], 재약산[1108m], 운문산[1188m]이 걸친 곳이다. 영남 알프스 주봉과 더불어 화악산[931m], 구만산[785m], 천태산[631m], 철마산[630m], 만어산[670m] 등은 저마다 부드러우면서 당당한 맵시를 뽐낸다. 완만한 능선으로 이어지다가 봉우리에 다다르면 우뚝 솟는 산세는 동부 경남에 뻗은 산맥들이 지닌 전형적인 매력이기도 하다.

밀양시 전체면적[799.01㎢] 가운데 농경지[175.71㎢]가 차지하는 비율은 22% 정도다. 이 가운데 논이 124.93㎢, 밭이 50.78㎢로 논농사가 활발하다. 이곳 농경지 대부분은 풍부한 하천 덕에 물대기가 편하다. 서남쪽으로는 낙동강이 흐르며 밀양을 수직으로 가로지르는 밀양강은 곳곳에 지류를 뻗었다. 밀양강과 지류를 합한 유역 면적은 1476㎢에 이른다. 풍부한 수량은 예부터 이곳 사람들에게 비옥한 땅을 내주었다. 금천리에서 발견된 신석기시대 논 유적과 '수산제 수문'(하남읍)은 활발했던 옛 농경문화를 증명한다. 특히 낙동강 물을 끌어들였던 수산제 수문은 벽골제(전북 김제), 의림지(충북 제천)와 더불어 삼한시대 3대 농경문화 유적이다.

밀양은 작물·과수 재배도 활발하다. 전국 수요량 절반 이상을 생산하는 들깻잎을 비롯해 고추·대추는 밀양 대표 특산물이다. 또 당도가 높은 얼음골 사과와 삼랑진 딸기 역시 유명하다. 삼랑진은 이나라에 딸기를 처음 들여온 곳이기도 하다. 삼랑진에서는 한 해 걸러 한 번씩 3월 말에 '삼랑진 딸기 한마당 축제'를 연다.

풍부한 하천이 농사만 도운 것은 아니었다. 밀양강과 낙동강은 은어, 잉어, 향어, 숭어 등 민물 어종이 풍부했다. 더불어 낙동강 하굿둑이 생기기 전에는 바다 어종도 올라오곤 했다. 이곳 사람들은 때가 되면 강에서 전어나 문어를 잡기도 했다고 기억한다. 이 같은 환경 덕에 산외면에는 경남에 하나뿐인 '수산자원연구소 민물고기연구센터'가 있다. 1968년 '경상남도 연어인공부화장'으로 들어선 연구소는 경남지역에 토속어와 우량어종을 생산·공급한다. 보유어종은 철갑상어·향어·은어·빙어 등 17종이며 2만 300여 마리를 관리한다. 아울러 연구센터에는 생태공원과 전시관을 운영해 누구나 민물고기 생태를 관찰할 수 있도록 했다.

넉넉한 강이 준 또 한 가지 선물은 한천이다. 밀양은 예부터 우뭇가사리로 만드는 품질 좋은 한천을 특산물로 내세웠다. 겨울철 일교차가 일정한데다가 깨끗하고 풍부한 물은 한천 생산에 적합한 여건이었다. 벼농사를 마친 논에서 만든 한천은 농가에 적지 않은 소득을 안겼다. 이곳 한천은 생산량 가운데 90% 정도를 일본·동남아시아 등에 수출할 정도로 그 품질을 인정받는다.

이 땅의 자연이 품은 신비

산내면 얼음골 입구에 있는 주차장에는 사과 모양을 한 커다란 간판이 있다. 간판에는 전광판을 넣었는데 얼음골과 주차장 온도를 두 줄로 표시한다. 2012년 7월 28일 낮 주차장 온도는 35℃, 얼음골 온도는 1℃를 기록했다. 주차장에서 계곡을 가로지르는 다리를 건너면 얼음골로 가는 오르막길이 나온다. 당장은 1℃ 온도를 체감할 만한 기운은 없다. 얼음골 매표소를 지나 조금만 올라가면 먼저 천황사를 만난다. 이 절에는 보물 제1213호 '천황사 석불좌상'이 있다. 통

얼음골 온도 표시계

일신라시대 것으로 머리는 파손돼 새로 만들어 얹었다. 그러나 머리 아랫부분만으로도 옛사람 솜씨를 엿보기에는 충분하다. 이 불상이 앉은 대좌는 11마리 사자 조각이 떠받친 사자좌獅子座이다. 사자좌는 국내에 하나뿐이라고 한다. 천황사를 마주 보고 오른쪽에 걸친 다리를 건너면 다시 오르막길이 이어진다. 몇 걸음만 옮기면 바로 공기가 바뀐다. 마치 벽 없는 냉동 창고에 들어서는 느낌이다. 재약산 북쪽 중턱에 자리한 얼음골이 뿜는 냉기는 느닷없이 다가온다. 걸음을 더 옮기면 돌무더기 주변에 울타리를 친 '결빙지結氷地'에 닿는다. 얼음골 신비는 이미 풀이된 지 오래다. 더운 바깥 공기가 바위틈 작은 구멍으로 스며들어 땅속 차가운 바위와 지하수에 닿고, 얼음골 바위 틈으로 다시 새어나오면서 압력차로 단열냉각斷熱冷却 현상을 일으킨다는 게 과학적인 설명이다. 하지만, 이곳을 찾는 사람들에게 그런 풀이는 오히려 거추장스럽다. 그저 '밀양의 신비'로 받아들이는 게 계곡 냉기를 즐기는 마음가짐인 듯하다.

밀양을 대표하는 절이라면 당연히 표충사다. 하지만, 이곳을 잘 아는 사람들은 표충사 명성에 '만어사'가 가려지는 것을 늘 경계한다. 삼랑진읍 만어산에 있는 이 절은 가락국 수로왕이 창건했다는 기록이 〈삼국유사〉에 전하고 있다. 만어사에는 보물 제466호 '만어사 삼층석탑'도 있다. 비록 유서 깊다지만 이 땅에 흔한 절 가운데 하나일 수 있었던 이 절을 특별하게 만드는 것은 절 앞에 넓게 펼쳐진 바위밭이다. 돌로 두드리면 맑은 종소리가 들린다는 바위, 경석磬

만어사 경석

石이다. 실제 이곳저곳 바위를 두드리다 보면 금속성 소리를 어렵지 않게 들을 수 있다.

무안면 홍제사 안에는 표충비가 있다. 사명대사[1544~1610] 충의와 공적을 새긴 이 비석은 1742년 세워졌다. 높이 380㎝, 너비 98㎝, 두께 56㎝인 거대 비석은 '땀 흘리는 비'로 유명하다. 나라에 중대사가 있을 때마다 땀을 흘렸다는 이 비석은 사명대사 영험이 서렸다 하여 이곳 사람들이 귀하게 여긴다.

밀양시는 얼음골, 만어사 경석, 표충비를 아울러 '밀양 3대 신비'로 내세운다. 하지만, 계곡물이 화강암을 깎아 호박 같은 웅덩이를

만든 '호박소'(산내면), 거대한 바위 하나가 계곡 전체를 덮었다는 '오
천평반석'(산내면), 재약산 8분 능선에 펼쳐진 벌판 '사자평'(단장면)
등 곳곳에 있는 절경 역시 그 신비로움이 뒤지지 않는다. '3대 신비'
가 영리한 홍보지만 아쉬운 것은 그만큼 여기 자연이 품은 매력이
크기 때문이다.

작은 무덤 하나에도 서린 이야기

밀양시 내일동에는 밀양강을 나지막이 내려다보는 작은 언덕이
있다. 그 언덕에 밀양은 물론 경남이 자랑하는 목조 건물 영남루嶺南
樓가 의젓하게 서 있다. 고려 때 세운 이 누각은 임진왜란 때 불탄 것

영남루 현판

을 1844년 다시 지었다. 진주 촉석루, 평양 부벽루와 더불어 이 나라 3대 누각 가운데 하나로 꼽힌다. 옛사람들이 영남루에 바친 찬사는 이곳에 걸린 현판만 읽어도 차고 넘친다. 嶠南名樓교남명루·문경새재 남쪽에서 이름난 누각, 江左雄府강좌웅부·낙동강 왼쪽에 있는 아름다운 고을, 湧金樓용금루·높은 절벽에 우뚝 솟은 누각, 顯敞觀현창관·사방이 높고 넓게 나타난다, 江城如畵강성여화·강과 성이 그림 같다 등이다. 여기에 누각 안쪽 가운데 떡하니 걸려 있는 '嶺南第一樓영남제일루' 현판에는 건물에 대한 자부심이 고스란히 묻어난다. 더불어 퇴계 이황1501~1570, 목은 이색1328~1396, 삼우당 문익점1329~1398 등이 남긴 현판은 가뜩이나 매력적인 건물에 풍부한 이야기를 더한다.

영남루 아래에는 아랑사가 있다. 조선 명종 때 밀양부사 딸이었던 아랑을 기리는 사당에 얽힌 이야기는 '장화홍련전'과 상당히 닮았다. 억울한 죽음을 당한 것이며, 새로 부임한 부사마다 원귀冤鬼를 보고 죽었다는 것, 용감한 사내가 부사를 자원해 원한을 풀어줬다는 점 등이다. 밀양에서는 지난 2012년 제55회 아랑제가 열렸다.

단장면에는 표충사表忠寺가 있다. 표충사에는 임진왜란 때 승병을 일으킨 서산·사명·기허대사를 모신 표충사당이 있다. 불법을 닦는 터전이 '호국 성지'로 거듭난 이유다. 이야기는 또 그렇게 더해진다.

밀양 곳곳에 넘치는 이야기는 큰 유적에만 갇히지 않는다. 부북면에 있는 '추원재'는 밀양이 자랑하는 큰 어른인 점필재 김종직1431~1492이 태어나 자란 집이다. 묘소 옆에는 연산군 때 부관참시를 당한 김종직 시신을 끝까지 지켰다는 호랑이 무덤이 있다. 또 상동면에 있는 '운심 묘'에는 칼춤에 능한 기생이 끝까지 한 남자를 그리워했다는 아련한 사랑 이야기가 얽혀 있다.

밀양은 산업화가 더딘 곳이다. 1937년 들어선 '조선모직'이 섬유산업을, 1939년 들어선 '밀양도자기'가 요업을 이끌었으나 그 정도다. 오늘날 밀양을 대표하는 기업이라면 '한국화이바' 정도를 꼽는다. 1972년 설립된 한국화이바는 유리장섬유, 파이프, 각종 복합재 등을 생산하는 업체다. 밀양시는 사포·용전·하남일반산업단지 추진으로 뒤늦은 산업화에 힘쓰고 있다. 하지만, 성과를 가늠하기에는 한참 이르다. 그런 점에서 한때 밀양 산업을 대표했던 '밀양도자기'가 그 저력을 잃은 것은 안타까운 일이다.

밀양도자기는 우수한 생활 자기를 생산하던 업체였다. 잘나갈 때는 종업원 600~700여 명이 달마다 100만 개가 넘는 그릇을 생산했다. 가곡동 일대에는 3대가 자기 제작 기술을 익힌 집이 흔했다고 한다. 밀양도자기 제품은 유난히 야물고 빈틈없기로 유명했다. 그 기술력은 1972·1973년 우수상품 경진대회에서 대통령상을 받은 것으로 증명된다.

밀양이 훌륭한 자기를 생산했던 배경에는 무엇보다 흙이 있다. 밀양 흙을 퍼가서 경기도 이천에서 도자기를 만든다고 할 정도로 질이 좋았다. 밀양 땅은 풍족하게 농산물을 내놓기도 했지만, 그 자체로도 훌륭한 자산이었다. 또 맑은 물은 그릇 질을 더욱 높였다. 밀양도자기는 공장에 수로를 둬 밀양강 물을 끌어 썼다. 더불어 작은 흠집에도 가차 없이 망치를 들이대던 꼼꼼한 검수 과정도 제품 명성을 드높였다. 하지만, 1990년대 들어 밀양도자기는 사운이 기운다. 현재 가곡동 공장에서는 이전보다 훨씬 규모가 줄어든 '밀양본차이

나가 그릇을 생산하고 있다. 밀양도자기 쇠락에 대한 아쉬움은 짙다. 이는 단순히 무너진 공장에 대한 미련이 아니다. 이미 갖춰진 환경과 빼어난 기술력은 그 쓰임새를 잃었다. 또 도자기와 맞물릴 수 있는 문화적 영감 역시 활용할 길이 없다. 이곳에서 그릇을 빚는 사람 중에는 '밀양도자기' 이름을 지켰다면 최소한 경남에서 도자기 이름 앞에 먼저 붙는 지역이 김해는 아니었을 것이라며 한숨짓는 이도 있다.

호투쟁 밀양 사람

'토지가 비옥하고 물이 풍부하며 기온이 온화하다. 사람들은 농사에 힘쓰고 학문을 숭상하나 투쟁을 좋아한다'.

1425년 세종 때 편찬된 〈경상도 지리지〉가 기록한 밀양이다. 짧은 기록이지만 은근히 밀양에 대한 많은 것이 담겨 있다. 먼저 '학문을 숭상한다'에서 밀양이 자랑하는 두 인물을 떠올리지 않을 수 없다. 춘정 변계량[1369~1430]과 점필재 김종직이다.

변계량은 조선 초 20년 동안 대제학을 맡았던 석학이다. 당시 외교문서는 모두 그를 거쳤다 할 정도로 문장가이기도 했다. 초동면에는 변계량 행적을 기록한 유허비가 있는 '변계량 비각'이 있다. 대제학이 나온 땅이 밀양이니 〈경상도 지리지〉에서 '학문을 숭상한다'는 표현이 빠지기는 어려웠을 것이다. 하지만, 그 구절이 대제학에 대한 예의에서 그치지 않는 것은 김종직 덕이다. 김종직은 성리학적 정치질서를 세우려 했던 '사림파' 사조[師祖]이다. 조선시대 유학을 크게 발

김종직 생가인 '추원재'

전시킨 '동방오현東方五賢' 가운데 정여창1450~1504, 김굉필1454~1504이 김종직에게 배웠다. 부북면에 있는 예림서원은 훗날 김종직을 마음으로 받들던 선비들이 학문을 익혔던 곳이다. 예림서원 근처에 있는 추원재는 김종직이 태어나 자라고 눈을 감은 집이다.

〈경상도 지리지〉에 나온 '好鬪爭투쟁을 좋아한다' 역시 눈여겨볼 대목이다. 밀양은 고려 때부터 일어난 크고 작은 민란 기록마다 이름이 등장하는 지역이다. 고려·조선사에 걸쳐 이곳 백성이 모진 관리를 처단했다는 기록은 어렵지 않게 찾을 수 있다. 그러나 투쟁을 좋아한다는 묘사가 단순히 성격이 거칠고 모나 충돌이 잦다는 해석으로 끝나는 것은 곤란하다. 고려 때 삼별초 항전, 임진왜란 때 의병·승병, 일제강점기 독립운동가 등 국난 때마다 이에 맞섰던 사람들에 대한 기록에도 밀양은 빠지지 않는다. 특히 밀양시가 의미를 둬 기록에 남긴 이곳 출신 항일 독립운동가만 58명에 이른다. 이 가운데 약산 김원봉1898~1958은 따로 짚어둔다.

밀양에서 태어나 19세 만주로 이주한 김원봉은 1919년 의열단을 조직했다. 1930년 베이징에 조선공산당재건동맹을 결성해 '레닌주의 정치학교', '조선혁명군사정치간부학교'를 설립·운영했다. 1930년대 후반에는 조선민족혁명당을 이끌며 민족주의 운동 한 축을 이뤘다. 그는 이후 '조선의용대'를 조직해 역시 밀양 출신인 윤세주1901~1942와 함께 상당한 전과를 거둔다. 1941년 조선민족혁명당은 임시정부 참가를 결의하며 조선의용대도 광복군으로 합쳐졌다. 1945년 12월 임시정부 국무위원 자격으로 귀국해 각 정파 통일과 단결에 힘썼다. 이후 1948년 월북한 김원봉은 북에서 고위직으로 활동하다 1958년 숙청됐다고 전해진다. 일제강점기에 누구에게도 뒤지지 않는 활약을 펼쳤던 독립운동가는 남북 역사에서 모두 지워졌다. 이념을 떠나 무엇보다 민족을 앞에 뒀던 혁명가에 대한 평가는 다시 진행할 만한 가치가 있어 보인다.

'호투쟁'에 담긴 밀양 사람들 성정은 거칠고 지기 싫어하며 꿋꿋하고 강인하다. 오늘날 밀양 사람에 대한 인상도 그런 기질에서 크게 벗어나지 않는다. 하지만, 동지섣달 꽃 본 듯이 날 좀 보라는 애교와 정든 임이 왔어도 인사 못하는 수줍음을 경쾌한 가락에 담은 '밀양 아리랑' 역시 이곳 사람들 성정임을 잊어서는 안 되겠다.

먹을거리에 담긴 역사와 문화

—

한양~동래 오가던 나그네
배 든든히 채워준 돼지국밥

밀양은 영남대로가 관통하는 지역이다. 그래서 오가는 뜨내기가 많다. '밀양돼지국밥'이 널리 알려진 연유를 여기서 찾을 수도 있겠다.

영남대로는 서울서 시작해 충주·문경새재·대구·청도를 거쳐 밀양을 관통한 후 동래·부산진에 이른다.

밀양을 지나는 이들이 많다 보니 이들만을 위한 음식이 필요했을 터이다. 돼지국밥은 찬 음식으로 열을 식히는 역할을 하며 피로를 푸는 데도 도움 된다. 한 그릇 말아서 간단히 먹고 가기 좋고, 별도 안주 없이 술 한잔 곁들이기도 편하다. 오가는 이들이 만족할 한 끼로 부족함 없어 보인다. 이러한 맛을 안 사람들이 밀양을 벗어나 여기저기서 입에 올리다 보니 그 이름이 쉽게 전해졌을 것은 물론이기도 하다.

이와 더불어 밀양은 농경문화가 발달해 농사일에서 나오는 부산물로 일찍이 돼지를 많이 키웠다는 점도 더해진다.

돼지국밥은 뜨거운 국물로도 모자라 단전에서 몸을 뜨겁게 하는 부추까지 섞는다. 이를 놓고 누군가는 '맞불'이라고 표현한다. 하지만 돼지고기는 찬 음식이라 부추로 열을 더하기 위함이라고 한다. 돼지국밥은 6·25전쟁 때 부산으로 밀려온 피란민이 값싼 돼지고기를 끓여 먹은 데서 그 유래를 찾기도 한다. 하지만 밀양에는 이미 그 이전 일제강점기에 문 열어 지금까지 3대가 잇는 식당도 있다. 밀양돼지국밥은 이름 알려진 식당이 여럿 있는데, 제각각 특색을 두고 있다. 김치 넣어 뒷맛을 깔끔하게 하는 곳, 맑은국으로 돼지 특유 향을 느끼게 하는 곳, 돼지 족발로 국물을 뽀얗게 하는 곳, 매콤함으로 입맛을 자극하는 곳 등 다양하다.

돼지국밥

　사람 왕래 잦은 밀양은 돼지국밥뿐만 아니라 여행자를 위한 또 다른 음식을 내놓기도 한다. 특히 교통 요충지 삼랑진은 '장어도시락'으로 허기를 달래게 했다. 경전선 기차 타려는 사람은 삼랑진에서 내리는데, 몇 시간 기다리는 동안 끼니를 해결해야 했다. 이들을 위한 것이 훈제장어다. 낙동강서 잡은 장어를 변질하지 않도록 훈제해 보리밥 한 주먹 넣으면 여행자를 위한 훌륭한 한 끼가 되는 셈이다.

　단장면·산내면 쪽은 '흑염소불고기'가 입에 오르내린다. 이곳은 산이 깊어 흑염소 방목을 많이 했다고 한다. 하지만 산내면 같은 곳은 사과나무가 많이 들어서 있어 경북 고령 쪽 목장을 이용한다고 한다. 흑염소불고기는 노린내 덜한 암컷이 주로 사용되는데, 잡을 때 능숙하지 않으면 그 냄새가 남기도 한다. 흑염소불고기는 양념이 배는 데 4시간 이상 필요해, 식당을 찾으려면 예약도 잊지 말아야 한다.

얼음골이 자리한 산내면 쪽은 '꿩탕'도 유명하다. 밀양은 전체면
적 가운데 산이 70%를 차지하다 보니 꿩이 많이 잡혔다. '꿩 대신
닭'이라는 말은 결혼풍습에서 나온 얘기다. 꿩 구하기 쉽지 않다 보
니 장닭으로 대신한 것을 담고 있다. 꿩은 닭과 비교해 생김새뿐만
아니라 맛에서도 우월하다.

밀양강·낙동강을 끼고 있는 밀양은 민물고기가 풍성하다. '경상
남도 민물고기연구센터'가 이곳에 있다는 것이 잘 말해준다. 밀양강
에는 일제강점기에 연어 부화장이 있기도 했다. 그러나 1987년 낙동
강 하굿둑이 막히면서 연어를 찾아보기 어렵게 됐다. 2011년에 일부
둑이 열리면서 연어를 방류하기도 했다. 이곳 강으로 다시 거슬러
올라올지는 조금 더 기다려봐야 하겠다.

이 지역에서 주로 내놓는 민물고기 음식은 은어·메기·잉어다.

1930년대 신문을 뒤져보면 '밀양이 은어 산지'라는 내용을 발견하
게 된다. 오늘날은 맑은 물만 찾는 은어가 갈수록 떠나고 있다 한다.

산내면 꿩탕

메기탕

은어 튀김

바다빙엇과 민물고기인 은어는 몸길이가 15cm가량 된다. 가을에 태어난 은어는 바다 입구에서 겨울을 보낸 후 하천으로 거슬러 올라온다.

은어는 조선 500년 동안 궁중에 진상했을 정도로 맛과 향이 좋다. 은어회는 뼈째로 썰어 즐긴다. 씹으면 독특하게도 수박향이 나는데, 은어가 돌에 붙은 수초를 뜯어 먹기 때문이라 한다. 은어튀김은 통째로 튀기기에 내장 쓴맛이 느껴진다.

다슬기는 지역마다 이름이 제각각이다. 경상도는 고디 혹은 고동^{고동의 토박이말}, 충청도는 올갱이, 전라도는 대사리라 부른다. 밀양에서는 '고동국'이라는 이름으로 내놓는다. 채소·들깨가루·부추 같은 것을 넣어 국물이 걸쭉하다. 특유의 향·맛을 느끼려면 식혀서 먹는 편이 낫다. 식당에서는 미지근하게 내놓는다.

교동 쪽에는 밀성 손密城 孫씨 집성촌이 있고, 그 안에 '열두대문집'이라는 한식집도 있다. 조선시대 사대부 밥상을 내놓는 곳이다. 고 노무현 전 대통령이 살아생전 찾아 '문어수란채국'에 반했다고 한다.

밀양에서는 귀한 손님이 찾으면 '달걀온밥'이라는 것을 내놓기도 했다. 달걀 껍데기 윗부분을 뜯어 그 안에 쌀을 넣고 숯불에 구우면 고소한 맛이 난다 한다.

밀양은 기름진 땅·풍부한 물 덕에 농산물이 풍부하고 종류도 많다.

삼랑진은 우리나라 딸기 시배지다. 1943년 일본에서 들여온 10여 포기 모종이 첫출발이었다. 밀양 깻잎은 전국 생산량 가운데 60%를 차지하고 있고, 홍고추·얼음골사과·포도·감자·대추 생산도 많다.

약 3300만m²^{1000만 평}에 달하는 하남평야는 곡창지대로 이름 높다. 하지만 밀양 사람들은 없었던 일이 된 동남권신공항을 이 기름진 땅에 유치하려는 미련을 여전히 두고 있다. 하남평야 일대 마을 주민은 또다시 찬반으로 나뉘어 등 돌려야 할지도 모른다.

볼거리에 담긴 역사와 문화

굽이굽이 물길따라
자연의 신비 '그득'

여름만 되면 밀양은 '찜통 고장'이라는 꼬리말을 단다. 좋게 비칠리 없는 까닭에 전전긍긍한 이곳 사람들은 기상관측소 위치를 의심했다 한다. 이 때문에 다른 장소에서 지속적인 측정을 했는데, 평균기온이 더 높게 나왔다고 하니 실망도 컸을 법하다. 결국 산이 동쪽·북쪽·서쪽으로 병풍 치고 있는 분지형에다, 갈수록 녹지가 줄어드는 데서 이유를 찾아야 할 듯하다. 역설적으로 이러한 배경에서 밀양얼음골천연기념물 제224호·영남루보물 제147호는 더 가치를 발휘한다.

밀양얼음골은 재약산1189m 북쪽 중턱 600~750m 계곡에 자리하고 있다. 4월 이후 우기에 맑은 날이 많고 심한 더위일수록 바위틈 얼음이 더 많이 유지된다고 한다. 여름 자연이 얼음을 만드는 곳은 비단 밀양뿐만은 아니다. 경상북도 청송군·강원도 정선군 같은 곳도 있다. 그렇다 하더라도 지형이 제각각이라 그에 따른 과학적인 설명도 달리 곁들여진다. 밀양얼음골에 대해서는 여러 가지 근거가 뒷받침되기는 하나, 이 모든 것 제쳐놓고 '자연의 신비'에 몸을 맡기려는 이가 더 많은 듯하다.

얼음골 결빙지

영남루

영남루嶺南樓는 밀양강 변 절벽에 자리하고 있다. 이름에서 드러나
듯 문경새재 아래 영남을 대표하는 누각이요, 진주 촉석루·평양 부
벽루와 함께 우리나라 3대 누각에 꼽힌다. '영남루 보지 않았으면 밀
양 다녀갔다 하지 마라'는 말은 결코 허투루 들리지 않는다. 그 이유
를 들자면 시원한 강바람이 큰 몫을 한다. 삼복더위 날이라 할지라
도 영남루에 오르면 끊어지지 않는 강바람 줄기가 손에 쥔 부채를
거추장스럽게 만든다.

영남루에 대해 많은 이는 완성된 아름다움이라 말한다. 보는 풍
경·보이는 풍경 모두 그림이 되기 때문이다. 영남루에 오르면 탁 트
인 시선 너머로 밀양강이 은은한 자태를 드러낸다. 단지 이것만이라
면 반쪽짜리에 불과하다. 밀양강 너머에서도 영남루를 바라봐야 한
다. 자라 모습을 한 아동산 목덜미에 관冠을 씌워 놓은 듯한 모습은
감탄사를 내뱉게 한다.

영남루 앞을 지나는 밀양강은 이곳 내륙지역에서 섬을 만들어내

기도 한다. 오늘날 시립도서관·소방서 같은 시설과 아파트가 들어
선 삼문동은 섬으로 되어있다. 걸어서 1시간 정도 되는 둘레이며 다
리 4개가 이어져 있다.

밀양강줄기를 따라가다 보면 이곳이 '물의 고장'이라는 것을 알
수 있다. 밀양강이 북에서 남으로 흐르고, 낙동강이 아래를 품고 있
다. 지역민들은 "밀양에서 농사짓는 사람은 하늘 바라볼 필요가 없
다"고 한다. 물이 늘 풍부하다는 얘기다. 물에 대한 흔적은 삼한시대
로까지 거슬러 올라간다. '수산제 수문守山堤 水門'은 전북 김제 벽골제·
충북 제천 의림지와 함께 '삼한시대 3대 농경문화유적지'로 불린다.
낙동강 물을 끌어들이기 위해 암반을 뚫고 개설한 수문이 현재도
하남읍 수산리에 남아 있다.

지금은 매년 5월 이팝나무 꽃 절경을 선사하는 양양지(陽良池)는
신라시대 때 농업용수 공급을 위해 축조한 저수지다. 백성을 위한다
는 뜻이 담겨 '위양지位良池'라고도 불린다.

여기 사람들은 밀양을 '축복의 땅'이라고 곧잘 말한다. 이는 하남 평야와 같이 기름진 토지만을 말하는 것은 아니다. 물고기 형상 바위가 지천으로 깔려 장관을 이루는 '만어사 경석萬魚寺 磬石', 화강암이 수십만 년 동안 물에 씻겨 '절구 일종인 호박 같다'하여 이름 붙여진 호박소, 영남루 경내에 분포하고 있는 국화꽃 모양 석화石花는 이 땅이 빚어낸 경이로움이다.

밀양에는 잘 알려지지 않은 무덤 두 개가 있다. 운심 묘와 호랑이 묘다. 1700년대 기생 운심雲心은 고운 자태와 뛰어난 검무로 수많은 한양 세도가 자제 마음을 앓게 하였다고 한다. 늙어서는 고향 밀양으로 돌아와 옛날 흠모했던 남자를 찾으려 했다. 이를 위해 영남대로에 주막을 만들었지만, 끝내 만나지 못했다. 그래도 미련 버리지 못해 무덤에서라도 만날 수 있도록 사람 왕래 잦은 곳에 묻어달라고 유언했다. 무덤은 상동면 안인리 신안마을 산 중턱에 초라하게 자리하고 있는데, 몇 년 전 봉분이 훼손되기도 했다. 황진이 못지않은 얘깃거리를 담고 있는 운심이 이렇게 잊혀 있다는 사실은 안타깝다.

운심 묘

조선시대 성리학자 점필재 김종직金宗直·1431~1492은 연산군 때 무오사화로 부관참시당했다. 이때 호랑이가 나타나 찢어진 시신을 지키며 몇 날 며칠 동안 슬퍼했다고 한다. 안장 이후에도 호랑이는 무덤을 지키다 결국 그 앞에서 죽었다고 한다. 마을 사람들은 이를 가엾이 여겨 김종직 묘 옆에 호랑이 무덤을 따로 만들어주었다는 전설이 전해진다. 지금도 김종직 선생 묘 한쪽에 호랑이 무덤과 '인망호폐人亡虎斃'라는 비석이 있다.

밀양을 둘러보면 곳곳에 사명대사四溟大師·1544~1610 관련 유적지가 펼쳐진다. 먼저 꼽는 것이 사당이 자리한 표충사表忠寺다. 시간을 거슬러보면 현재 무안면 중산리에 있는 대법사大法寺가 애초 표충사였다. 1610년 사명대사 입적 후 이곳에 사당을 창건하고 표충사라 하였으나, 1839년 그 사당을 오늘날 표충사(당시 영정사)로 옮겼다.

사명대사 정신을 기리기 위해 1742년 건립한 표충비表忠碑는 '땀 흘리는 비'로 잘 알려져 있다. 1894년 갑오동란 7일 전 '3말 1되약 56ℓ'를 분출한 것을 시작으로 1945년 8·15광복 3일 전, 1950년 6·25전쟁 2일 전 각각 '3말 8되약 68ℓ'를 분출했다. 가장 많게는 1961년 5·16 쿠데타 5일 전 '5말 7되약 102ℓ'를 분출했다. 물이 나오더라도 머릿돌·좌대, 그리고 글자에는 물기가 전혀 드리우지 않는다고 하니 더 영험하게 다가온다.

무안면 고라리에는 사명대사 생가지와 더불어 2006년 만들어진 사명대사 유적지가 있다. 이 지역이 사명대사를 대표 인물로 내세우려는 의지는 모르지 않겠으나, 웅장함이 과하다는 느낌은 지울 수 없다.

밀양전통시장 안 좁다란 골목 한쪽에 '돼지국밥 단골집' 간판이 보인다. '단골집' 정화자(70) 할머니는 돼지국밥집 하던 시어머니 손길을 이어받았다. "내 고향이 부산 범일동인데, 40년 전 시집오면서 밀양에 들어왔지. 시어머니가 6·25 나기 전부터 돼지국밥집을 하셨어. 어머니 그만두시고, 나는 김해에서 공사일 하는 사람들 상대로 길가에서 장사 좀 했지. 지금 여기 자리 잡은 건 20년 좀 넘었지, 아마."

간판 이름대로 시어머니 때부터 이어지는 오래된 단골이 많다. "우리 집 단골은 보통 30~40년 되지. 나이 많은 단골이 어느 날 발길 끊으면 '돌아가셨나 보다' 그리 생각해. 국회의원들도 수없이 다녀갔어. 그런데 어느 국회의원은 중앙고속도로 들어서면 장사도 잘 될 거라 하더니만, 다 망쳐놨다. 오면 욕 좀 퍼부어 주려 했더니만…."

식당 한쪽에 붙은 메모지 글이 눈에 들어온다. '2012. 7. 26 새벽 6시경 박○○, 주인 본인한테 술 안 판다는 이유로 쌍스러운 욕을 했음.'

"젊을 때는 거친 남자들 오면 겁이 나서 고기도 못 썰고 그랬지. 여기 밀양 사람들이 '내가 낸데' 하는 게 있어 좀 거칠거든. 이제는 술 먹고 안 좋은 짓 하면 쪽자로 머리통 때리고 그런다."

'밀양도자기'는 한때 그 명성을 떨쳤다. 할아버지·아버지에 이어 도예가 길을 잇고 있는 손주균(56) 선생은 이에 대한 기억을 생생히 전한다. "가곡동 쪽에 일제강점기부터 '밀양도자기'라는 공장이 있었어요. 6·25 즈음에는 변기를 주로 만들었을 겁니다. 그 이후에 그릇 같은 생활자기를 대량으로 생산했는데, 한 달에 100만 개 이상 만들어 냈어요. 일하는 사람만 해도 600~700명이나 됐어요."

1980년대까지만 해도 좋았다. "할아버지·아들·며느리 모두 기술자인 집이 많았죠. 다들 기술이 좋아 공장에서만 일하는 것이 아니라, 따로 이래저래 생활자기를 만들기도 했습니다. 그런데 값싸고 상품성 좋은 중국산이 밀려들면서 사양길로 접어들었죠. 1990년대 중반 결국 '밀양도자기'가 넘어가 버렸습니다. 지금은 '밀양본차이나'라고, 일부만 남아있습니다."

작품 활동만 하는 손 선생이지만 '밀양도자기'를 생각하면 두고두고 아쉽다. "도자기에는 도석이 들어가야 하는데, 밀양엔 지천으로 깔렸어요. 밀양은 자연 그대로의 흙이에요. 지금도 초등학교 3학년 교과서에 밀양 특산물이 도자기라고 나와 있죠. 여기 사람들은 '밀양도자기'라는 그 좋은 브랜드를 살리지 못했죠. 밀양역 근처 가곡동 쪽에 가면 예전 그 기술자들 다 있어요."

놓치지 않고
둘러봐야 할 곳

영남루 밀양강 변 절벽 위에 있는 영남루는 진주 촉석루·평양 부벽루와 함께 우리나라 3대 누각으로 손꼽힌다. 누에 오르면 강바람이 한여름 더위도 잊게 해 준다. 앞뜰에는 암반이 풍화하면서 만들어진 석화石花가 있어 또 다른 볼거리를 준다.

내일동 40

표충비 사명대사 뜻을 새긴 높이 380cm·너비 98cm·두께 56cm 비석으로, 국가 중대사 전후 구슬땀을 흘린다 하여 '땀 흘리는 비'로 잘 알려져 있다. 가장 최근에는 2011년 11월 33시간에 걸쳐 40리터 물이 나왔다고 한다.

무안면 무안리 903-2(홍제사 경내)

얼음골 재약산[1189m] 중턱 600 ~750m 지점 계곡에 자리하고 있다. 3월 초순~ 7월 중순 얼음이 얼며 처서 이후 냉기가 점차 줄어든다. 계곡물 또한 얼음물에 비유할 수 있는데, 발 담그면 2분 이상 견디기 어려울 정도다. 보물 제1213호인 천황사 석불좌상도 자리하고 있다.

산내면 삼양리 185-1(관리사무소)

만어사 해발 674m 만어산 중턱에 있는데, 차로 들어갈 수 있다. 절 앞에 지천으로 깔린 물고기 모양 바위를 돌로 치면 은은한 종소리가 난다. 경내 미륵전에 있는 크기 5m 미륵바위를 멀리서 보면 부처 모습이 나타난다고도 한다.

삼랑진읍 용전리 산4

놓치지 않고
둘러봐야 할 곳

호박소 화강암이 수십만 년 동안 물에 씻겨 움푹 파인 못을 형성했는데, 그 모양이 '절구 일종인 호박 같다'하여 붙여진 이름이다. 가장 깊은 곳은 6m 이상 돼 수영은 금지돼 있지만, 주변에서 발은 담글 수 있다.

산내면 삼양리 30

양양지(위양못) 신라시대에 농업용수 공급을 위해 만들어진 저수지다. 그 옛날 선비·문인들이 자주 찾던 곳으로 매년 5월 이팝나무 꽃 만발할 때의 아름다움은 이루 말할 수 없다.

부북면 위양리 294

경상남도 민물고기 전시관 도
내 유일의 민물고기 전시관으로
경상남도 수산자원연구소에서
운영하고 있다. 33개 수조에 잔
가시고기 등 40여 종이 전시돼
있다. 이 밖에 야외사육지에서
는 철갑상어·비단잉어 등을 볼
수 있어 어린이들이 꼭 한번은
찾을 만한 곳이다.

산외면 금천리 842-67

밀양독립운동기념관 밀양경찰
서 폭탄투척, 의열단·조선의용
대 활동 등 이 지역 항일독립운
동 활약상을 한눈에 볼 수 있
다. 도내에서 가장 오래된 공립
박물관인 밀양시립박물관(1973
년 개관)과 함께 있다.

교동 485-4

양산

인간, 자연에 손내밀다
역사, 미래에 손짓하다

양산시 원동면과 물금읍,

동면을 지나는 낙동강 길이는 19.3㎞이다.

강은 양산과 김해를 가른다.

강가에는 잘 정비된 자전거 길이 이어진다.

자전거 길 옆에는 공원 조성이 한창이다.

길은 페달을 밟으며 지나치는 무리 덕에 지겹지 않다.

그들에게 오르막이 드문 평탄한 길은 한껏 여유를 안긴다.

한쪽에 강을, 다른 한쪽에 산을 낀 풍광까지 눈맛을 돋운다.

양산시는 원동취수장에서 물금취수장까지 2㎞를 따로 뽑아

굳이 '황산강 베랑길'이라는 이름을 붙였다.

원동면 오봉산 벼랑을 낀 구간이다.

'황산강'은 낙동강 옛 이름이고 '베랑'은 벼랑을

이 고장 말로 옮긴 것이다. 오봉산에는 신라시대 최고 문장가

고운 최치원[857~925]이 산 아래 경치를 즐겼다는 '임경대臨鏡臺'가 있다.

최치원이 즐거 봤다는 그 절경이 여기 자전거 길 배경이다.

'황산강 베랑길'은 '낙동강 자전거 길'(324km) 일부다. 경북 상주에
서 부산 낙동강 하굿둑까지 이어지는 낙동강 자전거 길은 '4대 강
국토 종주 자전거 길(1757km)'에 포함된다. 이 자전거 길은 이명박
정부가 밀어붙인 '4대 강 사업'에 딸린 공사다. 그 4대 강 사업 중 하
나가 '낙동강 살리기 사업'이다. 양산을 지나는 낙동강 19.3km는 '낙
동강 살리기 6~11공구'에 해당한다. 이 가운데 7·8공구가 걸친 지역
이 원동면이다.

원동면은 양산시 행정구역 중 가장 넓다. 전체면적(484.27㎢) 가
운데 30.6%를 차지한다. 뒤로는 천태산630.9m과 토곡산855m, 오봉산
533m을, 앞으로는 낙동강을 둔 원동면은 예부터 품질 좋은 과일로 유
명했다. 농산물이라고 해봐야 딱히 내세울 게 없는 양산에서 원동
딸기·수박·매실은 이름값을 했다. 낙동강 변에 넓게 펼쳐진 밭에
딸기를 심고, 딸기 수확이 끝나면 수박을 심었던 이곳 농민들 수익
은 쏠쏠했다. 특히 원동 딸기는 일본 품종이 대부분이었던 시장에
서 국산 대표 품종으로 이름이 높았다. 강변에서 자란 딸기는 당도
가 높고 향이 좋다는 평가를 받았다. 하지만, 이곳에서 '낙동강 살리
기'는 밭을 엎으면서 시작됐다. 120만㎡가 넘는 땅에서 해마다 2800
톤 남짓 딸기를 생산, 단일 재배단지로는 국내 최대라던 이곳은 통
째로 4대 강 사업부지로 포함됐다. 원동 딸기를 특산물로 내세워 벌
이려던 각종 사업도 중단됐다.

땅만 이곳에 둔 지주, 제 땅 농사지을 기력이 떨어진 노인들은 보
상을 반겼다. 하지만, 땅을 빌려 농사를 짓던 이들도 많았다. 기댈

땅을 잃은 농민은 일을 놓거나 땅을 떠나야 했다. 때맞춘 농사와 그에 따른 소득으로 활기 넘쳤던 마을은 을씨년스럽고 적막해졌다. 땅을 빌려 농사를 짓던 이들이 적지 않았기 때문이다. 마을에서는 목돈을 쥔 득이 큰지, 활기를 잃은 실이 큰지 한 지붕 아래서도 셈이 엇갈린다. 어쨌든 원동 딸기와 수박은 이제 밖으로 내세울 이름을 잃었다. 사업이 뻗치지 않은 산에서 키우는 매실만 가까스로 이름을 지키고 있다. 자연과 사람, 개발과 보존이 엉키며 갈림길에 서 있는 곳. 원동면 이야기는 양산 이야기이기도 하다.

계곡 닮은 땅에 들어선 공단

양산 땅 생김새는 계곡을 빼박았다. 양산 북동쪽에서 남서쪽으로 뻗은 두 갈래 산맥과 그 사이를 흐르는 양산천 모양새가 그렇다. 양산천을 중심으로 서쪽이 '영축산맥'이다. 울산 울주군 언양면 신불산$^{1208.9m}$에서 시작해 영축산$^{1058.9m}$, 시살등$^{980.9m}$, 염수봉$^{816.1m}$, 오봉산^{533m}으로 이어지는 산줄기다. 경북과 경남 밀양·양산으로 이어지는 해발 1000m 이상 산악군, 이른바 '영남 알프스' 끝자락이 이곳에 걸쳐 있다. 양산천 동쪽 천성산맥은 울산 울주군 삼동면과 양산 하북면 경계를 이루는 정족산$^{700.1m}$에서 시작한다. 산줄기는 천성산$^{922.7m}$을 거쳐 금정산$^{801.9m}$으로 이어진다. 두 산맥 사이를 흐르는 양산천을 낀 삼성동·중앙동·양주동 등이 양산시 중심가를 이룬다.

땅 생김새 덕인지 양산엔 빼어난 계곡이 많다. 내원사 계곡(하북면), 배내골·통도골(원동면)은 양산은 물론 동부 경남을 대표하

배내골

는 절경이다. 아울러 무지개·혈류폭포(평산동), 용연·불음폭포(원동면), 홍룡폭포(상북면) 등 양산이 자랑하는 폭포들이 거느린 계곡도 훌륭하다. 양산을 둘러싼 산은 숲이 울창해 멀리서는 언뜻 완만하고 포근한 느낌마저 준다. 하지만, 골짜기에 들어서면 드러나는 바위와 절벽은 멀리서 보는 것과 사뭇 다르다. 울창한 숲과 기암괴석이 어울려 유난히 깊고 신비로운 계곡을 만들어낸다.

양산을 둘러싼 자연이 이 땅에 베푼 자산은 이미 풍족했다. 그러나 이곳 사람들은 그냥 주어진 것에 마땅히 쏟아야 할 가치를 두지 않았다. 오히려 부산을 마주한 지리적 특성을 살리는 쪽으로 고민이 쏠렸다. 1970년대 후반부터 진행한 공단 조성은 대도시 배후도시로서 위치를 나름 고려한 사업이었다. 양산은 살길을 공업에서 먼저 찾는다.

1978년 유산동 일대에 '양산지방산업단지' 공사가 시작된다. 1981
년 완공된 이 단지는 양산에 들어선 산업단지 가운데 가장 먼저 조
성됐다. 이미 공업용지난을 겪던 부산은 산업단지 조성을 지원했다.
1989년에는 '웅상농공단지'가 완공된다. 부산과 울산 가운데라는 위
치와 잘 갖춰진 산업 기반시설이 조건에 맞았다. 이어 양산지방산업
단지와 인접한 어곡동 일대에 '어곡지방산업단지'가 2003년 완공된

신도시 건설 현장

어곡지방산업단지

다. 30여 년에 걸쳐 3개 산업단지가 들어선 것이다. 이와 더불어 북정·산막·소주·소토공업지역이 형성되면서 양산은 신흥 공업도시 틀을 갖춘다. 현재 산업단지와 공업지역에는 1510개 업체가 입주했으며 4만 2000여 명이 일한다.

1970년대 후반부터 이어진 공단 조성이 양산을 부유하게 한 것은 사실이다. 공단 터에 포함된 땅을 보상받은 이곳 사람들은 목돈을 쥘 수 있었다. 또 양산 안팎에서 몰려든 노동자는 도시에 활기를 불어넣었다. 공업도시는 소비도시이기도 했다. 양산시 행정이 공업과 소비 중심으로 쏠리는 것은 당연했다. 하지만, 당연한 듯했던 행정은 그로 말미암은 부작용을 낳았다. 환경을 고려하지 않는 공업도시를 지나칠 리 없는 공해는 어느덧 양산에 그늘을 드리웠다. 양산천은 시커먼 빛깔과 고약한 냄새로 그 어두운 면을 경고하기 시작했다.

가진 게 많아서 갖지 못한 것들

양산은 신흥 공업도시다. 양산 살림을 떠받치는 공단과 신도시에 모여드는 인구를 보면 그렇다. 하지만, '공업도시'라는 말은 양산이 지닌 한 면만 담는다. 양산에는 양산천 양쪽으로 뻗은 산맥이 품은 깊고 풍성한 계곡이 있다. 낙동강을 따라 이어지는 풍광도 빼어나다. 통도사·내원사를 비롯한 불교문화 유산도 풍부하다. 양산은 '관광도시'라고 불러도 전혀 손색없는 곳이다. 그래도 '관광'이라는 수식어가 어색하다면 공업에 대한 인상이 큰 탓이지 관광이 부족해서는 아니다. 이런 면을 아우른다면 양산은 '넉넉한 도시'라고 보는 게 맞을 듯하다. 양산이 '넉넉한 도시'라는 것은 보이지 않는 자산을 과장한 표현이 아니다. 실제 양산 살림살이는 경남지역 어느 지방자치단체보다 탄탄하다. 2012년 양산시 재정자립도는 42.3%로 경남에서 가장 높다. 최근 5년 동안 자료를 봐도 양산은 창원, 김해, 거제와 더불어 늘 재정자립도가 높은 지역으로 꼽힌다.

이곳 사람들은 부를 쌓을 기회도 적지 않았다. 양산에는 크게 3번 땅값이 급등한 시기가 있다. 여기 사람들은 이를 비틀어 '3뻥튀기'라고 일컫는다. 바로 1960년대 경부고속도로 건설, 그리고 1970년대 말 지방산업단지 건설, 1990년대부터 이어지는 신도시 건설 시기다. 도시 모양새를 뒤바꾼 대형 사업은 별 볼일 없는 땅을 지닌 이곳 사람들에게 큰 부를 안겼다. "20%도 안 되는 양산 토박이가 양산 돈 70%를 가졌다", "양산 개는 억억 짖는다" 같은 말도 그런 갑작스러운 부를 얻은 과정에서 나온 말이다. 하지만, 양산은 가진 게 많은 만큼 없는 것도 많은 도시다. 먼저 이 땅에는 꼬집어 내세울 만한 특산물이 없다. 산지가 많은 이곳은 경지가 넉넉한 편은 아니었다. 그래도 양산천 하류와 낙동강 주변 땅에서는 그런대로 농사를 지었다. 그러나 공단과 신도시, 최근에는 4대 강 사업까지 진행되면서 농사지을 땅은 점점 사라졌다.

양산천과 낙동강을 끼고 있지만 물에서 나는 자원이 풍부한 것도 아니다. 낙동강에서는 민물고기는 물론 바다에서 거슬러 오는 고기까지 낚곤 했지만 지금은 먼 옛날 얘기다. 1987년 낙동강 하굿둑 건설 이후 여기 강에서 유난히 많이 나는 고기는 없다. 양산천 역시 공단 조성 이후 한동안 생물이 살 수 있는 환경이 아니었다.

땅과 물에서 나는 재료가 풍부하지 않으니 지역색이 담긴 음식도 별로 없다. 이곳 사람들에게 양산을 대표하는 음식을 물으면 선뜻 답을 못하는 경우가 많다. 통도사 주변 사찰 음식이나 솜씨 좋은 식당 몇 곳을 소개하는 정도다.

지역을 대표할 만한 역사적인 인물도 찾기 어렵다. 이곳 사람들에게 양산을 대표하는 인물을 물으면 멀리 신라시대 충신 박제상[363~419]까지 거슬러 올라간다. 그러나 그 뒤를 잇는 인물을 선뜻 꼽지 못한다. 긴 역사를 훌쩍 뛰어넘어 나오는 인물이 아동문학가 이원수[1911~1981]이다. 하지만, 이마저도 양산에서 '우리 인물'로 확실하게 품지 못한다. 박제상 기념관은 울산, 이원수 문학관은 창원에 있다.

양산에 역사적 인물이 많지 않은 이유는 이곳 사람들도 꼬집어 말하지 못한다. "살림이 넉넉했기에 출세욕이 없었다", "강변 평야에 살던 사람들이 독하지 않았다" 정도로 풀어낼 뿐이다. 하지만, 더 근본적인 이유는 이 지역 위치와 기능에서 찾는 게 맞을 듯하다. 양산은 역사적으로 주도권을 쥐거나 특별한 기능을 맡은 적이 없다. 신라 시대 경주를 비롯해 근현대 들어 부산·울산까지 큰 도시를 가까이 두기는 했으나 그뿐이었다. 오히려 큰 도시와 잦은 왕래 때문에 독특한 지역색에 대한 고민은 덜했다. 예나 지금이나 양산은 큰 도시 곁에서 배후도시 기능을 했다. 이곳을 터전 삼아 업적을 이루기에는 주변 도시들 위세가 대단했던 셈이다. 여기 사람들은 기회만 있으면 밖에서 큰일을 하려 했다.

큰 도시 사이에 끼인 지리적 위치는 오늘날에도 이곳 사람들에게 열등감을 안기는 면이 있다. 양산은 행정구역으로 보면 경남이다. 하지만, 법원 관련 업무는 울산에서, 세무 관련 업무는 부산에서 처리해야 한다. 어느 지역보다 경남이라는 소속감이 옅을 수밖에 없다. 오히려 이곳 사람들은 거리나 생활권으로 봤을 때 부산을 더 가깝게 여긴다. 그래도 늘 큰 도시 뒤치다꺼리를 한다 싶어 쌓인 섭섭함은 제법 깊다.

최근 양산은 이 같은 열등감과 피해의식을 극복하려는 움직임이 활발하다. '삼산三山, 양산·부산·울산의 중심지 양산'이라는 구호에서는 그런 노력을 엿볼 수 있다. 큰 도시 사이에서 겪던 설움을 중심지 역할을 통해 자부심으로 바꾸겠다는 시도다.

통도사가 있기에

양산을 아는 사람이나 모르는 사람이 아무리 이 지역을 깎아내린다 해도 결국 통도사通度寺에서 막힐 수밖에 없다. 대한불교조계종 제15교구 본사인 불보佛寶 통도사는 법보法寶 해인사, 승보僧寶 송광사와 더불어 삼보사찰三寶寺刹 가운데 하나다. 양산을 넘어 경남, 아니 이 나라가 자랑하는 보배다.

"양산이 지닌 문화적 자산을 모두 버려도 통도사 하나면 된다"는 말은 과장이겠지만 그렇게 지나친 표현도 아니다. 양산에 있는 국가·도 지정 문화재는 모두 151점이다. 문화재 보유 수만 따지면 경남에서 가장 많다. 이 가운데 86점이 통도사에 있다. 통도사를 둘러싼 경치 또한 빼어나다. 부처 사리와 가사·대장경을 봉안했기에 절 이름 앞에 붙이는 '불보'에 담긴 뜻은 각별하다. 하지만, 통도사를 감싸는 절경을 고려하면 아무래도 '영축산 통도사'라는 이름이 더 살가

통도사

내원사

울 듯하다. 여기에 영축산 곳곳에 자리한 통도사 암자가 한껏 매력을 더한다. 서운암·옥련암·백련암·사명암·수도암·안양암·자장암·서축암·금수암·극락암·반야암·비로암·백운암·관음암·보문암·무량암·축서암·취운암·보타암을 묶어 '통도사 19암자'라고 부른다. 암자를 돌면 이 나라에 있는 절 생김새를 모두 볼 수 있다고 할 정도로 다양한 건축 양식을 감상할 수 있다.

통도사가 워낙 빛나서 그렇지 양산이 자랑하는 절은 통도사만 있는 게 아니다. 천성산 기슭에 자리한 내원사는 646년 원효대사가 창건한 사찰이다. 절 규모는 아담하지만 절까지 이르는 계곡은 '소금강小金剛'이라고 불릴 정도로 절경이다. 내원사는 한국전쟁 때 사찰 건물이 불타고 빈 터만 남았다. 그러던 것을 1959년 비구니 수옥이 새로 절을 짓고 비구니 선원으로 다시 문을 열었다. 천성산 원효터널 공사를 반대하며 시민·사회단체와 '도롱뇽의 친구들'을 결성해 도롱뇽을 원고로 소송을 벌이고, 생태계 보호를 요구하며 장기간 단식을 하면서 유명해진 승려 지율이 바로 내원사 산감이었다.

이 밖에 용화사·신흥사·미타암·원효암·홍룡사·계원암 같은 사찰은 양산이 지닌 불교문화를 더욱 풍성하게 한다.

자연에 내민 손길에서 찾은 미래

1970년대 말 산업단지 조성을 시작으로 양산은 도시 규모 키우기에 열을 올린다. 늘어나는 공장과 몰려든 노동자, 생산과 소비 규모는 갈수록 커졌다. 양산시 행정은 공업과 소비에 쏠릴 수밖에 없었다. 말 그대로 '난개발'이었고 환경은 뒷전으로 밀렸다. 이 같은 행정에 대한 경고는 양산천에서 나온다. 1980년대 초만 해도 은어 떼가 다니고 아이들이 멱 감던 강은 점점 탁해졌다. 오·폐수는 쏟아졌지만 이를 걸러낼 시설은 그 속도를 쫓지 못했다. 시커멓게 변하고 고약한 냄새까지 풍기던 강은 기어이 생물이 살 수 없는 곳으로 변한다.

양산시는 2006년 들어 '양산천 친환경 종합개발사업'을 세운다. 30년 남짓 외면했던 자연에 화해 손길을 내민 셈이다. 2015년 준공 계획인 '양산천 사업' 성과는 서서히 나타나고 있다. 수질개선사업 덕에 양산천 수질은 1~2급수로 회복됐다. 양산은 2015년까지 하천 전역을 1급수로 만들 계획이다. 양산 시민이 강변에 조성된 산책로를 거닐며 어렵게 되찾은 강을 반기는 것은 당연하다.

양산천 변에 조성된 유채 단지

자연을 외면하면서 생긴 부작용은 양산천뿐만이 아니다. 부산·울산지역 소비를 끌어들이겠다며 세운 골프장은 그대로 두어도 더 없이 아름다운 산을 무자비하게 파헤치며 들어섰다. 그렇다고 해서 골프장이 양산 살림에 큰 보탬이 된 것도 아니다. 일부 골프장은 예사로 지방세를 체납해 빈축을 사며, 한 골프장은 체납액을 처리하지 못해 파산하기도 했다. 이 와중에도 또 한 곳에서는 골프장이 지어지고 있다. 골프장 신축 현장은 시내에서도 쉽게 보이는데 움푹 파헤쳐진 산등성이 흙더미는 주변 숲과 비교돼 더욱 보기 흉하다. 양산 시민도 공사 현장을 볼 때마다 고개를 절레절레 젓는다.

이곳 사람들은 양산을 한마디로 '가능성이 풍부한 도시', '미래가 밝은 도시'라고 정리하고 싶어 한다. 탄탄한 산업 기반과 더불어 수려한 자연환경까지 갖춘 지역 자산에 거는 기대다. 해마다 1만 명가량 늘어나는 인구도 이 도시에 대한 기대를 반영한다. 이를 실현할 수 있는 열쇠는 도시와 자연을 조화롭게 엮는 데서 찾을 수 있다. 생기를 찾는 양산천은 이곳 사람들이 그리는 미래에 대한 실마리다.

먹을거리에 담긴 역사와 문화

———

낙동강 따라 늦봄 진미 '웅어'
녀석 성질도 급하다

양산을 잘 안다 하는 여럿에게 "이 지역 대표 먹을거리가 뭐냐"고 물으니 반응이 다들 마땅찮다. 굳이 내세우자면 한두 가지 없을까마는, 외지 사람에게 시원스레 말할 만한 게 그다지 떠오르지 않는 듯하다.

실제 이 지역 음식문화가 그리 유난스러워 보이지는 않는다. 전해지던 향토음식·특산물 가운데 사라진 것들이 제법 있고, 즐겨 먹는 것 가운데도 주재료를 외지에서 들여오기도 한다.

그 까닭을 지리적·사회적 환경과 연결해 보자면 몇 가지 들 수 있는 게 있다.

그곳만의 독특한 음식문화가 발달하려면 지형적으로 폐쇄된, 유배지 같은 곳이 오히려 더 득이 되는 편이다.

이에 비춰 보면 양산은 천성산·천태산·토곡산 같은 높은 산이 있기는 하지만, 바깥과 단절하는 역할까지는 아니다. 양산은 서북쪽으로 밀양, 서남쪽으로 김해, 동북쪽으로 울주, 동남쪽으로 부산에 안겨 있다. 바깥보다는 오히려 양산 내 남북으로 정족산맥이 형성돼 있어 동북쪽 웅상지역은 부산·울산에 가까운 이질적 문화를 안고 있다.

양산만의 독특한 음식문화를 고집할 만큼의 지형적 구조는 이래저래 아닌 것이다.

여기에다 양산 주변부가 부산 등 인근 지역으로 넘어갔다 돌아왔다를 여러 번 경험하는 울타리 변화가 많았다. 특히 1970년대 이후부터는 부산 팽창을 흡수하는 역할을 안았다. 주머니 사정이 좀 넉넉한 사람들은 부산으로 넘어가 먹을거리를 즐기는 것에 마음 두는 분위기도 있었다.

그렇다고 향토음식이 전혀 없을 수는 없다. 여기서는 사회적 환경을 들여다볼 필요가 있다. 급속한 산업화·4대 강 사업 같은 것들이다.

양산은 낙동강을 품은 덕에 민물고기를 쉽게 접하며 음식에 활용했다. 이 가운데 무채에 민물 치어를 통째로 넣어 고추장과 섞어 먹는 회가 유명했다고 전해지지만, 이제는 찾아보기 어렵다.

'물금 웅어회'는 그 명맥을 잇고 있기는 하다. 웅어는 멸칫과에 속하는 바닷물고기인데, 4~6월 산란을 위해 하천을 찾는다. 성질이 급해 잡히면 바로 죽어버려 냉동이 필요한 놈이다. 한철 귀한 음식이다 보니 조선시대에는 진상목록에도 올랐다 한다. 이곳 어른들은 보리 익을 무렵이면 웅어회를 늘 찾았다고 한다. 하지만 1987년 낙동강 하굿둑이 만들어지면서 이곳에서 웅어를 찾아보기는 어렵게 됐

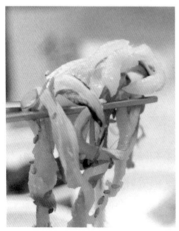

웅어회

민물매운탕

다. 그래도 여전히 물금읍 몇몇 횟집에서는 웅어회를 내놓는다. 섬
진강 변 하동이나 목포 같은 곳에서 들여온 것들이다.

'민물매운탕'은 호포지역 중심이다. 붕어·메기·빠가사리·참게·쏘
가리 매운탕을 다루는 예닐곱 식당이 호포지역에 형성돼 있다. 하지
만 수입 메기 같은 것도 종종 눈에 들어온다.

특산물은 좀 더 전국적인 명성을 안고 있었다. 매실·딸기·수박·
당근·감자·달걀·임산물·산나물 같은 것들이다.

양산은 인근 공항·항구가 30분 거리에 있다. 물류비용을 아낄
수 있는 산업 입지 조건이다. 그러다보니 1978년 양산지방산업단지
를 비롯해 웅상농공단지·어곡지방산업단지·산막일반산업단지, 소
주공업지구·북정공업지구가 줄줄이 들어섰다. 공장이 들어서던 초
기에는 난개발 형태를 보였는데, 이런 속에서 임산물·산나물 생산
은 급속도로 줄었다.

약선요리

산채비빔밥

　원동면은 딸기·수박 재배지로 유명했다. 원동면 남쪽으로는 낙동강이 흐르고, 이를 따라 철길이 들어서 있다. 이 철길 너머 낙동강 쪽은 모래땅 아래에서 물이 자연스레 올라와 딸기·수박 키우기에 더없이 좋은 조건이었다. 그럼에도 4대 강 사업 정비로 딸기·수박 농가는 사라졌다. 한 해 수백억 원이 오갈 때 원동지역의 활력 넘치던 모습도 과거형이 됐다. 보상받은 이들 가운데는 외지인들이 적지 않다는 얘기가 들린다. 이를 두고 사람들은 '양산의 부가 유출됐다'고 표현하기도 한다. 현지인 중 일부는 보상금으로 원동면 내 철길 안쪽 서룡리 같은 곳으로 옮겨 딸기·수박 하우스를 이어가기도 한다. 하지만 모래땅 아닌 논땅이라서 그리 신통치는 않은 듯하다.

　물금읍 증산리 낙동강 둔치에서 100여 농가가 정성 쏟던 '물금 모래 감자'도 옛 기억으로 자리하고 있다. 물 빠짐이 좋은 낙동강 변 땅 덕에 수분 적은 타박 맛 맛으로 이름을 높였지만, 4대 강 사업 생태공원 조성으로 지난 2009년 명맥이 끊겼다.

　4대 강 사업과 무관한 영포마을 중심 '원동 매실'은 양산 특산물로 계속 자리하고 있다. 온화한 기후·충분한 일조량 같은 재배특성에 들어맞아 100년 전부터 이어지고 있다. 토종은 개량되지 않은 알이 작은 것으로 장아찌보다는 진액, 그리고 술 담그는 데 사용된다.

　원동면 위에 자리한 상북면은 달걀 생산지다. 60여 농가가 도내 생산량 70%를 책임지고 있다.

　다시 음식으로 돌아와 맺어보자면, 유명 사찰 주변이 그러하지만, 양산은 특히 통도사라는 삼보사찰이 있는 곳답게 산채비빔밥·약선요리, 스님들 특식이기도 한 국수 같은 것에서는 정성과 특별함이 묻어나기도 한다.

볼거리에 담긴 역사와 문화

___

박제상·이원수 잃었으나
신라·가야 역사는 흐른다

'양산'이라는 말 뒤에 '통도사'가 따라붙는 것은 아주 자연스럽다.

양산에는 통도사IC가 별도로 있다. 통도사로 안내하는 시내 곳곳 이정표도 불편함 없게 되어 있다.

이곳에서 통도사에 대한 각별함은 당연할 수밖에 없다.

통도사 산내 암자만 19개며, 말사는 밀양 표충사·밀양 만어사·마산 정법사 등 경남에만 60개가 넘는다. 양산은 도내 지자체 가운데 지정문화재가 151개(국가지정 43개·도지정 78개·문화재자료 30개)로 가장 많다. 이 가운데 통도사에서 관리하는 것이 81개며, 말사까지 포함하면 100개 가까이 된다.

이를 두고 '통도사 없었으면 양산은 너무 심심한 곳이었을 것'이라는 말을 한다. 반대로 '통도사라는 대명사가 있었기에 그 외 것들은 굳이 드러내려 하지 않았을 것'이라는 말도 들린다.

실제 통도사 아닌 것에 눈 돌리면 두 가지 말 모두 수긍된다.

이곳 사람들은 지역 대표 인물로 신라 충신 박제상, 아동문학가 이원수를 거론한다. 그래도 그 흔적이 별스럽지 않다.

통도사

박제상363~419은 신라 눌지왕 때 충신이다. 상북면 소토리에는 생가·초상화·석비로 이뤄진 '박제상 유적 효충사경상남도 기념물 제90호'가 있다. 자동차가 겨우 들어갈 만한 마을 좁다란 길을 따라가면 너른 터에서 마주하게 된다. 하지만 주변과 크게 조화로워 보이지는 않는다. 사당 문도 잠겨 있어 그 기운을 느낄 틈이 부족하다.

애국가보다 많이 불린다는 동요 '고향의 봄' 노랫말을 만든 이원수 1911~1981 흔적은 북정동 생가터, 교동 춘추공원 노래비 정도다. 혹자는 "박제상은 울산에, 이원수는 창원에 빼앗겼다. 양산은 문화콘텐츠를 많이 잃은 곳"이라고 말한다. 박제상 후손들이 한때 사당을 지으려 했지만 결실을 보지 못했고, 박제상 부인 망부석은 울산 울주군에 들어섰다. 이원수를 놓고도 이야기를 담아보려는 노력이 오랜 시간 있었으나, '이원수' 하면 '창원'이 먼저 떠올려지는 분위기다.

가야진사경상남도 민속문화재 제7호는 삼국시대~조선시대에 낙동강 뱃길을 순조롭게 해달라며 제사 지내던 곳이다. 원동면 용당리에 있는 이곳 제당 역시 개방해 놓지 않아 낙동강과 마주하는 것으로 눈을 달래야 한다.

가야진사

홍룡폭포

　임경대는 최치원 선생이 낙동강 물에 비친 산 모습을 보고 마치 거울 같다며 시를 읊었다는 곳이다. 원동면 화제리 어느 산길을 따라 들어가야 하는데, '그 위치가 정확하지는 않다'는 단서가 달려 있다.

　눈을 조금 더 넓혀 자연에 시선을 고정하면 이곳 양산이 다시 보인다. 산·강·천이 저마다 장면을 만들어 배내골·내원사계곡·천성산·천태산·홍룡폭포 같은 비경을 선사한다.

　이 가운데 천성산^{922m}은 원효대사가 당나라에서 온 스님 1000명에게 화엄경을 설법해 모두 성인이 되게 하였다 해서 붙여진 이름인데, '지율 스님' '도롱뇽'도 함께 떠오른다. 천성산터널은 2010년 10월 개통했고, 지금은 명칭이 원효터널로 바뀌었다. 천성산은 20여 습지를 품에 두고 있다. 원형 보존이 가장 잘 돼 있었다는 밀밭늪은 조금씩 땅으로 변해가고 있다는 말이 들린다. 그것이 천성산터널, 아니 원효터널과 연관 있는지는 알지 못한다. 보는 이들에 따라서는 천성산 습지는 변화된 게 없다고도 한다. 도롱뇽과 그 알을 봤고 못 봤고 역시 중요한 것은 아닌 듯하다.

원효터널

도심에서는 또 양산의 활력 넘치는 모습을 대하게 된다. 해가 지면 양산타워·양산천상 구름다리·영대교와 음악분수가 이곳을 매혹적인 빛의 도시로 만든다.

두 마리 백조가 마주하는 양산천상 구름다리는 단지 아름다운 형상만 뽐내지 않는다. 양산이 신라와 가야 경계였다는 것을 새삼 깨닫게 하는 사연을 담고 있다. 양산천은 신라·가야를 가르는 강이

양산천상 구름다리

었는데, 신라 청년이 가야 여인을 만나려 천을 헤엄치다 불어난 물에 익사했다는 얘기가 남아 있다. 이를 담아 누구나 천을 쉽게 건너도록 다리를 놓았고, 신라 청년·가야 여인은 다리 위 백조가 되어 이곳을 내려다보고 있다.

양산은 한편으로는 급속한 도시화·산업화에 매몰돼 있다가 '환경'에 눈 돌린 흔적을 두고 있다. 160m 높이 양산타워는 자원회수시설_{재용용되지 않는 가연성 폐기물 소각처리시설} 굴뚝을 활용해 만들었고, 수질정화공원은 하수종말처리장 터를 활용했다. 어곡동에는 도내 최초 상업용 풍력발전기 2기를 가동하고 있다. 높이 70m·지름 77m인 회전자가 바람을 타고 돌아가며 이국적인 풍경을 자아낸다.

양산에는 '경남·부산·울산 노동자 성지'도 있다. 하북면 답곡리 솥발공원묘역으로 노동운동의 아픈 역사가 잠들어 있다. 부산 구덕고에 몸담으며 전교조 합법화 투쟁 중 위암으로 숨을 거둔 고 신용길 선생이 1991년 이곳에 묻혔다. 이를 시작으로 경남·부산·울산에서 노동운동하다 유명을 달리한 노동자 한 명 한 명이 잠들면서, 2006년 지역 민중단체가 '영남권 열사묘역'으로 만들었다. 2007년 열린 '6·15공동선언 실천을 위한 남북노동자통일대회'에서 북측 대표단이 보슬비 속에 이곳을 찾아 배달호 열사 등 민주노동열사 8기에 참배하기도 했다.

양산시민신문 김명관(50) 대표는 양산 온 지 10년 됐다는 게 믿기지 않을 정도로 역사·인물·문화 등을 속 시원히 알려준다. "행정은 경남, 법원·검찰은 울산, 세무 관련 기관은 부산에 있다 보니 경남에 대한 소속감은 부족하죠. 과거에는 교육·문화·행정에서 홀대한다는 상대적 박탈감도 많았어요. 그런데 이제는 삼산(양산·부산·울산) 중심으로 가자는 발상 전환을 한 거죠. 예전에는 선생님들도 양산 발령 받으면 1년 안에 나가려 했지만, 지금은 서로 오려고 해요."

양산이 배출한 인물을 떠올리자니 쉽지 않다. "몇몇 손꼽을 정도인데, 왜 그럴까 생각해 봤습니다. 먹고사는 게 어려운 지역은 절박함 때문에 공부를 악착같이 시킵니다. 그런데 여기 양산은 부산에 가깝고 평야 지대다 보니 상대적으로 여유로웠어요. 그러다 보니 공부에 대한 열의는 좀 낮았던 게 아니었을까 싶어요."

그러면서 일명 '삼 뻥튀기'를 설명했다. "이 지역 토착민을 아주 풍요롭게 만든 세 가지가 있었어요. 1960년대 경부고속도로 만들어질 때 토지보상으로 땅값이 급상승했죠. 그다음은 공단 들어 설 때였고, 마지막으로 신도시 조성되면서예요. 양산 개는 짖을 때도 '억! 억!' 한다는 우스갯소리까지 있을 정도죠."

양산에서 만난 사람

허창호 원동면 주민

　허창호(76) 할아버지는 부산에서 사업하다 25년 전 이곳 원동면으로 들어왔다. 누군가가 "양산 텃세가 별로 없어 외지인도 5년 정도면 토착화된다"고 했으니 이미 오래전에 원동사람 다 된 셈이다. 본인은 산딸기 재배만 하지만, 이름이 자자했던 '원동 밭딸기·수박'에 대해서도 잘 알고 있다. "철도 바깥 강가 쪽에서 밭딸기·수박하던 사람들이 4대 강 사업 때문에 지난해부터 여기 안쪽으로 들어왔지. 그런데 여기는 벼농사 하는 논 땅이라 습지 조건이 안 좋아서 뿌리 활착이 잘 안 돼."

　밭딸기·수박은 같은 땅에서 재배된다. 3월까지 밭딸기를 키우고, 이어 수박을 심어 6월경 수확한다. "자연조건은 조금씩 다 달라. 낙동강 쪽은 수백 수천 년 동안 만들어진 모래땅인데다, 물을 끌어들일 필요도 없이 자연히 올라와서 밭딸기 하기 더없이 좋지. 강모래 퍼올려서 매립한 땅이 굳어지면, 다시 옮기지들 않겠어? 땅값이 여기보다 비싸도 말이야."

　산딸기 수확은 6월 초 끝내고 조합을 통해 판매도 했다. 그래도 손 갈 일은 이어진다. 특히 농약을 안 치고 키우려면 벌레 붙은 이파리는 일일이 확인하고 제거해야 한다. 할아버지는 다시 일할 채비를 하며 덧붙였다. "나는 그냥 낙동강 보며 마음 편하게 살고 있어."

놓치지 않고
둘러봐야 할 곳

통도사 대웅전, 금강계단 국보 제290호로 통도사 여러 건물 가운데 핵심이라 할 수 있다. 대웅전에는 따로 불상을 모시지 않는다. 석가모니 진리사리를 모신 금강계단金剛戒壇이 있기 때문이다. '계단'이란 계를 수여하는 의식이 행해지는 장소라는 의미다. 금강계단 가운데 종 모양 석조물에 사리를 보관하고 있다.

하북면 지산리 583

홍룡폭포 천성산 중턱에 상층 23m·중층 10m·하층 8m인 3단 구조로 되어 있다. 바로 옆 관음전 앞에 서 있으면 물줄기 바람과 경쾌한 소리를 온몸으로 느낄 수 있다.

상북면 대석리 1

오봉산 임경대 1022호 지방도 아래 산길 따라 4~5분가량 들어가면 낙동강·산·들이 펼치는 장관과 마주하게 된다. 고운 최치원 선생이 강물에 비친 산 모습이 거울 같다하여 시를 읊었다는 곳이다.

원동면 화제리 산72-4 일대

신전리 이팝나무 천연기념물 제234호로 이름에 대한 사연은 두 가지다. 꽃이 필 때 나무 전체가 하얀 꽃으로 뒤덮여 이밥, 다시 말해 쌀밥과 같다 하여 붙여졌다는 얘기가 있다. 또한, 여름 시작인 입하에 꽃이 펴 입하목이라 하다 이팝나무로 불렀다고도 한다. 한 나무지만 밑동이 둘로 갈라져 두 그루처럼 보이며 정확한 나이는 밝혀지지 않았다.

상북면 신전리 95

놓치지 않고
둘러봐야 할 곳

배내골 영남알프스라 불리는 가지산 고봉들이 둘러싸며 아름다운 자태를 드러낸다. 계곡 옆으로 야생 배나무가 많이 자라 이천동梨川洞, 우리 말로 배내골이라 불리게 됐다. 영남알프스라는 말을 의식한 듯 곳곳에 유럽풍 펜션이 자리하고 있다.

　원동면 대리·선리

양산타워 자원회수시설 굴뚝에 건립한 타워. 높이 160m로 서울남산타워[236m]·대구우방타워[202m] 다음으로 높다. 베이커리 북카페(책 1200여 권)인 5층 전망대, 360도 회전하는 6층 전망대로 되어 있다. 입장료는 없다.

　동면 석산리 양산물금택지개발지구

65B-1L

풍력단지 도내 최초 상업용 풍력발전단지로 2기가 2011년 10월 가동됐다. 연간 발전량 7884 ᴍᴡ, 1600가구가 동시에 사용할 수 있는 양이다. 높이 70m로 직경 77m인 날개가 바람을 타고 돌아가는 모습이 웅장하게 다가온다.

어곡동 2091-3번지 일원

솥발산공원묘원 경남·부산·울산에서 노동운동하다 세상을 떠난 열사 30여 명이 잠들어 있는 노동운동 성지라 할 수 있다. 지난 2007년에는 남북노동자통일대회 북측 대표단이 찾아 참배하기도 했다.

하북면 답곡리 산173

의령

굽이굽이 감도는 비상한 기운
굳이 자랑하지 않는 무뚝뚝함
사람·역사·자연'의젓한 땅'

의령군 궁류면 벽계리에서 한우산으로 길을 정하면
찰비계곡을 지난다. 여름에도 '차가운 비寒雨'가 내린다 하여
한우산이고, 그 물이 골짜기로 흘러 '찰비'라는 이름을 얻었다.
바위 생김새가 유난히 의젓한 의령이 품은 매력은
이 계곡에서도 한 자락 드러난다. 잘 닦아 놓은 길은
찰비계곡을 지나 한우산 꼭대기로 이어진다.
궁류면 일대에 두루 걸친 한우산836m은 의령에서 두 번째로 높다.
봄 철쭉과 가을 억새가 매력적인 이 산은 영화 〈아름다운 시절〉
(감독 이광모·1998) 마지막 장면에서 배경으로 등장한다.
한우산 꼭대기에서 눈길을 남서쪽으로 향하면
바로 자굴산897m과 마주친다. 의령에서 가장 높은 봉우리다.
자굴산과 한우산을 빼면 의령에서 800m가 넘는 산은 없다.
그래도 의령 땅 대부분은 산이다.

산성산^{741m}·미타산^{662m}·웅봉산^{584m}·신덕산^{533m}·선암산^{528m}·마등산^{427m}·잠등산^{381m}·우봉산^{372m} 등이 한 자리씩 차지하고 있다. 한우산에서 내려다보는 의령은 곳곳에 솟은 봉우리가 눈 닿는 데까지 이어지고 두루 퍼진 땅이다. 이 때문에 의령에서 두 번째로 높은 곳에서도 그럴듯한 들판이나 마을은 눈에 띄지 않는다. 한우산에서 멀리 보이는 시가지는 함안 것이고 창녕 것이다. 그렇게 보면 의령에서 의령이 보이지 않는다는 바깥사람들 핀잔이 아예 빈말은 아니다. 그래서인지 의령은 이곳이 품은 자산을 낯선 이들에게 냉큼 풀어놓지 않는다. 마주치고 겪으면서 다가서야 수줍게 매력을 드러내는 땅이다. 그런 면에서 경남 사람과 닮은 무뚝뚝한 고장이다.

한우산 정상에서 본 자굴산

땅 자체가 명당이다

산과 더불어 의령 동쪽과 남쪽을 휘감은 낙동강과 남강 역시 어느 물가에서든 수려한 풍경을 뽐낸다. 그러나 여기 사람들은 봉우리하나, 물줄기 하나를 꼬집어 자랑하지 않는 편이다. 오히려 의령 자랑은 땅 전체를 펼쳐놓으면서 시작된다. 귀한 들판 대부분이 남쪽으로 물을 두고 북쪽으로 산을 등졌으니 전형적인 '배산임수背山臨水' 명당이라는 것이다. 그렇게 치면 의령읍, 용덕면, 정곡면, 지정면이 그런 명당에 해당한다. 땅 생김새 자랑은 자연스럽게 의령이 낳은 큰 부자富者 이야기로 이어진다. 나라에서 손꼽는 부자 몇이 의령에서 태어난 게 땅에 서린 기운 덕이라는 것이다. 그렇게 따지면 그 기운이 여기 사람들에게 고루 미치지는 않은 듯하다. 예부터 의령 사람들 살림이 그렇게 넉넉한 편이 아니었다.

의령군 전체 면적482.9㎢ 가운데 농경지66.6㎢는 13.7% 정도다. 한우산에서 내려다본 풍경이 말하듯 여기 땅 대부분은 산이다. 들판은 남강을 낀 의령읍, 화정면, 용덕면 일대와 유곡천이 흐르는 유곡면, 부림면 일대에 비교적 발달했다. 하지만, 평야라고 할 만한 너른 들판을 찾기는 어렵다. 의령군 농가는 5200여 가구로 전체 가구 가운데 36%를 차지한다. 농업을 빼면 제조업 인구가 전체 인구 가운데 12% 정도로 높은 편이다. 대부분 50명 미만인 중·소규모 업체다. 의령군 주요 산업은 농업이라고 보는 게 맞다.

예부터 의령 이름을 널리 알린 것은 병풍과 한지韓紙다. 병풍은 궁류면 일대에서, 한지는 부림면 신반리, 봉수면 죽전리·청계리, 유곡면에서 주로 생산했다. 특히 의령 한지는 조선시대 진상품으로 중국에까지 널리 이름을 떨쳤다. 옛날 부림면 신반리에 장이 서면 전국에서 종이를 사려는 사람들이 몰려들었다고 한다. 하지만, 지금 의령에서 한지로 누렸던 영화를 체감하기는 어렵다. 제작 과정이 자동화되면서 한지를 생산하던 농가 대부분은 손을 놓았다. 그리고 닥나무만 쓰던 한지도 비용을 이유로 펄프 등을 섞기 시작하며 제 모습을 찾기 어려워졌다. 봉수면 서암리에 있는 '전통한지전시관'에서는 한지 제작 과정을 실물로 볼 수 있다. 의령군은 해마다 10월 신반장날에 맞춰 '의령 한지·병풍 축제'를 열어 옛 흔적을 이어가고 있다.

여기는 의병의 고장

남해고속도로에서 군북 IC로 빠져 의령으로 향하면 남강과 마주친다. 이 남강이 의령과 함안을 가르는 경계가 된다. 강을 가로질러 함안과 의령을 잇는 다리는 '정암교'다. 정암교 끝 의령 쪽에 서 있는 의젓한 문이 '의령관문'이다. 의령관문 옆에는 제법 너른 광장이 조성돼 있다. 지난 2011년 7840㎡ 면적에 조성된 광장 이름은 '의병광장'이다. 광장 가운데 우뚝 솟은 기단 위에는 백마에 올라탄 장군 동상이 세워졌다. 멀리서도 붉은 옷이 눈에 띄는 '홍의장군紅衣將軍' 곽재우다. 여느 고장이었으면 그저 옛 성곽을 닮았을 뿐인 관문은 의령 입구이기에 남다르다. 이 관문에는 임진왜란 때 이 땅을 짓밟던 왜군을 당당하게 몰아낸 고장으로서 자부심이 서려 있다. 의령은 '의병의 고장'이다.

망우당 곽재우1552~1617는 의령군 유곡면에서 태어났다. 남명 조식

의병박물관 내 곽재우 장군 동상

1501~1572에게 배웠으며 1585년 과거에 급제했으나 지은 글을 선조가 못마땅하게 여겨 합격이 취소된다. 이후 정계 진출을 포기하고 고향에서 머무른다. 1592년 임진왜란이 일어나자 의병을 일으킨 곽재우는 의령·창녕·진주 일대에서 왜군을 상대로 승승장구하며 적의 진출을 막는다. 전투 때마다 붉은 비단으로 만든 옷을 입어 '홍의장군'으로 이름을 떨쳤다. 이후 1597년 정유재란 때도 경상좌도방어사로 창녕·밀양·영산·현풍 등에서 왜군을 막으며 큰 공을 세웠다.

전쟁이 끝나고 선조는 곽재우에게 수차례 벼슬을 내리나 그는 대부분 사양하거나 짧은 기간만 관직을 맡았다. 말년에 벼슬을 사퇴하고 고향에서 지내던 곽재우는 1617년 사망한다. 의령읍에 있는 '충익사'는 곽재우 장군을 기리는 유적지다. '충익忠翼'은 그가 죽고 92년이 지난 1709년 나라에서 내린 시호다. 충익사 입구에는 의병탑을 세웠으며 안에는 곽재우와 더불어 활약한 장군 17명을 모신 사당과 이들 명패를 보존한 '충의각'이 있다. 또 충익사 바로 옆에는 '의병박물관'이 있다. 박물관에서는 곽재우 장군 유물을 비롯해 당시 의병 활약상을 엿볼 수 있는 시청각 자료를 볼 수 있다. 의령군은 이곳을 대표하는 볼거리 9곳을 '의령 9경'으로 묶었는데 제1경이 충익사다. 대부분 지방자치단체가 빼어난 풍경을 먼저 내세우는 것과는 사뭇 다르다. 지난 2010년 정부는 6월 1일을 국가기념일인 '의병의 날'로 제정·공포했다. 의령은 1972년부터 해마다 4월 22일 열었던 '의병제전'을 2011년부터 6월 1일 '의병의 날 행사'로 개최한다.

천하제일 큰줄땡기기

길이 251m, 둘레 5~6m, 무게 54.5t 규모로 만든 줄은 2005년 세계기네스북에 등재됐다. 의령에서 가장 큰 줄은 세계에서 가장 큰 줄이다. 걸핏하면 최고를 앞세우고 싶은 게 뭇사람들 성정이라지만 의령이 만든 큰 줄 앞에 붙은 '천하제일' 수식은 제대로 붙인 것이다. 줄다리기는 양쪽이 편을 나눠 힘을 겨루는 시합이다. 하지만, 의령에서 '큰줄땡기기'는 시합이 될 수 없다. 그 거대한 크기 때문에 온

동네 사람들이 모여서 들기조차 버겁기 때문이다. 들기조차 버거운 줄을 어느 한쪽으로 당긴다는 것은 애초부터 무리다. 큰 줄 옆으로 지네 다리처럼 엮인 줄에 사람들이 달라붙지만 겨우 줄을 떠받칠 뿐이다. 애초부터 큰줄땡기기에서 힘은 겨룰 때가 아니라 거드는 데 쓰임이 있다. 여기 사람들에게 큰줄땡기기는 경쟁이 아니라 화합이다. 이는 제작과정에서부터 그렇다.

정월 대보름이 지나면 의령에 있는 238개 마을 주민들이 짚단을 모아 작은 줄을 만든다. 각 마을에서 만든 작은 줄은 주민들이 함께 메고 읍·면 집결 장소로 옮긴다. 줄을 옮길 때 마을마다 제를 올리고 축제 분위기를 부추긴다. 읍·면에 모인 줄은 경연 장소로 옮기고 사람들은 이를 엮어 큰 줄을 만든다. 이 같은 제작 과정은 큰줄땡기기 못지않게 중요하게 진행된다. 줄다리기는 한반도 중·남부 지역 농경 문화권에서 흔히 볼 수 있는 민속놀이다. 그런데 의령에서 유난히 규모가 커진 이유를 꼭 집어 말하기 어렵다. 이곳 사람들은 그저 의령 사람들이 통이 커서 그렇다며 웃어넘길 뿐이다.

큰줄땡기기 ⓒ의령군

의령이 자랑하는 큰줄땡기기 행사에서는 의령군이 품은 고민 한 자락이 엿보이기도 한다. 바로 고령화 문제다. 65세 이상 노인 인구가 전체 인구에서 차지하는 비율이 7% 이상이면 '고령화사회'라고 한다. 2012년 의령군 전체 인구에서 노인인구 비율은 30.5%, 합천(31.7%)에 이어 경남에서 두 번째로 높다. 이 같은 노인인구 비율은 큰줄땡기기처럼 사람 손이 많이 드는 행사에 영향을 미칠 수밖에 없었다. 2005년 기네스북에 올랐던 큰 줄 규모를 더는 유지하기 어려워진 것이다. 의령군은 지난 2011년 큰줄땡기기 행사에서 큰 줄 크기를 줄인다. 251m였던 길이는 130m로, 줄머리 둘레는 4.5m에서 4m로, 지름이 12㎝이던 작은 줄은 10㎝로 줄였다. 또 벗줄 지름 역시 20㎝에서 15㎝로 줄였다. 일단 큰 줄 크기를 조정해 일품을 줄이기는 했지만, 동네마다 줄을 꼬고 옮기고 엮고 당길 사람은 당장 늘어나지 않을 듯하다. 그렇다고 앞으로 의령에 사람들이 몰릴 만한 계기도 별로 보이지 않는다. 이는 큰줄땡기기뿐 아니라 의령군 전체를 생각해도 고민할 수밖에 없는 문제다.

큰줄땡기기와 더불어 의령이 자랑하는 민속놀이로 소싸움이 있다. 지금은 잠잠하나 한때 이웃 진주와 서로 '원조'를 주장하며 예사롭지 않은 다툼을 벌이기도 했다. 하지만, 고려 때 의령현이 진주 관할이었던 만큼 그 유래는 한뿌리라고 보는 게 타당할 듯하다. 어쨌든 의령 소싸움을 말한다면 비범한 싸움소 '범이'를 빼서는 안 될 듯하다. 전국대회 19회 연속 우승 등 화려한 기록을 보유한 의령이 자랑하는 '싸움꾼'이다. 2010년 죽은 범이는 전국대회 191전 4패라는 기록을 남겼다. 의령은 해마다 '의병의 날'과 함께 '의령전국민속소싸움대회'와 추석에 '의령소싸움대회'를 열고 있다.

의령이 낳은 두 부자

정곡면 중교리에 들어서면 너른 주차장이 눈에 띈다. 곳곳에 마을 안쪽으로 차 진입을 막는 안내가 있는 마을은 삼성그룹을 창업한 이병철이 태어난 곳이다. 마을 주변에 있는 가게 이름에는 '부자'가 많이 들어 있다. 주차장에서 200m 정도 들어가면 이병철 생가가 있다. 잘 단장한 옛 집은 토담과 바위벽으로 둘러싸여 있다. 이곳을 찾는 이들은 집 뒤편에 펼쳐진 바위벽을 예사롭지 않다며 치켜세우기도 한다.

호암 이병철[1910~1987]은 삼성그룹 창립자다. 1938년 삼성상회를 세웠으며 무역업도 했다. 1951년 삼성물산, 1953년 제일제당과 제일모직을 설립했다. 1964년 동양라디오와 동양방송을 만들고 1965년 중앙일보를 창간한다. 이후 중앙일보 등은 사돈인 홍진기 일가에 넘긴다. 1969년에는 삼성전자와 삼성전기를 설립했다. 이 나라 현대사에서 권력과 재벌 관계는 늘 탐탁잖았다. 1966년 '사카린 밀수 사건'은 재벌을 흘겨보는 이들이 꼽는 대표적인 사건 가운데 하나다. 이는 삼성이 울산에 공장을 짓던 한국비료가 사카린 2259포대를 건설자재로 꾸며 들여와 판매하려다 들통 난 사건이다. 이 사건 탓에 이병철은 사업 일선에서 물러났으나 1968년 2월 다시 복귀하게 된다. 당시 야당 인사들은 박정희 정부가 재벌을 두둔한다며 강하게 비난하기도 했다. 40년이 지난 오늘날에도 그렇게 낯설지 않은 장면이다.

그런 면에서 백산 안희제[1885~1943]가 살아온 흔적은 같은 부자면서 사뭇 다르다. 부림면 입산리에서 태어난 안희제는 어릴 때 한학과 함께 일찍이 신학문도 접한다. 1907년 부산에 구명학교를, 의령 중동

이병철 생가

안희제 생가

에 의신학교, 이듬해 고향에 창남학교를 설립했다. 1909년 신민회에 참여해 회원 120명과 뜻을 모아 독립운동단체 '대동청년단'을 조직했다. 안희제는 1911년 블라디보스토크로 건너가 모스크바·만주 등에서 활동했다. 그리고 1914년 독립운동 자금을 조달하고자 귀국한다. 부산에서 곡물·면포·해산물 등을 판매하는 '백산상회'를 설립한 안희제는 1919년 자본금 100만 원을 들여 '백산무역주식회사'로 회사를 키웠다. 이 무역회사를 독립운동 자금공급원과 연락처로 삼는다. 안희제는 이후 교육·언론 등을 통해 끊임없이 항일투쟁을 이어갔다. 그러나 1942년 조선어학회사건과 1943년 만주 대종교단사건으로 구금돼 옥고를 치르다 출옥, 1943년 9월 2일 죽음을 맞았다. 정부는 1962년 건국훈장 독립장을 추서했다. 의령군 부림면 입산리에는 안희제 생가가 있다.

궁류면에 남은 깊은 상처

의령에서 가장 풍경이 빼어난 곳으로 궁류면 일대를 꼽을 수 있다. 벽계저수지, 봉황대, 벽계계곡 그리고 찰비계곡에서 한우산으로 이어지는 경관은 의령이 품은 매력을 한데 모아 놓은 듯하다. 하지만, 이곳은 의령에서 가장 깊은 상처를 품은 곳이기도 하다.

1982년 4월 26일 궁류면에 근무하던 순경 우범곤은 궁류면 일대를 한 번에 뒤집어놓는다. 사사로운 일로 마음이 상한 우범곤은 예비군 무기 창고에서 온갖 무기를 들고 나와 토곡리를 비롯해 압곡리, 운계리, 평촌리 등을 휩쓸며 총질을 했다. 자신도 잘못 터진 수

류탄에 목숨을 잃는다. 이 사건으로 목숨을 잃은 이는 56명, 궁류면 은 통째로 초상집이 됐다. 전두환 신군부가 정권을 쥐고 얼마 되지 않아 터진 이 사건은 온 나라를 충격에 빠뜨린다. 오늘날 이 사건은 미친 순경 한 명이 저지른 기억하기 싫은 참상으로 남아 있다. 하지 만, 이 사건을 아는 사람들 중 일부는 오늘날까지도 한 개인에게만 잘못을 씌울 게 아니라 역사적 배경을 아우르는 깊은 통찰이 필요 하다고 주장한다.

어쨌든 지금까지도 의령군은 궁류면에 지워지지 않은 상처를 치유하고자 많은 공을 들이고 있다. 먼저 끔찍한 사건으로 사람들이 외면하던 고장을 단장해 '벽계관광지'를 조성했다. 또 평촌리에 세운 '의령예술촌' 역시 예술로 이 땅에 남은 아린 상처를 위로하고자 하는 노력 가운데 하나다. 더불어 의령군은 벽계관광지와 자굴산, 한 우산을 중심축으로 의령 땅을 두루 둘러볼 수 있는 자동차 여행 코

궁류면 평촌마을 집 터

벽계관광지

자굴산 도로

스를 두 갈래로 추천하고 있다. 자굴산을 기점으로 칠곡면, 가례면, 대의면을 거치는 길과 한우산, 벽계관광지를 끼고 궁류면, 유곡면, 봉수면, 부림면 등을 끼고 도는 길이다. 우뚝 치솟지는 않았지만 늠름한 바위산 사이를 다니다 보면 의령이 자랑하고 싶은 자산들을 하나씩 접할 수 있다. 여기 사람들은 그렇게 들어오는 바깥사람들을 통해 이 땅이 품은 지난 아픔을 씻고 싶어 한다. 역사도 사람도 자연도 의젓한 고장이 더는 상처받는 일 없이 풍요로워져야 할 것이다.

먹을거리에 담긴 역사와 문화

——

흘러온 먹거리,
의령에 눌러앉아 '안방마님'으로

"망개~떠억~, 망개~떠억."

망개떡 장수 외침이 귓가를 때린다. 사각 유리상자 두 개를 긴 나무막대에 연결해 어깨에 메고 다니던 모습이 기억 속에서 흐리지 않다.

망개떡은 행상을 통해 골목골목 혹은 유원지 같은 곳에서 쉽게 접할 수 있었다. 20~30년 사이 그러한 모습도 사그라졌다.

오늘날 '망개떡' 앞에는 '의령'이 입에 달라붙는다. 그 차진 맛처럼 말이다.

'의령 망개떡' 유래에는 몇 가지 얘기들이 있다. 먼저 그 오래전 가야왕국이 관계를 맺은 백제에 혼인 음식으로 보냈다는 설이다. 또 하나는 임진왜란 당시 의병들이 보관하기 좋던 이 떡을 산속에서 전쟁음식으로 먹었다는 것이다. 마지막으로 '가시와모치'라는 일본음식과 형태가 흡사하다 하여 일제강점기에 들어왔을 것이라는 추측도 있다.

망개떡

아주머니들이 망개떡을 빚고 있는 모습

이랬든 저랬든 망개떡은 해방 이후 여러 지역에서 행상을 통해 유통됐다. 의령에서는 60여 년 전 어느 할머니가 머리에 이고 팔러 다녔던 얘기가 전해진다. 이 할머니 팔던 것이 사람들 입에 유독 달라붙었나 보다. 찾는 이들이 많아지자 할머니는 조그만 가게를 차렸고, 손님으로 문전성시를 이뤘다. 입소문이 불어나자 의령 곳곳에 다른 가게도 들어섰다.

자취를 감춘 다른 지역과 달리 의령은 시간이 지나면서 오히려 번성한 것이다. 여러 지역에서 떠돌던 망개떡이 의령에 착 달라붙은 셈이다. 지금은 여러 집에서 가업을 잇는 것과 같이 의령에 완전히 토착화됐다. 읍내에는 손으로 빚는 망개떡 방앗간이 있다. 탁자 주위로 7~8명 되는 아주머니들이 둘러앉아 수작업을 한다. 팥소를 넣어 떡을 접고, 망개잎에 싸는 것을 반복한다. 할머니에서 시작해 3대째 가업을 잇는 손자는 손님들이 망개떡에 대해 물어보면 정신없는 와중에도 친절한 설명을 잊지 않는다.

떡에 망개잎을 싸는 이유는 한둘이 아니다. 입안에 그 향이 퍼지는 것은 물론이거니와, 떡을 덜 굳게 하고, 방부제 역할까지 한다. 새들도 많이 쪼아 먹는 망개잎은 사람과 잘 맞는 약초라 한다. 원래 '청미래덩굴'인 것을 경상도에서는 '망개나무', 충청도 같은 곳에서는 '멍가나무'라 한다. 경남에서도 어렵지 않게 찾을 수 있다 한다. 그 잎을 딸 수 있는 기간은 여름 한 달 정도밖에 안 된다. 그 이후가 되면 썩어 사용할 수 없기 때문이다. 그래서 이때 딴 것을 소금물에 재워 보관한다. 여러 장을 끈으로 묶은 모습에서는 깻잎을 떠올리게 한다.

의령읍에는 저마다 40~50년 된 소고기국밥집이 몇 있다. 1950년대 의령 오일장에서 맛본 떠돌이 장사꾼들이 입소문 내며 유명해졌다. 어느 집은 1972년 박정희 당시 대통령이 맛보면서 '대통령 국밥'으로 불리기도 했다. 당시 경호원들이 먼저 찾아 주방을 샅샅이 조사하자, 거칠기로 소문난 주인 할머니가 혼쭐을 냈다는 얘기도 전해진다.

식당 앞을 오가는 이들이 볼 수 있게 해놓은 종로식당 가마솥

또 진주에서 온 누군가는 이 집 할머니가 워낙 욕을 해대자 "두 번 다시 발걸음 하지 않겠다"고 했다 한다. 그런데 그 국밥은 계속 생각나더란다. 결국, 1년 후 다시 찾은 이후부터는 할머니 욕에서도 정감을 느끼는 단골이 됐다고 한다.

이 지역 소고기국밥집들은 식당 앞을 오가는 이들이 볼 수 있는 곳에 커다란 가마솥을 두고 있다. 옛 장터 국밥 느낌이다. 국을 퍼올릴 때도 국물·기름·건더기 양을 적절히 조절하는 것이 맛을 좌우하는 중요한 요소라고 한다.

의령에서 '소바' 또한 빼놓을 수 없다. '소바'는 메밀로 만든 일본 면 요리다. 해방 이후 일본에서 돌아온 이들을 통해 전해진 것으로 보인다. 의령 신반마을 어느 할머니가 일본서 보고 배운 대로 해서 동네 사람들에게 내놓자 반응이 아주 좋았다고 한다. 주변에서는 장사를 부추겼다.

그렇게 장터서 시작한 것이 '의령소바'다. 면을 적셔 먹는 일본식 메밀소바와 다르게 멸치로 우려낸 국물에 고명을 얹어 먹기에 장터 국수식이다. 일본에서 들어오기는 했지만, '의령 토착 음식'이라 부르기에 어색함이 없어 보인다. 읍내에는 소바집이 밀집해 있다. 면만으로는 뭔가 허전한 사람들은 소바집을 나와 방앗간으로 발걸음 옮겨 망개떡으로 나머지 배를 채운다.

의령은 '한과'로도 뒤처지지 않는다. '가야 수로왕조 때 과일 없는 계절에 제수로 쓰기 위해서 곡물과 꿀로 만들고 여기에 과수를 꽂아 썼다'는 기록이 있는데, 이것이 한과 기원으로 받아들여진다. '의령 한과'는 지난 2005년 부산 APEC아시아 태평양 경제협력체 정상회의 때 세계 각국 정상들 입에 들어가며 그 명성을 더하기도 했다.

의령 소바

메밀로 만든 면을 오가는 이들이
볼 수 있게 걸어 둔 의령소바 집

이 고장을 다니다 보면 '비닐하우스 은빛 물결'을 접할 수 있다.
1960년대 시작한, 겨울수박 재배를 위함이다. 강가에 자리한 토양에
다 일조량도 풍부해 당도에서 뒤지지 않는다. 재배기간은 4개월 정
도라서, 많게는 1년에 세 번씩 생산하는 농가도 있다 한다. 의령은
겨울수박 전국 생산량 가운데 30%를 차지한다고 한다.

'의병·부자'
두 단어로는 담지 못할 비범함

의령에 발걸음 하기는 그리 녹록지 않다. 이 고장을 바로 스치는 고속도로는 없다. 기찻길도 없다. 일부러 찾는 것 아닌, 지나다 들르기는 어렵다.

그래도 이 땅은 비범함을 잃지 않는다. 바위, 절벽, 그리고 수백 년 된 나무들이 그 기운을 담고 있다.

의령 관문 한쪽에는 '정암루鼎岩樓'가 있다. 1935년 지역 유지들이 건립한 정자다. 1950년 6·25 때 무너진 것을 1963년 군민성금으로 다시 지었다. 1978년 '곽재우 유적정화사업' 때 한 번 더 손질했다. 인근은 곽재우 장군이 왜군 수만을 물리친 승전지다. 정암루는 이를 간직하고 있는 곳이다.

그래도 찾은 사람들은 정암루보다는 그 아래 '솥바위'에 더 눈길 둔다. 정식 이름은 '정암'이지만, 솥뚜껑 모양을 하고 있다 해서 '솥바위'로 불린다. 남강에 유유히 떠 있는 모습이 제법 눈을 심심치 않게 한다. 단지 그것으로 그치지는 않는다. '부자富者' 이야기가 따라붙는다.

조선 말 어느 도인이 솥바위에 앉아 "이 주변에 국부國富 여럿이 날 것"이라고 예언했다고 한다. 이것이 '솥바위 반경 20리약 8㎞ 이내에는 부가 끊기지 않는다'는 얘기로 전해졌다. 여기까지만이라도 사람들 귀를 솔깃하게 할 법하다. 그런데 실제로 재벌그룹 창업주 여럿이 솥바위 반경 20리 내에서 났으니, 많은 이가 전설 아닌 현실로 받아들이는 것도 무리는 아니겠다.

의령 정곡면에서 삼성, 진주 지수면에서 LG·GS 전신인 금성, 함안 군북면에서 효성 창업주가 태어났다. 이들이 만든 기업명에는 '성星'자가 들어간다. 강물에 잠긴 솥바위 아랫부분은 사람 다리 같은

솥바위

기둥 세 개가 받치고 있다고 한다. 물론 마을 사람들은 "실제 본 사람은 없다"는 전제를 달기는 한다. 그래도 다리 세 개가 '삼성·금성·효성을 담고 있는 것'이라는 얘기가 불쑥 달라붙는다. 오늘날에는 '솥바위 5대 부자'로 회자된다. 삼성 이병철 회장, 금성 구씨·허씨 일가, 효성 조홍제 회장과 더불어 의령 용덕면 출생인 삼영그룹 이종환 회장까지 입에 오른다.

'이병철 생가'는 산자락 끝에 있다. 그러다 보니 산 기운이 모인다 한다. 또한, 생가 안 큰 바위는 좋은 기운이 나가는 것을 막는다고도 한다. '재물이 쌓이는 명당'을 떠올릴 만하겠다. 생가는 알음알음 찾는 이가 많아지면서 2007년부터 개방하고 있다. 이병철 회장 생가 주변에는 '부자' 간판을 내건 매점·민박집·고깃집·분식집이 군데군데 자리하고 있다. 이곳에서는 "부자 되세요"가 인사말이다.

의령에는 또 다른 기이한 탑이 있다. 정곡면 죽전리 호미산 절벽에서 남강을 내려다보는 '탑바위'다. 각각 너비 20m·8m인 돌판이 탑처럼 쌓여 있는 듯한 형상이다. 여기에도 전해지는 얘기가 있다.

애초에는 지금과 달리 돌 하나가 더 얹혀 있었다고 한다. 일대 마을
사람들은 전염병이 돌자 탑바위 탓으로 생각하고 이를 없애려 했다
한다. 줄을 매어 윗돌을 끌어내렸는데, 누군가가 깔려 죽었으니 나
머지는 건드리지 못했을 터이다. 다행히 전염병은 사라졌고, 반쪽 바
위탑이 지금 모습을 하고 있다는 전설이다. 의령에서 곽재우 장군
숨결 미치지 않은 곳 없다 하겠는데, 이곳 역시 전승지 가운데 하나
다. '사진찍기 좋은 녹색명소'라는 이름을 내걸고 있지만, 벼랑 끝에
자리해 선뜻 다가서기는 쉽지 않다.

　이 고장 서북쪽 궁류면에는 '봉황대鳳凰臺'라는 기암절벽이 있다. '신
선이 봉황을 타고 내려와 놀았다'는 이야기는 귀에 들어올 틈이 없
다. 점잖으면서도 위엄찬 모습, 그 자체만으로도 부족함 없이 훌륭하

탑바위

봉황대와 일봉사

현고수

기 때문이다. 한여름 이곳을 찾으면 바위 사이사이서 부는 차가운 기운에 몸은 금세 식는다. 봉황대 바로 옆에는 세계 최대 석굴법당인 '일붕사'가 자리하며 특별함을 더한다.

부림면 신반리에 자리한 '병풍암屛風巖'은 암벽등반 장소로 소문나며 '바위꾼들' 발걸음을 잇게 한다. 사실 의령 곳곳에서는 병풍을 펼쳐놓은 듯한 암벽을 흔치 않게 볼 수 있다.

의령은 '마땅히 편안한 땅'이라는 지명 뜻처럼 오래되고 생활에 도움 되는 나무들이 많다. 천연기념물로 지정된 고목만 4그루다. 600년 된 세간리 은행나무, 550년 된 세간리 현고수(느티나무), 450년 된 백곡리 감나무, 300년 된 성황리 소나무다.

이 가운데 세간리 현고수는 곽재우 생가 마을 입구에 자리하고 있다. '현고수懸鼓樹'는 '북을 매단 나무'라는 뜻을 품고 있다. 1592년 왜적이 침입하자 곽재우 장군은 나무에 큰 북을 매달아 의병 훈련 때 두드렸다고 한다. 높이 20m·둘레 8.4m인 느티나무는 지난 세월 무게를 감당하지 못하며 보호 말뚝에 의지하고 있다.

의령이 '한지'로 유명했던 것은 겨울에도 얼지 않는 물을 얻을 수 있었거니와, 질 좋은 '닥나무' 덕이다. 줄기를 꺾으면 '딱' 하는 소리가 나서 닥나무라 이름 붙었다. 주로 산기슭 볕 잘 드는 곳에서 자라는데, 의령 신반지역은 한반도 땅에서 생육 조건이 가장 알맞다고 알려져 있다. 한때 신반지역에서는 200여 가구가 한지 생산을 했다. 질 좋은 종이를 구하기 위해 이곳 오일장에는 사람들이 가득했다.

낙서면에는 근대문화유산에 지정된 '오운마을 옛 담장'이 있다. 낮은 돌담 위에 탱자나무가 울타리를 이루며 부족함 없는 멋을 자아낸다.

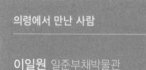
의령군 가례면 괴진리에는 자굴산치유수목원^{폭도수목원}이 있고, 그 안에 일준부채박물관도 있다. 부채 전문 박물관은 전국에서 이곳뿐이다. 이 박물관은 한 개인이 운영하고 있다. 부산에서 조경업을 하는 이일원(69) 관장이다. "제가 그림을 좋아했습니다. 나이 한 살씩 먹다 보니, 혼자 보는 것보다 여러 사람과 공유하고 싶어졌습니다. 그런데 그림은 액자에 넣어 몇 점 모으면 집에 걸어둘 데가 더는 없더라고요. 그래서 곰곰이 생각하니 부채가 떠올랐습니다. 화가들이 부채에 그림을 많이 그리니까요. 부채는 접어 두었다가, 그림 보고 싶을 때 펴서 볼 수 있으니, 관리하기 편하겠다 싶었죠."

그렇게 25년 동안 전국뿐만 아니라 세계 각지를 돌아다니며 하나씩 모은 것이 600여 점에 이른다. 돈으로 따지면 40억 원이 훌쩍 넘는다. "서울 압구정동 30평짜리 아파트 가격과 맞먹는 것도 있습니다. 어떤 집에 부채가 있다 하면, 그날 하루 저녁 술 한잔 먹으며 먼저 이런저런 얘기를 나누죠. 그리고 대화가 좀 무르익으면 그제야 사정해서 사고 그랬습니다."

그렇게 7년 전 이곳에 부채박물관과 수목원을 개장했다. 수목원 안에 있는 박물관까지 포함해 개인 돈 140억 원이 들어갔고, 지금도 매달 2000만 원 정도 필요로 한다.

2000년 남북정상회담 때 김대중 대통령은 북으로부터 '류류날개탕'이라는 음식을 대접받았다고 전해진다. 다름 아닌 메추리음식이다. 의령군 화정면 상일리에는 개인이 운영하는 특이한 '메추리농장'이 있다. '의령메추리농장'을 운영하는 류배현(58) 씨는 수년간 연구 끝에 올해 4월 '왕메추리'라는 것을 상품으로 내놓았다. "양산에서 15년 정도 메추리농장을 했습니다. 일반 메추리는 알을 목적으로 생산하죠. 고기로는 영양가는 많은데 양이 적어 식용으로 인기가 없는 거죠. 그래서 메추리 크기를 키워봐야겠다는 생각을 늘 하고 있었죠. 터를 물색하던 중 2004년 아내 고향인 의령에 정착했죠."

왕메추리는 일반 것보다 3배 정도 크다. 구이·불고기·탕수육·떡갈비·훈제로도 가능하지만, 류 씨는 특히 삼계탕용에 방점을 두고 있다. "왕메추리는 삼계탕과 맛이 똑같다고 보면 됩니다. 양이 일반 삼계탕은 350g 정도인데, 왕메추리 삼계탕은 250g입니다. 요즘 식당에서는 반계탕도 많이 내놓잖아요. 이보다 조금 많고 일반 삼계탕보다 조금 적죠."

현재 이곳 농장은 일반메추리 45만 마리·왕메추리 7만 마리 규모이며, 자체 부화장도 완비해 놓고 있다. 의령군은 왕메추리를 지역 특식으로 만들려는 계획을 두고 있기도 하다.

놓치지 않고
둘러봐야 할 곳

충익사 1592년 의병을 일으킨 곽재우 장군과 그 지휘 아래 있던 17장령의 위패를 모신 곳이다. 입구에서 처음 마주하게 되는 의병탑은 백색고리 18개로 되어있는데, 이는 곽재우 장군을 비롯한 18장군을 상징한다. 이 외에 사당·충의각·기념관·의병박물관, 그리고 보물로 지정된 유물 17점이 전시돼 있다. 1978년 사당 건립 때 참석한 박정희 전 대통령 기념식수도 자리하고 있다.

의령읍 중동리 467-2

정암루(솥바위) 의령 관문이자 함안군과 경계를 이루는 남강변에 자리한 정자다. 예부터 시인 묵객 발걸음이 끊이지 않던 곳이며, 곽재우 장군이 왜군 수만을 물리친 곳이기도 하다. 그 아래 남강 물에는 가마솥 모양을 하고 있다 해 이름 붙여진 솥바위가 자리하고 있다.

의령읍 정암리 산 1-1

곽재우 생가 곽재우 장군은 1552년 태어나 16세 때 남명 조식 선생 외손녀와 결혼했다. 2005년 복원된 생가는 조선 중기 사대부 사저로 안채·사랑채·별당·큰 곳간·작은 곳간·대문·문간채 등으로 구성돼 있다.

유곡면 세간리 817

이병철 생가 이병철 삼성그룹 창업자 조부가 1851년 전통 한옥 양식으로 손수 지은 집이다. 이병철 삼성 창업자는 이곳에서 1910년 태어나 결혼 전까지 지냈다. 현재 생가 앞에는 분가 직후 살았던 집이 자리하고 있는데, 외관상으로는 생가보다 더 으리으리하게 다가온다.

정곡면 중교리 723

놓치지 않고
둘러봐야 할 곳

안희제 생가 실업가이자 독립운동가인 안희제 선생은 1885년 입산리, 속칭 설뫼마을에서 장남으로 태어났다. 조선 후기 민가 건축양식을 잘 보여주는 생가는 안채·사랑채만 있는 단출한 모습으로 남아있다.

부림면 입산리 168

봉황대·일붕사 기암괴석으로 이루어진 바위산이다. 그 옆에는 세계 최대 동굴법당으로 기네스북에 올라 있는 일붕사가 있다. 이 절은 신라시대 727년 창건된 이후 원인을 알 수 없는 불이 여러 번 나 소실되었는데, 1987년 '불기운'을 없애기 위해 대웅전을 동굴 안에 지었다.

궁류면 평촌리 175-1

목도수목원 조경업을 하는 일준 이일원 선생이 개인 재산을 들여 마련한 수목원이다. 식물 1300여 종·조각작품 70여 점, 삼림욕장·숙박시설·커피숍·휴게실 등이 있다. 수목원 안에는 300여 점이 상설 전시된 일준부채박물관도 들어서 있다.

가례면 괴진리 543

자굴산관광순환도로 2008년 개통해 최근 산악드라이브코스로 각광받고 있다. 한우산으로 향하는 구불구불한 길은 '한국의 아름다운 길 100선'에 뽑힌 함양 오도재를 연상케 한다. 이를 지나 벽계관광지로 향하다 보면 1998년 제작된 영화 〈아름다운 시절〉 촬영지도 만날 수 있다.

칠곡면

함안

'역수의 고장'이라 손가락질 마오
높은 곳에서 낮은 곳으로
순리대로 흘렀으니

함안군 가야읍과 법수면에 펼쳐진 들판은 넓고 고르다.
누가 봐도 제법 넉넉한 농산물이 나는 땅임을
짐작할 수 있는 풍경이다. 그 풍요로움은 들판보다
조금만 높은 곳에 오르면 한눈에 담을 수 있다.
그래도 이 땅을 제대로 보려면 그 장소는 둑방길이어야 마땅하다.
둑이 없었다면 오늘날 반듯하게 잘 정돈된 논밭도 없다.
둑은 여기 기름진 땅을 낳은 어미 같은 존재다.
북쪽 경계선을 따라 동쪽으로 낙동강,
서쪽으로는 남강이 흐르는 함안은 땅이 낮다.
이 때문에 너른 들판은 늘 물난리를 피하지 못했다.
비가 좀 온다 싶으면 잠기는 땅에서 농사는 엄두조차 낼 수 없었다.
그저 가축이나 풀어놓고 키우기에 적당한 땅이었다.
하지만, 1930년대 들어 산인면에서 둑을 쌓기 시작한다.
쓸모없으리라 여겼던 땅은 물에 잠기지 않으니 제법 기름진 땅이었다.
가능성을 확인한 함안 사람들은 부지런히 둑을 쌓았다.
둑이 길어지는 만큼 논밭은 넓어졌다.
강과 나란히 구불구불 이어진 함안 둑방길은 그 길이가
338㎞에 이른다. 둑을 쌓아 만든 길로는 이 나라에서 가장 길다.

둑은 농지만 넓힌 게 아니었다. 한쪽에는 들판, 한쪽에는 강을 끼고 길게 이어진 길은 훌륭한 산책로였다. 둑방길은 예부터 여기 사람은 물론 바깥사람도 가족 또는 연인과 함께 걸어봄 직한 길이었다. 또 둑과 강 사이 곳곳에 만들어진 벌은 사람에게는 보기 좋고 짐승에게는 살기 좋은 곳이 됐다. 아울러 여기 사람들은 밤에 둑방길에 올라 들판에 펼쳐진 은빛 비닐하우스 위로 달빛이 부서지는 소박한 풍경을 상당한 볼거리로 친다. 다른 지역에서는 없는 산책로를 닦고 애써 이름을 붙이는 요즘, 함안군은 그런 수고를 하지 않아도 됐다. 게다가 둑방길은 '악양루 석양, 반구정 일출'이라는 절경까지 덤으로 안겼다. 남강과 둑방길을 훤히 내려다 볼 수 있는 악양루(대산면 서촌리), 낙동강과 남강이 만나는 지점 한쪽에 있는 반구정(대산면 장암리)에서 바라보는 풍경은 함안 사람들에게 큰 자랑거리다.

남쪽이 높고 북쪽이 낮은 땅

함안 남쪽에는 여항산[744m]·서북산[739m]·광려산[720m]·봉화산[649m]·오봉산[525m]이 솟았다. 동쪽에는 작대산[648m]·천주산[640m]·무릉산[556m]이 있다. 함안에서 산세를 자랑할 만한 산은 서쪽에 있는 방어산[530m]을 빼면 대부분 남쪽과 동쪽에 몰려 있다. 이 때문에 남동쪽 고지대에서 비롯한 하천은 북쪽에 있는 낙동강과 남강을 향해 흐른다. 이 나라에서는 매우 보기 드문 지형이다. 그런데 자연 생김새로 그곳 사람들 성정을 미뤄 짐작했던 옛사람들 눈에는 이 같은 지형이 상당히 거슬렸던 듯하다. 물이 왕이 있는 북쪽을 향해 흐른다는 게 못마땅했던 것이다. 함안은 괜히 '역수의 고장'이라며 홀대받곤 했다. 역모나 배신은커녕 미련할 정도로 의리 있고 나라에 몸 바친 사람들이 많았던 이 땅이 감당하기에는 억울한 오해였다.

함안 전체면적(416.89㎢)에서 농경지(104.03㎢) 비율은 25% 정도다. 남강을 낀 군북면·법수면·대산면, 낙동강을 낀 칠서면·칠북면에 평야가 잘 발달했다. 너른 들판에서는 쌀·보리를 비롯해 채소·특용작물·과일 재배가 활발하다. 특히 군북면 '월촌수박'과 함안면 '파수곶감'은 예부터 함안 이름을 널리 알린 특산물이다. 군북면에는 함안수박전시관이, 함안면에는 파수곶감단지가 있다.

함안에 공단이 본격적으로 조성된 것은 1990년대 들어서다. 함안은 큰 도시와 가깝고 지대가 낮으며 교통이 편리한데다 물이 풍부했다. 공단이 들어서기에는 제법 괜찮은 조건이었다. 1988년 군북농공단지를 시작으로 1991년 파수·법수·산인농공단지가 잇달아 조성됐다. 이어 2006년 황사·모로농공단지, 2007년 가야농공단지, 2009년 칠원용산농공단지가 준공됐다. 현재 칠서·함안일반산업단지가 조성 중이며 10개 공단에 등록된 업체는 200개를 웃돈다. 잘 발달된 농업과 큰 도시 옆에 들어선 공단 덕에 함안은 경남 내 군 단위 지역에서 인구가 가장 많다.

제대로 갖춰 출토된 말 갑옷

1992년 6월 6일 신문배달을 하던 학생 이병춘은 가야읍 해동아파트 공사 현장을 지나고 있었다. 그런데 우연히 굴착기가 파낸 흙더미 사이에서 예사롭지 않은 쇳조각을 발견한다. 그는 지국장 안승모에게 본 것을 그대로 전했다. 창원대 사학과 출신인 안승모는 근처 성산산성에서 발굴조사를 하던 창원문화재연구소 연구사 박종익에게 이 사실을 알렸다. 박종익은 굴착기가 다시 작업을 시작하려는 순간 공사 현장에 도착한다. 그리고 공사 중지를 요청하고 나서 흩어진 쇠를 모았다. 가야시대 온전한 말 갑옷이 이 나라에서 처음 모습을 드러내는 순간이었다. 박종익은 현장에서 말 몸통 좌우를 감싸는 갑옷과 함께 말 얼굴을 감싸는 마면주馬面冑까지 찾아낸다. 이후

말이산고분군

2007년 경주에서 말 갑옷이 발견되기까지 함안에서 나온 말 갑옷은 국내 최초, 하나뿐인 가야시대 것이었다. 1500년 세월을 건너뛴 유물은 화려했던 가야 철기문화를 증명했다. 더불어 함안은 아라가야 본거지가 이 땅임을 다시 확인할 수 있었다.

가야읍에 있는 함안군청 옆으로 나지막한 언덕길을 조금만 올라가면 봉긋 솟은 무덤 수십 기가 줄지어 섰다. 사적 제515호 '말이산고분군'이다. 함안군이 번호를 붙인 대형 봉분만 37기이며 발굴조사로 밝혀진 무덤이 133기다. 함안군은 발굴되지 않은 무덤까지 더하면 그 수가 1000여 기는 될 것으로 어림잡는다. 무덤에서는 말 갑옷을 비롯해 칼, 철정 등이 발굴된다. 철정은 말 갑옷이나 칼을 만들고자 뭉쳐놓은 쇳덩이로 화폐 역할을 했던 물건이다. 모두 아라가야 사람들이 철을 능숙하게 다뤘음을 뒷받침하는 흔적이다.

철기와 더불어 아라가야 문화를 상징하는 물건은 토기다. 아라가야 사람들은 흙을 짓이겨 모양을 만들고 가마에 구워 토기를 만

함안박물관

들었다. 가야읍 묘사리와 법수면 일대 가마 유적은 그 시대 활발했던 토기 생산 흔적이다. 말이산고분군에서도 그릇받침과 뚜껑, 항아리, 굽다리접시 등 다양한 토기가 나왔다. 이 가운데 아라가야를 대표하는 토기로는 '불꽃무늬토기'를 꼽는다. 원에 삼각형 고깔을 씌운 듯한 무늬를 새긴 그릇이다. 가야읍에 있는 함안박물관 입구에 선 큰 구조물에 낸 창 모양이 바로 토기에 새겨진 '불꽃무늬'다. 2003년 개관한 함안박물관은 각종 토기와 철기 유물 150여 점을 전시하고 있다. 아직은 드러난 것보다 숨겨진 게 훨씬 많은 아라가야 흔적이다.

반역과 거리 먼 심지 굳은 사람들

산인면 장내마을에 들어서면 큰 원을 그리며 둘러쳐진 담을 만난다. 담 안에는 옛 가옥 몇 채가 옹기종기 모여 있고 한쪽에는 작물을 키우는 땅도 있다. 마을 입구 표지석에는 '고려동'이라고 적혀 있다. 조선왕조 500년 동안 조선 백성이기를 거부했던 사람들이 살았던 곳이다. 고려 후기 성균관 진사 이오^{‡午}는 조선왕조가 들어서자 고려에 대한 충절을 지키기로 하고 이곳에 거처를 정한다. 이오는 담장을 쌓고 고려 유민 거주지임을 뜻하는 '고려동학'이라는 비석을 세워 자급자족했다. 담 밖은 조선 땅이되 담 안은 고려 땅임을 못 박은 것이다. 이오는 후손에게도 벼슬을 하지 말 것과 자신이 죽고 나서 신주를 다른 곳으로 옮기지 말 것을 당부했다. 후손들은 그 뜻을 받들어 600여 년 동안 이곳을 떠나지 않았다고 한다.

서산서원

두 임금을 모시지 않는다는 절개는 조선 전기 문신 조려[1420 ~1489]에게 이어진다. 생육신 중 한 사람인 조려는 1455년 수양대군이 단종을 몰아내고 왕위를 빼앗자 평생 숨어 지낸다. 조려는 함안에서 강원도 영월을 종종 찾아가 단종에게 문안을 올렸다고 한다. 단종이 죽자 그 시신을 거둬 장례를 치르고 나서 동학사에 모셨다. 군북면에는 조려가 태어난 '어계생가'가 있다. 또 군북면 원북리에는 조려를 비롯해 이맹전, 원호, 김시습, 성담수, 남효온 등 생육신 6명을 모신 '서산서원'이 있다.

함안에서 내세우는 임진왜란 최초 의병에 대한 기록도 지나칠 수 없겠다. 1592년 4월 14일 부산에 상륙한 왜구가 동래성을 점령하고 김해까지 진출했다는 소식은 가야읍 검암까지 들려온다. 소식을 들은 이령은 의병 100여 명을 이끌고 4월 18일 김해에 도착한다. 이령은 이틀 동안 밀려드는 왜구에 맞섰다. 하지만, 수에 밀려 결국 전사하고 만다. 이후 곽재우가 의령에서 의병을 일으킨 게 4월 22일이다.

이 같은 결기는 일제강점기에도 드러난다. 1919년 3월 9일 칠북면 연개장터에서 대규모 만세운동이 일어난다. 경남에서 처음 일어난 3·1 만세운동이다. 이를 시작으로 12일 대산 평림의거, 18일 칠서 이룡리의거, 19일 함안읍의거, 20일 군북의거, 23일 칠원의거 등 함안에서는 34일 동안 10회에 걸쳐 의거가 이어진다. 시위에 참여한 인원은 1만 2000여 명에 이른다. 함안에서 의거로 형을 받아 마산형무소에서 복역한 이는 기록에 남은 것만 97명이다. 당시 마산형무소가 담당했던 지역에서 잡힌 이들을 지역별로 보면 마산 42명, 창원 41명, 통영 23명, 창녕 23명이다. '마산형무소는 함안 사람의 재실'이라는 말은 그렇게 나왔다.

물이 남에서 북으로 흘러 '역수의 고장'이라는 달갑지 않은 이름을 얻은 곳. 하지만, 함안 역사를 조금만 훑어보면 배신·반역은 이곳 사람들 성정과는 매우 동떨어진 것임을 알 수 있다. 오히려 의리와 절개가 있는 인물을 받들고, 나라가 위급하면 먼저 나섰던 심지 굳은 사람들이 살았던 곳이 함안이다.

바라보면 욕이 나왔던 산

함안을 대표하는 산은 여항산^{770m}이다. 지금은 낙남정맥 최고봉을 내세우며 등산객을 부르는 명소지만, 한국전쟁 당시 여항산 일대는 가장 치열했던 전쟁터였다. 하루에도 몇 차례 주인이 바뀌었다는 이곳은 당시 마산을 지키는 최후 방어선이기도 했다.

1950년 8월 마산을 둘러싸고 파상공세를 퍼부은 부대는 인민군

6사단이었다. 이에 미 제25사단은 여항산·필봉·서북산·야우산·옥녀봉을 잇는 능선에 진지를 세워 맞선다. 미군 25사단과 인민군 6사단은 몇 차례 전투를 벌인다. 산에서 버티는 인민군도 산을 되찾으려는 미군도 모두 처절했다. 전투는 적과 아군이 구분 없는 소모전이었다. 8월 18일 인민군 6사단은 대대적인 공격을 펼친다. 사흘 동안 이어진 전투에서 미군과 인민군은 19차례나 고지를 뺏고 뺏기는 백병전을 펼친다. 9월 중순까지 이어진 전투에서 입은 피해는 미군과 인민군 가릴 것 없이 막대했다. 오죽하면 여항산 탈환에 지친 미군은 산을 가리켜 '갓댐goddam'이라고 내뱉기 일쑤였다. 여항산을 부르는 다른 이름인 '갓데미산'은 이렇게 나왔다. 이후 군인은 물론 경찰까지 동원한 총력전으로 미군과 국군은 인민군이 마산으로 진입하는 것을 막아낸다. 하지만, 치열한 전투는 더 큰 비극을 낳는 원인이 되기도 했다. 1950년 7월부터 함안 일대에서 미군 폭격과 경찰, 지방경비대가 벌인 민간인 학살은 이곳 사람들에게 깊은 상처를 남겼다. 지난 2005년 '한국전쟁전후 민간인학살 진상규명 범국민위원회'가 엮은 〈한국전쟁 전후 민간인학살 실태보고서〉를 보면 함안 지역에서 벌어진 민간인 학살 사건은 9건, 희생자는 수백 명에 이른다.

아래로, 아래로 끝없는 사랑

목사 손양원1902~1950. 자식을 살해한 이를 양자로 삼은 사람, 전쟁 중 돌보던 한센인을 두고 떠나지 못해 결국 죽음을 맞은 사람. 사람이지만 감히 사람이 닮을 수 없는 삶, '성자'라는 호칭도 아쉬움이 남

467

칠원교회   칠원교회는 순교자 기념교회로 지정됐다.

는다는 그는 칠원면 사람이다. 칠원교회 초대 장로였던 아버지 손종
일^{1871~1945}을 따라 교회에 다닌 손양원은 1917년 세례를 받는다. 1923
년 도쿄 스가모중학교, 1925년 경남성경학원을 졸업했으며 부산 나
병원^{상애원} 전도사로 부임해 한센병 환자를 돌본다. 1938년 평양장로
신학교를 졸업한 손양원은 이듬해 7월 한센병 환자들 쉼터인 여수
애양원에 들어간다.

그러나 1940년 신사참배를 거부하고 우상 숭배를 비판하다 교도
소에 갇혀 1945년 해방 직후 석방된다. 1946년 경남노회에서 목사
안수를 받은 그는 애양원에서 한센인을 위해 헌신한다. 1948년 10
월 손양원은 목회자이기 전에 아버지로서 가장 비극적인 날을 맞이
한다. '여순사건'이 일어난 날 아들 동인·동신 형제를 잃은 것이다.
슬픔에 몸부림치던 손양원은 결국 응징이 아닌 용서를 택한다. 아들

을 죽인 이를 사형 직전 구해내 양자로 삼은 것이다. 이후에도 한센인을 위한 헌신은 계속 이어진다. 하지만, 이 같은 헌신이 낳은 결과는 안타까운 순교였다. 1950년 6·25 전쟁이 일어나자 여수도 곧 인민군에게 점령당한다. 손양원은 끝까지 피란 행렬에 동참하지 않았다. 사람들이 억지로 피란선에 태웠는데도 그는 '양떼(한센인)를 두고 떠날 수 없다'며 다시 애양원으로 돌아간다. 그리고 9월 28일 인민군에게 잡혀 사형 당한다. 그가 어린 시절 다녔던 칠원교회는 올해 설립 106년째를 맞았다.

함안을 대표하는 역사적 인물로는 조선시대 성리학자 주세붕과 고려 때 무신 이방실을 꼽는다. 조선시대 성리학자인 주세붕[1495~1554]은 칠원면에서 태어났다. 1522년[중종 17년] 생원시와 별시문과에 급제, 관직생활을 시작해 홍문관직제학·도승지·호조참판 등을 역임했다. 1543년 풍기군수로 있으면서 우리나라 최초 서원인 '백운동서원'(경북 영주시 순흥면)을 세운다. 칠서면에는 주세붕 묘역이 조성돼 있다.

여항면에서 태어난 고려 말 무신 이방실[1298~1362]은 함안 이씨 시조다. 그는 고려 말 나라를 괴롭혔던 홍건적을 격퇴하며 이름을 드높인다. 1361년 홍건적 20만 명이 압록강을 건너자 이방실이 이끌던 고려군은 개경을 빼앗긴다. 그러나 이듬해 이방실은 최영·이성계 등과 함께 개경을 되찾고 홍건적을 압록강 밖으로 몰아낸다. 그 공적으로 공민왕에게 신임을 받으나 이를 시기한 이들에게 피살된다.

더불어 세계에서 주목하는 서양화가 이우환[1936~]도 함안 군북면 출신이다. 이우환은 2011년 백남준·차이궈창(중국)에 이어 아시아 작가로는 세 번째로 미국 구겐하임미술관에서 개인전을 열었다.

먹을거리에 담긴 역사와 문화

—

봇짐 상인도 이웃 진동사람도
손꼽아 기다렸던
함안장 소고기국밥

국도 79호선 함안~창원 진동 방향으로 가다 보면 함안면 북촌리에서 '한우국밥촌'을 만날 수 있다. '촌'이라는 말 느낌과 달리 국밥집은 세 개밖에 없다. 그럼에도 명성은 만만찮다.

이곳은 장날과 궁합 맞는 소고기국밥으로 이름 알리고 있다. 1960~1970년대 함안 오일장이 열리면 이곳 사람들뿐만 아니라 이웃 진동에서 넘어온 이들로 떠들썩했다. 봇짐 지고 온 상인들이 운수 좋아 돈을 꽤 만진 날, 혹은 사러온 사람들이 헐값에 물건을 샀다 싶은 날 허기를 좀 넉넉히 달랬다. 이들이 즐겨 찾는 것이 소고기국밥이다. 배고픈 시절 장터에서 먹는 그 맛이 오죽 좋았을까. 함안 오일장은 곧 고깃국 먹는 날로 손꼽아 기다린 것은 물론일 테다. 거리에 내놓은 가마솥에서 소고깃국 펄펄 끓이던 40여 년 전 풍경 그대로를 지금 기대할 수는 없겠다. 그래도 국밥집 세 개가 줄줄이 있는 허름한 건물은 여전히 옛 느낌을 간직하고 있다.

소고기국밥

대구식당에서 사용하는 친근한 밥상

　가장 오래된 곳인 '대구식당'은 집에서 흔히 사용하는 밥상을 펼쳐놓아 그 분위기를 더한다. 이름에서 눈치챌 수 있듯 대구에서 시집온 이가 차린 식당이다. 함안에는 큰 우시장이 있어 약 70년 전부터 가야읍에 국밥집이 들어섰다. 그 집들이 수십 년 세월을 이어갔지만 지금은 모두 문을 닫았다. '대구식당'이 함안 내 장터국밥 명맥을 잇는 셈이다.

　소고기국밥만으로 부족하다 싶으면 별도 메뉴인 불고기를 곁들이면 되기에 허전할 걱정은 없겠다.

　이 지역 북쪽에서는 남강과 함안천이 만난다. 민물고기를 떠올려 봄 직한데, 사연 담긴 음식점 하나가 있다. 남강·함안천이 만나는 곳에는 '악양루'가 자리하고 있다. 절벽에 자리한 이 정자로 향하려면 어느 식당 앞을 지나야 한다. 그 이름 또한 '악양루가든'이다. 어탕국수·참게탕·메기매운탕, 여름에는 웅어회를 별미로 내놓고 있다.

지금이야 악양교가 있긴 하지만, 이전에는 배를 통해서만 함안천을 건널 수 있었다. 이곳 나루터에서 학교 오가는 아이들을 뱃삯 없이 태워준 이가 있었다 한다. 지금 악양루가든을 운영하는 이 부친이다. 또 엮인 이야기가 있다. 식당 인근에는 '처녀 뱃사공 노래비'가 자리하고 있다. 황정자가 노래한 '처녀 뱃사공'은 한때 국민가요로 사랑받았다. '낙동강 강바람이 치마폭에 스치면~'으로 시작하는 노랫말에는 코끝 찡한 사연이 담겨 있다. 노랫말은 가수 윤항기·윤복희 아버지이기도 한 윤부길 씨가 썼다. 유랑극단 단장이던 윤 씨는 1953년 9월, 피란생활을 끝내고 서울로 가는 도중 대산면 악양에 머물렀다 한다. 전쟁 와중 소식 끊긴 오라버니 기다리는 뱃사공 여인 사연을 듣고는 노랫말을 만들었다 한다. 지금 악양루가든을 운영하는 이가 '처녀 뱃사공' 실제 모델 조카이기도 하다. 하지만, 노랫말 실제 주인공을 놓고 때때로 말들이 있기는 했다. 또한, 가사에서는 '낙동강'이 언급되지만, 실제로 남강·함안천이기도 하다. 이랬든 저랬든 2000년 10월 세워진 노래비는 지금도 한편에 자리하고 있다. 현장에서 '처녀 뱃사공' 노래를 직접 들을 수 있으면 좋으련만, 그러한 시설이 없다는 것은 못내 아쉽다.

함안에는 동굴 바람 쐬며 먹을거리 즐길 수 있는 곳이 몇 있다. 칠원면 장암리에는 순금 캐던 동굴이 있다. 일제강점기부터 50여 년간 이어가다 물길이 터지면서 더는 채취하지 못했다 한다. 지금 이곳은 '금동굴'이라는 이름을 달고 백숙·오리고기 같은 것을 파는 식당으로 활용되고 있다. 동굴은 한여름 등골 오싹한 바람을 내놓는다. 사람들은 이를 '금풍'이라 부른다. 음식으로 땀 흘리고 나서 동굴에서 몸 식히려는 이들 발길이 여름에 더해진다. 군북면 사촌리에도 한때 구리 캐던 갱도가 있다. 폐광 이후 '군북얼음골'이라는 음식점으로 사용되고 있다. 이곳은 여름에만 장사한다.

함안 특산물을 보자면 파수곶감·대산수박을 빼놓을 수 없다. 함안 곶감은 한 해 18만 상자가량 생산된다. 함안면·가야읍·군북면·여항면이 주 생산지다. 이 가운데 최고로 치는 것이 함안면 파수리 손을 거친 것이다. '파수곶감'은 조선 중기부터 임금님 상에 올려졌다. 평민은 입에 댈 수도 없는 고급 음식이었다. 씨가 한두 개밖에 없으며, 아주 부드러워서 입에 넣은 후 목구멍으로 향할 때는 이미 녹아 있을 정도다. 이러한 특별함은 여항산이 이 지역 감나무를 품은 데서 나온다.

'파수곶감'에는 '효자 전설'이 서려 있다. 임씨 성을 가진 이가 아버지 병을 씻기기 위해 약초를 구하러 나섰다가 절벽으로 떨어졌다 한다. 정신 차려 눈 떠보니 백발노인이 '저기 보이는 붉은 열매를 깎아 말린 후 따뜻한 물에 녹여라'고 했다 한다. 말대로 옮겼더니 병이 금세 사라졌는데, 이것이 오늘날 곶감 시초라 전해진다.

금동굴

파수곶감을 생산하는 농가의 모습

함안군은 250년 된 감나무에서 나온 곶감(스물한 개짜리)을 경매에 올린 적이 있는데, 62만 원에 낙찰된 바 있다. '파수곶감'은 수정과로도 더 없이 좋다. 이 지역에서는 귀한 손님이 찾으면 수정과를 내놓는 것으로 정성을 표한다.

대산면 수박은 200년 넘는 재배역사를 안고 있다. 남강 주변 땅과 궁합이 맞아 그 맛이 특별나다고 한다.

볼거리에 담긴 역사와 문화

———

물에 시달린 땅
이젠 절경을 선물하니
이런 게 '새옹지마'

'남고북저南高北低' 지형 탓에 안아야 했던 곱지 않은 시선과 빈번했던 강 범람. 그 옛날 함안지역 사람들에게 '물'은 곧 '근심'이었다.

옛사람들에게는 마음 편치 않은 일이지만, 오늘날에는 물 덕에 다양한 풍광을 즐길 수 있다.

홍수에 대처하기 위해 338㎞에 걸쳐 쌓은 둑길만이 해당하는 것은 아니다.

강줄기 따라 한 자리씩 차지한 정자亭子에서 바라본 경치들은 어느 것 하나 뒤처지지 않는다. 정자는 귀족들 관상을 위해 만들어진 것이라 경치 좋은 곳에 세워진다. 이 가운데 가장 흔한 것이 물을 따라 일정한 거리에 지어진 형태다. 반구정伴鷗亭은 의병장으로 활약한 조방趙邦 선생이 1500년대 말 만든 것으로 전해진다. 임진왜란 후 옛 의병장들이 모여 뱃놀이를 즐긴 곳이다. 하지만 지금은 반구정보다 그 앞에서 바라보는 경치가 더 유명세를 치른다. 650년 넘은 느티나무 너머로 보이는 창녕 남지 들판과 낙동강은 절묘한 조화를 이룬다. 특히 낙동강물에 담긴 일출은 이 지역 제1 절경이라 해도 손색없다.

차 한 대 지날 수 있는 산길 따라 오르면 갈림길이 나오는데, 오른쪽으로 내려가면 반구정이다. 그 반대쪽으로 가면 합강정合江亭이 나온다. 이 정자는 1633년 지어진 이후 1980년 대대적으로 손 봤다. '남강과 낙동강이 합쳐진다'는 뜻을 담아 이름 지어졌듯, 두 물길을 조망할 수 있다.

또한 칠북면 광심정廣心亭, 군북면 와룡정臥龍亭에서는 강줄기가 또 다른 느낌으로 다가온다. 악양루岳陽樓에서는 아름다운 일몰을 눈에 담을 수 있다.

악양루

무진정

　　강가 아닌 연못에 자리한 정자도 있다. 무진정無盡亭은 조선시대 문
신 조삼趙參 선생 후손들이 1567년 건립한 것으로, 이 지역에서 가
장 먼저 세워진 정자다. 이곳을 두고 조선 전기 문신 주세붕周世鵬 선
생은 '무진한 조삼 선생 즐거움과 무진한 정자 경치가 모였으니, 정
자 이름은 선생 이름과 더불어 무진할 것이 분명하다'고 기록했다.
1929년 중건된 소박한 정자보다는 앞마당에 펼쳐진 연못이 더 드러
나 보인다. 이 연못은 조삼 선생 후손들이 남에서 북으로 흐르는 물
길을 돌려 만들었다 한다. 연못 안에 섬 세 개를 만들고 돌다리를
놓아 운치를 더했다.

　　매년 사월 초파일 이곳에서는 낙화놀이가 펼쳐진다. 연등 사이에
참나무 숯가루로 만든 낙화를 매달고, 여기에 불을 지펴 꽃가루처럼
물 위에 날리는 놀이다. 조선 중엽 이곳에 부임한 군수가 백성 안녕
을 기원하기 위해 시작했다고 전해진다. 1889년 〈함안총쇄록〉에 따
르면 당시 함안읍성 전체에서 낙화놀이가 펼쳐졌다. 모인 사람이 얼

낙화놀이

마나 많았던지 산 위에서 구경할 정도였다. 일제강점기에는 민족정기 말살 정책으로 금지되었고, 이후 소규모로 하던 것을 1990년부터 제대로 잇고 있다. 함안뿐만 아니라 전국 10여 곳에서 낙화놀이가 열린다. 이곳 사람들은 "우리같이 멋있게 하는 데는 없다"라고 자신 있게 말하는데, 이는 무진정이라는 든든한 배경이 있기 때문이다. 함안 낙화놀이는 '경상남도 무형문화재 제33호'다. 전국 낙화놀이 가운데 유일하게 문화재에 이름 올리고 있다.

물에 시달렸던 이 지역에는 저수지가 흔하디흔하다. 이 지역에서 가장 큰 입곡저수지는 일제강점기에 농업용수로 사용하기 위해 협곡을 가로막아 만든 것이다. 지금은 군립공원으로 지정되었는데, 해질 무렵 찾으면 고즈넉한 분위기에 금세 빠져들게 된다. 겨울날 눈 내리는 정취는 이루 말할 수 없다.

칠원면에는 '이인좌 난李^{麟佐} 亂·1728년' 때 의병을 일으킨 주재성^{周宰成} 선생 유적지인 '무기연당^{舞沂蓮塘}'이 있다. 이름 속에 자연과 더불어 살고자 한 선비 정신이 담겨 있다. '무기'는 논어에 나오는 구절에서 따

입곡저수지

무기연당

왔다. 공자孔子가 제자 네 명을 앉혀놓고 무엇을 하고 싶은지 묻자 모두가 벼슬에 대한 이야길 했다 한다. 하지만 '증점曾點'이라는 자는 "봄옷이 다 지어지면 관 쓴 사람 대여섯, 어린아이 예닐곱과 함께 목욕하고, 바람 쐬고, 노래 읊조리고 싶습니다"라고 답했다. 이 말에 공자는 감탄하며 "네 명 중 너와 함께하겠다"고 했다 한다. 벼슬에 연연하지 않고 자연에 묻혀 지내겠다는 정신이 '무기연당'에 새겨져 있는 것이다.

이러한 의미를 제쳐놓고, 문 열고 무기연당에 들어서는 순간 그 아름다움에 탄성을 쏟게 된다. 중앙에 자리한 네모난 연못 한가운데는 작은 섬이 우뚝 자리하고 있어 아주 특별나게 다가온다. 이곳은 주재성 선생 후손들이 관리하고 있다. 우리나라 3대 전통정원이라 불리는 '담양 소쇄원' '보길도 부용동' '영양 서석지'에 뒤진다는 얘길 들으면 섭섭할 만하다.

　함안군 공무원인 조정래(50) 씨는 역사추리소설 〈잊혀간 왕국 아라〉를 출간한 작가이기도 하다. 서기 359~362년 아라가야 역사를 추리소설 기법을 통해 흥미진진하게 담았다. 조 씨는 '임나일본부설任那日本府說'이 맞는가에 대한 의문 때문에 혼자 역사책을 독파하면서 아라가야를 연구했다. "'잃어버린 한국 고대사 연구회'에 계신 분들은 임나일본부가 아닌, 일본 뿌리는 백제와 아라가야라고 합니다. 아라가야가 일본을 만들었다고 말씀하십니다. 그런데 일제강점기를 거치면서 역사가 많이 왜곡됐죠."

　최근에 와서는 정치적 상황에 따라 아라가야가 상대적으로 덜 드러나는 점도 있다며 아쉬워했다. "김해에서 대통령이 나오면서, 그쪽을 중심으로 번성했던 금관가야 연구에 예산도 집중됐죠. 그러다 보니 자연스레 연구 보고서도 많이 나오고, 언론 보도도 많이 됐죠. 금관가야가 각광 받으면서 함안을 중심으로 한 아라가야는 상대적으로 묻히고 있는 경향도 있습니다."

　조 씨는 아라가야 왕 무덤 40여 기가 있는 '말이산고분군' 현장으로 안내했다. "고분군 북쪽 끝에 있는 마갑총에서 고구려 고분벽화에 그려진 것과 같은 말갑옷이 출토됐습니다. 다른 곳에서 출토된 것과 달리 완전한 형태로 보관돼 있습니다."

손양원 목사 숨결이 있는 칠원교회는 함안군 칠원면 골목길 안쪽에 자리하고 있다. 최경진(48) 목사는 2005년 부임해 손 목사 사랑을 전하고 있다. "저 같은 사람이 손양원 목사님 얘길 한다는 게 누가 되지는 않을까 모르겠습니다. 자신의 아들 죽인 이를 양자로 삼았다는 것은 정말 숙연한 감동을 줍니다. 이분이라고 왜 감정이 없었겠습니까? 아들 사망 소식을 듣고 그 자리에서 주저앉아 통곡했다 합니다. 하지만 슬픔을 딛고 '9가지 감사의 제목'을 적었습니다. 그 속에 아들 죽인 사람을 용서하고 양자로 삼겠다는 내용이 들어있습니다."

이러한 손 목사 이야기는 함안에서도 그리 알려지지 않았다. "어느 학교에서 손 목사 이야기를 들려주자 매우 감동했습니다. 그런데 너무 알려지지 않았습니다. 기독교계를 넘어서 간디·테레사같이 전 세계를 아우르는 위인으로도 부족하지 않은데 말이죠."

오늘날 교회가 거대해지는 쪽에 더 눈 돌리는 경향이 있는 것은 불편하지만, 부인할 수 없다. "종교라는 건 자신을 비워 내며 다른 사람들에게 선한 영향을 주는 거죠. 욕망 따라 가는 건 세속입니다. 손 목사님을 통해 오늘날 우리가 어떻게 나아가야 할지 답을 얻을 수 있을 것 같습니다."

놓치지 않고
둘러봐야 할 곳

―――

말이산고분군 아라가야 왕 무덤 37기가 펼쳐진 고분군으로 가장 큰 규모는 지름 39.3m·높이 9.7m에 이른다. 일제강점기에 처음 조사됐는데, 최근에는 고구려 고분벽화 속에 나오는 말 갑옷이 출토됐다.

가야읍 말산리 325-2 일원

무진정(이수정) 조선 사헌부 집의·춘추관 편수관을 지낸 조삼 선생이 기거했던 정자다. 기둥 위에 아무런 장식 없는 소박한 형태를 하고 있으며, 중앙은 온돌방으로 꾸며 놓았다. 현재 건물은 1929년 중건한 것이다. 정자·연못이 환상적인 조화를 이룬다.

함안면 괴산리 547

반구정 낙동강과 남강이 합쳐
지는 물줄기에 자리한 정자로
일출 즐기기에 더없이 좋은 곳
이다. 650년 넘은 느티나무도
함께 자리하고 있다.

대산면 장암리 333

무기연당 조선 1728년 '이인좌
난' 때 의병을 일으킨 주재성 선
생 생가에 있는 연못이다. 관
군들이 선생 덕을 칭송하며 만
들었다 한다. 연못 주위를 돌로
쌓은 둑, 한가운데 작은 인공섬
이 그 어디서도 볼 수 없는 독
특한 장면을 연출한다.

칠원면 무기리 966

놓치지 않고
둘러봐야 할 곳

고려동 유적지 조선 왕조가 들어서자 '고려 후기 성균관 진사' 이오 선생이 고려 충절을 지키기 위해 거처로 정한 곳이다. 선생은 이곳에 고려 유민 거주지임을 뜻하는 '고려동학'이라는 비석을 세웠다. 현재 이 마을에는 '재령 이씨' 후손 30여 가구가 모여 살며 선조 뜻을 기리고 있다.

산인면 모곡리 580

악양루 절벽에 자리한 정자로 1857년 세워졌으며, 한국전쟁 이후 1963년 고쳐 지어 지금 모습을 하고 있다. 이곳 풍광이 '중국 악양 못지않다'고 해 '악양루'로 이름 지어졌다. 넓은 들판과 법수면 제방이 한눈에 들어와 여유로운 경치를 감상할 수 있다.

대산면 서촌리 산122

함안둑방길 꽃·나비·남강·모
래사장이 조화를 이뤄 더없이
좋은 데이트·산책 코스를 제공
한다. 1코스는 5.5㎞로 1시간
30분, 2코스는 2.7㎞로 40분, 3
코스는 2.9㎞로 50분 정도 걸
을 수 있도록 조성돼 있다. 그림
같은 풍차는 이국적인 장면을
연출하고, 경비행장은 또 다른
볼거리를 제공한다.

법수면 악양둑 일원

입곡저수지 뱀 모양으로 길게
늘어져 있어 끝과 끝을 볼 수
없는, 함안에서 가장 큰 저수지
다. 일제강점기에 농업용수로
사용하기 위해 협곡을 가로막아
만들었다. 출렁다리를 건너면
팔각정 쉼터가 나오는데, 이곳에
서 일몰을 바라보면 탄성이 절
로 나온다. 입곡군립공원 내 자
리하고 있어 주변 다목적운동
장·산림욕장·낚시터 등도 함께
이용할 수 있다.

산인면 입곡리

창녕

옛 영광·아픔의 흔적 품은 산줄기
살림 일으키고 위상 드높인 물줄기

창녕군 창녕읍 옥천리에 있는 관룡사에는
보물로 지정된 건물 두 채가 있다.
관룡사 약사전[보물 제146호]과 대웅전[보물 제212호]이다.
조선 초기 건물로 추정하는 약사전은 정면·측면 1칸짜리 집이다.
건물에 견줘 유난히 큰 맞배지붕과 이를 떠받치는 보 구조가
독특하다. 약사전 안에는 역시 보물로 지정된
'석조여래좌상'[보물 제519호]이 있다.
약사전 앞에 있는 삼층석탑 또한 지나치기 아쉬운 유적이다.
관룡사 대웅전은 임진왜란 때 불탔던 것을
광해군 때 다시 지었다고 한다.
정면·측면 3칸에 팔작지붕을 얹은 집으로
조선 중기 건물 전형을 보여준다.
보물을 품은 유서 깊은 절이 경남 안 창녕에만 있는 것이 아니기에
관룡사는 귀하면서 흔한 절이다.
하지만, 이 절은 이곳을 지나야 갈 수 있는 명소 한 곳 덕에
또 남다르다. 관룡사 뒤쪽으로 600m 정도 걸으면 닿는 봉우리
'용선대'다. 용선대에 올라 동쪽을 바라보면 '병풍바위'라고 불리는
잘생긴 절벽이 펼쳐진다. 관룡산[754m] 자락이다.
아래로는 관룡산과 영취산[738.7m], 쌍교산[469.5m]이 감싼
옥천리 마을이 한눈에 들어온다.

용선대 서북쪽으로는 멀리 창녕 제일봉 화왕산$^{756.6m}$ 자락이 이어진다. 이 눈맛 좋은 자리에는 통일신라시대 것으로 추정하는 불상이 동쪽을 바라보며 의젓하게 앉아 있다. 용선대 석조여래좌상$^{보물 제}$ ^{295호}이다. '용선대'라는 이름은 중생을 극락으로 인도한다는 상상 속 배 '반야용선般若龍船'에서 따온 것이다. 그래서인지 여기 사람들은 용선대 주변이 선명하고 훤할 때보다 짙은 안개가 깔릴 때 풍경을 더 높게 친다. 안갯속에서 산 중턱에 있는 작은 마루는 이름처럼 극락으로 향하는 배가 된다. 하지만, 용선대에서 감흥이 제아무리 유별나더라도 창녕이 내세울 더 큰 자산은 산줄기가 아닌 물줄기에 있다. 서쪽과 남쪽을 감싸며 흐르는 낙동강, 예부터 널리 이름을 알린 부곡온천, 나라 안에서 최고라는 내륙습지 우포늪^{소벌}은 모두 창녕 것이다. 옛사람들은 강에 기대어 터를 정했고 오늘날까지 온천은 창녕 살림을 쏠쏠하게 살찌우고 있으며 창녕이 남길 가장 큰 유산은 늪에 있다.

동쪽에서 서남쪽으로 열린 땅

동쪽이 솟은 창녕 땅은 서남쪽으로 가면서 낮아진다. 창녕 제일봉인 화왕산을 비롯해 관룡산, 영취산을 중심으로 천왕산^{619m}, 열왕산^{663m}, 수봉산^{593m}, 묘봉산^{514m} 등이 동쪽에 쏠려 있다. 북서쪽과 서쪽에는 구룡산^{208m}·구진산^{300m}·고운봉^{241m} 등이 있으나 대부분 높이가 200m 안팎이다. 창녕 산세는 경남 안에서도 유별나게 내세울 정도는 아니다. 창녕을 대표한다는 화왕산조차 완만한 능선 탓에 그 매력이 선뜻 다가오지는 않는다. 하지만, 화왕산 매력은 높이나 산세가 아닌 산 정상에 펼쳐진 24만여㎡에 이르는 너른 들판에 있다. 특히 들판을 가득 메운 억새는 창녕이 자랑하는 볼거리 가운데 하나다.

창녕군은 1995년부터 3년마다 정월대보름에 맞춰 '화왕산 억새 태우기' 행사를 열기도 했다. 산 정상에서 솟는 거대한 불기둥은 전국에 명성을 떨쳤다. 하지만, 이 행사는 지난 2009년 갑자기 거세진 불길로 인명사고를 내며 없어진다. 대단한 볼거리가 사라진 것에 대해 아쉬워하는 이들도 없지 않으나 한동안 산 정상 억새를 태울 일은 없을 듯하다.

창녕군 전체면적(532.76 ㎢) 가운데 농경지(115.85㎢)는 21% 정도다. 농경지 대부분은 낙동강을 낀 서남쪽에 펼쳐져 있다. 전체 가구 가운데 30% 정도가 농가인 만큼 창녕은 농업이 중심인 고장이다.

화왕산 억새태우기

특히 낙동강과 남강이 만나는 지점에 펼쳐진 영산면 일대 들판은 경남에서 손꼽는 농업지역이다. 그러나 이곳은 일제강점기 이전까지만 해도 대부분 늪과 진펄이어서 농사짓기 곤란한 곳이었다. 1920년대 들어 수리사업과 함께 낙동강 주변에 둑을 쌓고서야 여기 사람들은 제법 넉넉한 농지를 얻을 수 있었다. 그래도 강 주변 비옥한 땅은 뭘 심든 그럴듯한 수확을 허락했다. 영남권에서 창녕은 채소·특용작물 주요 공급원이다. 이 가운데 창녕 땅 이름을 앞에 붙인 작물로는 '창녕 양파'와 '남지 땅콩'을 꼽을 수 있다. 특히 양파는 한때 나라 안에서 가장 많이 난다고 할 정도였다. 지금은 '최대 생산지'라는 수식 뒤에 창녕이 오지는 않는다. 양파를 심던 농가들은 점점 마늘 비중을 늘리고 있다. 그래도 아직 창녕 대표 작물로 양파를 빼놓을 수는 없겠다.

남지 땅콩 명성은 노는 땅을 아쉬워한 농민들 마음에서 비롯한다. 작맥^{갈림} 말고는 그다지 수확을 기대할 수 없었던 낙동강 주변 모래땅에 시험 삼아 심은 땅콩이 제법 잘 자라며 살림에 보탬이 된 것이다. 이후 땅콩 생산지는 전국으로 확대됐으나 최종 가공·포장은 대부분 남지에서 이뤄졌다. 하지만, 남지 땅콩 전성기는 중국산 수입으로 가격 경쟁에서 밀리며 마감한다. 지금은 소규모 생산 농가만 남아 한때 드높았던 이름을 잇고 있다.

1973년 부곡면 거문리 지하 63m 지점에서 솟은 뜨거운 물은 이 땅에 그럴듯한 관광자원 하나를 떠안긴다. 한 해 381만여 명(2011년)이 찾는 부곡온천에서는 하루 숙박 9000명, 목욕은 2만 명을 수용할 수 있다. 종합휴양시설인 '부곡하와이'와 콘도, 골프장까지 갖춘 이 일대는 창녕 살림을 살찌우는 소비지역이다.

부곡온천 관광특구

부곡온천자료관

느닷없이 마주치는 옛사람 흔적

창녕읍 교상리에 있는 호젓한 공원 이름은 만옥정이다. 이 공원
가장 높은 곳에는 '진흥왕 척경비'국보 제33호가 있다. 561년 진흥왕이
세운 이 비석은 1914년 화왕산에서 발견된 것을 1924년 공원으로 옮

겨 놓았다. 그 아래에는 '대원군 척화비'가 있으며, 더 아래로 내려가면 신라시대 쌓은 '퇴천삼층석탑'이 있다. 석탑 옆으로는 창녕군을 거친 관리들을 칭송한 비석이 줄지어 서 있다. 그리고 석탑과 비석 맞은편에 객사 건물을 세워뒀다. 읍에 있는 평범한 공원은 뜰 안에 품은 유적들로 비범해진다.

이 만옥정 공원을 중심으로 원을 그리면 반경 1㎞ 안에 창녕읍이 품은 옛사람 흔적들이 대부분 들어온다. 이 가운데 여기 사람들이 가장 치켜세우는 유적은 '술정리서삼층석탑'보물 제520호과 '술정리동삼층석탑'국보 제34호이다. 그중에서도 동쪽에 있는 돌탑에 대한 평가가 훨씬 후하다. 요즘 건물 사이에 난 길로 들어가면 불쑥 나타나는 이 돌탑은 경주에 있는 석가탑만큼 잘생긴 모양새를 자랑한다. 그 생김새는 종종 창녕이 신라 문화권에 걸친 흔한 변두리가 아니었다는 근거가 되곤 한다. 게다가 돌탑에서 300m 정도 떨어진 곳에는 옛사람들에게 귀했을 얼음을 보관했던 석빙고보물 제310호도 있다. 돌탑과 석빙고는 '창녕은 신라시대 유력가가 터를 정했던 곳'이라는 여기 사람들 말에 힘을 보탠다. 그런가 하면 돌탑 앞에는 능청스럽게 초가 한 채가 요즘 집들 사이에 자리했다. 주인 성이 하씨라서 '하씨초가'라고 이름 지은 이 집은 500년 전에 지은 것이다. 이 밖에 큰 바위 앞면에 돌을새김을 한 '송현동 마애여래좌상'보물 제75호, 통일신라시대 불사 조성 과정을 새긴 비석인 '인양사 조성비', '창녕 향교'도 모두 읍울타리 안에 있다. 이 같은 유적들은 창녕읍 서북쪽 언덕에 늘어선 옛 무덤(송현·교동고분군)들과 더불어 고즈넉한 창녕 분위기를 돋운다. 창녕읍은 요즘 사람이 만든 공간을 거닐면 옛사람 흔적이 어깨를 툭툭 치는 곳이다.

그래도 뭐든 가장 앞서는 게 자랑거리라면 창녕에서는 부곡면 비봉리에서 나온 옛사람 흔적을 빼놓을 수 없겠다. '비봉리패총'이라고 불리는 곳이다. 이곳은 2003년 태풍 매미로 논이 물에 잠기면서 양·배수장 신축 공사를 하다가 드러났다. 여기에서는 소나무 쪽배, 망태기, 멧돼지가 그려진 토기, 나무칼, 돌화살촉, 그물추, 도토리 저장 구덩이 등이 발굴됐다. 특히 8000년 전 것으로 어림잡는 소나무 쪽배는 '세계 최고最古' 또는 '동북아 최고'라는 수식에서 짐작할 수 있듯 학술적 가치가 높다.

비봉리패총에서 나온 옛사람 흔적이 이제는 박물관 것이라서 아쉽다면, 장마면 유리에 있는 고인돌支石墓 한 기는 빼도 박도 못하는 창녕 것이다. 청동기 대표 유적이라고 할 수 있는 지석묘는 창녕 곳곳에 그 흔적이 남아 있다. 하지만, 모양새를 제대로 갖춘 것으로 따지자면 유리에 있는 고인돌이 으뜸이다. 고인돌은 말쑥한 보존 상태와 언덕 꼭대기라는 유별난 위치 덕에 '창녕지석묘'라는 이름을 얻었다.

비봉리패총에서 나온 배 화석

창녕은 그 고즈넉한 인상과는 달리 역사적으로 평온한 곳은 아니었다. 남강·황강과 통하는 낙동강을 낀 이 땅은 예부터 동서를 잇는 중요한 길목 가운데 하나였다. 대개 그런 길목은 세력과 세력이 부딪칠 때 서로 제 것으로 삼으려는 곳이기도 하다. 이른바 군사적 요충지가 된다. 창녕이 예부터 중요한 거점이었다는 근거는 진흥왕 척경비와 화왕산에 있는 산성 두 곳에서 미뤄 짐작할 수 있다.

진흥왕이 이곳에 척경비를 세운 것은 561년이다. 경남 일대에 두루 세력을 뻗쳤던 가야 제국 마지막 나라인 대가야가 무너진 게 이듬해인 562년. 창녕은 신라가 가야를 제압하는 과정 막바지에 비석으로 말뚝을 박아둬야 할 만큼 의미가 있는 땅이었다.

화왕산에 있는 '화왕산성'과 '목마산성'은 모두 쌓은 시기를 삼국시대 이전으로 추정한다. 지금도 흔적이 대체로 잘 남은 산성 역시 이곳이 군사적 요충지였다는 것을 증명한다. 특히 화왕산성은 임진

진흥왕 척경비

왜란1592년 때 의병을 일으킨 곽재우1552~1617가 거점으로 삼은 곳이기도 하다. 창녕을 거쳐 서쪽과 북쪽으로 진출하려던 왜병은 곽재우가 이끈 의병들이 벌인 효율적인 농성으로 길을 틀어야만 했다.

1950년 8월 남지읍 '박진나루'에서는 미국 제2사단과 제24사단이 인민군 제4사단과 대치한다. 낙동강이 휘감은 땅 창녕은 6·25 당시 '낙동강 전선' 최후 방어선이기도 했다. 미군은 2개월 동안 이어진 치열한 전투에 승리하면서 이후 전세를 역전하는 계기로 삼는다. 남지읍 고곡리 조용한 마을에 있는 '박진전쟁기념관'과 '박진지구전적비'는 이 승리를 기념하고 전투 희생자를 기리고자 조성됐다.

화왕산성

쓸모없는 질퍽한 땅에서 솟은 축복

　유어·이방·대합면 일대 내륙습지 우포늪은 물이 고인 면적만 2.3㎢에 이른다. 우포늪이 만들어진 시기는 1억 4000만 년 전, 6000년 전 두 가지로 어림잡는다. 그 면적과 생성 시기만으로도 나라에서 최고最古·최대最大 내륙 자연습지다. 하지만, 면적이 얼마고 생성 시기가 언제든 우포늪을 향한 눈길이 따스해진 것은 20년도 되지 않는다. 1990년대 중반까지 우포늪 일대는 말 그대로 '쓸모없는 땅'이었다. 질퍽한 땅은 민물고기를 잡는 것을 빼면 도무지 용도가 없었다. 게다가 그런 땅은 지나치게 넓기까지 했다. 오죽하면 유어·이방·대합·대지면 일대는 예부터 사람 살 곳이 아니라고 했다. 어서 메워 작물이라도 심었으면 하는 게 여기 사람들 바람이었다. 이 때문에 1970년대 이 일대에서 진행된 개간 사업을 사람들은 반겼다.

　1998년 3월 우포늪은 국제 람사르협약에 등록, 국제적으로 중요한 습지로 자리매김한다. 사람들이 손을 대지 못했던 습지는 그 덕에 생산과 소비가 균형을 이룬 생태계를 보듬을 수 있었다. 쓸모없

우포늪

는 땅에 쏟아지는 관심과 후한 대접이 여기 사람들은 낯설었다. 오히려 창녕 밖에서 우포늪이 품은 매력에 깊게 빠져든 이들이 몰려들었다. 세계적으로 귀하다는 평가를 받은 습지에 대한 정부 대접도 달라졌다. 정부는 1999년 우포늪을 '습지보호지역'으로 지정한다. 이런 과정에서 2008년 창원에서 열린 람사르 총회는 우포늪 위상을 더욱 드높이게 된다. 정부는 2011년 우포늪을 '천연보호구역'으로 지정한다. 외면받던 습지는 여기 사람들이 창녕을 자랑할 때 가장 먼저 나오는 이름이 됐다. 창녕 이름 앞에 '물의 도시', '늪의 도시'라는 수식이 붙은 것도 낙동강·부곡온천과 더불어 우포늪에 대한 재평가에서 비롯했다고 보는 게 마땅하다.

유별난 영산 사람들

다른 고을이었던 창녕과 영산이 합쳐진 것은 1914년 일제강점기 행정구역 개편 이후다. 영산군에 속했던 일부 면이 함안과 묶이

고 나머지가 창녕과 묶이면서 영산과 창녕은 '창녕군'이라는 한 이름을 쓰게 된다. 하지만, 영산면 사람들은 출신을 물으면 '영산' 또는 '영창녕'이라고 답할 정도로 유별난 면이 있다. 그렇다고 해서 이 같은 태도를 '마을 이름을 잃은 사람들이 부리는 오기'로 낮춰보는 것은 곤란하다. 영산면은 따로 빼놓고 살펴도 좋을 만큼 살뜰한 문화 유적과 전통문화를 잘 보듬은 곳이다. 특히 해마다 3월 1일 무렵 이곳에서 열리는 '3·1민속문화제'는 여기 사람들이 3·1만세 운동을 기념해 스스로 만든 큰 잔치로 눈길을 끈다. 그리고 이 문화제에서는 중요한 놀이 유산 두 가지를 접할 수 있다. 바로 중요무형문화재 제25·26호로 각각 지정된 '영산쇠머리대기'와 '영산줄다리기'다.

쇠머리대기 놀이는 소나무 20여 그루와 새끼줄, 두꺼운 종이로 만든 나무쇠*를 만드는 것에서 시작한다. 동서 두 패로 나뉜 마을 사람들은 각각 나무쇠를 받쳐 신경전을 벌이다 서로 쇠머리를 부딪친다. 이때 쇠머리에 올라탄 장군들은 상대 쇠머리로 올라가 엉겨 공방전을 벌인다. 승패는 한쪽 나무쇠가 주저앉으면서 갈린다.

줄다리기 역시 동서 두 패로 나뉘어 승부를 내는 놀이다. 동편에서는 수줄을, 서편에서는 암줄을 꼰다. 줄다리기를 할 때는 먼저 수줄과 암줄을 이어 나무를 끼워 고정한다. 줄다리기가 시작되면 굵은 몸줄 양쪽에 붙은 곁줄에 온 마을 사람들이 달라붙는다. 승부는 일반 줄다리기와 다를 바 없으나 수줄과 암줄을 고정한 나무가 부러지면 수줄을 꼰 쪽이 진다.

고려 말 승려 신돈²⁻¹³⁷¹은 창녕 출신으로 알려졌다. 공민왕에게 신임을 얻으며 정계에 진출한 신돈은 과감한 개혁 정책을 시도한다. 특히 1366년 '전민변정도감'을 설치해 부당하게 땅을 빼앗긴 백성에게 땅을 돌려주고 강제로 노비가 된 사람들을 구제했다. 하지만, 권문세족은 끊임없이 신돈을 제거하려 했고, 새로운 세력으로 떠오른 신진사대부 역시 그를 견제했다. 게다가 사생활이 문란해진 신돈은 이들에게 빌미를 제공한다. 결국, 신돈은 태후와 권문세족들에게 반역자로 몰리면서 유배됐다가 사형당한다. 창녕읍 옥천리에서 관룡사로 향하는 길목에는 신돈이 죽은 뒤 나라에서 없앴다는 절터만 남아있다. '옥천사지'라고 불리는 이곳은 아직도 수풀을 뒤지면 절에 쓰였을 돌조각을 쉽게 찾을 수 있다.

문학평론가이자 역사학자인 임종국¹⁹²⁹⁻¹⁹⁸⁹ 역시 창녕 출신이다. 재야 문학평론가로 활동하면서 문인들에 대한 자료를 모으던 그는 이들이 저지른 친일 행적을 확인하고 나서 연구 방향을 튼다. 그렇게 모은 자료를 정리해 펴낸 책이 〈친일문학론〉(1966년)이다. 그는 이 책을 시작으로 다른 분야 친일파에 대한 연구를 이어가며 친일파 연구 전문가로 활동한다. 특히 그가 친일파로 지목해 파고든 첫 인물이 아버지 임문호였다는 점은 평범한 지식인을 뛰어넘는 결기가 엿보인다. 1991년 '반민족문제연구소'로 설립해 1995년 이름을 고친 '민족문제연구소'는 임종국이 남긴 자료와 뜻을 이어받은 기관이다.

이 밖에 경남도지사 홍준표, 서울시장 박원순, 민주당 국회의원 박영선이 창녕 출신인데 여기 사람들에게는 종종 얘깃거리인 듯하다.

먹을거리에 담긴 역사와 문화

가난한 땅에 뿌리 내린 양파
절망서 틔운 '희망의 싹'

대지면 석리에는 우쭐함이 엿보이는 조형물이 있다. 주황색 양파를 두 손이 떠받치고 있다. 창녕이 양파 시배지임을 알리는 상징물이다.

1909년 이곳 대지면 석리에 살던 성찬영 선생이 양파 재배에 성공했다. 그렇다고 당장 보급되었던 것은 아니다. 수십 년 지나 손자인 성재경1916~1981 선생이 본격적으로 나섰다.

성재경 선생은 한때 이곳 논밭을 모두 소작농들에게 나눠주고 서울에서 출판사 일을 했다고 한다. 1951년 1·4후퇴 때 고향으로 돌아와 보니 말이 아니었던가 보다. 마을 사람들은 보리농사를 짓는다지만, 대부분 배곯는 생활을 하고 있던 터였다. 그때부터 성재경 선생은 양파 종자 채취 기술을 익혔다. 그리고 농법을 전수하고, 신식 유통체계도 들여왔다. 이곳 사람들도 보리농사와 비교해 수익이 10배 이상 날 수 있는 양파 재배에 부지런함을 잃지 않았다. 그 덕에 마을은 가난에서 벗어날 수 있었다고 한다.

양파 시배지임을 알리는 조형물

현재 사용되는 양파망 역시 성재경 선생이 만든 것이라 전해진다.

성재경 선생은 여기서 그치지 않았다. 1963년에 뜻있는 12명과 함께 '경화회耕和會'를 만들었다. 우리나라 최초 농민 자생 단체다.

'참되고 올바른 마음으로 알뜰히 배우고 익혀 어리석음에서 벗어납시다.'

설립 이념이 잘 담겨 있는 문구다. 재래식농법에 그치지 말고 함께 연구하고 정보도 공유하자는 것이었다.

이 단체에서 만든 1969년 소식지에는 '짓기보다 팔기를 잘해야 한다' '뚱덩이같이 가꿔서 금덩이같이 팔아야 한다'는 내용이 담겨 있다. 1971년 11월 사단법인 인가도 받았다. 그즈음 창녕 양파는 전국 생산량 가운데 35%를 차지했다. 창녕지역 전체가 보릿고개에서 벗어날 수 있는 역할을 한 셈이다.

우리나라 양파 재배, 혹은 창녕농업 발전에 큰 보탬을 한 성재경 선생은 떠날 때도 남달랐다. 1968년 우리나라 최초로 양파냉장회사를 설립했는데, 1981년 작고할 때 본인 주식을 경화회 회원들에게 나눠주었다고 한다.

경화회는 오늘날 읍·면 지회를 두며 50년 세월을 잇고 있다.

어렵던 시절 다른 지역도 그랬듯이 창녕에서도 '비단 홀치기'가 여자들 부업거리였다고 한다. 1960년대 이후 양파 재배가 이 지역 곳곳에 퍼졌지만, 이 역시 여자들도 손 보탤 수 있는 일이었다. 이 때문에 딸 아이 많은 집이 오히려 생활에 큰 보탬이 됐다고 한다. 그러다 보니 '남자아이 낳아봐야 아무 짝에 쓸모없다'는 말도 있었다고 한다.

양파는 먹을거리 없던 시절 간식으로도 쓰였다. 양파를 삶아 초고추장에 비벼 먹는 식이었던 듯하다.

가을 파종 시기에는 일손이 달려 '죽은 송장 손'을 빌리고 싶은 마음이라고 한다. 오늘날 전국 생산량에서는 전남 무안이 우위에 있다. 그러다 보니 전국적으로는 '무안 양파'라는 말도 제법 입에 달라붙는 듯하다. 그래도 창녕 사람들은 '양파 첫 재배지' 자존심을 굽히지 않으며 간간이 신경전을 펼치기도 한다.

양파 시배지 조형물 뒤로는 '창녕 석리 성씨 고가昌寧 石里 成氏 古家'가 자리하고 있다. 1929년 지어진 것으로 양파를 보급한 성씨 문중 주택이다. 전국에 손꼽히는 부자였다고 전해지듯 당시 찾아보기 어려운 서양 문화가 접목된 한옥이다. 사람들 관심은 딴 데 있다. 이곳에 대해 물으면 마을 사람들은 "북한 김정일 처 성혜림1937~2002 생가"라고 힘주어 말한다. 하지만 생모가 이 집안 허락을 얻지 못해 성혜림은 이곳에서 나지 않았다는 얘기도 함께 들려온다.

성씨 고가

도천면 순대

수구레국밥

이곳 사람들에게 먹을거리에 대한 옛 기억을 물으면 퍼뜩 답이 돌아오지 않는다. 생선에 소금·고춧가루를 넣어 삭힌 '식해'를 귀한 손님이 오면 내놓기도 했다지만, 지금은 흔치 않아 보인다.

한편으로는 뻘이 많아 붕어·잉어 같은 생선이 흔했다고 한다. 무넣어 고아서는 특이하게도 말려서 반찬으로 이용했다고 한다. 가물치 같은 것은 양파망에 넣어 푹 고아 그 안에 으깨진 살은 따로 빼먹기도 했단다.

대지면에는 도축장이 자리하고 있어 인근에 고깃집이 많다. 가격이 저렴하다 보니 주말이면 차들이 많이 밀려든다. 차 세우기 좋은 입구 쪽 식당은 몰리고, 안쪽은 재미를 못 본다는 얘기도 들려온다.

창녕에는 장날 수구레국밥이 유명하다. 수구레는 소가죽 안쪽 지방살을 뗀 것으로 쫄깃쫄깃해 씹는 맛이 있다. 여기에 선지·우거지·콩나물을 섞어 내놓는 수구레국밥은 창녕 아닌 다른 지역에서도 낯설지 않은 음식이다. 한 방송에 소개되면서 더욱 유명해졌다. 이 방송에 나왔던 집은 3·8일 장날에만 하는 노점이다. 대구 달성군 현풍면에 별도 식당이 있다.

도천면에는 이름난 순댓집이 있다. 1996년 허름한 가게에서 시작한 것이 입소문 퍼지면서 10년 만에 번듯한 가게를 마련했다. 옛 가게는 손님 대기실로 활용되고 있다. 나아가 김해·마산·진해·양산·대구 같은 곳에 프랜차이즈까지 두고 있다.

볼거리에 담긴 역사와 문화

―――

삐죽이 솟은 비석·탑에 서린
창녕의 과거와 현재

창녕에는 유물·유적지가 곳곳을 채운다. 제 것 그대로이면 더 좋으련만, 그렇지 못한 아쉬움은 있다. 과한 덧씌우기가 있었거니와, 또 그 귀함을 몰랐던 탓이다.

영산면 동리에는 '영산호국공원'이 자리하고 있다. 1973년 도시공원으로 지정됐다가 1982년 '전국 최초 호국공원'으로 조성됐다. '임진왜란', '3·1운동', '6·25전쟁' 같은 '3대 국란國亂'을 담고 있다.

영산 만년교

'영산 만년교보물 제564호'를 지나 공원에 들어서면 '임진왜란 호국충혼탑' '3·1 독립운동 기념비' '6·25 영산지구 전적비'가 있다. 또 다른 것으로 '영산현감 전제 장군 충절사적비靈山縣監 全霽 將軍 忠節事蹟碑'가 있다. 전제全霽·1558~1597는 영산현감靈山縣監을 지내며 의병활동에 참여한 인물이다.

충절사적비에는 '1592년 임진왜란 때 의병을 모아 영산 박진에서 큰 승리를 거두었다' '화왕산성에서 큰 공을 세웠다' '1597년 정유재란 때 역모에 몰렸다가 충절이 밝혀져 사후 호조참판으로 직이 올랐다'와 같은 내용을 담고 있다.

충절사적비 옆에는 '임진왜란 화왕산 승전도'가 크게 자리하고 있

전제 장군 사적비

임진왜란 화왕산 승전도

다. 전제 장군이 선두에서 용맹하게 칼을 휘두르는 모습을 담고 있다.

'임진왜란 호국충혼탑' 비문에도 '특히 임진왜란 당시 의병을 일으켜 선봉에 나섰던 전제 장군과…' 같은 문구가 적혀 있다.

전제 장군을 위한 공원이라 할 만도 하다. 그럼에도 이를 뒷받침하는 역사적 근거는 신통찮다.

전제 장군이 화왕산에 들어가 어떠한 전과를 올렸는지에 대한 기록은 남아있지 않다. 다만 '곽재우 장군을 따라 화왕산성에 들어간 장령 가운데 다섯 번째 서열' '정유재란 당시 권율 장군에 의해 처형 당했다' 같은 내용은 기록으로 확인되고 있다.

이렇듯 고증 부족, 혹은 왜곡된 이야기는 오랫동안 심심찮게 나왔다. 유독 전제 장군에 대해 뒷말이 끊이지 않는 이유가 있다. 전제 장군 14대손이 전두환 전 대통령이기 때문이다. 건립 때인 1982년은 전두환 대통령이 한창 힘을 발휘하던 때다. 당시 창녕군수를 비롯한 지역 유지들이 알아서 머리를 조아린 것 아니냐는 말이 나오는 이유다. 지금도 공원 안에는 '전제 장군 충절사적비 건립추진위원회' 명단이 표지석에 박혀 있다.

전제 장군이 의병활동을 하고 영산현감으로 있었던 것은 역사적 사실로 받아들여진다. 그럼에도 후손 때문에 곱지 않은 시선을 받는 역사적 인물이 됐다.

이 지역 장마면 낮은 산등성이에는 '고인돌'이 자리하고 있다. 그 예전에는 7기가 북두칠성처럼 자리해 '칠성바위'라 불렸다고 한다. 그러던 것이 일제강점기 길을 닦으면서 6기가 날아가 버렸다. 지신地神이 화날 만한 일은 그 후에도 계속됐다. 10여 년 전에는 아주 기막

교동·송현동 고분군

힌 일이 있었다. 창녕읍 일대 도시계획도로 확장 때 고인돌 수십 기가 마구잡이로 훼손됐다. 또 어느 개인은 고인돌인지 모르고 조경용으로 집에 들고 가기도 했고, 후에 한 번 더 대량 파손되는 일이 있었다. 인류 최초 석조물이라 할 수 있는 고인돌이 이 지역에서는 이래저래 수모를 겪은 것이다. 그 아쉬움은 훗날 더욱 뼈저리게 다가올 듯하다.

창녕읍에 자리한 교동·송현동 고분군은 겉으로는 훌륭하다. 하지만 일제강점기, 그리고 광복 이후 여러 차례 파헤쳐졌다. 금관·금동 장신구·토기 같은 것이 남김없이 빠져나갔다. 계성고분군도 논밭으로 변한 곳이 많다 하니 씁쓸할 따름이다.

오늘날 창녕군은 '진흥왕 행차길'이라는 문화탐방로를 이어가고 있다. 20리에 걸쳐 교동고분군-진흥왕 척경비 원발견지-만옥정공원-진흥왕척경비 등이 이어진다. 이를 두고 "가야 후예인 이곳 사람들이 승자인 신라 관점에서만 역사를 바라보려는 뒤집힘이 있다"며 못마땅해 하는 이도 있다.

시선을 달리해 대지면 본초리로 옮기면 국도 변에 '향군 농장개간 공적비'라는 것이 있다. 이 공적비는 창녕 땅 지난날과 오늘날을 잘 담고 있다.

창녕 물가는 1970년대 초까지만 해도 쓸 만한 땅이 아니었다. 버려진 땅을 논밭으로 일구더라도 물이 흘러넘쳐 원래대로 되돌아가기를 반복했다. 특히 대지면·유어면·이방면 같은 곳이 그랬다고 한다. 마른 땅이라 할 수 있는 창녕읍 위쪽 고암면·성산면 같은 곳은 좀 있는 사람들이 사는 마을이었다.

그러던 것이 1970년대 말 낙동강 상류에 댐이 들어섰다. 안동댐·영천댐 같은 것이다. 이를 바탕 삼아 창녕에는 두 차례에 걸쳐 대대적인 개간 작업이 진행됐다. 유어면 같은 곳은 1978년 이후 전천후 농업이 가능한 지역으로 변했다. 그렇게 물 조절이 가능해지면서 제법 쓸 땅을 마련할 수 있었다. 땅 한 뼘이 절실하던 이곳 사람들에게는 큰일임이 분명하다.

이 고장에는 낙동강 변을 따라 여러 벼랑길이 있다. 강가라는 '개', 벼랑이라는 '비리'가 합쳐져 '개비리길'이라 불린다. 이 가운데 남지읍 용산마을에 있는 '남지 개비리길'에는 개犬에 관한 전설이 서려 있다. 어느 집 수캐가 먼 곳으로 팔려갔다가 암캐를 만나러 이곳을 오가면서 길이 났다는 얘기다. '개'라는 말이 들어가다 보니 이러한 얘기가 만들어진 것으로 받아들이면 되겠다.

정봉채(57) 사진작가는 10년 넘게 우포늪 사진을 찍고 또 찍었다.
이 자연을 카메라에 담으며 본인 마음을 정화하기 위해서다. 우포늪
을 찾은 몇 년간 수생식물만 찍었다. 그러다 때 묻지 않은 자연풍경
그 자체에 마음을 빼앗겼다. "좋은 사진을 찍으려면 진정성 있게 자
연을 대해야 합니다. 그리고 계속 관심을 보여야죠. 그러면 어느 순
간 자연은 속살을 나에게만 보여주죠."

우포늪에는 때에 따라 수백 명씩 몰려들기도 한다. "아주 잘 찍힌
사진은 문제가 있다고 보면 됩니다. 동물을 유인해 찍기도 하고….
사진 사냥꾼이 되어 여기저기 해치고 다닙니다. 이곳과 오래 함께한
이들은 그냥 조용히 기다리죠."

우포늪은 딱 10년만 찍으려 했다. 하지만 이 자연이 자신을 가족
으로 받아들인다는 생각이 들어 눌러앉았다.

정 작가는 자연과 마주한 얘기를 어린아이처럼 계속 들려준다.
"일반 삵 크기가 아닌 정말 큰놈이 너구리 사냥하는 걸 봤습니다.
사진이 아닌 동영상으로 담고 싶었죠. 그런데 버튼을 잘못 눌러 아
무것도 담지 못했어요. 그땐 눈물이 날 정도로 속상했죠."

곁에 있는 이인식 우포늪따오기복원위원장은 이 자연을 함께 나
눌 수 있는 좋은 벗이다. 사진을 두고 둘은 두런두런 얘기를 나눈다.

이권섭(64) 씨는 밀양에서 살다 일 때문에 20년 전 주소를 창녕으로 옮겨 왔다갔다했다. 그러다 "이곳에 정착해도 괜찮겠다"는 확신이 선 7년 전 완전히 뿌리 내렸다. 제2 고향이 된 것이다. "여기 어른들은 자식 친구가 와도 '왔나'가 아니라 '왔는교, 누추해서 우짜노' 같이 말해요. 여전히 예스럽고, 정겹죠. 다정다감함이 묻어있어요."

토박이가 아니면서도 이 지역에 대해 많은 것을 기억하고 있었다. "낙동강을 끼고 있다 보니 나룻배가 곧 이동수단이었지요. 그런데 1960년대에 대형 사고가 한번 터졌어요. 태풍이 지나고 나서 큰비가 내리는데 정원 초과해 지나다 수십 명이 목숨을 잃었죠. 세월이 지났지만 그런 대형참사라면 위령탑 하나라도 있으면 좋으련만…."

1969년 나룻배 전복사고로 무려 60명이 익사한 것을 두고 하는 얘기였다.

강이 휘감고 있고, 곳곳에 늪도 많으니 겉으로 보면 물 좋은 고장처럼 느껴지기도 한다. 하지만 들여다보면 그렇진 않은 듯하다. "보기 좋은 물은 많지요. 하지만 쓰는 물은 귀한 고장이기도 합니다."

이 씨는 창녕 하면 바로 떠올릴 수 있는 것으로 우포늪·화왕산·부곡온천을 들었다. 관룡사·옥천사지를 넣어도 손색없다고 덧붙였다.

놓치지 않고
둘러봐야 할 곳

남지철교 1933년 최신식 기술을 통해 개통한 철교로 창녕 남지읍~함안 칠서면을 연결한다. 독특한 아름다움이 묻어있는 등록문화재 145호로 지금은 도보·자전거 이용만 가능하다. 인근 낙동강 변은 4월이면 유채꽃으로 채워진다.

남지읍 남지리

우포늪 우포늪소벌·목포늪나무벌·사지포늪모래벌·쪽지벌을 총칭하는 것으로 대합면·이방면·유어면·대지면에 걸쳐 있는 국내 최고·최대 규모 늪이다. 생성시기에 대해서는 1억 4000만 년 전, 6000년 전이라는 설 두 가지가 있다. 입구에 있는 우포늪생태관에 들르면 사람도 자연 일부라는 것을 새삼 느낄 수 있다. 특히 '춤추는 해설사' 노용호 우포늪관리사업소 연구관은 이곳의 또 다른 명물이다.

유어면 세진리 232

부곡온천 1973년 온천수가 발견돼 관광특구에 이르렀다. 수온 78℃로 규소·염소 등 무기질 20여 종을 함유해 호흡기·피부 질환에 효과 있다고 전해진다. 부곡하와이는 패키지 코스다.

부곡면 거문리 217-41

관룡사 신라 시대 8대 사찰 가운데 하나로 전해진다. 이곳에는 대웅전·용선대 석조여래좌상·석조여래좌상·약사전, 4개 보물이 자리하고 있다. 관룡사에서 600m가량 오르면 산꼭대기 높은 바위에 자리한 용선대 석조여래좌상을 마주할 수 있다. 중생들이 가야 할 길을 제시하고, 누구든 소원 하나를 이루게 한다는 전설이 서려 있다. 옥천마을이 내려다보이는 눈맛은 일품이다.

옥천리 산 320-2

놓치지 않고
둘러봐야 할 곳

술정리 동·서 삼층석탑 술정리 동·서에 각각 자리하고 있다. 동삼층석탑은 통일신라 8세기 중엽 만들어진 것으로 단아한 아름다움이 불국사 석가탑 못지않다. 경남에 있는 탑 가운데 유일한 국보(제34호)다. 서삼층석탑은 이보다 100년가량 후 만들어졌으며 보물 제529호다.

창녕읍 술정리 412-20, 창녕읍 술정리 414

교동·송현동 고분군 교리 및 송현동 일대에 분포한 고분군으로 1918년 일본인에 의해 처음 발굴 조사됐다. 총 100기 이상 분포하는 것으로 확인됐는데, 복원 정비된 것은 40여 기다. 출토유물로 봐서 5~6세기 고분군으로 추정된다.

창녕읍 교리 129일대

창녕 석빙고 얼음을 저장하기 위해 돌로 쌓은 냉장고로 보물 제310호. 보온을 위해 겉에 두껍게 흙을 덮었기에 고분처럼 보인다. 천장 곳곳에는 환기구를 두어 바깥공기가 드나드는 것을 조절, 냉기가 오래가게끔 했다. 이보다 규모가 작은 석빙고가 영산면에도 있다.

창녕읍 송현리 288

영산 만년교 호국공원 입구에 있는 길이 13.5m·너비 3m 무지개다리. 돌로 쌓은 아치형 다리는 개울에 비치며 독특한 아름다움을 자아낸다. 1780년 만들어진 것을 1892년 중수한 이후 여러 차례 부분적으로 손 봤다. 보물 제564호.

영산면 동리 434

산청

지리산 깊은 땅
그곳에 곧고 순박한 사람

산청읍에서 금서면을 거쳐 삼장면으로 방향을 정하면
길고 구불구불한 오르막길을 만난다.
미처 산을 넘지 못한 조각구름은 산자락 곳곳에 기대어 머무른다.
이곳에서는 흔한 풍경을 옆으로 아래로 흘려보내면
고갯마루에 있는 뜰에 닿는다. 입구 표지석에 적힌 이 고개 이름이
'밤머리재'다. 별스러운 치장이 없는 뜰 끝에서 옆구리만 보였던
산줄기가 아래로 펼쳐진다. 지리산을 품은, 지리산이 품은 고장
산청은 이렇게 제 모습 한 자락을 넌지시 드러낸다.
밤머리재를 넘어 삼장면을 지나면 시천면이다.
영남을 대표하는 유학자 남명 조식1501-1572은 이곳에서 말년을 보냈다.
그가 끝까지 벼슬을 마다하고 머무르며 후학을 길렀던 집이
'산천재山天齋'다. 산천재 앞뜰에는 남명이 심었다는
매화나무 '남명매'가 있다. 그 너머로
어지간해서 제 모습을 드러내지 않는 지리산 천왕봉을 볼 수 있다.
큰 어른은 말년을 보낼 자리 하나조차 허투루 정하지 않았다.
'산천재' 이름에는 산이 하늘을 품었다는 뜻이 담겼다.
지리산이기에 어울리고, 남명이기에 쓸 수 있는 이름이었을 테다.

산 넘어 산, 그 너머에 산

산청군 전체면적$^{794.7㎢}$ 가운데 논밭은 겨우 12%(98㎢) 정도다. 어디라고 할 것 없이 우뚝 솟은 산은 말 그대로 '첩첩산중'이다. 서쪽에는 천왕봉^{1915m}을 중심으로 하봉^{1781m}·중봉^{1875m}·제석봉^{1806m}·연하봉^{1667m}·영신봉^{1651m}·삼선봉^{1284m} 등 지리산 자락이 함양·하동군과 경계를 이뤘다. 북쪽으로 갈전산^{764m}·바랑산^{796m}·소룡산^{760m} 너머에는 거창군이 있다. 합천군과 산청군 사이는 황매산^{1108m}·부암산^{695m}이 가로막았다. 여기에 웅석봉^{1099m}이 산청 가운데 우뚝 솟아 군립공원을 이뤘으며 그 주변에는 둔철산^{811m}·구곡산^{961m}·정수산^{828m}·이방산^{715m} 등이 겹겹이 둘러싸고 있다. 북에서 남으로 흐르며 산청 가운데를 가르는 강은 경호강^{鏡湖江}이다. 이름에 '거울처럼 맑다'는 뜻이 담겼다. 강폭이 넓고 유속이 빨라 최근에는 래프팅 명소로 꼽힌다. 경호강은 황매산에서 흘러나오는 양천강과 단성면에서 만난다. 그리고 이 물이 지리산에서 흘러나오는 덕천강과 더불어 남강을 이룬다. 산청 땅을 흐르는 물은 예부터 맑기로 유명했다. 높고 깊은 산에서 솟는 샘이 맑은데다 개발을 핑계 삼은 손때도 타지 않았다. 곳곳에 우뚝 솟은 산^{山}과 맑은^{淸} 하천을 품은 이 땅은 생김새부터 이름값을 톡톡히 한다.

첩첩산중, 처음부터 없는 땅에 짓는 농사는 뻔했다. 영세한 농가는 산을 깎아 억지로 땅을 만들어 작물을 심기도 했다. 하지만, 겨우 굶주림을 면할 정도였다고 한다. 그런 점에서 감자·고구마·옥수수 등 구황작물 재배가 효율적이었다. 산에서 나는 약초나 나물로 살림을 불리기도 쉽지 않았다. 필요한 이들에게 내다 팔 곳이 마땅치 않았기 때문이다. 옛날 여기 사람들은 산청읍에서 40분 정도 걸리는 진주장이 익숙했다. 뒤집어 보면 산청에 그럴듯한 거래 터가 없었던 게 된다. 산청에서는 한때 산에서 나는 대나무와 싸리를 엮어 가공품을 만들기도 했다. 옛날에는 집집마다 있었던 복조리·키 같은 것들이다. 그러나 실생활에서 대나무 가공품이 용도를 잃자 겨우 기념품 수요만 남는다. 더는 살림에 큰 보탬이 될 일이 아니었다. 그나마 여기 사람들이 작물 덕을 본 것은 1970년대 들어 밤나무와 감나무를 심으면서부터다. 특히 겨우내 얼고 녹으면서 여문 산청 곶 감 맛은 빼어났다. 이곳 사람들은 산청보다 곶감이 많이 나는 곳은 있어도 맛있는 곳은 없다고 여긴다. 생산량은 내세울 정도가 아닌 딸기·사과·배를 특산물로 꼽는 이유도 같다. 산은 너른 땅을 내주지 않은 대신 어렵게 맺은 열매에는 제법 공을 들였다. '고품종 소량 생산'은 이 땅이 품은 한계와 가능성을 두루 고려한 당연한 결론이었다.

농사지을 땅도, 공장 세울 땅도 마땅치 않았던 산청이 오롯이 지킨 이름은 '청정골'이다. 산청군도 지역이 살길을 산과 강이 얽히고설킨 풍광에서 찾는다. 그렇다고 산청군이 오래전부터 관광산업 덕을 봤으리라 지레짐작하는 것은 오해다. 빼어난 자연환경은 이미 갖췄지만 이를 떠받치는 접근성은 뒤늦게 따라왔다. 1990년대까지 산청을 찾는 바깥사람들은 대부분 진주를 거쳐 국도로 에둘러 갈 수밖에 없었다. 산청 가는 길이 수월해진 것은 2001년 대전과 진주가 고속도로로 이어지면서다. 이 길은 2005년 통영까지 이어지면서 '통영 대전고속도로'로 이름이 바뀐다. 통영대전고속도로 단성·산청·생초나들목^{IC}이 산청 입구다. 고속도로 개통으로 산청은 군 단위에서는 드물게 나들목 3곳을 둔 지역이 된다. 물론, 관광산업에 대한 산청군 고민도 이를 바탕으로 시작한다.

나라에서 가장 어여쁘다는 마을

원나라 사신으로 간 문익점[1329~1398]이 목화씨를 붓통에 숨겨와 널리 보급했다는 일화에서 이 나라 무명 역사는 시작한다. 그리고 그 목화를 처음 키웠다는 곳이 산청 단성면에 있다. 그 자리에 '목면시배유지木綿始培遺址'가 들어섰다. 이곳에 들어서면 '삼우당 문선생 면화시배 사적비'라고 쓴 비석이 보인다. 그 옆에는 무명 가공 과정, 역사, 제품 등을 알리는 전시관이 있다. 전시관 옆에는 1000㎡ 정도 규모로 목화를 키운다.

문익점은 고려 말인 1360년 문과에 급제했다. 김해 부사록, 성균관 순유박사를 거쳤으며 원나라에서 목화씨를 가져온 게 1363년이다. 문익점은 장인 정천익과 3년 만에 목화재배에 성공했다. 무명은 옷감이라고는 삼베뿐이었던 백성에게 추운 겨울을 수월하게 넘길 수 있게 했다. 또 고려 말부터 조선시대까지 국가 기간산업으로 한 몫을 맡는다. 씨앗 하나가 바꾼 삶과 세상은 작은 게 아니었다. 산청 신안면에는 문익점을 추모하는 사당인 '도천서원'이 있다. 그리고 이 서원 옆에 문익점 묘소가 있다.

목면시배유지가 있는 단성면에는 '남사예담촌'이 있다. 돌을 쌓고 그 사이를 흙으로 메운 어깨 높이 담이 마을 전체를 둘러싼 곳이다. 경계를 짓는 게 담을 쌓는 목적이라면 이곳 담은 그 기능부터 어긋

삼우당 문선생 면화시배 사적비

목화밭

난다. 남사예담촌 담 안에서는 집과 마당과 길의 경계가 사라진다. 집 안에 들어섰다 싶으면 어느덧 골목이고, 골목을 따라 걸으면 뉘 집 마당이다. 이곳 담은 안과 밖을 애써 가르지 않는다. 안을 바깥에 내주고 밖을 안으로 당기는 조화를 만드는 장치가 바로 담이다. 2011년 창립한 민간단체인 '한국에서 가장 아름다운 마을연합'은 남사예담촌을 '한국에서 가장 아름다운 마을' 1호로 지정했다. 단아한 고택과 정겨운 담이 어우러진 이 마을에 대한 찬사다. 남사예담촌에서는 산청이 자랑하는 선비 한 명이 남긴 흔적을 만날 수 있다.

남사예담촌

　면우 곽종석^{1846~1919}은 어려서부터 유·불·선 학문을 두루 익히다
주자학 공부에 힘을 쏟았다. 20대 초반에는 이미 학자로 이름을 떨
쳤다. 그 재능을 높게 평가한 조정은 벼슬을 권했으나 곽종석은 국
운이 기울었다며 마다했다. 그래도 1905년 을사늑약 때는 약정 폐
기와 더불어 오적^{五賊} 처단을 요구하는 상소를 올리기도 했다. 1919
년 '파리강화회의'를 앞두고 곽종석을 중심으로 영남 유림이 모인다.
이들은 파리강화회의를 국제사회에 독립을 청원할 기회라고 판단한
다. 이에 파리강화회의에 참석하는 열강 대표에게 건넬 문서를 준비
한다. 이 과정에서 서로 뜻이 같은 영·호남 유림이 뭉치면서 유림 대
표 137명이 문서에 서명한다. 파리에 보내는 긴 편지(2674자), 그 기
초 책임자는 곽종석이었다. 이를 파리강화회의에 제출하고, 영·국문
번역을 거쳐 각국 대표와 외국 공관, 국내 향교에 보낸 게 바로 '파
리장서사건^{巴里長書事件}' 개요다. 일제강점기 통틀어 유림이 펼친 가장 조
직적인 독립운동이다. 이 일로 곽종석을 비롯한 유림은 모두 교도소

에 갇힌다. 곽종석은 징역을 살다 병보석으로 나왔으나 1919년 8월 숨을 거둔다. 남사예담촌에는 곽종석을 기리는 유림과 제자들이 세운 '이동서당'이 있다.

남사예담촌에서 시천면으로 가면 '남명조식유적지'가 나온다. 영남을 대표하는 유학자 조식은 말년을 산청에서 보냈다. 이곳 역시 조식과 관련된 유적을 귀하게 보존하며 큰 어른에 대한 예우를 아끼지 않는다. 산청은 해마다 10월이면 남명 사상을 기리는 '남명선비문화축제'를 개최한다. 조식이 남긴 사상은 '경의敬義' 두 글자에 담긴다. '자신을 수양敬해 근본을 세우고 정의義를 과감하게 실천하라'는 가르침은 당시 선비들을 크게 깨우쳤다. 이 같은 남명 사상은 오늘날에도 조선 실학을 꽃피운 뿌리로 평가받는다. 남명조식유적지에는 그가 제자를 가르쳤던 산천재山天齋가 있다. 뒤편에는 남명 사상과 유물을 볼 수 있는 '남명기념관'을 세웠다. 남명조식유적에서 서쪽으로 더 가면 후학들이 그를 기려 세운 '덕천서원'이 있다. 그리고 서원 앞에는 '성인이 마음을 씻는다'는 뜻이 담긴 정자, 세심정洗心亭이 남아 있다.

덕천서원

산은 산이고 물은 물인데

1912년 단성면에서 태어난 영특한 아이 이영주가 출가한 것은 25살 되던 해인 1936년이다. 속세 이름을 버리고 얻은 법명은 성철. 해인사에서 하동산河東山 대종사가 내린 가르침을 받아 세상 이치를 깨친 그는 오직 구도에만 몰입했다. 성철은 1947년 경북 문경 봉암사에서 '부처답게 살자'며 결사를 이끌었다. 당시 흔들리던 선풍禪風은 서슬 퍼런 승려들 덕에 그 중심을 완전히 잃지 않을 수 있었다. 성철은 1955년 해인사 초대 주지로 임명됐으나 취임하지 않고 수행에 정진했다. 이후 1967년 해인총림 초대 방장으로 추대됐다. 그리고 1981년 대한불교조계종 종정으로 추대됐다. 1993년 입적한 성철은 철저한 수행, 청빈한 삶으로 이 나라에 소박하지만 단호한 가르침을 남겼다. 현대 한국 불교계가 낳은 큰 어른이다. 단성면에는 복원한 '성철대종사생가'가 있고 그 자리에 겁외사劫外寺를 세웠다. 입구에 들어서면 잘 정돈된 경내 한가운데 성철 동상이 있다. 그 뒤쪽에는 유품을 전시한 포영당이 있다. 포영당에서 군더더기 없고 소박한 법어와 누더기 옷과 신발 등 유품을 볼 수 있다. 아무리 봐도 지나치게 치장한 절과 큰 어른을 추어올린 동상은 썩 어울리지 않는다. 애써 그를 그리는 중생들 마음이 간절했다고 넘겨보지만, 겁외사가 더 소박했으면 하는 아쉬움을 지울 수 없다. 어쨌든 성철이 남긴 그 유명한 법어 '산은 산이요 물은 물이다'에서 느닷없이 고장 이름 '산청山淸'을 다시 떠올린다.

명산을 두루 품은 산청에는 유명한 절도 많다. 사찰마다 낀 높은 산과 빼어난 계곡은 이곳을 찾는 사람들에게 늘 깊은 인상을 안

내원사

긴다. 지리산에 있는 법계사는 이 나라 사찰 가운데 가장 높은 곳
(1450m)에 있다. 544년 창건된 이 절에는 적멸보궁에 부처 진신사리
를 모셨으며 불상은 없다. 법당 옆에는 보물 제473호 '법계사삼층석
탑'이 있다. 중산리에서 법계사로 가는 길은 '중산리 계곡'을 따라가
는 길이기도 하다. 법천폭포, 유암폭포, 무명폭포를 비롯해 계곡 곳
곳에 난 웅덩이에는 피서객이 끊이지 않는다.

정취암에서 내려다본 산자락

　삼장면에 있는 대원사와 내원사는 사찰만큼이나 계곡이 유명하다. 지리산 자락에서 뿜어 나오는 시원한 물줄기는 단단한 바위를 이리저리 깎아내며 그 기세만큼 시원한 눈맛을 자랑한다. 이곳 역시 여름내 피서객 발길이 끊이지 않는다.

　신등면에는 정취암이 있다. 686년 의상대사가 창건했다는 이 절은 대성산 절벽 사이에 소박하게 자리했다. 단아한 암자에서는 구불구불 길게 이어진 길과 산청 땅을 둘러싼 산자락을 한눈에 내려다볼 수 있다.

　정취암에서 북쪽으로 조금 떨어진 곳에 율곡사가 있다. 이곳에서는 못 하나 쓰지 않고 목침으로 짜 올렸다는 법당이 눈길을 끈다. 작은 절이지만 대웅전보물 제374호 · 괘불탱보물 제1316호 · 목조아미타삼존불좌상도유형문화재 제373호 등 보물이 많다.

순박한 사람들이 겪은 모진 설움

사방으로 검은 비석이 줄맞춰 서 있다. 비석 모양새는 '거창사건 추모공원'에 있는 그것과 같다. 비석이 선 묘역 한쪽에는 봉분 두 개가 따로 있다. 봉분 옆 표지판에는 '미등록 희생자(남·여)의 묘'라고 적혀 있다. '산청·함양양민학살사건 희생자 가운데 법적 등록을 마치지 못한 분을 모신 자리'라고 설명해놓았다. 금서면에 있는 '산청·함양사건 추모공원' 한쪽 구석에 자리한 봉분은 그래서 더욱 서럽다. 이곳에서는 나라가 이 땅에 지은 씻을 수 없는 죄를 다시 확인할 수 있다. 1951년 2월 7일, 국군 11사단 9연대 3대대가 빨치산 토벌을 내세워 산청·함양을 휩쓸며 죽인 민간인은 705명. 그 추악한 군홧발은 거창을 짓밟기 이틀 전에 이 곳을 지나갔다. 산청·함양사건 추모공원은 1996년 '거창사건등관련자명예회복에관한특별조치법'을 근거로 조성됐다. 공원은 2001년 조성 사업에 들어가 2004년 완공된다. 이 법에서 산청·함양이 겪은 고통은 거창과 달리 고작 '등' 한 글자에 담긴다. 이곳 사람들은 '거창사건 등'에서 비치는 소홀함 탓에 또 서럽다.

1948년 여수·순천사건은 여수 신원리에 주둔한 제14연대 병사들이 군 명령을 어긴 데서 비롯한다. 그 명령은 4·3 항쟁이 일어난 제주로 진입해 이를 진압하라는 것이었다. 명령을 어긴 병사들은 장교 20여 명을 사살하고 항쟁에 들어간다. 그리고 그 여파는 멀리 산청까지 미친다. 험한 산은 적은 병력이 몸을 숨기고 맞서기에 유리했다. 1949년 반군을 진압하려던 국군 3연대 소속 소대병력은 산청 시천면에서 전원 몰살된다. 국군은 적과 내통했다며 패배 원인을 마을

산청·함양사건 추모공원

지리산 외공 민간인학살 현장

사람들에게 씌운다. 1950년 1월까지 이어진 '산청 시천·삼장면 학살' 피해자 수는 밝혀진 것만 203명에 이른다.

1949년 8월 시천면에서 벌어진 '산청 사리 골짜기 학살' 역시 내용은 다르지 않다. 국군 3사단 22연대에 희생된 주민은 360여 명에 이르는 것으로 추정된다.

시천면 외공리에서 자행된 '산청 외공리 학살'은 가해자가 국군인 것만 확인될 뿐, 사건 배경도 피해자 신원과 규모도 분명하지 않다. 외공리 산비탈 입구에는 '민간인 학살이 있었던 곳'이라는 것을 알리는 간판만 외롭게 서 있다. 2008년 발굴 조사가 진행됐던 현장은 잡초만 무성하다. 당시 발견된 유골은 충남 공주대학교로 옮겨졌다고 한다.

이렇듯 서러운 동네인 시천면에는 '빨치산토벌전시관'도 있다. 중산리에 있는 이 전시관은 당시 국군이 빨치산을 어떻게 색출하고 토벌했는지 사진, 기록, 무기 등을 통해 보여준다. 하지만, 전시관 어느 한쪽에도 이 땅에 서럽게 묻힌 사람들에 대한 배려는 없다. 그 당당하다는 전과에 감탄할 수만은 없는 이유다.

단성면 남사예담촌 어르신들은 대문을 달아놓지 않는다. 낯선 인기척에도, 느닷없는 질문에도 마루 한쪽 내주며 조곤조곤 얘기 나누기를 어려워하지 않는다. 이곳 어르신들만 보면 산청 사람 순박하다는 말에 거짓은 없다. 자신들이 그렇게 살았고, 살면서 만난 이웃도 그랬을 테다. 그래서 깊은 산속 순박한 사람들에게 역사가 남긴 상처는 더욱 야속하다.

먹을거리에 담긴 역사와 문화

⎯

찬바람 불면 더 그립다
지리산 겨울 별미

산청 사람들은 지역 특산물로 망설임 없이 '곶감'을 내세운다.

세종실록지리지[1454년] 기록에는 산청지역 공물貢物로 감이 바쳐졌다고 되어 있고, 고종[1852~1919] 황제 때는 곶감이 진상됐다고 한다.

오늘날 단성면 남사리 남사예담촌에는 우리나라에서 가장 오래된 감나무가 있다. 감나무 앞에는 국립산림과학원 측정 결과 '수령 700년'이라는 표지가 있다. 하지만 고려 말 하연[河演·1376~1453]이 어머니 자애로움을 기리기 위해 7살 때 심었다는 점에서 따져보면 630년 정도 된다. 측정이 잘못됐거나 하연이 심지 않았거나, 둘 중 하나일 것이다. 이랬든 저랬든 긴 세월을 잇고 있는 것만은 분명한데, 이 고목에서는 지금도 감이 열린다.

우리나라에서 가장 오래된 감나무

산청 곶감이 상업적으로 대량 생산된 것은 1970년대 중반부터다. 산청은 그 이전 1950~60년대에는 임산물 채취하는 것 정도로 먹고 살았다. 조금 더 지나서는 대나무 가공업이 중심에 놓이기도 했다.

그러다 1970년대 들어서는 밤이 큰 소득원으로 자리했다. 밤이 이곳에 들어온 과정이 특별나다. 1969년 박정희 대통령이 전남 광양을 찾았다가 둘러보고서는 밤나무 단지 조성 지시를 내렸다. 곧바로 광양에 밤나무밭이 들어섰다. 그즈음 산청으로 시집온 '광양댁'이 친정에 갔다가 밤나무 다섯 그루를 들여와 심으면서 이 지역에도 밤이 흔해졌다고 한다.

그렇게 한동안 밤나무로 재미 볼 무렵 이 지역 사람 몇이 경상남도 농특산물전시장에 갔다고 한다. 그 당시는 곶감을 꼬챙이에 꿰어 내놓았다. 그런데 함안 어느 농민이 곶감을 예쁘게 포장해 내놓은 걸 보고서는 '이거다' 싶었나 보다. 곧바로 삼장면 쪽에서 도입하면서 산청지역 곶감이 본격적으로 상업화됐다고 한다. 그러던 것이 지리산 쪽 중산리·내대리 쪽으로 퍼져갔는데, 처음에는 고지대라 곶감 말리기에 맞지 않을 것이라 걱정했단다. 그런데, 생각과 달리 오히려 일교차 크고 깨끗한 공기 덕에 품질은 더 올라갔다. 그러면서 산청 효자 종목으로 완전히 자리매김하게 됐다.

곶감 다루는 이들은 "칼 두 자루만 있으면 할 수 있다"는 말을 종종 한다. 큰 비용 들이지 않고 할 수 있다는 얘기다. 밑천 많지 않던 이곳 사람들과 맞아떨어지는 대목이기도 하다. 돈이 된다 싶으면 소 밀어내고 외양간에서 시작해 조금씩 넓히는 형태였다고 전해진다.

곶감은 원료 자체가 아무리 좋아도 말리는 조건이 맞지 않으면 품질이 떨어지게 마련이다. 일교차 심한 곳에서 얼고 녹기를 수차례 반복하면서 높은 당이 형성되는 것이다. 지리산 가까운 곳은 겨울철 밤낮 온도 차가 많게는 25도까지 벌어진다고 하니 더없이 좋은 조건이다.

전국 생산량을 보면 대량화에 초점 맞춘 경북 상주가 55%가량으로 제일 많다. 충북 영동에 이어 산청은 15~20%로 세 번째다.

영국 엘리자베스 여왕이 산청 곶감을 받은 후 찬사 글을 보내왔다는 얘기는 이곳 사람들이 입에 달고 있다. 또 한편으로는 "인근 함양에서 부러이 여겨 산청 사람 몇을 데려가 곶감 생산에 노력했는데, 이제는 엇비슷한 품질이 나오고 있다"는 말로 으쓱함을 에둘러 표현한다.

그럼에도 한 끼 식사거리로 내세울 만한 것을 물으면 이 지역 사람들은 하나같이 머뭇거리기 일쑤다. "그러고 보니 특별한 게 없네"를 연신 내뱉는다. 그 이유에 대해 이래저래 한마디씩 한다. 요컨대 산청은 부자 고을과는 거리가 멀어 화전민火田民·산간 지대 나무를 불사르고 그 자리에서 농사짓는 사람이 감자·떡 같은 것을 내놓는 정도에 그친다.

지리적으로 보면 산에 둘러싸여 폐쇄적이다. 대개 이런 지형에서는 그들만의 독특한 음식문화를 일구기도 한다. 하지만 인근 진주가 같은 생활권 역할을 한 까닭에, 그쪽 음식에 의지하며 이곳만의 뭔가를 만들어내는 데는 소홀했던 것으로 보인다.

그나마 몇몇 이름 올리고 있는 것들이 있기는 한데 길어도 50년을 넘지 못할뿐더러, 인근 함양과 겹치는 것도 꽤 된다. 어탕국수·흑돼지 같은 것들이 대표적이다.

어탕국수는 충청도 지역에서 '생선국수'라는 이름으로 먹기도 한다지만, 서부경남 지역에서 즐겨 먹는 향토음식이다. 어탕국수는 식

피리조림

홍화비빔밥

으면 비린내가 올라오며, 면발이 붇기 전 먹는 편이 낫다. 뜨거움에 '호호'거리면서도 면을 입에 넣는 성질 급한 경상도 사람과 궁합이 맞는 편이다.

경호강은 다양한 민물고기 음식을 내놓는 밑천이 된다. 경호강鏡湖江은 '거울같이 물이 맑다'는 의미에서 이름 붙여졌다. 강폭이 넓고 큰 바위가 없어 유속이 빠르다. 물살 센 환경은 곧 밥상에 오른 민물고기 살점을 졸깃하게 한다.

삼복더위를 지나면 경호강에 은어가 몰려든다. 낚시 좋아하는 이들은 인근에 숙소까지 잡고 몇 날 며칠 은어잡이를 즐긴다. 최근 들어서는 일본 사람들까지 몰려들기도 한단다. 바지 걷고 얕은 물에 들어가 낚싯줄 걷어 올리는 모습은 영화 〈흐르는 강물처럼〉을 떠올리게 한다.

생초면 어서리 쪽에는 민물고기 전문식당이 행렬을 이룬다. 30여 년 전 도로가 나면서 하나둘 들어섰다. 쏘가리·메기·붕어·피라미·은어·빙어 같은 민물고기 이름이 나열돼 있다. 이 가운데 피라미 음식은 경상도 방언 '피리'라는 이름으로 내걸려 있다. 특히 조림으로 내놓을 때는 뼈째 먹을 수 있도록 한번 살짝 튀겨 억셈을 없앤다.

고둥탕 전문점도 여럿 있다. 어느 지역에서는 채소·들깻가루·부추를 넣어 국물을 걸쭉하게 하기도 하는데, 산청은 맑게 내놓는다. 중국산이 아님을 강조하기 위해 알갱이를 빼지 않고 껍데기째 내놓는 곳도 있다.

산청은 지리산에서 나는 1000여 가지 약초를 활용한 음식에 눈 돌리고 있다. 사찰음식 개발과 약선요리타운 조성 추진이 그러한 것이다.

전통한방 본고장…
천왕봉 정기따라 약초향기 '솔솔'

산청은 '지리산 고장'이다. 또 하나 산청군 스스로는 '한방 고장'을 내세운다. '2013세계전통의약엑스포' 무대인 동의보감촌에는 한의학박물관·허준 및 류의태 동상·산약초타운·한방자연휴양림·숙박시설 같은 것이 들어서 있다.

'한방 고장'을 내세울 수 있는 바탕은 '맑은 물'과 지리산에서 나는 갖가지 '약초' 덕이다. 특히 생초면生草面은 지명에 '마르지 아니한 싱싱한 풀이 난다'는 뜻을 담고 있다.

산청 사람들은 "마을 촌로들에게는 간단한 진맥과 감기약 정도 스스로 지어 먹는 게 예삿일"이라고 전한다.

그럼에도 산청이 '한방'을 본격적으로 들이민 것은 10년 남짓에 불과하다. 그 출발점은 〈소설 동의보감〉을 바탕으로 한 TV드라마 〈허준〉이 큰 인기를 얻으면서다.

드라마에서는 허준許浚·1539~1615이 경남 산음, 즉 오늘날 산청에 들어와 '명의' 류의태柳義泰를 스승으로 맞는 것으로 이야기를 풀었다. 특히 류의태가 자신 몸을 해부하도록 하는 대목에서 이야기 감동은 극에 달했다.

이를 바탕으로 산청은 허준·류의태를 전면에 내세워 '동의보감 고장' 브랜드화에 애썼다. 금서면 특리에 있는 동의보감촌에는 허준 동상과 류의태 동상이 각각 자리하고 있다. 금서면 화계리에는 류의태가 한약 제조에 사용했다는 '류의태 약수터'가 있기도 하다.

그럼에도 허준이 산청에 들어와 의술 활동을 펼쳤다는 사료적 뒷받침은 되지 않았다. 나아가 류의태라는 인물 자체는 문헌과 기록에 없는 허구라는 것이 사실로 받아들여진다.

드라마에서 산청이 배경이고, 류의태라는 인물이 등장한 까닭은

동의보감촌

동의보감촌 내 산청한의학박물관

1960년대 한 논문에 담긴 '설'을 바탕으로 했기 때문으로 보인다.

대신 산청에는 신기에 가까운 의술을 펼쳤다는 실존 인물 유이태劉以泰 혹은 劉爾泰·1652~1715가 있다. 허준보다는 100여 년 후 인물로 천연두·홍역에 대한 의학서인 〈마진편麻疹篇〉을 남겼다. 유이태는 고향 거창을 떠나 산청군 생초면 신연마을로 와서는 돈 밝히지 않고 신분 상관없이 아픈 이들을 돌봤다고 한다.

하필 생초면으로 온 이유는 외가가 있기도 했거니와, 특히 이곳 물과 약초가 좋았기 때문이라고 한다. 유이태는 한방에 칡을 잘 사용했다고 하는데, 죽어서는 산청군 생초면 갈전리葛田里에 묻혔다. '갈전'은 '칡뿌리 밭'이라는 의미가 담겨 있다.

그러나 오늘날 유이태에 대한 흔적은 쉽게 찾아볼 수 없다. 묘소가 남아있기는 하지만, 이정표 하나 없이 거친 산속에 자리하고 있어, 아는 이 아니고서야 찾기 어렵다.

신연마을에서 약방으로 사용했다는 곳을 들춰 보려면, 이 마을 주민이 "흔적 없어진 지 오래됐다"고 전한다. 그나마 책 읽고 글 쓰던 방이 생초면 송정마을에 있었고, 낚시를 즐긴 곳이 생초면 압수마을이라는 이야기가 전해진다. 유이태가 환자를 낫게 했다는 약수 터가 오부면 오전리 도로 변에 남아 있기는 하다. 하지만 이곳 역시 유이태에 대한 어떤 흔적도 두지 않았다.

오늘날 산청에 유이태는 남아 있지 않고 이곳과 연관 없는 허준, 그리고 허구 인물 류의태만 드러나 있다는 사실이 못내 아쉽다.

다른 이야기를 이어보자면 산청에는 유독 오래된 나무가 많다. '매화' 하면 광양을 퍼뜩 떠올리게 되는데, 들여다보면 산청도 전혀 덜하지 않다. '전국 5대 매화' 가운데 세 그루가 산청 땅에 뿌리내리고 있다. 단성면 남사예담촌 하씨 고택에 있는 '원정매'는 670년 넘은 것으로 전해진다.

한때 벼락을 맞기도 하고, 원줄기가 고사하기도 했지만, 밑동에서 새로운 가지가 뻗어나 여전히 그 향을 잃지 않고 있다. 단성면 운리 단속사지에 있는 '정당매'는 640년 세월을, 산천재에 남명 조식植·1501~1572 선생이 직접 심었다는 '남명매'는 450년 세월을 담고 있다.

남사예담촌에는 최소 600년 넘은 감나무, 서로 가지가 교차해 있는 300년 된 회화나무, 220년 된 단풍나무가 자리하고 있다. 신등면 평지리 물산마을에는 '원앙송'이라 불리는 120년 된 소나무 두 그루가 한 몸을 이루며 금실 좋은 부부 자태를 뽐내고 있다.

산청은 지리산을 안은 덕에 대원사계곡·내원사계곡이라는 무릉도원을 선물 받았다. 하지만 지난 시간 속에 큰 상흔이 자리하고 있다. 흔히 '죽었다'는 의미로 곧잘 쓰이는 '골로 갔다'는 말이 삼장면 유평리 대원사계곡을 두고도 사용되었다고 한다. 1950년대 빨치산

600년 넘은 원정매

내원사 계곡

토벌대가 이곳 골짜기로 들어가면 너나 할 것 없이 누구 하나 살아 돌아오지 못했다 하여 '골로 갔다'고 했다.

내원사계곡 또한 마찬가지 아픔이 담겨 있다. 빨치산 마지막 2인으로 남은 이홍이·정순덕은 계속된 저항을 이어갔다. 그러다 1963년 11월 12일 이홍이는 사살, 정순덕은 생포되며 빨치산 토벌 작전이 막 내린 곳이 내원사계곡이다.

이러한 산청은 오늘날 시천면 지리산빨치산토벌전시관, 금서면 산청·함양사건추모공원을 통해 엇갈린 역사를 담으려 하고 있다.

산청읍 내리에는 성심원이 자리하고 있다. 뒤로 웅석봉 자락이, 앞으로 경호강이 흐르는 인적 드문 곳을 찾아 1959년 들어왔다. '한센'에 대한 주홍글씨 속에 오랜 시간 세상과 단절돼 있었지만, 이제는 범람 걱정 없는 성심교를 통해 세상과 마주하고 있다. 성심원은 가까이 있으면서도 '가장 먼 이웃'인 산청 주민을 향해 문을 활짝 열어놓고 있다.

향토사학자 손성모(82) 선생은 산청과 일생을 함께하고 있다. 산청 매력으로 '순박한 사람'을 꼽는데 주저하지 않는다. "예전에는 공무원들 발령낼 때 초임 군수·경찰서장은 모두 산청으로 보냈어요. 민심이 순박해서 경험 없는 이에게 맡겨도 크게 탈날 일이 없다는 거죠. 그런데 순박하면서도 바깥에 나가면 아주 당당히 큰소리치는 그런 독특함이 있기도 해요."

심성 고움에 대한 이유는 다름 아닌 위인이 많았다는 것에서 찾는다. "남명 조식, 덕계 오건, 삼우당 문익점 같은 큰 어른들이 많이 나왔죠. 위인이 많다는 것은 그 지역 문화를 아름답게 일구어낼 수 있다는 겁니다. 특히 남명 조식 선생은 그야말로 순수한 인본주의 사상을 전했기에 백성도 그 가르침에 감화받았다 할 수 있겠죠. 지형적으로도 외진 곳에 있다 보니 어지러운 문물이 비교적 더디게 들어온 영향도 있었을 겁니다."

금서면 화계리에는 가야 마지막 왕 무덤이라는 '구형왕릉仇衡王陵'이 있다. 한국형 피라미드로 돌을 7단으로 쌓았다. 하지만 구형왕릉이라는 말 앞에는 '傳전할 전'이 따라붙는다. 역사적인 근거가 확실하지는 않다는 얘기다. "왕릉인 것만은 틀림없는 것 같습니다. 여러가지를 종합해 구형왕과 관련된 것이 아닌가 하고 추정하는 것이죠."

남명조식기념관에서 만난 안승필(55) 문화해설사는 남명 조식 선생이 제자들을 가르친 곳인 '산천재山天齋'로 안내했다. 남명 선생은 이곳에서 태어나지 않았다. 왜 하필 산청에 오게 됐을까? "합천이 고향인 남명 선생은 61세 때 산청 덕산으로 오셔서 산천재를 지어 후진을 양성하셨죠. 선생이 모든 벼슬을 마다하고 말년에 이곳으로 온 것은 하늘과 땅 기운이 맞닿아 있는 지리산 천왕봉에서 덕을 새롭게 하기 위해서였다고 합니다. 산천재는 산청에서도 지리산 천왕봉이 가장 잘 보이는 곳입니다. 이곳에서 천왕봉을 바라보며 몸과 마음을 닦으셨던 거죠."

선생의 사상은 경敬·의義 두 글자로 축약된다고 한다. "지니고 있던 검에 경·의를 새겨 먼저 자신을 수양하고 근본을 세운 다음 정의를 실천해야 한다는 점을 강조하셨습니다."

남명 조식 유적은 산청에만 있는 것이 아니다. 고향 합천에는 산청 오기 전 제자를 가르친 뇌룡정雷龍亭, 후학들이 지은 용암서원龍巖書院이 있다. 김해에는 30세 때 정착해 학문을 연구했다는 산해정山海亭이 있다. "그곳은 그곳대로, 또 산청은 산청대로 의미가 있는 거죠. 서로 우리 지역 인물이라고 경쟁할 것 없이 그 의미만 잘 담으면 된다고 봅니다."

놓치지 않고
둘러봐야 할 곳

성심원 1959년 프란치스코 수도회 소속 '작은형제회'가 설립한 한센인 마을. 지금은 한센병력이 있는 환자, 그리고 1·2급 등록장애인이 생활하고 있다. 성심원은 별도 출입문을 만들지 않고 성심교를 지나오면 누구나 찾을 수 있게 개방해 놓고 있다. 편견 없이 내 이웃 삶을 돌아봄 직하다.

산청읍 내리 100

산청·함양사건 추모공원 1951년 2월 7일 지리산 공비 토벌작전 중 산청군 금서면 가현·방곡마을, 함양군 휴천면 점촌·유림면 서주마을서 민간인 705명이 희생됐다. 한 시대 아픔이 담긴 합동묘역이다.

금서면 방곡리 722

산청 3매 전국 '5대 매화' 가운데 3개가 산청에 있다. 670년 된 원정매(단성면 남사리 261, 하씨 고택 내), 640년 된 정당매(단성면 운리, 단속사지 삼층석탑 뒤편), 450년 된 남명매(시천면 사리, 산천재 뜰 안)가 그것이다.

남사예담촌 '한국에서 가장 아름다운 마을연합'이 2011년 '1호'로 지정한 곳이다. 전통 한옥과 돌담이 고즈넉한 여유로움을 선사하며 민박도 한다. 전화 055-972-7107, 홈페이지 yedam.go2vil.org

단성면 남사리 281-1

놓치지 않고
둘러봐야 할 곳

공개바위 바위 5개가 30도가량 기울어진 채 탑을 이루고 있다. 육면체 바위는 아이들 놀이 도구인 공기 모양을 하고 있어 더 신비롭게 다가온다.

금서면 방곡리 산 176-1

정취암 대성산 기암절벽 사이에 자리한 사찰로 펼쳐진 경치는 이루 말할 수 없다. 비 오는 날 찾으면 그 운치가 더해진다. 길이 험하기는 하지만, 차로 절 앞까지 갈 수 있다.

신등면 양전리 927-2

전(傳) 구형왕릉 가야 마지막 왕인 구형왕 무덤으로 전해진다. 아직 명확한 자료가 뒷받침되지 않아 '전할 전(傳)'이 앞에 따라붙는다. 돌로 7개 층을 쌓은 것으로, 우리나라에 하나밖에 없는 '한국판 피라미드'다.

금서면 화계리 산 16-1

산천재 남명 조식 선생 유적지 가운데 하나로 수많은 제자를 가르쳤던 곳이다. 맑은 날로 한정되기는 하지만, 산청에서 지리산 천왕봉이 가장 잘 보이는 곳이기도 하다.

시천면 사리 384

함양

선비의 고장이라 이 땅도
선비를 닮았구나

함양군 백전면 오천리 '매치마을'은
경상남도 함양군과 전라북도 남원시에 걸쳐 있는 작은 마을이다.
마을 입구를 지나는 도로에는 경상남도와 전라북도를 알리는
행정구역 표지판이 마주 보고 있다.
입구에서 마을 안으로 이어지는 길은 두 행정구역을 나누는
경계선이 된다. 경남에 집을 두고 전북에서 모를 심거나,
전북에 집을 두고 경남에서 밭을 매는 모습은
이 마을에서 흔한 풍경이다.
마을 입구 바로 맞은편에는 이 같은 특색을 고스란히 담은 집이
한 채 있었다고 한다. 지금은 주변 밭과 다름없는 모습으로
터만 남은 이곳은 안방이 남원, 부엌은 함양이었다.
1970년대 밀주 단속이 심했던 시절, 담당 공무원이
남원에서 오느냐 함양에서 오느냐에 따라
술독은 부엌과 안방을 오가며 단속을 피하곤 했다.
노름 현장을 덮치려던 공무원도 어디서 오느냐에 따라
그렇게 피했다고 하니 지금은 흔적도 남지 않은 터에 얽힌 얘기는
제법 익살스럽다.

산이 가르고 강이 가르며 사람 마음이 먼저 벽을 쌓기도 하는 영·호남은 함양에서는 두루 엮인다. 신라·백제를 고장 이름 앞에 번갈아 붙이던 역사가 그렇고, 지리산·덕유산이 조화롭게 감싸는 땅 생김새가 그렇다. 왕래가 잦은 덕에 영·호남 사람이 한집안을 이루는 일도 낯설지 않다. 함양 사람들은 경남 서북쪽 척박한 고산분지 음식에 밴 맛깔스러움이 전라도 손맛 덕이라고 여긴다. 함양을 안다고 하는 이들은 이곳에 남은 옛 불상에서 신라가 남긴 유려한 선과 백제를 닮은 소박한 미소를 찾아낸다.

영남 사림 본거지로 불리는 '선비의 고장' 함양은 꼿꼿한 기개를 여전히 높게 친다. 더불어 험한 산세를 닮은 드센 기질 역시 쉽게 접할 수 있는 모습이다. 이를 근거로 함양 사람들 성정을 짐작하고자 한다면 답은 그렇게 어렵지 않다. 하지만, 이 같은 짐작은 "함양 사람은 밖에서 못 살아도 바깥사람은 함양에서 잘 산다"는 이곳 사람들 말에 담긴 넉넉한 인심을 외면한다.

매치마을

길 하나를 사이에 두고 영·호남 말씨가 분명히 갈리되 삶은 경계가 없는 매치마을. 이곳은 함양에서 엿보이는 겉과 속 한 자락을 소박하게 은유한다.

명산을 품은 대가

북 덕유산·남 지리산, 소백산맥과 태백산맥을 대표하는 명산이 품은 고장 함양. 이곳 사람들은 나라에서 귀하게 여기는 국립공원 두 곳을 끼고 사는 복이 상당한 자랑거리다. 북쪽 남덕유산1507m·금원산1353m·기백산1331m, 남쪽 지리산1915m·제석봉1806m·촛대봉1704m·칠선봉1576m, 서쪽 백운산1279m·삼봉산1187m·깃대봉1015m 등 1000m가 넘는 봉우리가 곳곳에서 함양을 내려다본다. 지질은 편마암이 널리 분포하며, 곳곳에 화강암이 드러나 그 산세가 웅장하다. 더불어 이런 산세를 낀 칠선·한신·화림동·용추 계곡은 찾는 이들을 흐뭇하게 한다. 하지만, 이처럼 풍요로운 자연환경이 넉넉한 삶을 보장하지는 않았다. 명산으로 둘러싸인 분지는 산을 받아들인 만큼 농사지을 땅을 양보해야 했다. 아직도 10가구 가운데 4가구가 농사를 짓는 함양군에서 농토는 전체 면적의 14% 정도에 그친다. 이곳이 늘 터전이었던 어르신들에게 농사지을 땅이 없어 척박했다는 말을 듣기는 어렵지 않다.

함양은 총 경지면적 101.45㎢ 가운데 논이 67.46㎢, 밭이 34.99㎢로 논농사가 중심이다. 주요 농산물은 쌀·보리·감자 등 식량작물, 배추·무·고추·마늘·양파 등 채소류이며 인삼·잎담배 등 특용작물 재배도 활발하다. 그러나 애초부터 작물 생산량으로 농가 살림을 살찌우기는 무리였다. 지금도 함양에서 나는 농산물은 그 품질은 우수하나 대량 생산을 통한 상품 경쟁은 다른 지역에 밀린다. 함양 농업이 지닌 특성은 '고급 다품종 소량 생산'으로 정리되는데, 이는 풍요로운 자연환경이 낳은 우수한 작물을 넉넉하게 생산하지는 못했다는 뜻이기도 하다. 그럼에도, 이곳 사람들은 양파 한 알, 인삼 한 뿌리, 쌀 한 되를 놓고 질을 따지자면 절대 다른 지역에 지지 않는다. 이는 내 고장 것이 최고라는 얄팍한 자존심 때문이 아니다. 맑은 물, 땅속 풍부한 양분을 머금으며 고산지대에서 천천히 야무지게 여무는 작물 상당수는 대도시 대형유통점에서 더 비싸게 팔린다.

함양 사방을 병풍처럼 둘러친 산은 넉넉한 농토를 내주지는 못했지만, 척박한 삶을 외면하지도 않았다. 철마다 나는 약초와 나물은 이곳 사람들 살림에 적지 않게 보탬이 됐다. 또 일찍부터 넓은 산지를 이용한 농가 부업으로 축산이 장려돼 한우와 돼지를 많이 키웠다. 특히 함양 흑돼지 삼겹살은 여기 사람들이 바깥사람들에게 함양 맛으로 자신 있게 권하곤 한다. 그러면서 대개 그 맛이 맑은 공기, 철분이 많은 물, 게르마늄 성분이 풍부한 땅에서 나는 먹이 등에서 비롯된다고 풀이한다. 이는 자연환경이 만든 맛 자랑이기도 하고 맛을 만들어낸 자연환경 자랑이기도 할 것이다.

함양을 둘러싼 늠름한 산세는 이곳 사람들이 자랑하는 '선비정신'과도 닿아 있다. 뜻은 높게 품되 권세를 탐하지 않겠다는 기개를 눈앞에 펼친다면 지리산·덕유산 산줄기와 닮았을 것이다. 또 그 산줄기가 뿜어내는 기상을 한 사람에게 오롯이 담는다면 바로 선비정신이 될 듯하다. 넉넉한 삶을 허락하지 않았지만 척박한 삶을 외면하지도 않은 산은 그 자체가 함양이고 함양 사람이다. 이곳 사람들이 함양 이야기 가닥을 항상 지리산·덕유산에서 뽑는 것도 산으로 말미암은 섭섭함이 산에서 얻는 풍요로움에는 못 미쳐서일 것이다.

'좌안동 우함양' 영남사림의 본거지

'좌안동 우함양'. 서울에서 봤을 때 왼쪽에 안동, 오른쪽에는 함양. 즉, 조선시대 경북 안동과 경남 함양에 빼어난 유학자가 많았다는 말은 이렇게 6글자로 정리된다. 함양 사람이라면 누구나 한 번쯤은 듣고 했음 직한 이 말에는 미묘한 어감이 섞여 있어 바깥사람이 듣기에 재밌다. 이 말에는 당연히 안동과 더불어 영남 사림 본거지임을 강조하는 함양 사람들 자부심이 깔렸다. 더불어 양반, 학자, 서원 등 조선 유학이 남긴 유산을 안동과 먼저 연결 짓는 데 대한 섭섭함도 배어있다. 그렇다고 '좌안동 우함양'을 여기 사람들이 안동 명성에 기대고자 되풀이하는 말 정도로 여기는 것은 큰 오해다.

안동에 퇴계 이황1501~1570이 있다면 함양에는 일두 정여창1450~1504이 있다. 정여창·이황과 더불어 한훤당 김굉필1454~1504, 정암 조광조1482~1519, 회재 이언적1491~1553이 조선시대 유학을 크게 발전시킨 '동방오현東方五賢'이다.

함양군수를 지냈던 김종직1431~1492에게서 글을 배운 정여창은 성종1457~1494 때 벼슬에 올라 세자에게 강론을 할 정도로 학문이 뛰어났다. 그러나 연산군1476~1506 때 무오사화에 엮여 유배되면서 결국 죽음을 맞았다. 훗날 개암 강익1523~1567이 정여창을 기리고자 세운 서원이 함양군 수동면 원평리에 있는 남계서원이다.

정여창 이야기를 잠시 미루더라도 함양이 '선비의 고장'을 수식어로 쓰는 데는 전혀 과장이 없다. 김종직·유호인[1445~1494]·강익·박지원[1737~1805] 등 조선시대 쟁쟁한 학자들이 함양에 뿌리를 두거나 관직을 지냈고, 이들이 남긴 자취가 고스란히 함양 문화를 상징하는 자산이다. 하지만, 이곳 사람들은 선비 문화 원류를 조선시대부터 출발하지 않는다. 멀리 신라시대 최고 문장가 고운 최치원[857~925]까지 거슬러 올라가야 한다.

함양태수를 지낸 최치원이 남긴 흔적은 함양읍 군청 앞에 있는 '학사루'와 위천을 낀 숲 '상림'에서 찾는다. 학사루는 신라 때 세워진 누각으로 최치원이 그곳에 올라 시를 짓곤 했다고 전해진다. 상림은 최치원이 조성한 인공 숲이다. 해마다 범람해 고을에 큰 피해를 주는 위천을 다스리고자 둑을 쌓고 나무를 심은 게 지금까지 유지되고 있다. 천연기념물로 지정된 전국 20여 개 숲 가운데 하나뿐인 낙엽 활엽수림이다. 함양은 그 땅을 둘러싼 명산과 계곡 그리고 문화유적 등을 묶어 '함양 8경'이라고 일컫는데, 상림을 '제1경'으로 맨 앞에 뒀다. 상림 자체가 지닌 매력도 충분하겠지만, 상림에 깃든 '애민사상'에 더 큰 의미를 뒀음을 짐작할 수 있다.

조선조 실학 대가인 박지원이 남긴 흔적도 빼놓을 수 없다. 안의 현감을 지냈던 박지원은 이 시기에 처음으로 물레방아를 만들었다고 전해진다. 함양은 1962년부터 가을이면 상림을 중심으로 열었던 '천령문화예술제'를 지난 2003년부터 '함양물레방아골축제'로 이름을 바꿔 이 고장이 물레방아 원조임을 내세우고 있다. 또 용추폭포로 가는 길목에 대형 물레방아를 설치한 '연암물레방아공원'을 조성

상림

해놓기도 했다. 아울러 8월이면 용추계곡과 안의면 일대에서 '함양연암문화제'를 열어 박지원이 남긴 자취를 기리고 있다.

옛사람들이 남긴 우아한 자취를 엿볼 수 있는 고택은 함양군 지곡면 개평마을에 잘 보존돼 있다. 개평마을 사람들은 '우함양'은 '우개평'으로 고쳐 쓰는 게 옳다고 할 정도로 자부심이 강하다. 풍천 노씨와 하동 정씨가 터를 정한 개평마을에는 일두 정여창 고택을 비롯해 하동 정씨 고가, 노참판댁 고가, 풍천 노씨 대종가 등이 국가 또는 경남도 지정문화재로 돼 있다. 함양군은 해마다 겨울이면 개평마을 한옥문화원에서 '한옥문화체험' 행사를 운영하고 있다. 선비 정신을 기개와 낭만으로 애써 나눈다면 그 흔적은 고택과 서원 그리고 정자에서 찾을 수 있다. 특히 함양 사람들은 안동 세도가들이 남긴 고택과 견줘 상대적으로 단출하고 소박한 함양 선비 고택을 높게 친다. 함양 선비들이 권세와 재물에 초연했다고 여기기 때문이다.

함양에는 100여 채에 이르는 정자와 누각이 있다. 그중 서하면 화림동계곡 일대에 있는 정자들을 최고로 친다. 여기 계곡과 정자는 '함양 8경' 가운데 '제4경'으로 꼽히는 곳이다.

옛날 과거를 보러 떠나는 영남 유학생들은 덕유산 육십령을 넘기 전에 이곳을 반드시 지나야 했다고 한다. 함양군은 거연정-영귀정-동호정-경모정-람천정-농월정을 잇는 6.2㎞를 '선비문화탐방로'로 조성해 정자와 계곡이 어우러진 풍류를 접하게 하고 있다.

선비정신에 가려질 수 없는 불교문화

함양읍에서 휴천면을 지나 마천면으로 방향을 정하면 '오도재'로 들어서게 된다. 가파른 능선을 굽이굽이 거슬러 올라가면 왔던 길을 조망할 수 있는 지점이 있는데, 운전하기에 고약하기 짝이 없던 길이 멀리 지리산을 배경으로 어여쁜 그림을 만들어낸다. 오도재는 '한국의 아름다운 길 100선'에 선정된 길이기도 하다. 다시 이어지는 오르막길을 따라가면 정상에 '지리산 제일문'이 의젓하게 버티고 있다. 함양이 지리산을 독차지한 것은 분명히 아닌데, '지리산 제일문'을 지나

화림동계곡

오도재

는 순간만은 지리산이 마치 함양 것인 양 느껴진다.

오르막 못지않게 고약한 내리막을 조심스레 따라가면 '지리산 둘레길' 함양군 안내센터와 마주친다. '지리산 둘레길'은 전남·전북·경남 3개 도, 구례·남원·하동·산청·함양 5개 시·군 300㎞를 잇는 도보 길이다. 인월~금계(19㎞), 금계~동강(11.1㎞·벽송사를 거치면 15㎞), 동강~수철(11.9㎞) 구간이 함양을 지난다. 이 구간은 농로·임도·숲길 등이 전 구간에 고루 걸쳐 있다.

마천면 추성리에 있는 벽송사는 1520년 벽송 지엄선사가 창건한 절이다. 임진왜란 때 승병을 일으켜 호국불교 위상을 드높인 서산대사와 사명대사가 도를 깨친 곳이다. 함양은 '선비의 고장'이라는 말이 서원·누각·고택이 아니라 빼어난 유학자 덕에 나온 것이라면, 함양 불교문화가 선비정신에 가려져서는 안 되는 이유 역시 사찰이 아니라 선승이다. 서산·사명대사와 더불어 조선 선맥을 빛낸 벽계정심碧溪正心·벽송지엄碧松智儼·부용영관芙蓉靈觀·환성지안喚醒志安·서룡상민瑞龍祥珉 등 선승이 벽송사에서 수도했다. 벽송사 암자인 서암정사는 함양

벽송사

8경 가운데 6번째 자리를 차지한다. 암자 전체가 오밀조밀하게 꾸며져 있어 잘 가꾼 정원 같은 인상을 풍긴다. 암자 입구부터 자연석에 새긴 양각과 석굴 속 불상은 종교적 상징 이전에 예술 작품이 주는 설렘으로 보는 이를 들뜨게 한다. 이와 더불어 안국사·금대암(마천면 가흥리)·영원사(마천면 삼정리)·상연대(백전면 백운리)·보림사(함양읍 운림리)·용추사(안의면 상원리)·영각사(서상면 상남리) 등 함양 곳곳에 고루 자리 잡은 사찰 덕에 함양이 지닌 문화적 자산은 더욱 풍족해진다.

근현대사 두 영걸 문태서와 하준수

신라 최치원을 시작으로 조선 영남 사림 유학자까지 이어지는 함양 인물은 근현대사로 넘어오면서 뚝 끊긴다. 이곳 사람들도 근현대사 속 함양 인물에 대한 이야기는 저어한다. 그래도 구한말 의병대

장인 문태서[1880~1912]와 마지막 빨치산 하준수[1921~1955] 이름은 간간이 들을 수 있다. 그러나 함양 인물로 꼽히는 두 영걸이 오늘날 남긴 흔적은 사뭇 다르다.

서상면 상남리에서 태어난 문태서는 을사늑약 이후 1906년 의병을 일으켰다. 덕유산 중심으로 경남·전북·충북·경북을 오가며 일본군과 격전을 벌였다. 전투 때마다 큰 전공을 올린 그를 일본군도 두려워해 '덕유산 호랑이'라고 불렀다. 그러나 그는 1912년 체포돼 감옥에서 죽음을 맞이했고 훗날 국립묘지에 안장됐다. 정부는 1963년 건국공로훈장 대통령장을 추서했다. 함양군은 서상면 상남리 부지 3만 3609㎡에 문태서 생가 복원 사업을 벌여 2010년 준공했다.

병곡면 도천마을에서 태어난 하준수는 일찍이 동경 유학을 떠난 인텔리였다. 그는 학도병 징집을 거부하고 지리산 칠선골에 들어가 '보광당'이라는 조직을 결성해 일제에 대항했다. 최초의 빨치산[Partizan]이었던 셈이다. 해방 후 '조선건국준비위원회'에 참여했으나 미 군정은 오히려 조선건국준비위원회를 탄압하고 친일파를 파트너로 삼았다. 이에 하준수는 미 군정과 이승만의 단독정부 수립에 반대, 1947년 '7·27 인민대회'와 1948년 '2·7 구국투쟁', '5·10 천왕봉 무장봉기' 등을 주도했다. 한국전쟁 때도 태백산과 일월산 일대에서 '남도부[南到釜]'라는 이름으로 빨치산 투쟁을 벌였던 하준수는 1954년 대구에서 체포돼 1955년 처형됨으로써 마지막 빨치산이 됐다.

병곡면 도천마을에 있는 하준수 생가는 폐허가 된 채 형체만 남아 있다. 최근 하준수에 대해서는 단순한 '빨치산'이 아니라 남과 북 양쪽에서 모두 버림받은 '비운의 혁명가'로 재평가해야 한다는 의견도 있다. 지역 사학계에서 고민해야 할 과제일 테다.

먹을거리에 담긴 역사와 문화

아직도 있다
진짜 똥돼지

함양에서 내로라하는 먹을거리에도 험한 지형과 이로 인해 넉넉하지 못했던 삶, 그리고 정신적 문화가 고스란히 배어 있다.

'서울 사람들에게 맛보였더니 환장하더라'는 함양 흑돼지. 중국 북부지역에서 사육되던 몸집 작은 재래종이 고구려 시대 들어온 것이 유래라 전해진다.

함양 흑돼지 하면 인분 먹여 키운 '똥돼지'로 곧 귀결된다.

똥돼지는 중국·일본, 그리고 국내에서도 함양뿐만 아니라 산골 곳곳에서 그 흔적을 찾을 수 있다. 땅이 넉넉지 못한 산골에서는 재래식 화장실·축사 두 공간을 하나로 해결할 수 있는 방편이었다. 특히 인분·돼지 배설물·볏짚이 함께 어우러져 더없이 좋은 거름이 생산됐다. 똥돼지를 만들기 위해서가 아니라, 주변 여건에 의해 똥돼지가 만들어진 것이다.

이러한 똥돼지는 1970년대 새마을운동 때 지붕개량·위생 문제 등이 대두하면서 전국적으로 자연스레 사라졌다는 얘기가 있다.

반갑게도 함양 마천면 실덕마을에 가면 그 흔적뿐만 아니라, 실제 똥돼지를 만날 수 있다. 이곳에서 40년 넘게 살고 있는 방영호(49) 씨는 유독 함양, 특히 마천면에서 똥돼지 명맥이 이어지는 이유를 다음과 같이 설명한다.

"마천면은 지리산을 낀 깊은 산중에 있어 농토가 좁은 특징이 있어. 농토가 적다 보니 다른 지역보다 생활도 어렵고 개발도 덜 됐지. 그러다 보니 새로운 것보다는 예전 것이 좀 더 오래 남게 되면서 지금까지 똥돼지가 이어진 게 아닐까."

똥돼지는 기껏 1~2마리밖에 키우지 못한다. 대량생산 시대에 경제성은 이미 상실했다. 그냥 주변 부탁을 받고 특별히 키우는 정도

인분을 먹고 자라는 똥돼지

흑돼지 삼겹살

를 넘지 못한다.

시중에 유통되는 함양 흑돼지는 모두 사료 먹인 것들이다. 같은 사료를 먹이더라도 흑돼지는 흰돼지에 비해 천천히 자라 상대적으로 질감이 좋다. 특히 마천 흑돼지는 찾는 이가 많지만, 한편으로는 등급이 낮게 나온다. 이유는 이 지역에 철분이 많은 것에서 설명된다. 철분 많은 물을 먹은 탓, 혹은 덕택에 기름기가 덜 끼어 마블링은 덜 형성되기 때문이다.

풍족함과 거리 먼 생활은 어탕국수를 낳기도 했다. 김성진(78) 향토사학자는 다음과 같이 전한다.

"6·25전쟁 후 1950년대 말~1960년대 초에는 강에서 물고기를 잡으면 국수를 넣어 끓였어. 아마 함양에서 최초로 했을 거야. 못살고 영양실조에 걸리던 때 아니냐. 생산량이 많지 않으니까 탕으로 끓이고 국수를 넣어 최대한 많이 먹을 수 있도록 한 것이지."

어탕국수가 식당 메뉴로 나온 것은 30년 전쯤으로 이 역시 함양

어탕국수

이 최초였다는 얘기가 있다. 어탕국수 전문점 '조샌집'을 운영하는 임명자(69) 할머니 얘기다.

"지금이야 여기저기 있지만, 30년 전 내가 시작할 때 함양에는 한 집 있었거든. 그 집도 내가 하기 1년 전에 시작한 것으로 들었고. 산청은 함양보다 뒤에 생겼지."

그럼에도 최근에는 어탕국수 하면 함양보다는 산청이 더 자연스레 연상된다. '함양사람은 자기 것을 홍보하고 알릴 줄 모른다'는 얘기가 답이 될 수도 있겠다.

함양에서 빼놓을 수 없는 안의갈비탕에도 독특한 얘기가 있다. 좀 더 오래전으로 시간을 되돌리면 함양의 정신적 토대인 '효 문화'가 스며있다. 안의면에는 '효자백정조귀천지려孝子白丁趙貴千之閭'라는 전국 유일의 백정비가 있다. 글공부하던 조귀천이라는 젊은이가 눈먼 아비를 위해 백정을 자처, 소간 1000개를 봉양해 마침내 눈 뜨게 했다는 전설이다. 근자에는 면 단위 치고는 큰 우시장이 있어 자연스레

안의갈비탕

갈비탕·갈비찜 집이 형성됐다. 특히 안의갈비탕은 40년 전, 이웃 거창 부군수가 그 맛에 반해 문턱이 닳도록 찾은 것이 입소문 타며 더욱 유명해졌다고 한다. 현재 안의면에는 예닐곱 가게가 저마다 '갈비탕 원조, 갈비찜 원조'라는 이름을 내걸고 손님의 80~90%인 외지 사람에게 손짓하고 있다.

함양은 협곡 탓에 농특산물을 대량생산하지 못하지만, 맛에서는 최고임을 자부한다. 그 원천을 게르마늄에서 찾는다.

함양군 공무원 이태식(52) 씨 말이다.

"항암 작용을 한다는 유기 게르마늄이 백두대간을 타고 함양 땅에 형성돼 있어요. 똑같은 딸기라도 당도가 높고, 똑같은 상태에서 보존하면 우리 것이 훨씬 오래가지요."

소량으로 생산하는 양파·사과·딸기·산양삼, 그리고 마천면 중심인 토종꿀·곶감·장뇌삼·고로쇠수액은 이 지역민 자부심으로 연결된다.

함양만의 조금 더 특별한 것을 찾으면 이곳 사람들은 '솔송주'를 주저하지 않고 꼽는다. 일두 정여창 선생 가문에서 500년 가까이 이어 내려오는 전통주다. 이 집안에서 빚은 술을 한잔 더 얻어먹기 위해 애교까지 부렸을 정도로 입에 쩍쩍 달라붙었다고 한다. 술맛에 빠진 이들이 "좀 많이 만들어라"고 하도 아우성쳐 이 집안 며느리 박흥선53·경남지방무형문화재제35호 선생이 18년 전 상품화했다. 박 선생은 고려시대~조선시대 술을 복원하기도 했는데, 청와대 초청을 받아 이명박 전 대통령 앞에서 건배사까지 했다. 아쉽다고 해야 할지 다행이라 해야 할지, 박 선생은 술을 아예 마시지 못한다. 자신이 만든 술은 혀끝으로만 살짝 맛볼 뿐이다.

최치원 효심 깃든
전설의 숲 '상림'

함양 떠난 이들이 고향을 그리워할 때 가장 먼저 떠올리는 것이 상림공원이다. "함양 사람이면 다들 한 번쯤은 찾아봤을까"라는 의문은 금세 부질없음으로 되돌아온다. 소풍 장소이자, 만남의 장소이자, 데이트 장소, 그런 곳이 상림이다.

1.6㎞ 둑을 따라 120종·2만여 그루 활엽수가 있는 상림공원은 해방 직후에는 1947년 1만여 명이 모인 '7·27 인민대회' 등 크고 작은 집회 장소로 활용됐다. 군중이 모일 공간으로 이만한 곳이 없었고, 함양읍에 있어 접근성도 더없이 좋았다.

이후 1950년대까지는 자유롭게 취사도 하고, 도토리도 줍는 놀이터 같은 곳이었다. 1962년 천연기념물 제154호로 지정된 이후에는 강제해서도 아닌데 스스로 아끼는 마음으로 대한다.

함양 사람들이 상림을 아끼는 이유는 국내에서 가장 오래된 인공 숲이라는 것 때문만은 아니다. 상림에는 백성을 사랑하는 선비 마음이 깃들어 있다. 더불어 '효 정신'은 또 다른 기운으로 다가온다.

상림

함양은 고산 협곡이라 적은 비에도 마을 중앙을 흐르는 위천이 자주 범람해 백성 시름을 키웠다. 당시 함양군수로 있던 최치원 선생은 둑을 쌓고, 물길을 돌리고, 활엽수를 옮겨 심어 인공 숲을 조성했다. 물길 없는 곳에 심은 나무가 말라죽자, 하천물을 숲 쪽으로 돌려 흘려보냈다고도 한다. 이곳 사람들은 "토목공학 측면에서도 실험적 발상이 빛난다"라고 의미 부여한다.

숲·냇물이 있는 곳에는 뱀·개구리·개미 같은 것들이 들끓기 마련이지만, 이곳에서는 쉽게 찾아보기 어렵다. 여기에는 최치원 선생 효심에 하늘이 감동했기 때문이라는 얘기가 전해진다. 최치원 선생은 어머니가 상림에 갔다가 뱀을 보고 깜짝 놀랐다는 이야기를 듣고 당장 상림으로 달려갔다고 한다. 그리고는 '뱀·개구리·개미 같은 해충은 두 번 다시 이곳으로 들지 마라'는 주문을 외우자 이후 모두 사라졌다고 한다.

상림에 있는 물레방아

애초 상림은 총 길이 6km에 이르는 대관림의 일부분이었다. 도시화·경작지 확대로 중간 부분이 끊겨 상·하림으로 나뉘었고, 이후 하림에는 군부대가 들어서 완전히 소멸하였다. 지금은 하림 복원사업이 진행돼 숲이 울창해질 날을 기다리고 있다.

상림에서 함양군청 쪽으로 발걸음을 옮기면 학사루가 나온다. 최치원 선생이 함양군수로 있으면서 즐겨 찾아 시를 지었던 곳이다. 이곳이 역사적으로 큰 사건의 시발점이 됐다는 점은 흥미롭다. 김종직 1431~1492이 함양군수로 있을 때 선비 아닌 무인 출신 유자광1439~1512의 시가 학사루에 걸려 있는 것을 보고 "소인배 글을 당장 없애라"고 명해 철거한 일이 있었다. 이 사건은 1498년 연산군 때 있었던 무오사화 시발점이 됐다.

함양읍을 벗어나 지곡면 쪽으로 가면 일두 정여창 고택이 나온다. 이와 관련해 함양 역사 발굴·복원에 일생을 바친 김성진(78) 향토사학자는 한 가지 얘기를 들려주었다.

학사루

일두 정여창 고택

하준수 생가

"이수성 전 국무총리가 고택을 둘러보고서는 '이런 큰 집을 지었으면 정여창 그 양반이 얼마나 백성 피를 빨아먹었겠나'라고 하길래 내가 '고택은 정여창 선생 타계 100년 후 후손들이 지은 것이다. 정여창 선생은 학문밖에 모르던 사람이었다'고 말한 적이 있지."

일두 정여창 고택은 9917m²(3000평) 터에 모두 12동 건물이 자리하고 있다. 현재 사람이 살지는 않고, 인근에 있는 하동 정씨 후손들이 매일 찾아 관리하고 있다.

이러한 선비 문화가 함양 곳곳을 휘감고 있지만, 빨치산 흔적도 조각조각을 이룬다. 이곳의 산세 험한 폐쇄된 지형은 근현대사 아픔을 받아들여야만 했다. 병곡면 도천마을^{우루목}에는 빨치산 대장 하준수^{1921~1955} 생가가 폐허로 방치돼 있다. 생가 입구에는 개 한 마리가 외로이 지키고 있다. 본채에는 하홍수라는 명패가 붙어 있는데, 이웃 주민 임종두(73) 할아버지는 이렇게 전한다.

"친척 동생 하홍수가 이 집을 샀다가 지금은 안 살고 딴 데로 떠난 지 오래됐어."

방안에는 1995년 날짜가 찍힌 신문이 벽에 덕지덕지 붙어 있다. 우물 안 고여 있는 썩은 물이 생가의 현 모습을 대변해 준다.

마천면 쪽으로 발길 돌리면 신라 말 창건된 벽송사가 나온다. 산속 깊숙이 있어 한때 빨치산 야전병원으로 사용되다 국군에 의해 소실되기도 했다. 불탄 벽송사 아래에 새로 지은 것이 현재 모습을 이루고 있다.

서상면에 있는 육십령은 6·25 때 북한군이 우익인사 300여 명을 학살한 또 다른 아픈 역사를 소리 없이 간직하고 있다.

또 다른 눈으로 함양을 바라보면 경계의 문화가 보인다. 지리적으로 전라도와 경계해 있기도 하지만, 과거 백제·신라 사이에 끼어 있는 곳이기도 했다.

함양군 공무원 이태식(52) 씨는 이렇게 말한다.

"함양 곳곳에 있는 불상을 보면 섞여 있는 문화라는 것을 알 수 있죠. 신라는 선의 아름다움이 있고, 백제는 투박하면서도 미소를 머금은 표정이 있습니다. 상림 불상을 보면 이 두 가지 모습이 혼재해 있습니다. 함양은 그런 곳입니다."

전북 남원시와 인접해 있는 함양군 백전면 매치마을. 양정식(74) 할아버지는 서른에 이곳을 떠났다가 예순이 돼서 다시 돌아왔다. 할아버지가 쭈그려 앉아 밭일 도구를 챙기고 있는 농로가 함양-남원 경계선이다. "이 길이 저 위쪽까지 나 있는데, 길 왼쪽이 남원, 오른쪽이 함양이지. 나는 함양에 집도 있고 땅도 있는데, 전라도에도 땅이 두 마지기 정도 있어. 그런데 세금은 다 경상도 쪽으로 낸다."

같은 마을처럼 보이는 이곳에서는 길 하나를 사이에 두고 서로 '객지'라는 표현을 쓴다. "예전에 내 젊을 때는 전라도 사람들이 경상도 쪽으로 나무하러 많이 넘어왔구만. 우리 쓸 것도 없는데 남의 동네에 줄 수 없다 해서 '가져가지 마'고 많이 그랬어. 저쪽에서 우리보고 놀러 오라 해도 우린 객지라고 안 갔어."

함양-남원 경계선에 지금도 집이 있다는 말을 듣고 찾았지만, 십몇 년 전에 없어지고 지금은 밭으로 변해 있었다. "여기 경계지점에 집이 있었지. 요 아래 부엌은 경상도 쪽이고, 큰방부터는 전라도 쪽이지. 그때는 농사짓고 나면 사람들이 이 집에서 담근 밀주도 먹고 노름도 하고 그랬거든. 그러다 전라도서 잡으러 오면 경상도 부엌 쪽으로 내려가고, 우습지도 않았지. 큰방이 전라도 쪽이라 세금은 전라도 쪽에 냈다지, 아마."

어탕국수 전문점 '조샌집'. 30년 전 가게 문을 연 임명자(69) 할머니는 "지나가는 꼬마들도 '조샌, 조샌'하면서 지나가고…. 은자(이제) 며느리한테 물려주면 가게 이름 좀 바꿨으면 좋겠구만"이라고 했다.

"30년 전에 부산서 빚만 지고 여기 오는데, 할 게 없더라. 바깥양반 친구 한 사람이 '아저씨가 물고기 잘 잡으니까 그걸로 식당 한번 해봐라'해서 시작한 거지. 아저씨 친구가 관청에 등록하러 갔는데 이름 없으면 안 된다고 했다지. 그래서 '아저씨 성이 조씨고, 선생할 때 샌을 써서 조샌집이라 하자' 그렇게 즉석에서 지어버렸어. 조생원 집, 뭐 그런 뜻이지."

'조샌집'이라는 어감이 일본인이 한국인을 비하해 불렀던 '조센진'을 떠올리게 하는 만큼 이런저런 일들이 많았다. "한번은 누가 전화로 '일본 앞잡이냐? 잡으러 가겠다'고 하데. 그래서 내가 '무슨 소리고, 뜻이나 알고 하는 소리가. 가게로 온나'라고 성을 냈지. 그러니까 오지는 않데. 어딜 가나 조샌이 무슨 뜻이냐고 물어보니 아이고…. 안 되겠다 싶어 진미식당·모퉁이식당으로 이름을 바꿨는데, 그러니까 또 장사가 잘 안되네. 주위에서 '조샌집'이 돈 모으는 이름인가보다 해서 다시 되돌려서 하고 있어. 그래도 나는 이름 바꿨으면 싶그만…."

놓치지 않고
둘러봐야 할 곳

상림공원 최치원이 함양 태수로 있으면서 조성했다는 상림은 역사적으로는 우리나라에서 가장 오래된 인공림이다. 함양읍내에서 상림까지는 도보로 500m이다.

함양읍 교산리 1047-2번지

함양일두고택 조선조 5현의 한 분인 문헌공 일두 정여창 선생 고택으로 타계한 지 100년 후 후손들에 의해 중건됐다. 남도 지방 대표적 양반고택.

지곡면 개평리 262-1번지

선비문화탐방로 농월정터-동호정-군자정-거연정을 나무다리로 이은 6.2㎞로 선비들이 지나쳤던 숲·계곡·정자 자태를 한눈에 내려다볼 수 있다.

안의면 월림리·서하면 봉전리 및 다곡리 일원

학사루·느티나무 무오사화 발단이 된 학사루는 신라시대 고운 최치원 선생이 자주 찾은 곳으로 1979년 함양군청 앞 현 위치로 옮겼다. 학사루 앞에 심은 느티나무는 천연기념물 제407호로 1000년 넘은 것으로 추정된다.

함양군청 앞·함양초등학교 안

놓치지 않고
둘러봐야 할 곳

용추계곡 맑은 계곡과 울창한 원시림을 좋아하는 이들, 그리고 몇 시간 등산 즐기고 싶은 사람들에게 더없이 좋은 곳이다. 안의 방면 국도 24호-안의면 소재지-용추계곡.

안의면 상원리 964번지

오도재·지리산 제일문 옛날 내륙지방 사람들이 남쪽 해안 사람들과 물물교환을 위해 지리산 장터목으로 갈 때 반드시 넘어야 했던 고개가 오도재로 '한국의 아름다운 길 100선'에 뽑혔다. 오도재 정상인 750m에는 지리산 관문인 제일문이 있다.

휴천면 월평리 산 123-21번지

육십령 육십령734m은 예전에는 신라-백제 국경이었고, 지금은 경남-전북 경계다. 육십령이라는 이름은, 옛날 이곳에 도둑이 많아 고개 아래에 육십 명 이상이 모여야 산을 넘을 수 있었다는 얘기가 전해진다. 6·25전쟁 당시 북한군이 퇴각하면서 우익인사 300여 명을 압송하다 이곳에서 학살했다.

함양군 서상면과 전북 장수군 장계면 경계

서암정사 마천면 추성리 칠선계곡 입구에 자리하고 있는 절로 벽송사 부속암자였다가 절로 승격됐는데, 지금은 벽송사를 뛰어넘는다는 평가를 받는다. 바위굴 안에 있는 석굴암 극락전은 자연 암반에다 굴을 파고 조각을 한 것으로 불교예술의 극치를 이룬다.

마천면 추성리 산18-7번지

거창

바위여, 너는 기억하는가
그저 바위처럼 살고 싶었던
사람들의 이야기를…

육면체 윗면과 앞면을 사선으로 깎은 비석은 검은색이다.

단면에 이름을, 비석 오른쪽 면에는 날짜를 새겼다.

태어난 날을 뜻하는 '생生' 아래 새긴 날짜는 제각각이다.

그러나 죽은 날을 뜻하는 '졸卒' 아래 새긴 날짜는 모두 같다.

거창군 신원면 덕산리 '청연묘역'에 모신 원혼은 모두 50위다.

청연묘역을 지나 신원면 대현리에 들어서면

'거창사건 추모공원'에 닿는다. 공원 가운데 조성한 묘역에는

비석 669기가 줄지어 서 있다. 청연묘역에 세운 비석과

똑같은 모양새다. 비석 오른쪽 '졸' 아래 새긴 날짜는

1951년 2월 9·10·11일 중 하나다. 1951년 2월 9~11일은

육군 11사단 9연대 3대대 병력이 신원면을 훑고 간 날짜와 일치한다.

신원면 일대에서 암약하던 빨치산을 없애겠다며

육군이 내놓은 작전 '견벽청야堅壁淸野'. 육군은 집과 식량을 태우고

주민을 몰살하며 작전을 실행한다.

박산골 517명, 탄량골 100명, 청연마을 84명 그리고 연행 도중

사살 당한 18명까지 '거창사건 희생자'는 719명이다.

나라를 믿던 국민에게 국민을 믿지 못한 나라가 저지른 만행은

비열하고 잔혹했다. 처참한 사살 현장이 남긴 생채기는

오늘날 함양·산청 그리고 하동·마산에도 남아 있다.

이 나라가 경남 곳곳에 저지른 씻을 수 없는 죄다.

1996년 1월 5일 국회는 '거창사건 등 관련자의 명예회복에 관한

특별조치법'을 제정했다. '거창사건 추모공원'은 이 법을 근거로

2000년 10월 착공해 2004년 10월 준공됐다.

거창^{居昌}. 옛 이름은 거타^{居他}·거열^{居列}·아림^{娥林} 등이다. 모두 '넓고 큰 밝은 들'이라는 뜻을 담은 지명이다. 하지만, 거창에는 이런 이름에 어울리는 들이 별로 없다. 거창군 전체면적(804.14㎢)에서 산(613.58㎢)은 76%를 차지한다. 농사지을 땅이라고 해 봐야 고작 15% 정도다. 애초에 논밭 농사로 살림을 불릴 만한 땅은 아니었다. 그런데도 1960년대까지 거창 주민 75%는 농민이었다. 없는 땅을 일궈 나오는 수확은 뻔했다. 애써 땀 흘려도 영세농민 수준을 벗어나기는 어려웠다. 그나마 1940년대부터 뛰어든 사과 생산이 서서히 자리매김하면서 이곳 농민들 살림은 펴기 시작한다. 지명과 달리 거창이 지닌 자산은 산이다. 덕유산과 가야산 자락이 둘러싼 거창은 전형적인 고산 분지다. 덕유산 줄기인 삼봉산^{1254m}, 대봉^{1300m}, 지봉^{1302m}, 거봉^{1390m}, 상여덤^{1400m}, 덕유산 하봉^{1594m} 등이 전라북도 무주와 경계를 이룬다. 또 가야산 줄기인 수도산^{1317m}, 단지봉^{1327m}, 민봉^{1259m}, 두리봉^{1133m}은 경북 김천시와 거창군 사이를 가른다. 거창과 합천 사이에는 두무산^{1039m}, 남산^{1140m}, 의상봉^{1046m}, 비계산^{1126m}, 오도산^{1134m}, 문재산^{1126m}이 우뚝 솟았다. 월봉산^{1288m}, 금원산^{1353m}, 기백산^{1331m} 너머가 함양, 솔봉산^{645m}, 매봉산^{800m} 너머가 산청이다. 표고 200m 이상 분지인 거창에는 들어오는 물이 없고 나가는 물만 있다. 거창을 둘러싼 산들은 낙동강 지류인 황강·남강·감천·금강 발원지다. 경남 사람 상당수는 거창에서 솟는 물에 기대는 셈이다. 이 같은 자연환경은 '북부 경남 중심'이라는 이곳 사람들 자랑에 힘을 보탠다.

덕유산과 가야산이 품은 절경 또한 '국립공원'이라는 이름에 걸맞다. 사방을 둘러봐도 겹치고 또 겹치는 산줄기는 서 있는 자리마다 다른 눈맛을 안긴다. 완만한 능선과 깊은 녹음이 덕유산이 지닌 멋이라면, 가야산은 하늘을 찌를 듯한 뾰족한 산세로 다른 매력을 뽐낸다. 두 산은 또 산세에 걸맞은 풍성한 숲과 깊은 계곡을 이 땅에 내주었다.

여기 사람들이 제 지역 풍경을 자랑할 때 먼저 꼽는 곳은 '수승대(위천면)'다. 주변에는 요수정, 관수루, 황산마을 고가촌 등이 있다. 수승대는 해마다 '거창국제연극제'가 열리는 무대이기도 하다. 월성계곡(북상면)과 금원산(위천면) 계곡도 빼놓을 수 없겠다. 거창군은 금원산 일대에 자연휴양림과 생태수목원을 조성해뒀다. 더불어 거창군 동쪽에 자리한 분지 가조면은 온천이 유명하다. 이곳 사람들은 강알칼리성(pH 9.7)을 띠는 물이 전국 최고 수질이라고 내세운

금원산 자연휴양림

다. 하지만, 풍요로운 산세가 여기 사람에게 늘 자랑거리만 안긴 것
은 아니었다. 바깥과 통하기 어려운 고산분지는 유배지로 적당했다.
거창은 권력에 밉보인 조선 선비들이 몰린 곳이기도 했다. 물론 이
들 중에는 권력이 불편하게 여겼을 뿐 소양은 남다른 인물도 있었
다. 그들은 척박한 땅에 무시 못할 문화적 자산을 남겼다. 그렇다 하
더라도 애초부터 이곳은 변방이었다. 거창이 '북부 경남 중심지'를
내세운 시기는 일제강점기 법원·검찰청·세무서가 들어서면서부터라
고 보는 게 맞다.

1951년 '거창사건'도 이곳 지형이 아니었다면 피할 수 있는 비극이
었을지 모른다. 오만하고 잔인한 공권력이 민간인을 학살하며 내세
운 핑계는 험한 산세를 근거로 삼은 빨치산이었다.

거창·함양이 공유하는 안의현 문화

문화적 자산만 보면 거창과 이웃 함양은 닮았다. '선비의 고장'
함양이 무엇을 내세워도 거창 사람들은 웬만해서 지지 않는다. 함
양에 김종직1431~1492·정여창1450~1504이 있다면 거창에는 갈천 임훈
1500~1584·동계 정온1569~1641이 있다.

임훈은 1540년중종 35년 벼슬에 올라 1553년명종 8년 사직서 참봉, 이
듬해 집경전 참봉으로 임명됐다. 이후 제용감 참봉 등에 임명됐으
나 사퇴해 늙은 아버지를 모신다. 나라는 그 효를 칭송해 1564년 정
려문旌閭門을 내린다. 1566년 언양현감으로 다시 발탁된 임훈은 군자
감 주부·비안 현감·장악원 정·광주 목사 등을 지낸다. 퇴계 이황

정온 선생 종택

^{1501~1570} · 남명 조식^{1501~1572} 등 당대 뛰어난 유학자와 교류하며 학문과 인품을 널리 알렸다. 북상면에는 임훈이 살던 '갈계리 임씨고가'와 후진을 키우고자 지은 '갈천서당'이 남아 있다.

정온은 1601년^{선조 39년} 진사가 돼 1610년^{광해군 2년} 문과에 급제했다. 광해군 때 영창대군이 강화 부사 정항^{鄭沆}에게 피살되자 정항 처벌과 '인목대비 폐모론^{廢母論}'이 부당하다는 상소를 올렸다. 이에 분노한 광해군은 정온을 국문하고 제주도로 유배를 보냈다. 훗날 '인조반정'으로 광해군이 물러나자 유배에서 풀려난 정온은 대제학·이조참판까지 역임한다. 병자호란 때는 끝까지 화의를 반대하기도 했다. 강화도가 청나라에 함락되자 자결을 시도했으나 실패했고 덕유산에서 은거하다가 생을 마감했다. 위천면에는 '정온 선생 종택'이 남아 있으며 오늘날에도 후손들이 살고 있다.

조선 선비 문화를 상징하는 누정^{樓亭·누각과 정자} 이야기가 나오면 거창 사람들 어깨에는 절로 힘이 들어간다. 거창에는 춘풍루·앙진루(거창읍), 자전루(웅양면), 화엽루(북상면), 관수루(위천면), 소심루

(남하면) 등 6개 누각이 있다. 더불어 지역에 고루 퍼진 정자는 89
개로 이 땅에 누정만 95개에 이른다. 풍류는 선비 문화를 이루는 축
이고 누정은 풍류를 즐기던 곳이다. 누정이 많은 거창은 선비들 자
취가 풍성하게 남은 곳이 분명하다. 이 때문에 '함양 선비', '거창 사
과'라는 통칭을 여기 사람들은 거스르려하는 면이 있다. 선비 문화
는 함양 게 아니라 '안의현安義縣' 것이라고 비트는 데는 그런 섭섭함이
담겼다. 하지만, 함양에 대한 시샘이 섞였더라도 안의현을 끄집어내
는 말에는 근거가 있다.

안의현은 거창군 마리면·위천면·북상면과 함양군 안의면·서하
면·서상면 일대에 있던 옛 고을이다. 1417년태종 17년부터 안음현安陰縣
으로 불리다가 안의현이 된 것은 1767년부터다. 이후 1895년 진주
부 안의군, 1896년 경상남도 안의군이 됐다가 1914년 거창과 함양
으로 나뉘면서 안의군은 사라졌다. 옛 안의현에 속했던 지역에 선비
문화 자취와 유적이 많은 것은 사실이다. 안의현이 거창과 함양으로
나뉘면서 두 지역이 내세울 만한 선비 문화를 공유한 것도 부정할
수 없다. 다만 '선비의 고장'이라는 수식을 함양이 선점했다는 게 거
창 처지에서는 못내 아쉽다. 그렇더라도 기민한 함양군 행정은 인정
할 수밖에 없을 듯하다.

서러운 역사가 남긴 저항정신

높은 산에 둘러싸인 분지는 애초부터 변방이었다. 권력은 늘 이
땅과 이곳 사람들을 외면했고 핍박했다. 그러다 이에 저항하면 서슴

없이 짓밟았다. 거창을 잘 아는 사람들은 여기 사람들 바탕에 깔린 기질을 '저항정신'에서 찾곤 한다. 이는 아무래도 강직한 성품을 내세우고 싶은 뜻이 강하다. 하지만, 저항 정신이 강하다는 것은 저항할 일이 그만큼 많았다는 말이기도 하다. 거창은 서러운 역사를 품은 땅이다.

거창읍 가지리 개화마을에는 '인민사仁民祠'가 있다. 1932년 이곳 사람들이 평민 이승문을 추모해 세운 사당이다. 이승문은 1862년 '거창농민항쟁'을 이끈 이들 가운데 한 명이다. 평민을, 그것도 지배계급 처지에서 보면 역모죄인을 후세 사람들이 의롭다고 받든 것이다. 거창농민항쟁은 가혹한 군포 징수를 견디다 못한 백성이 들고일어난 사건이다. 농민을 이끈 이들은 이시규·최남규·이승문이다. 4개월 남짓 이어진 항쟁은 결국 관군에게 진압된다. 항쟁을 이끌었던 주모자는 처형됐다. 현재 인민사는 사람 손이 닿지 않은 지 오래다. 건물은 위태롭고 주변은 잡초만 무성하다. 하지만, 지배계급에 대항한 평민에게 당시 사람들이 느꼈던 연민은 흔적이나마 남아 있다.

거창 양반도 더 센 권력 앞에서는 소외된 집단이었다. 1728년 '무신란戊申亂'은 경종1688~1724이 죽고 영조1694~1776가 즉위하자 위기를 느낀 소론少論이 노론老論과 영조를 없애고자 일으킨 난이다. 이때 안음현과 거창 일대에서 난을 주도한 인물이 정희량이다. 정희량 고조부가 바로 동계 정온이다. 충청·안동·안의에서 기세 좋게 일으킨 난은 한 달도 버티지 못하고 관군에게 진압된다.

양반들 싸움에 등이 터진 쪽은 백성이었다. 안음현은 역적이 살았던 곳이라 하여 지명을 잃었다. 이곳에 살던 백성은 어딜 가나 죄인 취급을 받았다. 몰락을 겁낸 지배계급이 권력을 차지하고자 벌인

거창사건추모공원

훼손된 박산골 합동묘소 비석

저항이 낳은 대가였다. 그 대가는 벼슬길 막힌 양반 못지않게 백성에게도 가혹했다.

1951년 거창사건은 죽은 자는 물론 산 자에게도 씻을 수 없는 고통을 떠안긴다. 1961년 5·16 쿠데타로 들어선 군사정권은 희생자 명예회복을 염원하던 유족과 유족회 간부를 오히려 반국가단체 구성원으로 몰아붙였다. 그것도 모자라 유족들이 1954년 가까스로 조성한 박산골 합동묘소를 서슴없이 파헤친다. 유족들은 '부관참시剖棺斬屍'로 그 서러운 날을 기억한다. 군사정권은 이후 연좌제 칼까지 씌우며 유족들 입을 막고 손발을 묶는다. 신원면 대현리 박산골 묘역에는 군경이 정으로 글자를 쪼개고 쓰러뜨린 비석이 그대로 남아 있다. 거창 사람 기질이라는 저항정신은 서러운 역사가 억지로 떠맡긴 부채일지도 모르겠다.

행정과 교육 그리고 시민사회 역량

거창에 검찰청이 들어선 것은 1908년이다. 이어 1909년 법원, 1929년에는 세무서가 들어선다. 해방 전에 주요 행정기관 3개가 들어선 것이다. 거창은 산청·함양·합천 등 북부경남을 아우르는 행정 중심지가 된다. 이는 거창 사람들이 북부경남 '터줏대감'을 자처하는 근거가 됐다. 1960년대 인구 14만 명을 웃돌던 거창은 1980년대 들어 인구 10만 명 선이 무너진다. 거센 이촌향도離村向都 바람이 거창이라고 피해갈 리 없었다. 현재 거창 인구는 6만 4000여 명이다. 그래도 거창 인구는 늘 주변 산청·함양·합천보다는 많았다. 내세울 만한 2·3차 산업이 없는 거창에서 그나마 사람들을 붙든 것은 행정·교육기관이었다. 그 덕인지 산청·함양 또는 합천을 한 지역구로 묶은 국회의원 선거에서 당선자는 대부분 거창 출신이었다. 자연스럽게 '정치인은 거창 출신'이라는 자랑거리가 보태졌다.

행정과 더불어 군세를 북돋운 것은 교육기관이다. 거창여고, 거창고, 거창중앙고, 거창대성고, 가조익천고, 아림고, 대성일고 등 거창에 있는 고등학교는 7개다. 이 가운데 거창고와 대성고가 '교육 도시' 거창을 이끈 양대 사학으로 꼽힌다. 이들 사학은 최근 입시 명문으로 눈길을 더 끌고 있다. 거창에서 멀리 타지역 '유학생'을 만나기는 어렵지 않다. 한때 '거창에 있는 학교를 거창 학생들이 못 다닌다'고 할 정도로 '명문대 바라기' 행렬은 이어지고 있다. 하지만, 이곳을 아끼는 이들은 예전과 달리 모여드는 인재들이 거창 인재로 자리매김하지 못하는 현실을 안타깝게 바라본다.

행정·교육기관은 자연스럽게 사람을 끌어들였다. 거창읍은 이른바 배운 사람들이 모이는 곳이었다. 주변 군(郡)지역과 달리 거창은 척박한 환경 속에서도 시민사회운동이 세련된 흐름으로 움튼다. 거창에서 시민사회운동 시발점은 1970년대 후반으로 보는 게 일반적이다. 하지만, 그 자양분은 1950년대 교육 운동에서 찾는 게 마땅하다. 그 중심에는 거창고가 있다. 거창고는 1956년 제3대 교장인 전영창이 선진적인 교육이념을 실천하며 지역에서 유별난 학교로 자리매김한다. 이후 민청학련 사건에 얽혀 옥고를 치렀던 정찬용이 1976년 거창고 선생으로 오면서 지역사회운동 전 방위에 걸쳐 활기를 더한다.

거창고를 중심으로 한 교육운동이 지역 시민사회운동 한 축을 이끌었다면 다른 한 축은 농민 운동에서 찾을 수 있다. 1979년 5월 거창에는 농민이 주도한 모임인 '농우회'가 생긴다. 농우회는 훗날 거창군 농민회 모태가 된다. 농우회 창립을 주도한 표만수·이상모 씨 등 농민은 1978년 크리스천아카데미가 운영한 농민운동가 지도자교육생 출신이었다. 그리고 이들이 교육에 참여할 수 있도록 주선한 이가 정찬용이다.

거창 YMCA

1982년에는 '거창YMCA 지역사회개발센터'가 건립된다. 현재 거창 시민사회를 이끄는 단체들은 그 뿌리를 YMCA에 두거나 YMCA를 거쳐 조직화했다고 보면 된다. 환경 문제에 집중하는 '푸른산내들', 지역 행정 감시 역할에 비중을 둔 '함께하는 거창'이 대표적이다. 거창 시민사회단체 큰 축은 이들 단체와 더불어 거창농민회와 전교조로 보면 된다. 이들 단체는 분야·주제별로 각자 또는 교류하면서 지역사회에 자극을 공급한다. 행정·교육 그리고 풍부한 자연과 더불어 거창 자존심을 지키는 저력이다.

사과하기 좋은 곳
거창하게 변한 곳

거창군청 입구에는 사과 조형물 두 개가 나란히 하며 눈길을 달라 한다. 거리 곳곳 알림판·시내버스 정류장도 앙증맞은 사과 모양을 하고 있다. 사과테마파크도 있어 고제면 봉계리에서는 체험시설, 거창읍 정장리에서는 사과관과 공원을 접할 수 있다. '거창 사과'가 널리 알려졌다는 사실을 모르는 사람도 이쯤 되면 먹을거리로 이 지역이 무엇을 내세우려는지 알 만하다.

사과가 우리나라에 씨앗을 내린 것은 1906년 일본에서 국광·홍옥을 받아들이면서다. 거창에서는 1930년 한 일본인이 거창읍 10여 농가에 묘목을 심으면서로 전해진다.

그래도 거창 사람들은 "1940년 계림농원을 설립한 최남식 선생이 이 지역 최초 보급자"라고 말한다. 본격적인 대량 생산 및 보급 시발점으로 받아들이면 될 듯하다.

1966년 정부 지원 아래 생산량·재배 면적이 급격히 늘어났고, 오늘날에는 1700여 농가가 한 해 2만 8000t을 생산하며, 576억 원의 매출을 올리고 있다.

거창의 버스정류장

사과 밭

　자연은 이곳 사람들에게 사과 받아들일 조건을 선사했다. 거창은 대륙성 기후로 일교차가 커 사과 당도 높이기에 알맞다. 밤 기온이 뚝 떨어질수록 낮에 축적된 포도당이 덜 빠져나가 그만큼 당도도 높아진다. 또한, 거창은 약산성 토질이라 사과와 잘 맞다.

　1980년대에는 거창읍을 비롯해 남상면·가조면 같은 곳이 특히 부합하는 곳이었다. 하지만 온난화 때문에 사과는 다른 곳을 찾았다. 오늘날 그곳이 거창 최북단인 고제면이다. 덕유산 자락에 있어 해발이 높고 일교차가 심한 곳이다. 거창군 평균 고지가 220m인데 고제면은 400m 이상으로 평균 기온도 읍내보다 5도 이상 낮다.

옛 시절 고제면은 '겨울잠 자던 곳'이었다. 산골 오지에다 겨울에 폭설이 자주 내려 옴짝달싹하기 어려운 척박한 동네였다. '깡촌'이 그러하듯 살림살이가 넉넉할 리도 없었다. 그런데 고랭지 채소를 하면서 어깨를 조금씩 폈고, 또 그러다 사과로 옮기면서 이젠 '부농' 얘기를 할 만하게 됐다. '고급 승용차에 삽자루 싣고 가는 모습'을 종종 볼 수 있다는 데서 이 지역 분위기가 그려진다. 그렇다고 고제면 전체가 '부농'이라는 단어를 떠올리지는 않는다.

어디서나 늘 그렇듯 바깥사람들이 들어와 땅 재미를 보고, 여기 사람은 소농으로 남는 예도 있다.

고제면 사람들은 살림살이가 아주 어려웠던 옛 시절에 읍내 사과 단지로 나가 품을 팔았다. 이제는 농장 주인이 되어 반대로 읍내 사람들 일손을 빌린다 하니, 사과가 거창의 사회·경제적 구조에 끼친 영향은 적지 않아 보인다.

1980년대까지는 거창군 농가 60%가 누에를 쳤다. 하지만 그 자리에 역시 하나 둘 사과나무를 채웠다고 한다. 그 외 딸기·포도·오미자·버섯·고랭지 채소·산양삼 등은 지금 이 지역 소득에 보탬이 되고 있다.

밥상 음식을 둘러보면 뜻밖에 눈길 가는 것이 많지 않다. 거창군은 1000m 넘는 산 13개가 173km에 걸쳐 있다. 88고속도로 뚫리기 이전에는 오지나 마찬가지였다. 이런 구조 속에서는 그들만의 특별한 먹을거리가 생성될 법도 한데, 막상 그렇지도 않다. '비빔밥 하면 전주'가 떠오르듯, 군에서는 2006년부터 이 지역만의 향토 음식 만들기에 노력하고 있는데, 아직은 시간이 필요해 보인다.

그나마 축산업에 눈 돌리고 천을 끼고 있는 덕에 갈비탕(찜)·어탕 같은 것에서 이름 내걸고 있다. 이러한 것들은 이웃 함양·산청에서도 어렵지 않게 찾을 수 있는 것으로, 특별히 더 내세우는 분위기는 아니다.

그래도 '함양 안의갈비'와 '거창 원동갈비'를 같은 선상에 두기도 한다. 거창 원동갈비 뿌리는 안의갈비에서 찾는 것이 맞을 듯하지만, 이곳 사람들은 이름 면에서 밀리지 않는다며 "대구·김천·서울 같은 곳에서 일부러 먹으러 온다"고 자랑한다. 안의갈비찜·원동갈비찜 둘 다 먹어본 이들은 '어느 것이 더 좋다'를 떠나 양념에서 그 차이를 느끼는 듯하다. 거창읍 서변리 원동마을로 가면 식당 서너 군데가 있다. 갈비탕만 하는 집도 있고, 갈비찜을 내세우는 집도 있고, 둘 다 다루며 외관에 신경 쓴 곳도 있다.

갈비탕

수제비

거창읍 거창교~중앙교 사이에는 추어탕거리가 있다. 군이 지정한 향토음식점 네 곳에서 추어탕·어탕국수를 내놓고 있다. 가장 오래 됐다는 추어탕집이 20년이 채 안 됐으니, 그 내력이 그리 긴 편은 아 니라 하겠다.

거창읍 거창시장 안에는 수제비·칼국수·국수를 내놓는 허름한 식당이 10여 곳 된다. 예전 장날 어르신들이 찾던 것들이라 지금도 가격을 쉬이 올리지 못해 국수 한 그릇을 2500원에 내놓는다.

거창읍내에는 횟집이 종종 보이기도 한다. 바다 없는 곳이라고 생 선 먹지 말라는 법 없지만, 눈길이 가기는 한다. 1980년대 초까지만 해도 폐쇄된 지형에 제대로 뚫린 도로조차 없었으니 생선 구경은 애 초 기대도 말아야 했다. 어쩌다 꽁치 먹을 기회가 있기는 했다. 큼큼 한 냄새가 나 원래 그러려니 하고 먹었는데, 그게 썩은 냄새였다는 걸 안 건 한참 지나서였단다. 그나마 1984년 88고속도로가 뚫리며 제대로 된 것을 만나게 됐다. 인근 함양에 '썩은 갈치 신세 면했다'는 예전 말이 있듯, 거창 역시 옛 이야기일 뿐이다.

볼거리에 담긴 역사와 문화

누각·정자 125채 '풍류의 땅'
농민운동 불꽃핀 '저항의 땅'

거창에서 오랜 시간을 보낸 사람들은 저마다 수승대에 대한 기억을 품고 있다. 꽃잎 띄운 술잔을 기울이며 시 한 자락 마음 놓고 읊기도 했다. 이런 별천지가 바깥사람들에게 알려질까 마음 졸이던 것은 옛 시간으로 남고, 이제 넘쳐나는 외지 손님들을 받아들여야 한다.

거창이 가야·백제·신라 접경지대에 놓여 치열한 다툼의 장이었다는 점은 '수승대'라는 이름에서도 끄집어낼 수 있다. 신라 땅에 발 들여 놓아야 하는 백제 사신들은 앞서 수승대에 꼭 들러 마음을 다스렸다 한다. 보내는 사람들 처지에서는 돌아오지 못할 것을 걱정하여 '근심 수愁', '보낼 송送'을 따 '수송대愁送臺'라 하였다. 물론 훗날 1543년 유람차 들렀던 퇴계 이황 선생이 그 연유를 듣고 이름이 아름답지 못하다 하여 소리가 비슷한 '수승대搜勝臺'로 바꿀 것을 권해 지금에 이르고 있다.

수승대

거열산성군립공원에서도 거창이 백제·신라 땅을 오갔다는 사실을 찾게 된다. 건계정 주차장에서 건흥산을 40~50분가량 오르면 563m 꼭대기 지점에 다다른다. 여기서 둘레 2.1㎞에 이르는 거열성居烈城을 마주하게 된다. 삼국시대 말 백제 혹은 신라에서 쌓았던 것으로 추측될 뿐이다. 다만 660년 백제가 멸망한 후 그 후예들이 거열성을 거점으로 부흥을 꾀했는데, 3년 후 이 땅은 다시 신라 손에 들어가게 된다.

거창은 이렇듯 삼국시대 지리적으로 주목 받는 곳이었고, 고려시대 합천 해인사 영향까지 더해져 불교문화도 꽃피웠다. 오늘날 널리 알려진 사찰이 있는 것은 아니지만, 양평리 석조여래입상·상림리 석조보살입상·농산리 석조여래입상·가섭암지 마애여래삼존입상·심우사 목조아미타여래좌상, 이렇게 불상 5개가 국가지정 보물이라는 사실은 내세울 만하다.

거창에는 누정樓亭·누각과 정자 문화가 발달해 있다. 누각이 6개, 정자가 119개다. 이는 거창이 빼어난 경관을 안고 있었고, 힘 있는 집성촌이 많았으며, 누정을 관리할 경제적 여력이 됐다는 것을 달리 말해준다. 특히 거창 신씨居昌愼氏 문중은 누정 10개를 세우고 보살폈다. 이 지역에서 '거창 신씨 거창 신씨'하는 이유를 알게 한다. 또 한편으로 수승대에 있는 요수정樂水亭은 흔치 않게 정자 내부에 방이 있다. 이는 거창이 겨울엔 만만치 않은 산간지역 기후임을 떠올리게 한다.

여러 선비를 배출한 안의현安義縣은 이후 안의군으로 되었다가 1913년 거창군·함양군에 나뉘어 편입됐다. 일제가 군이 안의지역을 찢어놓은 것은 이곳 사람 기개를 표현한 '함양 사람 열이 안의 송장

하나 못 이긴다'는 우스갯소리가 답이 될 수도 있겠다. 정유재란[1597년] 때 안의 사람들이 의병을 일으켜 혼내줬다는 점도 뒷받침된다. 어떤 이는 "지금도 안의 사람들 동창회 하면 그 지역 사람 전부 다 오는 듯하다"며 혀를 내두른다.

오늘날 거창 북상면·위천면·마리면은 안의 지역에 속했던 곳이다. 거창 사람들이 대표적으로 내세우는 인물인 정온[1569~1641] 선생 종택이 위천면에 자리하고 있다. 함양이 자랑하는 정여창[1450~1504] 선생에 대해 거창 사람들은 '함양 사람이 아니라 안의 사람'이라며 이곳과의 연결고리를 잇는다. 하지만 무신란[1728년] 때 안의 사람이던 정희량鄭希亮·?~1728이 가담했다 실패하면서 안의뿐만 아니라 거창도 나라 눈 밖에 났다 한다. 이 지역 선비들이 큰일 할 길도 함께 막혔을 수밖에 없었을 테다. 이 때문인지 이 지역에서 역사적 인물을 들춰 보고자 하면 심심하기는 하다.

거창읍 가지리 쪽에는 그 의미와 달리 외면 받고 있는 사당이 있다. 1862년 거창민란을 주도한 송재 이승모를 모신 '인민사仁民祠'다.

인민사

1932년 지역민이 나서 양반도 아닌 평민 사당을 세웠다. 1980년대 도올 김용옥 선생이 농활 학생을 이끌고 거창을 찾았다가 인민사를 보고 '평민 사당은 이례적'이라며 아주 놀라워했다고 한다. 현대사에서 거창 농민·사회운동은 유별난 면이 있는데, 그 출발점을 여기서 찾으려는 이들도 있다. 한때 지역 뜻있는 이들이 인민사에서 추모제를 올리기도 했지만, 다시 발걸음은 끊겨 지금은 폐허로 내버려져 있다.

거창의 현재 모습으로 시선을 옮겨보면 도시와 시골이 함께 보인다. 군 단위이니 시골이야 그렇다손 치더라도, 웬만한 도시에 밀리지 않을 법한 읍 중심가 규모에 놀라게 된다. 이곳 사람들은 "유명 메이커 중에서 안 들어온 게 없다"고 한다. 특히 수두룩한 입시학원은 '교육 거창'의 한 단면을 보게 한다. 들리기로는 '아빠는 어디 갔는지 보이지 않고 외지에서 엄마만 아이와 함께 들어온 가족이 많다'는 이야기도 있다. 한편으로는 그 이름 알려진 거창고등학교 외 다른 학교에 다니는 아이들 가운데는 '거창고 애들도 못 푸는 문제를 내가 어떻게 풀어'라고 자조하기도 한단다.

읍내 거창박물관에는 1864년 판 재간본인 대동여지도가 전시돼 있다. 밀양 박씨 문중에서 보존하다 기증한 덕인데, 이런 소중한 것을 누구나 자유롭게 볼 수 있다는 것은 감사할 일이다.

읍내를 벗어나 아래쪽으로 눈 돌리면 신원면이 들어온다. 거창 사람들 머릿속 한 곳에는 여전히 '거창 사건'이 자리한다. 특히 많은 노인은 봉인했던 눈·귀·입을 계속 풀지 못하고 있다. 신원면 거창사건 추모공원 한 묘비에 새겨진 글귀 하나를 옮겨본다.

'아버지! 정말 불러 보고 싶었던 말입니다. 소자와 아버지는 이 세

1864년 판 대동여지도 재간본

상에서 육십오 일을 함께 살았다고 어머니께서 살아생전 말씀하셨습니다. 아버지! 그러나 불효자는 아버지 얼굴을 기억하지 못합니다. 아버지! 어머니 살아생전 말씀하시더군요. 너거 아버지 얼굴 볼라카면 명경 놓코 네 얼굴 보라고요. 아버지! 소자가 정말 아버지를 닮았습니까? 그렇게 비명에 아버지를 먼길 보내시고 천 구백 구십 구년 이월 삼일 어머니께서도 먼저 가신 아버지 길 따라 가셨는데 혹시 얼굴 알아 보시고 만나셨는지요. 만나셨다면 근심 걱정 없는 영원한 안식처인 그 먼 곳에서 이승에서 못다한 사랑 영원히 영원히 누리소서. 갓난아이가 오십대 중반을 바라보며. 소자 성제 통곡으로 씀.'

굴곡 많은 우리네 현대사에서 거창은 뒷걸음질치는 곳이 아니었다. 1984년 우리문화연구회를 만들어 농민운동에 힘을 보태기도 한 한대수(57) 씨를 찾았다. "거창고를 설립한 전영창 선생이 유신에 반대하면서 그 졸업생들이 사회운동에 이바지하는 등 하나의 세력이 형성되었다고 봅니다. 거기에다 크리스천아카데미 교육받은 분들, 김대중 추종하는 몇몇 분이 합해지면서 반정부 투쟁이 강했던 것 같습니다. 거창YMCA가 1984년 만들어지면서 그쪽을 통해 지식인들이 외부에서 많이 모였죠. 또한, 거창엔 법원·세무서·교육청이 있어 공무원·교사가 많았는데, 이들이 지역운동을 선도하지는 못하더라도 힘을 주는 역할은 한 듯합니다."

이 말을 듣고 보면 거창이 그리 배타적이지는 않나 보다. "지역 토호들 처지에서 반감은 있었겠지만, 자기들 이권을 크게 침해하지는 않는 걸로 받아들인 듯합니다."

1970년대 중반 거창에 온 정찬용 전 참여정부 인사수석은 1984년 거창YMCA 총무를 맡으며 제2 고향을 활발히 이끌었다. "전영창 선생이 '거창고를 설립했지만, 외지 학생이 많아 오히려 이곳 아이들을 바깥으로 쫓아내는 것 같다. 거창으로 봐서는 잘한 것 같지는 않다. 여기서 지역 인재를 길러봐라'고 해 오게 됐다 합니다."

위천면 당산리에는 천연기념물 제410호 '당산리 당송'이 있다. 높이 18m·둘레 4.05m로 껍데기는 거북등 모양을 하고 있다. 밑동에는 도끼 자국이 남아 있는데, 모진 세월을 견디며 600년 동안 자리를 지키고 있다. 이 소나무에는 영험함이 깃들여 있다고 전해진다. 1910년 한일 강제병합, 1945년 광복, 1950년 6·25 때 몇 달 전부터 밤마다 '웅~ 웅~ 웅~'하고 울며 나라에 큰일이 일어날 것을 미리 알려줬다 한다. 어느 주민은 "노무현 대통령 돌아가실 때 여기 우리 어머니가 들으셨다"라고 했다. 바로 옆에 앉아있던 할머니가 그날 기억을 전해 줬다. "우리 아들이 밤에 안 들어와 새벽 2시쯤 집 앞에 나가 기다리고 있었거든. 그런데 소나무에서 소 우는 소리처럼 '웅~ 웅~'하는 소리가 계속 나는 거야. 계속 나. 영판 소 우는 소리야. 그땐 그냥 그런가 보다 했지."

며느리가 다시 말을 이었다. "그때 한 번 운 게 아니고 여러 번 울었나 봐. 우리 어머니뿐만 아니라 다른 사람도 여럿 들었다네. 그러고서는 노무현 대통령이 그리됐다 하더구먼. 이제는 소나무 울면 안 되지. 나라에 안 좋은 일 일어나는 거니까."

이 마을은 매년 정월 대보름이 되면 소나무에 제사를 지내며 마을과 나라의 평안을 기원한다.

놓치지 않고
둘러봐야 할 곳

수승대 거북바위 거북처럼 보인 다 해서 붙여진 이름으로 바위 곳곳에는 소나무가 자리하고 있 고, 둘레에는 퇴계 이황이 '수송 대'에서 '수승대'로 개명할 것을 제안한 오언율시를 비롯해 풍류 가 담긴 글이 가득하다.

위천면 황산리 890

월성계곡 사선대 바위 4개가 포개진 형상을 하고 있다. 바위 꼭대기에서 신선이 바둑을 두었 다는 데서 이름이 붙었다. 보고 있으면 바람에 흔들려 금방이라 도 무너져 내릴 것 같은 느낌이 며, 그 아래 월성계곡 맑은 물소 리와 절묘한 조화를 이룬다.

북상면 월성리

문바위 및 생태수목원 지재마
을 입구에 있는 문바위는 우리
나라 단일바위 가운데 가장 큰
것으로 알려져 있다. 2011년 6
월 개장한 금원산생태수목원은
우리나라 유일한 고산전문 수목
원으로 만병초 등 식물 1124종
이 있다.

위천면 금원산길 648-210

양평리 석조여래입상 높이 4m
가량 되는 석가여래석불이다. 8
세기 통일신라 전성기 양식을
계승한 지역 대표 불교 문화재
다.

거창읍 양평리 479-1

놓치지 않고
둘러봐야 할 곳

황산마을 옛 담장 황산마을은 거창 신씨 집성촌으로 황토와 돌을 사용한 토석 담장이 예스러움을 담고 있다. 2006년 문화재청에서 등록문화재로 지정했으며 10여 곳에서는 민박도 한다. 이 마을 역사를 한눈에 들여다 볼 수 있다.

거창읍 수남로 2181

거창사건 추모공원 1951년 신원면에서 국군에 의해 희생당한 민간인 719명 넋을 기리기 위해 2004년 조성됐다. 천유문·위패봉안각·참배광장·위령탑·제1묘역·청연묘역·박산합동묘역·역사교육관·학살터 등이 있다. 특히 박산합동묘역에는 5·16 군사정부가 정으로 쪼은 흔적이 담긴 위령비가 쓰러져 있다.

신원면 대현리 551

청소년수련원 내 천문대 공해 없는 지역에 있어 밤하늘이 아주 깨끗하다. 별뿐만 아니라 우주도 관측할 수 있고, 겨울에도 은하수를 볼 수 있다. 청소년수련원 이용자 대상이지만, 그 외 사람들도 전화로 시간을 맞추면 이용 가능하다. 전화 055-945-2913

북상면 월성리 1608

당산리 당송 600년 된 높이 18m 적송으로 천연기념물 제410호다. 광복·한국전쟁 등 나라에 큰일이 있을 때 울음소리를 낸다는 영송으로 전해지고 있는데, 고 노무현 대통령 서거 3일 전에도 울음소리를 냈다고 한다.

위천면 당산리 331

합천

해인사·팔만대장경은 '일부'일 뿐
어쩌지 못한 척박한 땅,
큰 축복으로

합천陜川은 한자 그대로 읽으면 '협천'이다.
1413년태종 13년부터 불린 고을 이름이 협천이다.
곳곳에 솟은 산과 그 사이 좁은 계곡,
'좁은 내'라는 이름은 땅 모양새와 맞아떨어진다.
지금 합천은 1910년대 초까지 협천이었다.
협천을 합천으로 부른 것은 1914년 협천군·초계군·삼가현이
묶이면서다. 〈합천군사陜川郡史〉는 당시 사람들이
'세 개 고을을 합하였으니 협陜보다 합슴이 맞다'며 주장했다고
기록한다. 그때부터 한자는 그대로 쓰되
'합천'이라고 읽기로 했다는 것이다.
어쨌든 '협'보다 '합'에 담긴 뜻이 후덕하기는 하다.
그리고 터전 이름에 웬만하면 큰 뜻이 담기기를 바라는 마음이
요즘 사람이라고 다를 리 없다. 그렇다고 합천을 좁은 땅에
억지로 붙인 이름으로 여기는 것은 곤란하다.
합천에서 좁은 것은 계곡과 들판이다.
합천군 면적(983.47㎢)은 경남에서 가장 넓고
서울보다 1.6배 크다.

높고 넓지만 좁은 땅

합천에서 가장 높은 산은 가야산^{1430m}이다. 하지만, 합천 땅을 가장 수월하게 내려다볼 수 있는 곳은 오도산^{1134m}이다. 합천 제2봉답게 곳곳에서 볼 수 있는 봉우리 정상에는 통신사 중계소가 서 있다. 이 중계소로 가는 입구는 묘산면 가야마을에 있다. 중계소를 관리하고자 닦아놓았을 길은 정상까지 이어진다. 거리는 10㎞ 정도, 차로 20~25분이면 오도산 꼭대기에 닿는다.

합천은 가야산·오도산을 비롯해 두리봉^{1133m}·깃대봉^{1113m}·단지봉^{1029m}·비계산^{1126m}·두무산^{1038m}·황매산^{1108m} 등 1000m가 넘는 산이 즐비하다. 또 매화산^{954m}·숙성산^{899m}·산성산^{741m} 등 600m를 훌쩍 넘는 산도 흔하다. 오도산 정상에서는 이 땅에 두루 퍼진 산세를 한눈에 담을 수 있다. 거창·함양·산청 등 경남 서북쪽 산간지역은 저마다 빼어난 산세를 내세우는데 합천 역시 그 자랑에서 빠질 이유가 없다. 하지만, 봉우리들 틈에서 얼핏 드러나는 들판은 규모를 따지기조차 민망하다. 오도산에서 멀리 보이는 합천호 넓이와 어금지금한 땅조차 찾기 어렵다.

오도산 정상에서 바라본 산세

합천원폭피해자복지회관

　합천군 전체면적에서 농경지(153.03㎢)는 고작 15.6% 정도다. 그럼에도 전체 인구 가운데 절반 이상이 농·축산업을 하고 있다. 환경이 받쳐주지 않는다고 다른 일을 할 수도 없는 처지다. 율곡·야로·적중 3개 농공단지가 있으나 전체 산업에서 차지하는 비중은 크지 않다. 경남에서 가장 넓은 땅이지만 이곳 사람들이 삶을 꾸리기에는 좁았던 셈이다. 예부터 합천 밖에서 살길을 찾는 사람들이 많았던 것은 당연했다. 여기 사람들은 고향을 벗어나 밥벌이할 기회를 웬만해서는 마다하지 않았다. 하지만, 그런 억척스러운 몸부림이 좋은 결과만 낳지는 않았다. 척박한 땅을 떠나 변화를 꾀하던 사람들에게 느닷없이 닥친 비극은 오늘날 '합천원폭피해자복지회관'(합천읍)에서 엿볼 수 있다. 1945년 일본 히로시마와 나가사키에 떨어진 원자폭탄은 일본인은 물론 그곳에서 일하던 상당수 조선인까지 집어삼킨다. 훗날 조사된 조선인 피해자는 어림잡아 2만 5000~4만 명. 이들 가운데 2500~4000명 정도가 합천 사람인 것으로 알려졌다. 나라에 하나뿐인 원폭피해자복지회관이 합천에 들어선 이유는 이곳 출신 피해자가 많아서였다. 척박한 땅을 잠시 등지고 먹고

살 길을 찾아 떠났던 사람들은 떠나기 전보다 훨씬 처참한 모습으로 돌아왔다. 그리고 어이없게도 그 아픔은 대물림됐다. 합천읍에 있는 원폭 피해자 2세들 쉼터인 '합천평화의집' 역시 나라에 하나뿐인 시설이다. 하지만, 피폭 1세대와 달리 2세들은 그 피해 사실조차 공식적으로 인정받지 못하고 있다.

산으로 둘러싸인 호수

합천을 동서로 가로지르는 큰 물줄기는 황강이다. 그나마 살림에 보탬이 되는 들판은 황강 언저리에 있다. 율곡면·쌍책면·청덕면·초계면·적중면 일대다. 하지만, 예부터 귀한 들판 대부분은 비가 오면 쉽게 잠겼다. 물을 다스리지 않고서는 입맛만 다셔야 할 땅이었다. 그런 면에서 황강 치수 사업은 이곳 사람들에게 오랜 소망이었

합천호와 합천댐

다. 1988년 완공된 합천댐은 제법 쓸 만한 땅을 농민들에게 안긴다. 살림사정이 부쩍 나아질 정도는 아니었지만 이곳 주민들은 그나마 들판이 귀한 합천에서 제대로 농사를 지을 수 있게 된다. 더불어 합천댐은 바깥사람들에게 내세울 만한 경치도 만들어냈다. 높이 96m, 길이 472m인 댐 건설로 조성된 '합천호'는 산으로 덮인 땅에 색다른 매력을 더했다. 합천군은 합천읍에서 황강을 거쳐 합천호로 이어지는 봉산면까지 길가에 벚나무를 심고 '합천백리벚꽃길'이라는 멋진 이름을 붙였다. 이 길은 호수와 더불어 '합천 8경' 가운데 하나다. 흐드러진 벚꽃 사이로 길게 이어진 길은 누구라도 매력을 느낄만한 드라이브 코스다. 합천군은 마라톤대회를 열어 합천댐 주변 풍경을 바깥사람들에게 뽐내곤 한다.

합천호에서 황강으로 이어지는 풍경이 매력적이지만 그래도 합천은 역시 산이다. 합천이 자랑하는 8경 가운데 6개가 산이 빚어낸 절경이라는 것만 봐도 그렇다. 가야산, 해인사, 홍류동계곡, 남산제일봉, 황계폭포, 황매산 등이다. 산에 기대지 않고도 그 풍경을 뽐내는 곳은 백리벚꽃길과 황강 하류에 있는 함벽루(합천읍) 정도다.

가야산은 해인사와 홍류동계곡, 남산제일봉 등 합천 3경을 껴안은 명산이다. 즉 합천이 자랑하는 절경 절반이 가야산에서 비롯한다. 특히 가야산 국립공원에서 해인사 입구까지 4km에 이르는 계곡은 가을이면 단풍이 흐르는 물에 붉게 비친다 하여 '홍류동'이라는 멋진 이름을 얻었다. 이렇게 보면 합천을 대표하는 산은 가야산인 게 당연할 듯하다. 하지만, 정작 산을 즐겨 찾는 이들에게 사랑받기로는 가회면에 있는 황매산이 가야산보다 덜하지는 않은 것 같다. 전체 생김새가 마치 거대한 바위처럼 보이는 이 산은 으레 금강산이 아니면서 그 절경이 버금가는 산들이 그렇듯 '소금강小金剛'으로 불린다. 특히 이 나라 기암괴석을 모두 모아놓은 듯한 모산재 산행길 풍경은 산을 찾는 이들이 매우 귀하게 여기는 절경을 보여준다. 유난히 가파른 등반길이 버겁지만 마주치는 풍경을 보는 즐거움은 쌓인 피로와 충분히 맞바꿀 만하다. 황매산이야말로 '소금강' 별칭이 분에 넘치지 않는다는 칭찬에는 그렇게 과장이 없다.

유·불교 흔적이 고루 섞인 곳

경남 곳곳에서 발견되는 가야문화 흔적은 합천에도 있다. 지난 2004년 완공한 합천박물관(쌍책면)에는 옥전고분군에서 나온 가야시대 '다라국' 유물이 전시돼 있다. 하지만, 다라국은 가야시대를 통틀어 보면 주연보다 조연에 가깝다. 1~2세기 사이 경북 고령에서 일어난 대가야에 흡수되기 때문이다. 이 때문에 합천에서 가야 흔적은 김해, 고성, 함안 등 경남의 다른 지역과 견줘 그렇게 내세울 정도는 아니다.

합천읍에 있는 대야성은 이곳이 삼국시대 전략적 요충지였음을 짐작하게 하는 흔적이다. 642년 백제 장군 윤충은 대야성을 점령한다. 그리고 대야성주 김품석과 아내에게 자결을 명한다. 하지만, 이 전투는 훗날 역사에서 백제가 사라지는 빌미를 제공한다. 김품석은 태종 무열왕, 즉 김춘추의 사위였다. 김춘추는 이 대야성 전투 18년 뒤인 660년 황산벌 전투에서 승리하며 백제를 무너뜨린다.

산청이 남명 조식[1501~1572]이 말년을 보내고 대종사 성철[1912~1993]이 태어난 곳이라서 특별하다면, 합천은 조식이 태어났고(삼가면 외토리) 성철이 해인사에서 입적했기에 또 특별하다. 산청 편에서 이미 다룬 두 인물을 빼더라도 합천에서는 유·불교계에서 두드러진 인물 한 명씩은 더 꼽을 수 있다. 유학자 정인홍[1535~1623]과 승려 자초[1327~1405], 즉 무학대사이다.

조식이 키운 제자 가운데 으뜸으로 꼽히는 정인홍은 가야면 출신이다. 정인홍은 임진왜란 때 의병을 일으켜 활약하며 '영남 의병장' 호를 받았다. 벼슬은 대사헌을 비롯해 좌의정·우의정·영의정까지 거친다. 하지만, 인조반정[1623년] 이후 서인에게 역적으로 몰려 사형된다. 비록 비극적인 죽음을 맞았지만, 그에 대한 후세 평가는 박하지 않다. 전해지는 품성과 학문적 성취 덕이다. 특히 역사학자 신채호[1880~1936]는 '삼걸론三傑論'을 주장하며 역사상 빼어난 인물로 을지문덕, 이순신과 더불어 정인홍을 꼽았다.

고려 말 승려 자초는 삼기현(현재 대병면) 출신이다. 18세에 출가했으며 천문·지리·음양·도참술에 능했다고 한다. 특히 자초는 뛰어난 풍수도참사상가였다. 이성계가 '왕王'자 꿈을 꾸었을 때 이를 풀이하며 연을 맺고 친밀한 관계를 이어갔다. 또 한양 천도 결정에도 영향을 미친다. 유교를 받들고 불교를 배척하겠다던 조선이었지만 자초만은 이성계에게 끝까지 신뢰받았다.

합천에 고루 남은 유·불교 흔적은 인물에서 그치지 않는다. 합천은 조선시대 국가 교육기관인 향교가 4곳에 있다. 합천향교(야로면), 초계향교(초계면), 삼가향교(삼가면), 강양향교(합천읍) 등이다. 비교적 최근에 세운 강양향교를 빼더라도 3곳이다. 조선시대 목牧·부府·군郡·현縣에 하나씩만 두도록 정한 향교가 합천에 많은 이유는 1914

년 행정구역 개편 때문이다. 합천군, 초계군, 삼가현에 각각 있던 향교가 합천군으로 묶이면서 한 행정구역에 포함된 것이다. 향교와 더불어 합천에는 서원 수도 22개에 이른다.

합천이 내세우는 사찰로는 연호사(합천읍)가 있다. 함벽루 옆에 있는 이 절은 643년선덕여왕 12년에 창건됐다고 한다. 황강과 함벽루, 사찰이 어우러지는 풍경이 매력적이다. 황매산 자락에 안긴 영암사지(가회면)도 지나칠 수 없다. 신라시대 지었을 것으로 추정하는 절터다. 지금은 일부 남은 석재 구조와 유적이 가까스로 옛 흔적을 증명한다. 그래도 절터 가운데 삼층석탑과 마주 보는 곳에 서 있는 쌍사자석등, 주변 황매산 풍경은 보는 이들을 흐뭇하게 한다.

이 같은 유·불교 흔적과 더불어 합천이 자랑하는 문화적 자산은 덕곡면 밤마리에서 만날 수 있다. 통영, 고성, 마산, 거제 등 경남 곳곳에서 자기 것처럼 자랑하는 '오광대' 발상지가 바로 이곳이다. 밤마

연호사와 함벽루

리는 합천을 흐르는 회천과 낙동강이 만나는 지점으로 '밤마리 나루터'를 중심으로 조선시대에는 활발한 상권이 형성됐다. 첫 과장에 다섯 광대가 등장한다고 해서 '오광대'라 이름붙인 놀이는 큰 장이 설 때마다 흥을 돋우면서 이곳을 찾은 상인들을 통해 다른 지역으로 전해졌다고 한다. 2012년 밤마리에서는 '합천밤마리오광대보존회' 주최로 제12회 '합천 밤마리 오광대 축제'가 열렸다.

가야산 해인사 팔만대장경

합천에는 가야산이 있다. 가야산에는 해인사가 있다. 그리고 해인사에는 팔만대장경이 있다. 합천이 아무리 척박한 땅이라고 해도 해인사와 팔만대장경을 내세울 때면 언제든지 당당할 수 있다. 법보法寶 해인사는 불보佛寶 통도사와 더불어 경남이 품은 이 나라 보배다.

802년신라 애장왕 3년에 창건한 해인사는 잦은 화재로 그 원형을 알 수는 없다. 현재 전각은 대부분 조선 말기에 지어졌다. 그나마 팔만대장경을 보관한 대장경판전이 1488년성종 14년부터 지금까지 제 모습을 지키고 있다. 긴 세월 모진 수난을 겪으면서 버틴 대장경판전을 대견하게 여기기에 앞서 기억할 사람이 있다. 바로 6·25전쟁 당시 공군 비행단 참모장이었던 김영환1921~1954이다. 김영환은 6·25 전쟁 때 T-6 훈련기를 조종하며 진격하는 적과 맞섰다. 이후 전세가 역전되자 도망치지 못한 인민군 일부는 해인사를 근거지로 삼아 활동한다. 1951년 김영환에게 해인사 폭격 명령이 떨어진다. 하지만, 그는 빨치산 몇 명 잡으려고 문화유산을 태울 수 없다며 명령을 거부한다. 유네

팔만대장경

대장경판전

스코 등재 세계문화유산 대장경판전과 세계기록유산인 팔만대장경은 그렇게 또 위기를 넘겼다. 해인사는 지난 2002년 김영환을 기리는 공덕비를 세웠다.

법보사찰이 지닌 위엄은 해인사만으로 충분하다. 하지만, 해인사에 경건한 신비로움을 보태는 것은 대장경판전과 그 안에 있는 팔만대장경이다. 해인사 대적광전 뒤에 'ㅁ'자 형태로 지어진 대장경판전은 긴 세월 의젓하게 팔만대장경을 지켜내고 있다. 현대 과학이 푼 대장경판전 신비는 크게 3가지다. 가야산 계곡 바람을 잘 활용한 입지, 모래·횟가루·찰흙·숯으로 깐 바닥, 아래위 크기를 다르게 한 창窓 등이다. 습기를 막고 건조한 공기가 늘 건물 안을 돌 수 있도록 한 기술이다. 현대 기술로도 감히 넘보지 못하는 옛사람들 지혜다.

애국자의 비석과 독재자의 표지석

합천읍을 가로지르는 황강을 끼고 너른 공원이 펼쳐져 있다. 간단한 체육시설과 녹지로 꾸민 공원에는 드문드문 기념물이 한 자리씩 차지하고 있다. 그 가운데 하나가 '파리장서비'다. 1919년 전국 유림대표 137명이 독립을 청원하는 편지에 서명해 파리강화회의에 참석한 열강 대표에게 전한 게 '파리장서사건' 내용이다. 비석에는 당시 합천 유림 11명이 장서에 서명했다는 내용이 담겨 있다. 11명은 문용, 송호완, 송호곤, 송호기, 송철수, 박익희, 송재락, 전석구, 전석윤, 김상진, 김동수 등이다. 전국에서 두 번째로 많은 수다.

공원 입구에는 공원 이름을 굵게 새긴 표지석이 있다. '대통령이 출생한 자랑스러운 고장임을 후세에 영원히 기념하고자 대통령 아호를 땄다'는 설명 앞에 적힌 이 공원 이름은 '일해공원'이다. '일해'는 12대 대통령 전두환[1931~] 아호다. 12·12 쿠데타로 정권을 쥐고 시민을 유혈 진압했으며 수천억 원에 이르는 비자금으로 사형까지 구형받았다가 특별사면된 그를 떠받드는 공원에 대한 비난은 전국적으로 거셌다. 하지만, 당시 군수였던 심의조는 전국적으로 불거진 거센 논란에도 '일해공원' 명칭을 고수했다. 그리고 2008년 12월 31일 자로 표지석을 세운다. 일해공원 글귀는 전두환이 썼다.

건들지 못했던 자연에 거는 기대

"농사지을 땅이 있나, 공단이 들어올 수 있나, 소라도 키워야지."

합천 한우 명성 한 면에는 이 같은 자조가 걸쳐 있다. 예부터 합천은 이곳 사람들에게 내줄 게 넉넉하지 않은 땅이었다. 여기저기 손을 뻗쳐 봤자 나올 것도 없었다. 합천을 둘러싼 청정한 자연은 개발하지 않아서 지켜낸 것이 아니라 개발할 수 없어서 지켜진 것이었다. 하지만, 오랫동안 건들 수 없어 내버려뒀던 땅은 어느덧 기회로 다가온다. 여기 사람들은 그렇게 지킨 자연에서 서서히 가능성을 찾기 시작한다. 답은 오로지 '관광 합천', 다른 곳으로 눈 돌릴 곳은 애초부터 없었다.

지난해 개최한 '대장경천년세계문화축전'은 합천이 지닌 가장 큰 자산을 최대한 살리려는 시도다. 해마다 100만 명 넘게 찾아오는 해인사와 연계한 행사다. 합천군은 2013년 대장경천년세계문화축전을

파리장서비

'관광 합천'을 널리 알리는 계기로 삼고자 벼르고 있다. 합천읍에 있
는 영상테마파크도 이제는 해마다 40만 명 넘는 관광객이 찾는 명
소다. 영상테마파크는 딱히 용도가 떠오르지 않던 땅이 사실 쓸모없
는 게 아니라는 것을 확인한 극적인 예다. 1930~1980년대 서울 시가
지를 재현한 이곳은 전국에서 제대로 된 근현대극을 찍을 수 있는
몇 안 되는 곳으로 각광받고 있다. 사람이든 돈이든 가장 가까운 대
도시인 대구로 다 간다며 대구를 '빨대'라고 하던 한탄도 바뀌고 있
다. 대구에서 벌어서 합천에서 쓰게 하겠다는 발상 전환이 그것이
다. 더불어 2013년 착공하는 함양~울산 고속도로에 거는 기대도 크
다. 다른 곳에서는 애쓰지 않아도 누렸던 게 늘 부족했던 합천은 이
제 어디에도 없는 것을 가진 곳으로 거듭나는 중이다.

먹을거리에 담긴 역사와 문화

——

논밭이 없어 키웠소
황토를 먹여 키웠소

합천은 산이 많아 농사지을 땅이 적었다. 눈 돌린 것이 소 키우는 것 정도였다. 다행히 자연환경이 소 키우기에 좋았다. 먹잇감이 풍부하고, 스트레스 받지 않고 자랄 수 있는 조용함과 맑은 공기가 있었다.

그렇다고 한밑천 잡는 정도도 아니었다. 그냥 배고픔을 달래는 정도였다. 궁핍했던 옛사람들에게는 마음 편치 않지만, 오늘날 '합천 한우'가 이름 떨치게 된 근간이 되었다 하겠다.

1990년대 중반 합천군은 '황토 먹인 한우'라는 것을 브랜드화했다. 각 자치단체에서 한우·돼지를 기획해 만들던 시기였다. 황토를 내세운 이곳은 성공적이었다.

황토는 오래전 민간요법에도 자주 쓰였다 한다. 이를 소먹이로 활용하니 효소·미네랄 대사 작용으로 질병 면역성 강화에 도움 되었다 한다. 고기 맛도 달라졌다. 육질이 한층 부드러웠고, 육즙은 풍부해졌으며 담백한 맛에도 도움 되었다 한다.

한우고기

잘구워진 한우고기

합천 등록우 전자경매시장에서는 한 달에 두 번 송아지 경매가 이뤄진다. 이를 통해 매해 6000마리 이상 되는 우량 송아지를 농가에 보급하고 있다. 사료 만드는 공장도 별도로 있으며, 생산에서 판매까지 체계적으로 운영된다.

합천군 가운데서도 '삼가 한우'는 사람들 귀에 특히 익다. 삼가면에는 서부경남 최대 규모 장이 섰다. 특히 큰 우시장이 있어, 주위에 크고 작은 고깃집이 많았다. 어느 식당은 직접 소를 골라 바로 잡아서는 그날그날 내놓았는데, 입소문이 꽤 퍼진 모양이다.

지금은 삼가면에 고깃집이 20곳 넘게 자리하고 있다. 각 식당에서는 알 만한 사람은 다 알지라도 한우고기 굽는 법을 한 번 더 일러 준다. 한 번만 뒤집고 육즙이 나오기 시작할 때 먹는 게 가장 좋다는 것이다.

합천은 대구생활권이다. 차로 30분 거리다. 소비생활은 주로 대구에서 이뤄지다 보니, 이 지역 경제는 활기가 떨어진다. 그럼에도 한우에서는 좀 득을 보기는 했다. 대구 사람들이 주 소비자 역할을 하며, 입소문 내는데도 역할을 톡톡히 했기 때문이다.

황강은 이 지역 젖줄이다. 농사에 쓸 만한 땅은 주로 강 주변이었다. 강 안쪽으로 좀 더 붙으면 황량한 모래땅이다. 한때 이곳에서는 땅콩 재배가 성했다. 땅콩은 고온건조한 지역에서 잘 자란다. 물 잘 빠지는 강가 모래흙이 제격이다. 하지만 합천댐 건설 이후 황강 백사장 면적이 줄어 대표 특산물로 뻗어 나가지는 못했다.

합천댐은 대신 다른 것을 내놓았다. 댐 건설로 이뤄진 합천호에는 겨울 빙어가 있다. 빙어는 '호수의 요정'이라 불린다. 깨끗하고 차가운 물에서만 살며 몸이 투명하다. 여름에는 수온 낮은 깊은 곳에 있다가 겨울 되면 찬물로 올라온다. 12월부터 3월 사이, 빙어 먹으러 먼 발걸음 하는 이가 적지 않다.

합천호는 잉어·붕어·향어·송어 같은 것들이 채우고 있다. 합천군은 어린 민물고기를 계속 방류해 왔다. 낚시는 제한적으로 허락돼 있다. 중류지역 술곡리 옥계 주변·상류 봉산교 주변·우측편 중류 계산리 지역은 낚시하기 좋은 목으로 알려져 있다. 낚시꾼 아닌 사람들은 합천호 주변 식당을 찾으면 민물고기 찜요리 매력에 푹 빠질 수 있겠다.

이름난 사찰 인근이 그러하듯 해인사 주변은 산채음식점이 넘쳐난다. 이들 식당은 저마다 '해인사 전통사찰음식'에 관한 설명 글을 붙여놓았다. 1999년 방문한 일본 총리에게 해인사가 내놓은 음식이다. 팽이·표고버섯·석이버섯·당근 같은 것을 섞어 만든 구절판, 미나리·숙주나물·청포·묵에다 참기름을 뿌린 탕평채를 선보여 일본 총리 입맛을 사로잡았다는 것이다.

합천군은 '2011대장경천년세계문화축전'을 앞두고 '대장경밥상'을 개발했다. 주 요리는 세 가지다. 도토리비빔밥은 도토리묵·버섯·달래 부추장을 넣어 외국인들을 주 대상으로 내놓았다. 채식나물밥상은 해인사 주변에서 나는 산채·버섯·장아찌를 채취해 올려놓는다. 3만 원 하는 대장경한정식은 송이버섯으로 만든 신선로, 쇠고기 육전, 칡 물로 찐 흑돼지 수육 같은 것으로 한 상 거하게 내놓는다. 군에서 선정한 '대장경밥상' 전문식당이 두 곳 있다. 한 끼 배불리 먹을 수는 있겠으나, '대장경밥상'에 담긴 의미는 잘 전달되지 못하는 듯하다.

영암사지·황매산 모산재를 자주 찾는 이들은 어느 포장마차에 꼭 들른다. 일흔 훌쩍 넘은 할머니가 15년 넘게 자리 지키고 있는 곳이다. 국수·나물전·두부·막걸리 같은 것을 내놓는데, 재료에 쓰

산채한정식

사누키우동 입구

사누키우동

이는 채소 따위는 직접 기른 것이라 그 정성이 느껴진다.

합천영상테마파크 안에는 '일본 부인회'가 운영하는 우동집이 있
는데, 관광객이 꼭 발걸음 하는 곳으로 자리 잡고 있다. 면발은 사누
키우동 본고장인 가가와현 것 그대로다.

볼거리에 담긴 역사와 문화

———

황강 물줄기 따라
오롯이 남은 것은 이야기더라

합천은 경남에서 가장 넓은 땅을 차지한다. 그런데 전체 면적 가운데 72%는 산이다. 도로 하나 닦더라도 1000m 넘는 산이 여기저기 떡하니 버티고 있어 공사도 더디게 진행된다. 그러니 이 지역 사람들은 "돈 되는 땅은 아니다"라며 푸념한다. 여기에 한 가지 더 섞이는 것은 "합천보다 해인사 지명도가 더 높다"라는 말이다. 이제 '해인사 밖 합천'에도 눈 좀 두길 바라는 마음이 담겨 있다.

이를 반영한 듯 자치단체가 2008년부터 지역을 알릴 때 내거는 것이 '水려한 합천'이다. 황강·합천호·정양늪 같은 것이 있는 덕이다. 이 세 가지는 이래저래 합천댐과 연관돼 있기도 하다.

지도에 나타난 황강은 몸집 얇은 뱀이 몸을 꼬불꼬불 틀고 있는 형상이다. 그렇게 백 리약 40km에 걸쳐 합천지역 허리를 가로지른다.

황강에는 이곳 사람들 애틋함이 묻어 있다. 객지에 나가 머리 희끗희끗해진 이들이 고향을 그릴 때 가장 먼저 떠올리는 것이 '황강 은빛 백사장'이라 한다. 황강은 흙·모래가 계속 쌓여 강바닥이 주위

황강

땅보다 높은 천정천^{天井川}이다. 물 범람으로 둑을 올리다 보니 토사가 쓸려가지 않고 쌓이기 때문이란다. 백사장은 강 주변에만 있는 것이 아니라, 물 사이사이까지 불쑥 비집고 나온다.

옛 기억을 떠올리는 이들은 "백사장이 곧 놀이터였다"고 한다. 학교 끝나면 달려와 모래 위에서 뒹굴었다. 물이 얕아 헤엄칠 필요 없이 걸어서 이쪽저쪽으로 드나들기도 했다. 여름날 해 지면 남자들은 한쪽에, 여자들은 좀 더 구석진 곳에 모여 목욕하던 모습도 흔했다.

지금 황강 모습은 이러한 것과 거리가 멀다. 1988년 합천댐이 들어선 이후 물 넘칠 일이 없어 백사장도 조금씩 줄어들었다. 사람 손도 타면서 거닐기 위한 길도 조금씩 만들어졌고, 강 주위엔 농토가 더 밀고 들어왔다.

지금은 야영과 레저스포츠 즐기는 곳으로 바뀌어 가고 있다. 그래도 매년 수중마라톤대회가 열려 아쉬운 대로 옛 기억을 끄집어낼 수는 있겠다.

댐 건설로 형성된 합천호는 2595만㎡$^{785만 평}$에 걸친 자태를 뽐낸다. 늦가을 혹은 초겨울 새벽, 합천호 물안개는 몽환적인 분위기를 연출해 사진 찍는 이 발걸음을 유도한다.

정양늪은 황강 지류 아천천 배후습지로 약 1만 년 전에 생성됐다고 전해진다. 합천댐이 들어서면서 황강물이 낮아져 이곳 육지화도 심해졌다. 여기에 사유지 매립까지 이어지면서 습지 생명이 다할 지경이었다. 다행히 2007년 생태공원 조성사업으로 떠났던 동식물이 되찾고 있다. 황톳길을 걸으며 다시금 여러 생명을 만날 수 있다는 것은 다행스럽다.

합천호 인근에 자리한 영상테마파크는 이 지역을 알리는 또 다른

합천영상테마파크

몫을 하고 있다. 영화 〈태극기 휘날리며〉 촬영이 시작이었다. 영화 제작팀이 마땅한 촬영지를 구하지 못하다 합천에 문의했다 한다. 이 지역에서는 반색하며 합천댐 지을 때 장비 적치장으로 활용했던 땅을 쓸 수 있도록 도왔다. 개봉 후 전국 관객 1000만 넘는 흥행에 성공하면서, 군은 아예 영상테마파크를 조성키로 했다. 수자원공사 소유이던 땅을 사들여 1930~1980년대 서울 모습을 재현하며 지금에 이르게 됐다.

합천에도 인구 20만 명 넘던 시절에는 극장이 두 개 있었다 한다. 하지만 인구 5만 명인 오늘날 남아 있을 리 없다. 이 지역 사람들이 영화 보려면, 아래쪽 사람들은 진주로, 위쪽 사람들은 대구로 발걸음 해야 한다.

합천에는 합천활로陜川活路라 이름 붙은 8개 둘레길이 있다. 해인사소리길·영상테마추억길·남명조식선비길·황매산기적길·합천호둘레길·정양늪생명길·황강은빛백사장길·다라국황금이야기길이 그것이다. 어느 것 하나 더하거나 덜하지 않겠으나, 홍류동 계곡을 따라 6km가량 이어진 해인사소리길을 입에 올리는 이 많다. 걷노라면 산소리·물소리·새소리·바람소리에 마음을 내려놓게 된다.

소리길을 따라 오르면 해인사 일주문에 도달한다. 여기서 왼쪽으로 빠지면 홍제암弘濟庵을 맞이한다. 이곳에는 팔만대장경에 가려져 있는 아픈 이야기가 담겨 있다. 홍제암은 사명대사四溟大師·1544~1610가 은거하던 곳으로 열반 이후 비석이 세워졌다. 오늘날도 그 비석이 남아 있기는 하다. 그런데 네 동강 난 것을 힘겹게 붙인 흔적도 함께한다. 1943년 변설호弁雪湖1888~1976라는 승려가 간사한 말로 일본 경찰로 하

해인사소리길

홍제암

일해공원 표지석

여금 깨뜨리게 했다 한다. 네 동강 난 비석은 1958년 복원되었지만, 그 흔적은 지금까지 남아 있다. 비석 바로 옆 소나무에는 일제강점기 송진 채취 흔적인 칼자국이 선명하게 드러나 있기도 하다.

합천읍에는 전두환 전 대통령 호를 따 이름 붙인 '일해공원'이 자리한다. 명칭을 놓고 논란이 많았던 만큼 '새천년생명의 숲 공원'이 입에 더 붙는 이들도 적지 않은 듯하다. 한편으로 대통령 개인에 대한 평가를 떠나 "역대 다른 대통령과 달리, 재임 기간 고향 합천에 해준 게 없다"는 섭섭함도 드러낸다.

정인룡(55) 씨는 이 지역에서 나고 자란 토박이다. "합천에서 제일 잘살면 초등학교 때부터 유학 가고, 조금 잘살면 중학교 때, 그 밑이면 고등학교 때 유학 간다는 말이 있습니다. 그 유학이라는 것이 대부분 대구로 빠져서 공부한다는 얘깁니다. 지금은 진주 쪽과 반반 정도 되기는 합니다만, 생활권 자체가 대구권이라고 보면 됩니다. 대구 지역신문도 들어오고 합니다."

그는 합천 랜드마크로 역시 해인사를 먼저 꼽았다. "합천보다 해인사가 더 알려진 게 사실이죠. 해인사에 모든 게 집중되다 보니 다른 것에는 소홀할 수 있죠. 다른 것이 가려지는 측면도 있지만, 그것 때문에 손해 본다고 생각하면 잘못이죠. 이 소중한 불교문화를 잘 살려 다른 것과 연계하는 것이 옳죠."

합천군은 전국 군 지역 가운데 9번째로 땅이 넓다. 정 단장은 마냥 반길 일이 아님을 표정으로 나타냈다. "땅 넓은 게 자랑은 아니죠. 오히려 지금까지 불행했죠. 먹고사는 데 도움 되는 땅이 아니었기 때문입니다. 제조업이 가능했으면 우리도 거기에 집중했을 겁니다. 유치 노력을 안 한 것도 아니고요. 높은 산이 곳곳에 있고, 교통도 불편하니 공장 하나 유치하는 게 쉽지 않았습니다."

합천영상테마파크 내에는 일본 글씨 간판을 단 식당이 있다. 합천에 정착한 '일본 부인회'에서 운영하는 '합천 사누키우동'이라는 가게다. 책임을 맡고 있는 이는 후모또마사요(48) 씨다. "한국에 시집 온지 17년 됐는데, 계속 합천에서만 살았습니다. 일본이 역사적으로 한국에 좋지 않은 것을 남겨서 많이 걱정했습니다. 그런데 시골 분들 인심이 좋아서 다른 시선으로 보지 않고, 굉장히 잘 대해 주십니다. 이젠 여길 떠나서는 살 수 없게 됐습니다."

가게를 맡게 된 건 사누키우동 본고장이 고향이기 때문이다. "합천군이 미토요시와 자매도시를 맺었습니다. 미토요시는 사누키우동 본고장이 있는 곳입니다. 저도 그곳에서 시집왔습니다. 군에서 교류협력 차원에서 사누키우동을 영상테마파크 안에 만들 계획을 세웠습니다. 합천에 일본에서 시집온 사람들이 모인 '일본 부인회'가 있습니다. 저희한테 제안해서 2011년부터 가게를 운영하고 있습니다."

사누키우동은 면발이 다른 것과 비교해 좀 더 탱탱하고 쫄깃쫄깃하다 한다. "실제 일본 현지에 여러 번 갔다 와서 면 뽑는 기술을 전수했습니다. 면 뽑는 기계도 현지 것이고요. 일본식 라면도 한번 해 보는 게 어떻겠느냐는 생각에서 지금은 우동·라면 두 가지를 내놓고 있습니다."

놓치지 않고
둘러봐야 할 곳

해인사 부처님 말씀인 팔만대장경을 간직하고 있는 법보사찰 해인사는 불보사찰 통도사·승보사찰 송광사와 함께 '3보 사찰'이다. 팔만대장경만이 아니라 해인성지 표석·해인사 수미정상탑·해인사 마애불·성철 스님 부도탑·비석거리·당간지주·학사대·외나무다리·사명대사비·해인사 길상탑 등도 꼼꼼히 둘러보면 좋다.

가야면 치인리 10

해인사 소리길 홍류동 계곡을 따라 조성돼 있다. 귀 기울이면 물소리·새소리·바람 소리·세월 가는 소리를 들을 수 있다 해서 붙여진 이름이다. 소리길을 따라 걸으면 가야산 16경이 펼쳐진다. 홍류동 계곡은 특히 단풍으로 유명하다.

가야면 야천리 943

대장경태마파크 팔만대장경에 대한 모든 비밀이 담겨 있는 곳이다. 판자 켜기·목판 다듬기·경판 새기기 등 16년에 걸친 제작 과정, 그리고 운송 과정, 보존 방법을 한눈에 들여다볼 수 있다.

가야면 야천리 943

합천영상태마파크 영화 〈태극기 휘날리며〉를 시작으로 드라마 〈에덴의 동쪽〉, 〈빛과 그림자〉, 영화 〈전우치〉, 〈써니〉 등 수많은 작품을 촬영했다. 서울역·조선총독부·반도호텔 등 1930년대에서 1980년대까지 서울 모습을 재현해 놓았다.

용주면 가호리 418

놓치지 않고
둘러봐야 할 곳

함벽루 1321년 고려 때 창건돼 수차례 중건됐다. 황강 정양호를 바라볼 수 있는 곳에 자리해 오래전 시인 묵객들이 풍류를 즐겼다. 퇴계 이황·남명 조식·우암 송시열 글이 누각 내부에 걸려 있다. 뒤 암벽에 새겨진 글씨 '함벽루' 역시 송시열 손에서 나왔다.

합천읍 합천리 1364-75

영암사지 정확한 내력은 알 수 없지만, 8세기경 금동여래입상이 출토되어 창건연대를 짐작하게 한다. 1984년 절터 발굴조사를 통해 불상을 모셨던 금당을 비롯해 서금당·회랑 부속 건물 터가 확인되었다. 원래는 탑·석등·금당이 일직선으로 놓여 있었고, 금당 양쪽에 각각 비석이 있었다는 사실이 확인되었다. 지금은 절터에 쌍사자석등^{보물 제353호}·삼층석탑^{보물 제480호}이 남아 있다.

가회면 둔내리 1659

남명 조식 선생 유적지 삼가면 외토리에 남명 조식 선생 유적지가 자리하고 있다. 생가지, 선생이 제자들을 가르치기 위해 세운 뇌룡정, 선생 덕을 기리고 위패를 모신 용암서원이 있다.

뇌룡정 위치: 삼가면 외토리 46

합천호 1988년 댐이 준공되면서 소백산맥 가운데에 만들어진 인공호수. 아침에 찾으면 물안개 매혹에 빠져들 수 있다. 백리 벛꽃길이 펼쳐져 있어 봄에는 드라이브 코스로도 좋다. 물고기 방류 사업으로 향어·잉어·송어·붕어 등 다양한 어종이 있다. 단 낚시 금지 구역이 많기에 주의해야 한다.

대병면 회양리 1603-1